『幕末期の老中と情報』正誤表

ページ	行	誤	正
viii（目次）	1	一　禁門の変発生……353	一　禁門の変発生……253
14	1	〃戸幕府が	江戸幕府が
104	10	毛利定や広	毛利定広や
111	11	追って江戸市中を探索したりと	追って探索したりと
113	19	島津久光公実記	島津久光公実紀
129	12	久光下向の	久光出府の
140	10	牧野忠添	牧野忠恭
142	9	牧野忠添	牧野忠恭
146	6	牧野忠添	牧野忠恭
148	14	牧野忠添	牧野忠恭
198	8	牧野忠添	牧野忠恭
376	1	※	※1
379	No.183下段	※	※2
391	表6の末尾に追加		※1　この文書は差出人・受取人の記載がないので、通し番号からは外した。
391	表6の末尾	※（183）書淪について	※2（183）書翰について
xiv（索引）	左段4行目	御史　10,12	トル
xiv（索引）	右段39行目	御史　10,17	御史　10,12,17

幕末期の老中と情報

水野忠精による風聞探索活動を中心に

佐藤隆一著

思文閣出版

まえがき

「一寸先は闇」とよくいわれるように、もし私たちが将来の自分の姿をとても想像できないような混乱した変革の時代に生きていたとしたら、まず何をするであろうか。きっと世の中の動静を見渡しながら自分の置かれた状況を把握し、信頼できる人たちとさかんな情報のやりとりをして、これから生き抜くためのよりよい方向性を探る人が大多数を占めるであろう。

本書が扱う幕末期は、日本の歴史上特筆すべき変革期であり、人々が絶えず暗中模索を繰り返さなければならない、まさに混乱した時代であった。一九世紀半ばはいわゆる黒船騒動の時代を迎え、欧米先進国勢力は近代的な軍事力を背景に寄港地や貿易市場の確保をめざして、日本列島への本格的な進出を試みた。これに対し、江戸幕府は、本格的な軍事的抵抗を行うことなく彼らを受け入れて開国政策を推進したため、これを国威を損ねる弱腰外交であると非難する勢力が台頭して、大きな政治的・社会的混乱が生じ、それまで様々な問題を抱えつつも圧倒的な支配権力を保ってきた江戸幕府の統治機構は大きく揺らぎはじめている。

こうした流れのなかで、人々の間にナショナリズムとしての尊王攘夷論が沸騰し、朝廷権力が息を吹き返して多くの人々の支持を得るようになり、薩摩・長州・土佐などの雄藩が台頭して、国政に大きな発言権をもつに至った。また、諸外国との本格的な貿易の開始は、物価高騰や商品不足などの様々なトラブルを発生させて経済は混乱し、これが多くの人々の生活を脅かし、さらにはこのような気運のなかで、世直しを標榜する民衆の動きが活発化するという、幕末期はまさに未曽有の動乱期であった。当然のように、この時代を生きる人々にとっては、身分や階層にかかわらずより信憑性のある情報をより早く得ることが死活問題となっており、情報収集活動自体が極めて重要なライフワークとなっていた。

さて、本書はこうした激動の幕末期における情報収集をテーマとする研究である。筆者は老中水野忠精《ただきよ》という国政の中枢にあった権力者をめぐる情報収集の問題を中心に、さらにこれに関わる幕末期の情報問題についての論稿を加え、同時代の国政担当者と情報との関わりを考証していきたい。近年、幕末維新期の情報問題をテーマにした研究成果が続々と発表され進展をみているが、老中の情報収集をテーマとした研究はこれまで皆無に近い状況にあり、本書はこの問題を軸に考察を進める。

よく「権力は情報を吸い寄せる」という言葉が使われるが、江戸時代において将軍の側近としてその政治を補佐する老中は、実質的に全国支配権力の中枢にあり、朝廷・諸大名など他のどの政治的勢力よりも格段に優れて「情報を吸い寄せることができる」立場にある人たちであったといってよい。そこで、本書は水野忠精の情報収集活動の実態を考察することにより、江戸時代を通じての老中の情報収集活動の基本的な枠組を明らかにしていきたい。

ところで、本書で研究の主体としてとりあげる水野忠精は、江戸幕府最末期の老中の一人であり、彼は、その威力を増す外国勢力による圧迫や、これに激しく抵抗・反発して全国的に展開された尊王攘夷運動、さらには朝廷・諸大名の政治的発言力の拡大など、次々と迫りくる難題によって揺らぎ続ける徳川政権を支え続けた後にあえなく歴史の表舞台から消えていった人物である。従って、さしずめ本書は、敗者の立場からみた幕末史の研究書のひとつと位置づけることができよう。ちなみに、忠精は、老中として果断な決断力と実行力により天保の幕政改革を断行し、周囲に多くの政敵をつくり、最後は失脚に追い込まれた父忠邦に比べて、その評価は極めて地味であり、大胆な行動や発言はしない安定志向の政治家とみられがちな人物である。

しかし、忠精の老中時代には、その当初に島津久光卒兵上京・江戸出府という朝廷・幕府の大きな変革をもたらすことになる事件が発生し、忠精自身が文久三年（一八六三）・元治元年（一八六四）の二度にわたる将軍家茂の上洛に随行し、これと相前後して京都では八月一八日の政変や禁門の変が、関東では水戸天狗党の乱が発生して、国家を大きく揺るがした。また、二度にわたる幕府の長州征討も忠精老中時代に進められた軍事行動であり、老中の後半期には幕府の外交を取りしきる立場にあって諸外国との間で外交交渉を重ね、関税率改定などの重要な内容を含む江戸協約（一八六六年）も忠精が全権となって諸外国と締結したものである。よって、忠精は国の在り方を左右するような重要な政治的課題がひしめく変革期に、四年三か月余という比較的長い期間にわたり老中として国政を取りしきった、有数の政治家のひとりであった。幸いにも、忠精については関連する幕末政治関係史料に加えて、彼が老中時代に活発に展開した情報収集関係の史料が多く残されており、これらが忠精という人物を特色づける貴重な材料となっている。

実際に、水野忠精は幕閣においても卓越した情報収集能力を有しており、国政上重要な場面場面においては豊かな人材を駆使して臨機応変に正確な情報を入手し、政策決定のための材料としていた。しかし、日本史上未曽有の幕末期の厳しい政治・外交情勢において、忠精がこのような活発な情報収集活動を展開したことは、裏を返せば幕府がいかに危急存亡の事態に瀕していたかを示すものであり、現実に幕府の滅亡は刻一刻と近づいていた。

そこで、本書では幕末期に短期間に次々と老中の任免が繰り返された実態を通じて、明治維新という古今無双の歴史的変革を目前に控えた江戸幕府倒壊前夜の政治状況についても考察してみたい。本書においては幕府が倒壊した理由について考察することはもちろん重要な課題である。しかし、一方で発想を逆にして、この時代の日本を欧米先進国による侵略と植民地化から免れさせた稀有な政権としての江戸幕府という観点から、悪戦苦闘と挫折を繰り返しながらも国政を支えてきた水野忠精ら幕閣の政治活動にも、明治新政府樹立への踏み台としての役割を果たした人々として、一定の歴史的評価を与えることができると考えている。これらは、明治新政府とこれに関わる多くの人々が、敗者としての江戸幕府から何を学んだのかという素朴な興味関心に基づいて、新政府が樹立され、その統治機構が確立されていくに至る歴史的成り立ちを考えるうえでも、極めて重要な問題意識であるといえよう。

よって、本書はいまだ研究史が浅く過渡期の段階にある幕末維新期の情報問題への取り組みのなかでの新しい研究分野を紹介し、幕末維新期という時代を考えるうえでのひとつの参考材料となり得ることをめざしている。

幕末期の老中と情報　目次

【凡例】　本書では年号は原則として改元後のものを使用し（引用史料における記載は除く）、極力（　）内に西暦年号を記載することとした。

幕末期の老中と情報

序章　言葉としての「情報」と「風聞」「風説」

一　「情報」という言葉の由来とその用い方

日本の近世・近代史研究の歩みのなかで、「情報」という観点が研究課題として重要視されるようになったのは意外と新しく、コンピュータなどの電子機器が一般に普及し始めて高度情報化社会が急速に進展をみた、一九七〇年代に入ってからのことである(1)。

とりわけ、幕末維新期という特殊な時代においては、刻一刻と状況が変転するという将来を予測しづらい状況があり、人々が自らの生き方を自分自身で選ばなければならなかったこの時代のこの問題についてはとりわけ大きな関心が集まり、当時の人たちが「情報」をどのように収集し、受容し、行動の源泉としたかという問題が注目を集め、今日に至るまで多くの研究成果が生まれている。なかでも、幕末期に武士・百姓・町人など幅広い階層にわたってさかんに記された「風説留」を近代国民国家の前提となる公論的世界と位置づけて、その主たる題材とした研究は、最近の二十数年間でめざましい成果を生み出すに至っている(2)。

こうしたなかにあって、幕府や諸大名など領主側の情報収集活動を扱った研究にはその成果が生まれつつあるが、まだまだ少ないのが現状である(3)。その原因として、幕府や諸大名による情報収集活動は主に密偵による「風聞書」の作成・提出を主体に展開されたもので、本来これらは機密書類に属し、現在に至るまでに文書の残存数が極めて少なくなってしまっていることがあげられる。加えて、「風聞書」はその性格上から差出人名や年月日の記載のないものが多く、また虚偽の内容や不正確な記述も多く含まれるために、これまで研究材料としては意識的に避けられたり、まず内容を疑ってかかる必要があるという認識があり、まとめて活用されることが少なかったのではないかと思われる。本書執筆の動機も、またそれにともないこの仕事に多分の困難さが生じることも、主にここに由来するものである。

さて、これまでの近世情報問題の研究史のなかで、「情報」という言葉の由来と意味の問題、さらにはこれに先立つ「風聞」や「風説」といった言葉の意味づけや使い方といった問題がほとんど考察されてこなかった点が、まず大きな問題点としてあげられる。そこで、本章では最初にこの点をできるだけ明らかにしていきたい。

この問題については、これまでの国語学的研究から「情報」という言葉は明治期以後に登場・普及していった近代的用語であり、少なくとも幕末維新期にはリアルタイムの公用語としては存在しなかったことが明らかである。近世に書かれた文書類において、今日私たちが用いている「情報」と同じ範疇で当時の人たちが用いていた言葉は、「風聞」「風説」「風評」「噂」「紀聞」「沙汰」といった言葉である。特に、「風聞」という言葉は「風聞書」または「風聞探索書」という文書の標題として、本書で頻繁に登場する用語である。(4)

では、日本において「情報」という言葉がいつから使われるようになったかというと、現在までの研究によれば明治初期であるとされている。小野厚夫「明治九年『情報』は産声――フランス兵書の翻訳に語源――」(5)によると、従来「情報」は森鷗外が明治三四年（一九〇一）にドイツのクラウゼヴィッツの著書『戦争論』の最初の二巻を翻訳して刊行した『戦論』に初めて訳語として用いたとされていたが、実はもっと遡ることができ、明治九年（一八七六）に陸軍少佐酒井忠恕がフランスの兵書の翻訳である『仏国歩兵陣中要務実地演習軌典』(6)で兵語として用いたのが初出であるとする。小野氏はこれまでの一連の研究をまとめた論文「情報という言葉を尋ねて」の中で、原本であるフランスの兵書『Instruction pratique sur le service de l’infranterie en campagne』とその訳本である『仏国歩兵陣中要務実地演習軌典』とを対比したところ、酒井忠恕が用いた「情報」の原語はフランス語の renseignement であることが判明したとしている。(7) また、小野氏は明治一五年（一八八二）から二〇年（一八八七）にかけては、兵書において「情報」とほぼ同義語として「状報」という言葉もかなり混用されたが、それ以降は「状報」という語が現れる頻度は急減し、やがて「情報」に一本化されたという過渡期の状況を指摘している。(8)

この『仏国歩兵陣中要務実地演習軌典』の内容は、読んで字の如く近代的な歩兵部隊の実地訓練のしかたについて説明しているもので、①前哨、②行軍、③偵察、④舎営および露営、⑤輸送隊および小方策、という編成で勤務内容についての詳細が記されており、酒井の訳文は漢字にカタカナを交えた平易な文章となっている。

それでは、酒井忠恕がこの訳書で「情報」という言葉を使用している箇所を引用してみよう。

まず、①にある古参兵と新兵とに分けた歩兵訓練においては、新兵に味方の連携を進め、敵軍の摘発とその来襲に応じられる挙動を身につけさせるために、

此一条ノ主旨ニ関スル命令・情報ヲ伝致スル法ヲ新兵ニ慣熟セシムルモ、亦此教習中ニ於テス

とあるように、ここで使われている「情報」という言葉は、まさに「敵情の報告」「敵情の報知」といった意味である。

また、同じく①の大哨（見張りの兵士）の任務が詳細に記されている次の文章では、

行動・勤務ハ斥候及ヒ巡察トス

斥候ナル者ハ、其兵力一定セサル枝隊ニシテ、歩哨脉外ニ出テ地形ヲ細捜シ、敵ノ陣地・運動ヲ注目シ、己ニ利スヘキ情報ヲ求メ、其捜索ニ方テ忌憚スルコトナキ者トス、且隣隊哨所ノ連絡ヲ保持スルニ、前哨ニ欠

ク可カラサル者ニシテ、果シテ能ク行ハシメハ、肝要ナル結菓ヲ得ル者ナリ

とあるように、具体的な任務内容、すなわち地形を観察し敵軍の動静を探るなかで、味方に有益な「情報」を求めることにあるとし、とりわけ最前線での敵情の視察と緊密な連絡が軍事的な好結果をもたらすものであると説明している。

さらに、③の偵察による情報の処理のしかたについては、

偵察ニ因テ得ル諸情報ハ、戦場中他ノ方法ヲ以テ収得セシ所ノ情報ト比考スヘキモノニシテ、其情報トハ即チ旅客、囚虜、逃亡人、間諜等ノ告報ナリトス、此各種ノ情報ハ綿密ニ検照スヘシ、而シテ其諸情報ハ通常皆参謀官ノ許ニ聚収スヘキモノトス

とあるように、たとえ偵察によって得た情報であっても他の手段によって得られた各種の情報と充分に照合し精査をしたうえで、参謀官のもとに集中されるべきものであるとしている。

また、森鷗外がドイツの兵書を翻訳した一九〇一年刊行の前掲書『戦論』では、「情報」という言葉について次のように説明がなされている。

情報とは、敵と敵国とに関する我智識の全体を謂ふ。是れ我諸想定及び諸作業の根柢なり。試に此根柢の本然と其の不確実にして変化し易きことを想へ。(中略)凡そ戦の情報は彼此矛盾するもの多し。又虚偽なるもの多し。而して其最も多き者は多少の不確実を免れざる所の者なり。我等の将校に要求する所は一種の弁識力なり。此弁識力は人に対する鑑識と物に対する通暁とより生じて、正当なる判断の基となるものなり。[9]

ここでは、まず「情報」とは敵と敵国とに関する知識の全体を指すという、軍事的用語としての定義づけがなされている。また、「情報」は自分たちの想定や作業の根底をなすものであるが、その根底は不確実で変化しやすいことを前提に考えよとある。さらに、諸々の「情報」は相互に矛盾するものが多く、虚偽なるものが多く、

最も多きはその不確実を免れない内容のものであるとし、将校に要求するところは、これらの「情報」を人に対する鑑識力と物事に通暁する力とを駆使して、適切な判断を下す弁識力をもつことであるとする。

以上が、現在のところ日本で公に使用された最も初期的な「情報」という言葉の使いようであり、その意味するものは、あくまでも軍事的な意味での味方に有益な「敵情の報告」であった。しかし、その後の時間の経過や社会の変化により、現在においては「情報」は実に広汎な意味をもつ言葉に成長しつつある。

一九〇七年（明治四〇）発行の『辞苑』（三省堂）、一九三五年（昭和一〇）発行の『辞苑』（博文館）、および一九五五年（昭和三〇）発行の『広辞苑』（岩波書店）では共に、「情報」とは「事情のしらせ」とあり、軍事に限らず広い意味での事情の報知を指す言葉として掲載されている。さらに一九九五年（平成七）発行の『大辞泉』（小学館）では、「情報」とは「①ある物事の内容や事情についての知らせ。②文字・数字などの記号やシンボルの媒体によって伝達され、受け手に状況に対する知識や適切な判断を生じさせるもの。③生体系が働くための指令や信号。」とある。また、同辞典では「情報」の派生語として、「情報科学」「情報革命」「情報化社会」「情報機関」「情報局」「情報源」「情報産業」「情報誌」「情報処理」「情報網」「情報理論」などをあげている。これらにより、現在「情報」という言葉は単に軍事用語に止まらず、人間の活動全体に及ぶような実に広い意味で使われていることが明らかである。

これらから、現代の日本社会にあっては、毎日テレビ・ラジオ・新聞・雑誌・インターネット・携帯サイト等で流れてくるニュースも情報であるし、会社や役所・学校・公民館などの掲示板に張られた掲示物も、駅構内や電車・バスの車内に掲示された数多くの広告も、手紙・はがきの文面やパソコン・携帯電話・スマートフォンなどに送られてくるメールの内容も情報に属している。また特定の人間の氏名・年齢・住所・電話番号・メールアドレス・家族構成・顔写真・映像などは個人情報と呼ばれて、人権擁護のために今日その扱いに大変神経が注がれている。さらには、パソコンや携帯電話・スマートフォンなどを媒介とした情報メディアの発達により、ネット社会と呼ばれる超過密の情報化社会が形成され、私たちは居ながらにして、遠くは世界各地のニュース、近くは自分の住む地域や職場などの情報を手軽に入手できるようになった。しかし、一方でグローバル経済の急成長と歩調を合わせるように情報メディアがあまりにも巨大化し、ネット社会を利用したいじめや悪質な犯罪が多発するという深刻な弊害も生じている。

このように、朝から晩まで多くのメディアから様々な情報が送り込まれてくる現代の私たちの生活は、まさに情報大氾濫の社会を泳ぎながら生きている状況といってよいであろう。こうした多くの人たちが世界各地と短時間で簡単に情報の交換ができる二〇世紀末に起こった情報革命の進展を、一九世紀における産業革命と対比できる大きな変化と評価する見方もあるほどである。(10)

二 「風聞」「風説」両語の意味と使い分け

さて、話を「風聞」「風説」の問題に戻したい。本書における基本史料となる「風聞書」「風聞探索書」「風説書」などの「風聞」「風説」とは、幕末期の当時はどのような意味に使われていたのであろうか。

後述する水野家文書に記された「風聞」の内容は、基本的には明治九年(一八七六)の酒井忠恕の翻訳に示されたような「敵情の報告」「敵情の報知」に近いものがある。老中水野忠精は、幕府として厳重に注意を要すべき朝廷や諸大名や尊攘激派勢力などの動静を諸役人や自らの人脈を駆使して、できるだけ早い報知と正確な内容を求めるべく頻繁に探索させているからである。また、忠精より少し前の時代の国政担当者であった大老井伊直弼は、こうした敵情に加えて、自分の下役である幕府役人の勤務状況についても、「風聞」としてさかんに報告させている。さらに、江戸幕府の重要な海外情報源であったオランダ風説書にしても、その「風説」の主たる内容は、幕府にとって脅威となる欧米先進国の動静やアジア情勢などであったが、後述するように、なかにはオランダ国王一族の冠婚葬祭、長崎入津のオランダ船の積荷目録、世界各地での大地震の模様など雑多なものがあった。

　つまり、近世日本においてさかんに使われた「風聞」「風説」という言葉の意味するものは、今日私たちが頻繁に用いている「情報」、特に前掲『大辞泉』にある「①ある物事や事情についての知らせ」と、内容的に一致する部分が大変多かったのではないかと考えられる。従って、本書の中心人物である老中水野忠精を例にとれば、彼にとって「風聞」や「風説」は信憑性のある正確な情報を念頭に置いていたことはもちろん明白である。

　しかし、今日私たちが使っている現代用語のなかの「風聞」や「風説」については、前掲の一九三五年発行の『辞苑』では「風聞」は「うはさ。とりざた。風説。風評。評判」とあり、続けて「風説」については「うはさ。とりざた。風評」とあり、前掲の「事情のしらせ」とある「情報」の語義と比較すると、「うわさ」「とりざた」という信憑性にやや欠ける報知のしかたとしての意味づけがなされている。また前掲の『大辞泉』によると、「風聞」は「①世間のうわさに伝え聞くこと。②さまざまに取りざたすること。」、「風説」は「世間にひろまっているうわさ。とりざた。風評。」となっている。

　明治初期に「情報」という外国語の翻訳語が登場し、近代用語としてしだいに世間一般に定着していったことにより、「風聞」「風説」はその本来の骨太の意味を失って隅へ押しやられ、主に「とりとめもないうわさ」「風のたより」というような、信憑性に乏しそうな内容を示す傾向の言葉となっていったものと考えられる。また、最近「風評被害」として頻繁に使用されるようになった「風評」という言葉は、前述の通り幕末期にも「風聞」「風説」とほぼ同義語として存在したが、管見の限りでは「風聞」「風説」のように文書の標題として用いられる例を見出すことはできず、また「風聞」「風説」と比較して用例数はそれほど多くない。(11)

　ともかくも、今日の私たちは「風聞」と「風説」の二つの言葉をほぼ同義語と理解して使用しているのが現状ではないかと考えられる。しかし、同様の意味に使用されることの多い「風聞」と「風説」ではあるが、「風」という字に続く「聞く」と「説く」は全く違った動作であるように、本来の語源は異なっているはずである。これは今後の重要な研究課題であるが、例えば近世において関東や畿内・九州など幕藩体制に組み込まれる地域の情報を認めたものを主に「風聞書」と呼び、オランダ・中国など異域とされた地域のそれを一般に「風説書」と呼んでいるのは、それ相応の理由があったものと考えられる。

そこで、語意の上ではほとんどが共通性を有する「風聞」と「風説」について、その異なる部分に注目して検討してみたい。ここで、『大漢和辞典』(諸橋轍次著、大修館)を引くと、「風説」は「うはさ。ひやうばん。とりざた。風聞。風評。」とあるのに対し、「風聞」は「①かぜのたよりにきく。うはさ。風説。風評。②御史に差出して官吏の非行を弾劾する匿名の書。風聞を採用して事を論ずるから名づく。」とある。両者は「うわさ・風評」という面では意味が重なり合うものの、「風聞」は②にあるように、秦・漢・魏など古代中国の時代において、官吏の不正を弾劾するために天子の秘書官である御史《ぎょし》に差し出された報告書、という特殊な意味を持ち合わせていたのである。

例えば、「風聞」の①の意味として、『漢書』西南夷両粤朝鮮伝第六十五には「又風聞老夫父母墳墓已壊削、兄弟宗族已誅論」という文言があり、南粤王が自らの故郷の様子について伝え聞いたことを「風聞」と記している(12)。また、②の意味としては、『魏書』景穆十二王列伝第七中任城王には「又尋御史之体、風聞是司」とあり、まさに風聞を司る御史の職掌が示されている(13)。さらに宋の時代の制度の記録である『容斎四筆』御史風聞にも「御史許風聞論事、相承有此言」とあり、御史による「風聞」の収集が役人の勤務評定のための重要な手がかりとなっていたことがわかる(14)。

一方、日本の室町時代から江戸時代初期にかけても、すでに「風聞」「風説」という言葉は一般用語として使われていたことが明らかである。『太平記』巻第三九の諸大名讒道朝事付道誉大原野花会事には「風聞ノ説早実ニテ候ケリト信ヲ取テ候」とあり、ここでとりあげた「風聞」の内容に信憑性があることを記している。(15)また、太田牛一『信長公記』一四には「正月三日、武田四郎勝頼、遠州高天神之城為後巻、甲斐・信濃催一揆罷出之由風説に付て、岐阜中将信忠卿御馬を被出、尾州清洲之城に御居陣也」(16)という一節があり、こちらは織田陣営にとっての武田方の動静に関する情報を「風説」と呼んでいることがわかる。

次に近世の兵学書を見てみよう。一八世紀末に経世思想家林子平は、日本の北方海域へのロシアの進出に危機感を抱いて著した海防の書『海国兵談』の中で、敵方への諜報活動の重要性について具体的な方策を交えて次のように記している。

○間《シノビモノ》を用ひる事、皆一時の権謀にして定法なし、然ト云とも間を用ルの大略を知ざる時ハ、用ヒかたきもの也、孫子に五間を云り、郷間、内間、反間《ハンカン》、死間《シカン》、生間《セイカン》也、郷間とハ其郷民を間に用ル也、内間とハ敵の身内の者を用ル也、反間とハ敵より此方江来セル間を、却て吾が間に用ル事也、死間とハ漏ス間敷趣キの事を漏シて敵方えも風聞させ、味方にて漏シたる者を尋出シて是を殺シ、敵に実の様に思ハせて、別に謀をめぐらすを云、生間とハ間を遣して、敵の容子を見聞する也、生て帰ル間ト云事也、都て間ハ謀計の主トなるものなれバ、戦略第一の物ト知べし。(17)

子平は間者を用いて敵方を偵察する方法として、孫子の兵法から郷間・内間・反間・死間・生間の五間をあげており、そのうち四番目の死間については、味方の機密事項を敵に漏らしてしまった者がいたら見つけ出して殺害し、その内容をあたかも真実であるかのように思わせて、内実は別の計略をめぐらすことであると説明しており、敵方に情報を伝えることに「風聞」という言葉を用いている。ここでは「敵方えも風聞させ」とあるように、敵方へ通報して知らせるという動詞として用いられており、まさに情報戦略としての「風聞」という言葉の使用例である。

また、子平より少し後の時期の兵学者平山子龍が文化一三年（一八一六）に著した兵学書『海防問答』の一節には、次のようにある。

北海浜手ノ地方ニ到リシニ、其所ニテモ蝦夷地夷賊来リ侵セシ由、夥シキ風説ニテモ、此所ヘモ攻メ来ルヘシトテ、手当ヲスル様子ナリ(18)。

子龍は、北方の海岸地方において蝦夷地（北海道とその近辺）でロシアなどの夷賊が侵略を進めた旨の夥しい「風説」がもたらされたときには、これらの地域の人々は夷賊の襲来を予測して防備をする様子である旨を記している。

近世の兵学書である『海国兵談』と『海防問答』のそれぞれの一節は、前述の明治期に翻訳された酒井忠恕『仏国歩兵陣中要務実地演習軌典』や森鷗外『戦論』のそれぞれの文面と、格好の比較材料となるであろう。近世の両書に見える「風聞」「風説」と明治期の両書に見える「情報」とは、いずれも軍事的な「事情の知らせ」「敵情の報知」という意味の範疇で使用されているという点では一致しており、これから述べる第二章から第八章までの内容も併せて、「情報」という近代用語が登場する以前にほぼ同じ用途で使用されていた主要な言葉は「風聞」「風説」の両語であると考えてよいであろう。

地方分権が確立していた近世日本の幕府や諸大名は、日頃目付などの探索方の人材を派遣して役人や特定の人物の素行や勤務状況などを調査させ、これを「風聞書」として提出させており、これは古代中国における御史に提出された報告書と基本的には同じ性格のものである。幕末期の井伊政権は徒目付・小人目付に、江戸の幕臣の勤務状況についてさかんに探索をさせて「風聞書」を提出させたが、これはその典型といえるものである。

例えば、『井伊家史料・幕末風聞探索書』の中には、安政五年（一八五八）一〇月付で幕府の小人目付二名が奏者番の勤務状況や人物・素行、さらには日常の役人任免に関わる心付や贈り物・会合・見舞などの金品の入用の実態について克明に調べあげた風聞書「上」[19]が存在する。この風聞書はあまりにも長文にわたるものであるので、ここではその序文と中間部分と最後の奥付の部分のみをあげてみたい。

上

御奏者番相勤候面々格外勤入用相掛候よし、其上押合抔と相唱候役名の家来突合(附)等も有之、是亦入用不少趣風聞探索仕、左に申上候

（中略）

一御奏者番役成一ト通に付ては入用は凡右の振合に相聞、其外些細の廉には筆紙に難認取廉々も多く、当時の処先年に見競候ては多分の減方にも相成居候得共、又其中に流弊いたし候廉も相見へ候よし、此上如何様改革致し候共、永続可仕とも相聞不申、畢竟同役の儀、分限多く相違いたし候より、事横行に相成候儀と相聞申候

（中略）

右の趣風聞及承申候、依之此段申上候、以上

午十月

御小人目付
佐藤忠三郎
渡部伝太郎

前半の「（中略）」部分には、奏者番の日頃の入用として、奥右筆・用人・同朋頭・坊主らへの心付、役人の葬儀への香典や病気見舞の品、師匠番への贈答品、火事への見舞などをあげて、これらが大変な出費となることが記されており、後半の「（中略）」部分には諏訪忠誠《ただまさ》・阿部正耆・加納久徴・青山幸哉ら個別の奏者番の勤務状況

の実態が克明に説明されている。奏者番は譜代大名のなかから選ばれ、武家の殿中における礼式に関わる諸事を司り、諸侯以下が将軍に謁見するときの取り次ぎをする役割を果たし、言語明晰・資性怜悧の者でなければその任を尽し難いとされて、大目付・目付と共に三役と呼ばれ、その後に寺社奉行・京都所司代・大坂城代・若年寄・老中等幕府の要職へ昇進するための登竜門と考えられる向きがあった[20]。それだけに、奏者番に対する風聞探索による勤務評定は、日頃から目付方の重要な任務であったことがうかがえる。この小人目付二名による風聞書は、序文に文字通り奏者番について「風聞探索仕」と記し、奥付には全体を受けて「右の趣風聞及承申候」と記しており、探索方が聞き込みにより実態を調査するという、オーソドックスな「風聞」という言葉の使われ方がなされている。

次に「風説書」の用例について見てみよう。オランダ・中国など幕藩体制にとって異域にあるところからもたらされた情報は、探索方の聞き込みによる「風聞書」とは区別して、あくまでも異人が説くところの「風説書」と呼んだものとみられる。前述したように、江戸幕府が二〇〇年以上の長期にわたって基本的な海外情報源としたオランダ風説書と唐風説書はその代表的なものである。

例えば、オランダ商館が長崎の出島に移転した当初の一六四四年（寛永一八）八月一日に、商館長ヤン＝ファン＝エルセラックはその日誌に、幕府への情報提供について、次のように記している。

奉行の求めによって、閣下に有益と認められる風説（novas）を告げた。即ちポルトガルとは今なほ激しく交戦中であること、セイロンの近況、カンボヂヤに於ける大恐怖で、これに関しては船の当地に到着する以前に、奉行等はシナ人から知らされて居た。又閣下は日本の北を廻って南部に到った船の無事到着したことを告げると非常に喜ばれて、奉行はその船の到着した日及び台湾に来た日を知らせることを請求した。この両日付は明朝の便で江戸に書き送られるであらう[21]。

エルセラックは長崎奉行の求めに応じて、ポルトガルとの関係やセイロン・カンボジアにおける出来事を口頭で伝えている。ちなみに、奉行らは同じことを中国人からも聞かされていたとある。また彼は、バタヴィアを発したものの、水を補給するために南部藩閉伊《へい》郡山田浦に寄港して、船長以下一〇名が同藩士に捕えられて江戸に護送されたオランダ船ブレスケンス号が、その後の処置により無事にバタヴィアに到着したことも奉行に伝えている。一方、奉行は同船が台湾・バタヴィアに到着した日付を知らせることも請求しており、この両日付は明日の便で江戸に書き送られるであろうとしている。このように、初期のオランダ人による幕府への情報伝達はオランダ人が口頭で述べた内容を長崎の幕府役人が筆記するというものであったことがわかる。

これまでの研究においても、オランダ人があらかじめ海外で書面を作成して長崎奉行に提出するようになった幕末期の別段風説書を除く通常の風説書は、原則として長崎において商館長（あるいは船長）が口頭で語った内容を、通詞が書き留めるかたちで作成されていたことが明らかである(22)。

また、江戸時代初期より唐通事が長崎に来航する中国船の乗組員を逐一尋問することにより作成した唐風説書も、同じく唐人たちが口頭で語った内容を唐通事が日本語に翻訳して作成したものである(23)。例えば、元禄一〇年（一六九七）一月二日付の唐風説書の標題には「壹番福州船之唐人共申口」とあり、差出人に「唐通事目付　唐通事共」とあるように、唐風説書の多くは「申口」、すなわち唐人が口頭で語った内容という標題が付けられている(24)。

「風説」という言葉の歴史的由来については現段階では不明な点が多く、今後も多くの事例に基づく検証を行わなければならないが、少なくとも本章で使用した史料や従来の研究史の内容からみれば、「風説」の「説」とは相手に口頭で話して聞かせることを意味し、オランダ風説書の「風説」の由来はオランダ人の口頭による報告を意味したものと考えられる。

ここまで考察してきたように、近世における「風聞」「風説」は、今日広く使われている「情報」とその意味が重なり合う部分が多く、基本的に正確な事実の報道をめざそうとする性格においては、大いに一致することが明白であろう。ただし、近世において「風聞書」と「風説書」を書誌的に区別するひとつの見方があるとすれば、基本的に幕府・藩などの機関（あるいは将軍・老中・大名など）が幕藩体制のエリアの内部の状況について目付などの役人（あるいは特定の人間）を派遣して聞き込みにあたらせて作成させたものを、主に「風聞書」あるいは「風聞探索書」と呼び、幕府が幕藩体制のエリアの外（海外）の状況について長崎に入港するオランダ人や中国人などの外国人に定期的に報告させて作成させたものを、主に「風説書」と呼んだものと考えられる。

ところで、本書でとりあげる水野家文書や井伊家文書をはじめとする幕末期における「風聞書」の書式は、ひとつには文字通り「風聞書」（あるいは「風聞探索書」「聞書」）と標題があるもので、末尾には年月日のみで差出人名のないものが大変多い。あるいは、年月日の記載すらないものもあり、この場合は文面の内容から年月を推測するしかなく、史料としては実に扱いにくいものである。一方で、「上」と標題があってすぐ左下かあるいは文面の末尾に差出人名の記載のあるものも、かなりの数に上っている。例えば、「上　徒目付何某」「上　横目何某」といった具合である。しかし、これらは一〇〇パーセント定まった書式ではなく、「風聞書」と標題があって差出人名の記載のあるものもあり、また標題もなくてすぐに探索の内容が記されているものもある。元来、「風聞」「風説」の「風」は、「どこからともなく」「誰からともなく」という意味を含んでいると考えられ、前掲『大漢和辞典』の記載にあるように、「風聞書は匿名の書」といわれる所以である。

これに対して、オランダ風説書の場合は、初期のものには「オランダ人口上書」「阿蘭陀口書」「阿蘭陀六番船咬嵧吧出ら申越候覺」などの標題があり、やがて「風説書」という標題に定着してきている。オランダ風説書については、管見の限りでは「風聞」という言葉を標題に用いたものは見当たらない。やはり、近世文書において

「風聞書」と「風説書」は本来は書誌的に区別できる要素が充分にあると思われる。

従って、さしずめ「風聞書」は古代中国における役人の不正を弾劾するために御史に差し出された報告書をその原型とし、近世社会における幕府や諸大名などの権力者が役人の勤務状況を報告させる目的を軸として、様々な政治的必要性から常時あるいは随時に目付などの役人や特定個人を各地に派遣して、文字通り探索者の「聞き込み」「聞き取り」により情報の収集にあたらせて作成させた報告書であるという定義づけができよう。本書で後に紹介している、水野家文書文久二年（一八六二）四月付の「熊本ニ而聞書」の「聞書」は、まさに聞き込みによる情報収集の実態を端的に示した標題となっている。このように、老中水野忠精や大老井伊直弼がそれぞれ中心となって集めた政治情報の書付の大多数が「風聞書」「聞書」または「上」と標題に記し、「風説書」という標題を一切使っていないのは、探索者の聞き込みが土台となって作成されたものであるからであろう。

一方、「風説書」は国内の各地で流布していた諸情報を特定個人がまとめあげて筆写して書付にしたものや、「口書」「口上書」等とも呼ばれるように、オランダ人・中国人など幕藩制社会における異域に属する人々が幕府に海外情報を報告した書付など、「風聞書」以外の広い意味での情報取りまとめの文書一般を指すものと考えられる。「風説」の「説」は、「とく」「かたりとく」「はなす」「のべる」といった意味が本来的なものであり、相手が口頭で述べた内容を改めて筆記したものは、まさに「風説書」と呼ぶにふさわしいものと考えられる。また、オランダ別段風説書や本章の後段で紹介する史料のように、情報提供者から入手した書付類を筆写したものも一般に「風説書」と呼んでいる。

さて、今ここに「風聞」と「風説」とを比較するうえで、大変示唆に富む史料を紹介したい。これは前述の井伊政権が展開した京都風聞探索活動のなかで、安政五年（一八五八）九月五日に京都町奉行与力渡辺金三郎が特使として京都に派遣されていた彦根藩士長野義言《よしとき》に書き送った風聞書[25]の一節である。この八月八日には朝廷より井伊政権を徹底的に非難する内容の「戊午の密勅」が水戸藩へ向けて発せられており、長野は周到な情報網をめぐらしながらも、水戸への使者となった鵜飼幸吉を捕えることができず、八月二八日には桑名宿において京都所司代酒井忠義に、「陰謀方」とみなした梅田雲浜ら志士の逮捕を進言した直後に発給された文書である。その文面の一節とは次の通りである。

一御所向風説書の由別紙壱通及見候に付、写取差上申候、是は風説一と通にて別段探索いたし候儀には無之候ニ付、信用難相成候間、其御積にて御覧可被下候

渡辺は、当時の御所の動静について記した風説書を目にする機会を得たので、筆写したものを差し上げるとし、ただしこれは「風説一と通」であって、自らが探索をしたものではなくて信憑性に乏しいので、そのつもりで御覧になるようにと長野に告げている。ここでは、渡辺は「風説」を噂に等しい不確実な情報とみなし、自らあるいは信頼できる人材により聞き込みを行って作成したもの（「風聞書」）とは、明らかに区別をしていることがわかる。「風聞」と「風説」は一般に同義語として使用されていたことが多いとはいえ、前掲の林子平『海国兵談』の一節にある「風聞」が敵方に味方の内情を知らせるという意味での動詞として使用されていることも併せて、探索と聞き込みを基本動作とする「風聞」は、「風説」よりも能動的な意味を持ち合わせていたことは確かである。

三　混同されやすい「風聞」「風説」

ところで、「風聞書」「聞書」や「風説書」と題された文書の分類、あるいは「風聞」と「風説」という言葉の分類は、江戸時代においてさえ実際にはかなり紛らわしく、明確に区別が付けづらいものがあることも事実である。ここに、その参考となる三つの事例をあげてみたい。

まず、最近刊行が始められた三井文庫「聞書」をあげてみたい。これは、本書で主な基本史料とする武家の風

聞書とはちがい、商人が広範囲から収集した情報をまとめた冊子として注目される。江戸時代の三井は越後屋呉服店（三越の前身）と大坂・京都・江戸の両替店（三井銀行の前身）とがあったが、この聞書は大坂両替店が記録した七巻の「聞書」であり、期間は寛延四年（一七五一）から明治六年（一八七三）までの一二二年間に及んでいる。これらは、両替店の奉公人が店に出入りする人や飛脚・大名の家臣・取引先などから聞き込んだ話を筆記して、「聞書」と標題のある書付を次々と作成してきたものである。現段階では、二〇一一年に1巻（寛延四年から文化四年（一七五一〜一八〇七）までの内容）が出版されている。1巻を見る限りでは、「聞書」の内容は実に雑多であり、幕府から発令された法令の内容、幕府から町人に課した御用金、台風による洪水や家屋・農作物への被害などを大坂・京都・江戸の店同士で情報交換をしているもの、米価・薬種などの価格の推移やこれらにともなう町人の不正の摘発などの商業関係情報、さらには寛政・文化期に入ると、ロシア船の来航に関わる対外情報も克明に記されている。この三井大坂両替店の「聞書」は、店が様々な人材を駆使して能動的に拾い集めたものが多く、情報収集のしかたという点では、前掲の井伊政権や老中水野忠精の「風聞書」と類似する点が多い。

次に、京都府立総合資料館所蔵の平和《ひらわ》家文書中の「風説書」をあげてみよう。幕末期の綾部藩家老平和安遷は、多くの書付類を後世に残しているが、そのなかで「風説書」は安遷の時事的な情報を集めた日記のようなものである。例えば、「文久二年　下　京都騒動風説書　平和安遷」[26]は、文字通り文久二年（一八六二）五月より一二月にかけての京都を中心に起こった出来事や政治関係文書を筆記したものである。その主な内容は、①異国交易に関する朝幕の折衝の経過、②公武関係の現状、③長州藩士来原良蔵の動向、④毛利慶親建白書の内容、⑤幕府への勅書の内容、といったものであり、ほとんどが藩にもたらされた政治情報を筆写したものである。①②に見られる世上に対する評価や、④⑤のような書状を筆写したものは、他の文書中の「風聞書」と標題のあるものにも多く見られ、「風聞書」と「風説書」の内容の類似点としてあげられる。しかし、他の風説書も含めて安遷が筆記したものには、井伊家や水野家に残された「風聞書」のように、特定の探索方の人物を使って聞き込みを行った形跡はまず見られず、主に家老としての立場から入手できる書類をまめに筆記してまとめたものと考えられる。従って、これは主に情報提供者から入手した書付類を筆写してまとめたものを「風説書」と呼んでいる例といえよう。

また、もうひとつの例として、『鹿児島県史料　玉里島津家史料補遺・南部弥八郎報告書』一・二中の「南部弥八郎風説書」（文久二年四月〜慶応二年一二月）をあげたい[27]。南部は、江戸の蕃書調所の教授手伝出役となっていた寺島宗則の食客であったところを、薩摩藩に召し抱えられた。島津久光は後述する公武周旋のための卒兵上京・江戸出府にあたり、不安定な国内情勢のなかで外国勢力による干渉を警戒し、江戸藩邸において外国勢力の重要拠点となっている横浜を中心に情報収集する担当者を特設したが、その担当者に選ばれたのが南部であった[28]。南部は、文久二年（一八六二）四月から慶応二年（一八六六）一二月まで、探索方として主に江戸や横浜の情報を収集して藩に報告している。これらの報告書のうち、南部が江戸や横浜を中心に政治・社会・外交問題などの諸情報を一か月単位にまとめてその月末の日付で江戸薩摩藩邸に提出した月例報告は、いずれも「風説書」の標題が付けられており、これらは前掲『鹿児島県史料』では「南部弥八郎風説書」（六二冊）に分類されている。一方、南部が月例の報告とは別に必要に応じて藩邸に提出したと思われる書付には「風説書」の標題はなく、それぞれ情報の内容に応じた標題が付けられ、「維新前後諸書付」（六六点）に分類されている。南部の報告書は、内容的にはその大半が情報提供者から入手した文書・書付や外国新聞などを写したものであるので、「風説書」の名が付けられたものと考えられる。しかし一方で、南部自身が見分したり、多くの人物から聞き込みを行ったり、伝え聞いたりした情報も多く含まれており、南部が藩の探索方として派遣されたことと併せて、前掲の「風聞書」の情報収集と類似している要素もある。また、南部が月例報告として江戸藩邸に提出した報告書に、「風説書」の標題があることも興味深い。定期的に情報内容を報告するという点では、前掲のオランダ風説書も年次報告といえるものであり、今後書誌的に「風説書」を考察するうえでのひとつの手がかりになり得るものかもしれない。

このように、「情報」という翻訳語が登場し、多くの意味を包括する便利な現代用語となる以前の幕末期においては、これに代わる主な言葉としては「風聞」「風説」をはじめとするいくつかの用語があったが、これらは基本的には同義語として使われることが多かった。しかし、語源や用途から厳密にその違いを見てみると、探索方などの人材の聞き込みによる情報収集の内容が報告されたものを「風聞書」や「聞書」と呼んだのに対し、特定の人物による口頭での報告の内容や情報提供者からもたらされた書付類や新聞記事などを筆写してまとめられたり報告されたりしたものを「風説書」と呼ぶ場合が多いと考えられる。よって、前述のように探索による聞き込みを基本とする「風聞」は、「風説」と比べてより能動的な意味を持ち合わせているのではないかという点がひとつあげられよう。ちなみに、「風聞」という言葉はその歴史的源流がかなりしっかりと判明しているのに対し、「風説」はその点について今のところ不明な点が多い。

また、基本的に「風聞」の「聞く」という動作と「風説」の「説く」という動作は、自分が相手に対して「聞く」から相手はそれに対して「説く」（答える）という連関性をもっており、作成された書付の名づけ方も完璧には区分できないという性格があることも見逃せない。さらには、前掲のように幕末期においても「風聞」と「風説」には噂や評判といった意味の共通部分があり、「風聞書」と「風説書」には明確に一線を画せない要素があって、実際には極めて曖昧模糊とした使われ方がなされていたことが多かったといえよう。

さて、ここまで検討してきたところでひとつの結論を述べるとすれば、世の中が大きく変転するなかで様々な階層の人々が実に活発な情報収集活動を展開した幕末期において、明治初期に登場してやがてメジャーな近代的用語となった「情報」という語の先がけとなった同義語の主流は、「風聞」「風説」の両語ではないかということである。その理由としては、まず用語としての意味が両語ともに今日の「情報」に極めて類似していることがあげられるが、さらに「風聞書」「風説書」など幕末期の情報収集関係文書の標題として広く用いられていること、また幕末期の情報収集関係史料のなかで「風聞」「風説」の両語は他の類似語に比してその使用頻度が圧倒的に高いことがあげられる。

このように、明治初期に軍事用語として登場し広範な意味をもつ近代的用語に発展した「情報」に対し、それ以前に同様の意味を有する用語として使用されていた「風聞」と「風説」の性格を中心に分析・検討してきた。言葉というものは、人間が日常において意思の疎通をはかるためには必要欠くべからざるものであり、現代を生きる私たちや未来を生きる新しい世代が時代や社会の変化に応じて日々進化させていくものである。そこで、本章でとりあげた問題については、今後さらに多くの用例を検証していくことで、その研究を進めていきたいと考えている。

(1) 近世の情報問題に関する研究史を整理・総括したものとして、高部淑子「日本近世史研究における情報」(『歴史評論』六三〇号、二〇〇二年)をあげることができる。また、幕末維新期の情報問題についての代表的な論文を集成し研究史を紹介したものとしては、保谷徹編『幕末維新と情報』(幕末維新論集一〇、吉川弘文館、二〇〇一年)があげられる。

(2) 代表的な研究としては、阿部征寛「堀口貞明の思想と行動」(『横浜開港資料館紀要』八号、一九九〇年)、宮地正人『幕末維新期の文化と情報』(名著出版、一九九四年)、岩田みゆき『幕末の情報と社会変革』(吉川弘文館、二〇〇一年)、同「幕末の対外情報と在地社会――『風説留』から見る――」(明治維新史学会編『講座明治維新1 世界史のなかの明治維新』有志舎、二〇一〇年)、落合延孝『幕末民衆の情報世界――風説留が語るもの――』

（有志舎、二〇〇六年）などをあげることができる。

（3）近世の領主階級による情報収集をテーマとした研究として、岩下哲典『幕末日本の情報活動――「開国」の情報史――』（雄山閣、二〇〇〇年）、奈良勝司「情報戦としての将軍進発問題――将軍進発要請期の江戸幕閣再考――」（同『明治維新と世界認識体系――幕末の徳川政権　信義と征夷のあいだ――』有志舎、二〇一〇年）、笹部昌利「京よりの政治情報と藩是決定――幕末期鳥取藩池田家の情報収集システム――」（家近良樹編『もうひとつの明治維新』有志舎、二〇〇六年）、などがあげられよう。

（4）風聞書を通じた江戸幕府の情報収集の実態を概観したものとして、『井伊家史料・幕末風聞探索書』上（雄山閣、一九六七年）中の、末松修氏の「風聞書解説」（同書、一〜二五頁）をあげることができる。

（5）「日本経済新聞」一九九〇年九月一五日朝刊の文化欄。小野厚夫氏は、さらに「明治期における『情報』と『状報』」（『神戸大学教養学部紀要・論集』四七号、一九九一年）で、明治九年に酒井忠恕が「情報」という言葉を初めて用いたが、このときはまだ一般化はせず、明治一五年に陸軍省から出版された『野外演習軌典』によって、「情報」という言葉が兵卒の間にかなり浸透したと考えられると述べ、同時に同じ意味の訳語として「状報」という言葉も当初は使用されていたことを説明している。

（6）一八七六年一〇月、内外兵事新聞局発行。さらに、一八八一年一一月には酒井清の名で（彼は一八八〇年二月に忠恕から清に改名している）、その改訂版を発行している。

（7）小野厚夫「情報という言葉を尋ねて(1)」（情報処理学会『情報処理』4-Vol.46-No.4　通巻四八二号、二〇〇五年）。

（8）小野厚夫前掲註(5)論文「明治期における『情報』と『状報』」九三〜九五頁。小野氏は、森鷗外が前掲の『戦論』で使い分けた「状報」と「情報」という言葉についての大島進氏による分析、すなわち敵情推測の所変（客体印象識）である「状報」と、能変（主体思量識）である「情報」という訳出分けをしたという解釈のしかたを引用し、「現在の『情』から受ける語感からすれば、むしろ『情報』よりも『状報』の方が適切であったように思われる」と指摘している。ちなみに、小野氏が引用したものは、大島進「鷗外森林太郎による独逸語 Nachrichten の二つの翻訳語『情報』と『状報』」（「情報処理学会」平成二年度前期全国大会講演）である。

（9）『鷗外全集』（翻訳篇第一七巻、岩波書店、一九五五年）、八七〜八八頁。
（10）石井寛治『情報・通信の社会史——近代日本の情報化と市場化』（有斐閣、一九九四年）、二〜四頁。
（11）ちなみに、辞典に「風聞」「風説」とほぼ同じ意味を持ち合わせることが記されている「風評」という言葉については、次のことがいえる。二〇一一年（平成二三）三月一一日の東日本大震災により発生した、福島第一原子力発電所の事故により、福島県や茨城県産の一部の農作物や原乳から高い濃度の放射能が検出されたことから、一時政府による出荷制限が行われた。その後、人々の過剰反応により原発に比較的近いところで放射能漏れについては安全と判定された地域についても、救援物資の輸送が行われなかったり、一度原子力発電所の被害地域として名前のあがった市町村で生産した食品などは、検査の結果たとえ安全と判断されても、廃棄されたり不買が行われたりという事態が起こった。これをマスコミは一般に「風評被害」と報道した。「風評」という言葉は、幕末期当時においても「風聞」「風説」と同義語として使用される場合があったが、どちらかというと両語と比較して、「うわさ」「とりざた」に近い不確実な内容を示す語として使われることが多かった。さらに、最近に至っては前述のように「信憑性のある情報」に対して、「無責任な流言蜚語としての風評」という対極の意味として使用されることが多くなった。
（12）『漢書』第一一冊（中華書局）、三八五一頁。
（13）『魏書』第二冊（中華書局）、四七八頁。
（14）諸橋轍次『大漢和辞典』巻一二（大修館書店）、三四〇頁。
（15）『太平記』三（岩波書店、一九六二年）、四四六頁。
（16）『信長公記』巻一四（近藤瓶城編、近藤活版所、一九〇一年）、二〇三頁。
（17）住田正一編『日本海防史料叢書』第一巻（クレス出版、一九八九年）、「海国兵談・第四巻・戦略」七六頁。
（18）同右、「海防問答・下」六八頁。
（19）『井伊家史料・幕末風聞探索書』上、三七八〜三九一頁。
（20）松平太郎『〈校訂〉江戸時代制度の研究』（校訂版、柏書房、一九七一年）、一三三〜一三九頁。
（21）法政蘭学研究会編『和蘭風説書集成』上巻（日蘭学会、一九七六年）、史料篇四〜六頁（一六四四年八月一日の条）。

(22) 森克己「国姓爺の台湾攻略とオランダ風説書」(『日本歴史』四八号、一九五二年)。永積洋子「十七世紀後半の情報と通詞」(『史学』第六〇巻第四号、一九九一年)。松方冬子『オランダ風説書と近世日本』(東京大学出版会、二〇〇七年)。
　森氏は、寛文元年(一六六一)に台湾攻略をめざして進撃した国姓爺の水軍と戦ったものの、大損害を受けて長崎に避難してきたオランダ人が、幕府役人に口上で報告した台湾の事情を通詞が翻訳してまとめた「高砂之内けいらんと申所弐艘参申候おらんだ人之口上書」の内容を紹介し、その歴史的意義について述べている。永積氏は、延宝元年(一六七三)にイギリス船リターン号が幕府に通商の再開を求めて長崎に来航したときに、長崎奉行所の役人に随行してポルトガル語とオランダ語を話す通詞計五名が立ち会い、口頭での尋問が行われて口書に認められたことを主題に、当時の日英・日蘭関係や通詞の語学力などについて考察している。松方氏は、通常のオランダ風説書は、原則として長崎において商館長や船長が口頭で語った内容を通詞らの意見を加えて加除・変更し、通詞が和文文書に仕立て商館長が署名・連印するという手順で作成され、従って原文としての蘭文が船載されてくることはなかったとし、これに対して幕末期の別段オランダ風説書はバタヴィアのオランダ領東インド政庁の決定・決議に基づいて蘭文が日本商館に送られ、商館長により長崎奉行所に提出されたと述べている。
(23) 中村質「近世の日本華僑」(箭内健次監修『外来文化と九州』九州文化論集二、平凡社、一九七三年)、二一六〜二二六頁。
(24) 林春勝・林信篤編、浦廉一解説『華夷変態』下巻(東洋文庫、一九五九年)、一八四九〜一八五〇頁。
(25) 『井伊家史料・幕末風聞探索書』上、二七一〜二七二頁。
(26) 京都府立総合資料館所蔵平和家文書五五九(同資料館の文書番号)。平和安遷は、他の書付にも「風説書」の標題を付けている。例えば、「文久三年　風説書　平和安遷」があり、主な内容は、①足利三代木像誅首事件の模様、②大垣藩岩瀬中蔵上書、③彦根藩士嘆願書、④将軍上洛行列書写、⑤上洛中の幕閣の動向、といったものである。
(27) 鹿児島県歴史資料センター黎明館編集、二〇〇二年(一)・二〇〇三年(二)。二冊共に、芳即正氏による解題が記されている。
(28) 芳即正『島津久光と明治維新』(新人物往来社、二〇〇二年)、六九頁。

第一章　老中と情報に関わる諸問題

はじめに

江戸時代を通じて、長い間将軍を補佐し、諸職を統括して幕府政治の中枢にあった老中は、国政上最も多くの重要な政治情報を司る役職であったことは、自明の理であろう。すなわち、老中はその絶大な権力を背景に、圧倒的に多くの良質な情報を発信し、また収集することができる立場にあったといえよう。

情報発信者としての老中の権力機構の実態や、こうした情報の扱われ方を究明することは、非常に重要な研究課題であることは間違いない。しかしながら、本書で最も力を入れるのは、「まえがき」にも述べた通り、老中の情報収集の実態とその性格を究明することである。そこで、まずはその前提となる諸問題について検討したい。

すなわち、一節は幕末期という歴史上の大変革期に直面した水野忠精ら老中が、江戸時代全体の政治史のなかでどのように位置づけられるかという問題である。二節は開国政策を推進した幕府が朝廷・諸大名をはじめとする諸政治勢力から厳しく問い直された、「征夷」の職掌について、歴史的に振り返るところから始めて、あらためて考察していく。三節は水野忠精の情報収集に対して、その絶好の比較材料となる大老井伊直弼を中心とする組織的な情報収集の実態を概観する。そして、四節は忠精の水野家の三河時代から父忠邦に至るまでの系譜をたどり、さらに老中に就任した忠精が置かれた幕末期の政治状況についてみていきたい。

一　幕末期の老中

二六〇年以上にわたる長期政権を実現した江戸幕府の大半の時期において、その実務を統括したのは、将軍を補佐する立場の老中であった。そもそも、老中の源流は二代将軍秀忠や三代将軍家光が補佐役として有力な譜代大名を抜粋して用いた年寄衆であったが、家光の代の幕府の機構整備にともない、寛永一一年（一六三四）には役職としての老中が確立し、さらに同一五年（一六三八）には主立った幕府の諸職は老中支配の職に編成され、幕府機構には将軍―老中―諸職という整然とした組織と命令系統ができあがった。(1) 以後、老中職は三河以来徳川氏に忠勤してきた譜代大名たちのなかから、四～五名を定員として選任されるのが慣例となり、特に政治的に重要な時期においては老中の上に大老を置くこともあった。

大老・老中の在職期間については、基本的には個々人の事例により様々ではあるが、老中制度が確立する寛永一一年から廃止となる慶応四年（一八六八）までの二三四年間に計一四九名（再任も含めて）が大老・老中に就任している（うち大老は一〇名）。(2) これら全体を平均すると、一〇年間に約六・五名が就任するという計算になる。実例をあげれば、天草・島原一揆の鎮定に功があった松平信綱は家光・家綱の代を通じて二六年五か月、同じく家光側近グループのひとりであった阿部忠秋は三〇年五か月、家重・家治の代の松平武元は在任中に死去するまで三三年二か月、田沼時代を現出した田沼意次は一七年、天保の改革を推進した水野忠邦（忠精の父）は一五年一〇か月など、極めて長期間にわたり在任する例が多く見られる。(3)

しかし、幕末期を迎えると様相は一変する。表1「幕末期の大老・老中一覧表」を参照されたい。これは、天保の改革が挫折する天保一四年（一八四三）から老中職が廃止される慶応四年（一八六八）までの、二五年間にわたる大老・老中職の推移を示したものである。これを見て一目瞭然に判明することは、安政五年（一八五八）

の日米修好通商条約の時期を境に、老中が短期間に次々と入れ替わる現象が起きていることである。ちなみに、同条約が締結された安政五年六月より老中制度が廃止される慶応四年二月までの約一〇年間では、合計三八名（再任を含めて）が老中に就任している（うち大老は二名）。江戸時代を通しての平均の約六倍という数字である。また、表2「幕末期の若年寄一覧表」を見ると、若年寄が幕府の職として成立した寛永一〇年（一六三三）三月より廃止となる明治元年（一八六八）三月までに、計一六一名が同職に就任している。日米修好通商条約が締結された安政五年（一八五八）六月以降を見ると、このわずか約一〇年の間に四九名という人数を数え、こちらは江戸時代を通しての平均の約七倍という数字となり、在職期間の短縮化という点で老中とほぼ同じ現象を見せている。

幕末期における大老・老中就任の実態については、すでに近松真知子氏の先行研究がある(4)。近松氏は、幕末政権担当者（大老・老中）一覧表を示されたうえで、ペリー来航を画期とする幕末期の老中就任者の特徴として、在職期間が短いこと、再任・再々任などの重任が多いこと、人員が増強されたことを指摘している。また、その要因として、江戸幕府初・中期には老中の権力が比較的強固で長期政権へと結びついたが、文久期以降は一橋慶喜・松平慶永ら徳川家一門が将軍後見職あるいは政事総裁職などに就任して政治介入したこと、また政治的争点が頻繁に変わる状況であるため、特定人物の長期政権が不可能となったことをあげている。さらに、幕末期に江戸幕府は人材登用に力を入れたものの、身分や家柄など種々の慣例や例格が障害となって、思うような人材登用が実現できなかった点も指摘している(5)。

次に、高橋秀直氏は、幕末期の老中の資質が低かった点を、政事総裁職となった松平慶永（春獄）による老中批判の例に求めている。高橋氏は慶永が国元の福井藩主への書翰（文久二年七月二五日付）で、自分の幕政改革に非協力的な老中を「ふぬけ同然」と述べていることから、「春獄が述べる老中の無力化は、その在任期間の点

表2 幕末期の若年寄一覧表
（『大日本維新史料・柳営補任』により作成）

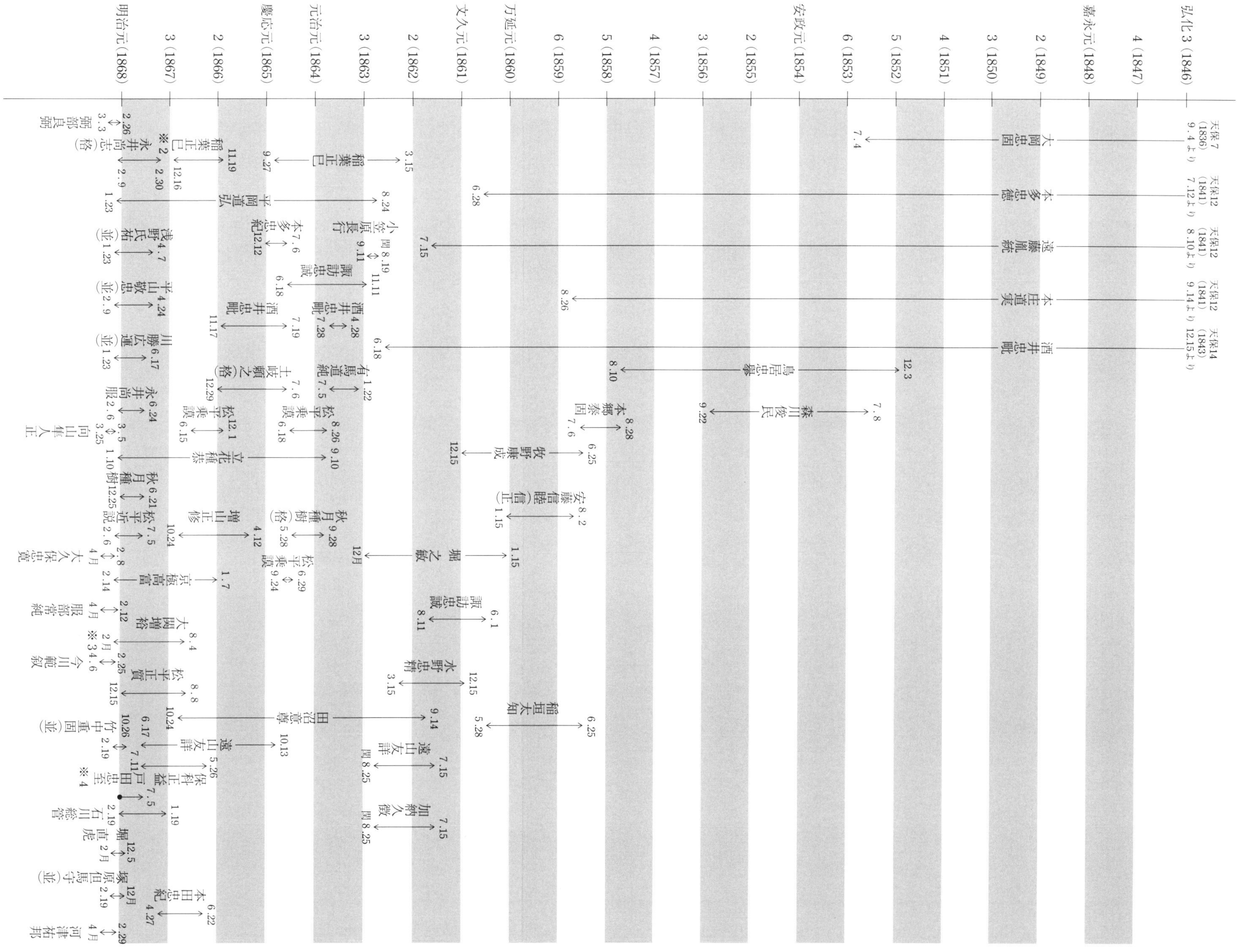

※1　表において(格)とあるのは若年寄格、(並)とあるのは若年寄並を指す
※2　稲葉正巳は願いにより慶応2年6月15日より若年寄格
※3　大関増裕は当初若年寄格、慶応3年1月19日より若年寄
※4　戸田忠至は「若年寄動ヘ相動不及」とあり

表1　幕末期の大老・老中一覧表

（『大日本近世史料・柳営補任』により作成）

※1　表において（格）とあるのは老中格を指す

※2　諏訪忠誠は元治元年7月23日までは老中格

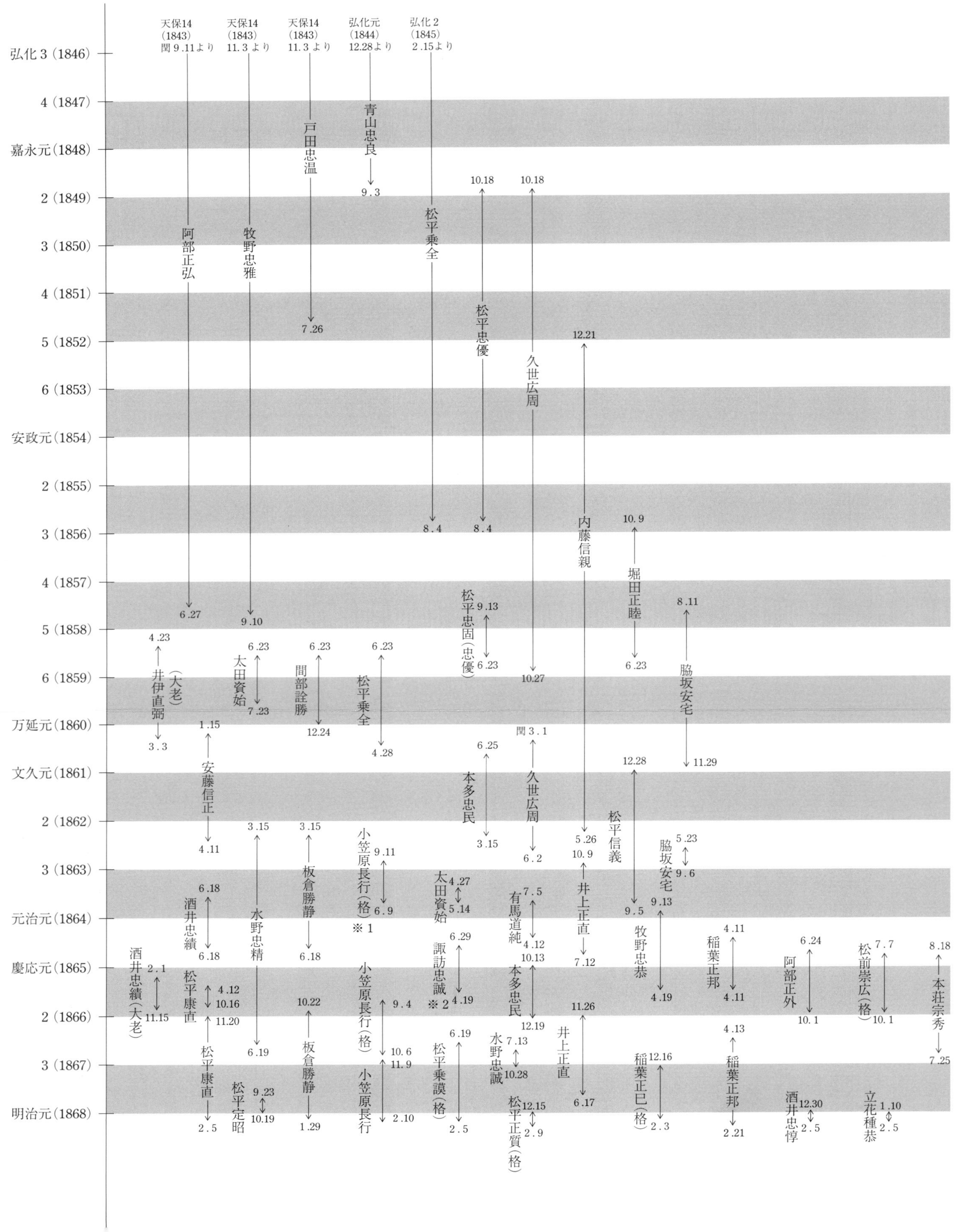

より確認することができる。ペリー来航以後に就任した老中の在任期間はそれ以前に比べ一気に短くなる（一〇・二年から一・五年へ）。そして、そうした短期化傾向がさらに進行するのが、文久二年三月以降である。ペリー来航からこの時までに就任した老中一〇人の平均在職期間は、二・〇年であるが、文久改革以後は、一・二年となるのである。井伊の暗殺、久世・安藤信正の失脚以後、譜代門閥層は自らの内部から強力な中心人物を生み出すことができなくなったと言えよう。」として、何よりも譜代門閥層における人材の枯渇がその主たる要因であるとし、文久改革後には在任期間の短期化にさらに拍車がかかったとしている(6)。

また、これは実証的研究ではないが、旧幕臣で維新後は佐幕派新聞『江湖新聞』や政府御用新聞『東京日日新聞』の主筆となり、晩年は文筆活動に専念した福地源一郎（桜痴）が著した史論『幕末政治家』(7)の文面を紹介したい。福地はその青年期、すなわち安政六年（一八五九）から幕府が崩壊する慶応四年（一八六八）まで、外国奉行の属吏として実際にリアルタイムで幕府内部の職にあった人物であり、その回顧録としての同書の内容は充分に考察材料に値すると考えられる。

福地は、大老井伊直弼が桜田門外の変で横死して以後は、幕府に剛硬の政治家を見ることができないとし（強いてあげるならば外交問題に腐心した安藤信正くらいであるとし）、幕府権力衰退のなかでの板倉勝静・水野忠精ら幕末期の老中らに対する評価を次のように記している。

その上にこの宿弊一洗は、初よりして春嶽殿および板倉周防守（勝静）・水野和泉守（忠精）を以て組織せる幕閣に、期望し得べき事業にあらず。徳川三代（家光公）・八代（吉宗公）のごとき英主にして上にましますか、ただしは松平伊豆守（信綱）・間部越前守（詮房《あきふさ》）・田沼主殿頭《とのものかみ》（意次《おきつぐ》）・松平越中守（定信）・水野越前守（忠邦）等の閣僚下にありて、力を協《あわ》せて断行せば、あるいはその功を見たる事もあらんが、当将軍家（家茂《いえもち》公）幼主なるが上に、幕閣またその人を得ずして、時勢はすでに幕府をして衰亡の逆境に瀕《ひん》せしむるに遇《あ》う。

その成す所なかりしもまた勢のしからしむる所なりというべきか、余はあえてその成功なかりしを尤《とが》めざるなり。

福地はまず、松平慶永による改革は幕府に実権・実力のないことを天下に示したことに終わり、幕末期の宿弊一洗を実現するには、慶永に板倉勝静《かつきよ》・水野忠精らを加えて組織した幕閣には期待することはできないとしている。また、もし三代将軍家光・八代将軍吉宗のような英主が上にいるか、松平信綱・間部詮房・田沼意次・松平定信・水野忠邦らの有能な宰相が下にあって力を合わせて改革を断行すれば、あるいはその成果をみたかもしれないが、将軍家茂が幼主であるうえに幕閣に人材がいない状況では、すでに衰亡の逆境に瀕した幕府がなす術をもてないのも、時勢のしからしむるところであるという見解を述べている。福地は、幕閣に強力なリーダーシップをもつ人材が枯渇していた当時の状況を指摘する一方で、衰亡への一途をたどる幕府の逆境という大きな時勢の流れを、もはや何ものによっても食い止めることができないという歴史的宿命性も強調している。

さて、そこでこれら先学諸氏の見解を参考にしながら、老中水野忠精についての研究に取り組んでいる立場から、筆者の見通しを述べてみたい。幕末期の老中については、個々の人物を一人ひとり検証して行くことが重要であるが、まず幕末期という特別な時代背景のなかでの全体的な趨勢をみていくことにより、現段階で指摘できる点をあげてみたい。

まず、前掲の近松・高橋両氏は、共に幕末期の老中はそれ以前に比べて在職期間が極端に短いことをとりあげ、政治的争点が次々と変わる激動の政治情勢のなかで、もはや譜代門閥層の中からでは国政のうえで充分にリーダーシップを発揮できる人材を出すことができなかったことを強調している。確かに、これだけ短期間に次々と老中が入れ替わり、江戸幕府は崩壊してしまったのであるから、結果論からすれば老中たちが無能・無力であったという見方は一応の妥当性はもつであろう。

両氏が指摘した譜代門閥層からの人材登用にもはや限界があったという点については、文久二年（一八六二）一一月一一日に儒者安井息軒が幕府に提出した長文の意見書「時勢一隅」(8)の中でこの点について具体的な意見を述べているので、ここにあげてみよう。なお、「時勢一隅」の全体の概要については、本書第三章二節を参照されたい。

只今之世柄ニ而、卑賤より引上、閣老と被成候訳ニ者参兼可申候、（中略）当時ハ封建世禄之御制度、唐虞三代と道を同し世界第一之美政御座候、然共士を貢し賢を挙る法無之、寺社奉行以上之御譜代諸侯之中より抜、芙蓉之間以下之役人者旗下（マヽ）・御家人之中より御撰被成候事故、人材撰挙之道至て狭く候、御歴代様幷ニ諸家御先祖方ニも明君多候得者、此実御心付無之筈ハ無御座候得共、是名已事を得さる勢御座候、漢土三代以下ハ論するニ足ず候、周以上之処者世禄御座候得共、三卿二十七大夫・八十一元士抔と申候而世禄之人至而少候、庶人在官者ハ此方御抱席之類ニ而、一代切御座候故世禄ニ無之、軍兵ハ農民を用候故、平生禄秩之費無之、僅成世禄之士を豊饒なる米穀ニ而養ひ、養子と申事無御座候故、血統なけれハ其家絶へ、其子不肖ニて用立不申候得者世滅之法あり、君子之沢五世而竭と申候而、四代打続御用ニ不相立候得者、先祖大功御座候而も其禄を除候、（中略）百年前後之頃より役料と申事相始り、小知之衆も大官相勤候様相成、人材之窮を返々至極之良法候得共、是迚も世禄無之者ニハ不及候故、人材御撰挙之筋ハ依然として狭小ニ御座候、就者世禄之衆を御勉励被成、御用ニ御立ニ成候外有之間敷、人材教育ハ今日第一之急務と奉存候

安井息軒は、国政の要となる寺社奉行以上の要職は譜代大名より選抜し、芙蓉の間に詰める勘定奉行・町奉行以下の幕府の役職も旗本・御家人の中からしか選抜できない現行の制度のもとでは、たとえすでに役料の制度が導入されて小禄の者でも大官を勤めることが可能にはなっているものの、これとても世禄の武士の枠を出ることはなく、人材登用の道はいたって狭小であるとする。これに対し、その比較材料として中国古代の周王朝におい

ては、世禄の者は少なく、庶民からの在官者は一代限り、軍兵は農民を用いるので世禄ではなく、たとえ世禄の者であっても養子が認められないので、血統がなければ家は断絶し、不肖の跡継ぎを出した場合は世禄を滅する法もあり、また世禄の者が四代にわたり御用が勤まらない場合はその禄を除いてしまうという、厳しい社会的規範を紹介している。しかし、当世の論客であった安井息軒をもってしても、前例となる幕府職制の秩序を崩してまでも思い切った人材登用をはかろうとするところまでは意見が踏み込んでおらず、自らその限界性を見せている。

ちなみに、安井の言うところの教育とは、諸侯や大身の幕臣のほとんどが深宮の中に生まれ、長く婦人の手により養育されることにより士風は退廃し、柔弱な人材を輩出することになる。そこで、こうした弊害を取り除くためにも、幼少時より婦人を遠ざけ、剛正の士と親しませ、何よりも学問を第一として人材を育成しようとするものである。しかし、結果論からすると、人材は従来の枠の中に限られるところで教育の立て直しをはかるという安井の意見は、一〇年単位の長い時間を要するもので、日々刻々と変化する幕末期の情勢には、とてもついていけるものではないことは明白であろう。

さて、そこで本節では、年表式に作成した表1「幕末期の大老・老中一覧表」と表2「幕末期の若年寄一覧表」を参照しながら、弘化三年（一八四六）から明治元年（一八六八）に至るまでの、大老・老中と若年寄の在職状況の特徴について概観してみたい。

まず、表1・2共に弘化三年からペリー来航・日米和親条約締結を経て日米修好通商条約が締結される安政五年（一八五八）までの間においては、例えば老中では阿部正弘が一三年九か月、牧野忠雅が一三年一〇か月、戸田忠温が七年九か月、若年寄では大岡忠固が一五年一一か月、本多忠徳が一九年、遠藤胤統が一九年一一か月と、長期にわたってその職を勤めており、老中・若年寄共に半年・一年というような短期で交代する例を見ることはできない。大老を含めて、これらの幕閣が短期間に目まぐるしく入れ替わるようになる画期は、二つの表で明らかなように、通商条約締結による開港の時期ということになろう。

　表1・2の全体のなかで、通商条約締結後においては、老中・若年寄共に短期間に交代する者のなかには再任が多く、表1の大老・老中では一二名が再任、小笠原長行《ながみち》は再々任にまで至っている。表2の若年寄では五名が再任、酒井忠毗《ただます》は天保一四年（一八四三）一二月より約一八年の長きにわたり勤めた後に、再々任にまで至っている。また、表2では若年寄から老中（あるいは老中格）に昇進した者が八名を数えている。

　表1の幕末期において、老中格となった者は小笠原長行をはじめ六名を数える。元来老中格とは、近習の者が老中に昇進する階梯となるもの、あるいは石高三万石未満の者が老中に登用された場合の職名であったが、幕末期にはこれらに加えて部屋住や隠居の者がこの職に就任している[9]。若年寄格は、諸大名が幕末期に至り煩雑化する幕府の軍事・外交などの重要な任務に服するときに、格式としては若年寄と同じように扱われるものを指し、なかでも、慶応三年（一八六七）二月に就任した永井尚志は、万石以下での初めての抜擢である。また、若年寄並については、慶応三年中に旗本の身分で就任した永井尚志以外の五名は全て若年寄並として扱われている[10]。

　さて、幕末期においては、開国による軍事・外交をはじめとする政治的課題の膨張により、当然のように老中の職掌も拡大して行く。通商条約調印問題が逼迫する政治的状況にあった安政五年四月二八日の「老中司務掛分達書」には、老中の新たな職務として、「外国御用取扱」「京都御警衛并大坂表御台場築立」「学問所」「講武所」のほかに、「深川越中島調練場、大森町打場」「清水跡片付」（以上が堀田正睦へ）、「御軍艦繰練并長崎表蘭人伝習」「大艦製造」「大小砲鋳立」「梵鐘鋳換」「組々調練」「蕃書調所」「医学館」「天文方」（以上が松平忠優へ）、「蝦夷地御開拓」「内海御台場御修復」「御広敷并御守殿御住居御取締」（以上が久世広周へ）、という多くのものが加えられた[11]。さらに、文久の幕政改革が行われた文久二年には、老中の職務に「蒸気機関御取立」（六月三日）、

「海陸御備場向幷御軍制取調」（八月一九日）、「西洋医学所」「御改革」「外国掛」（一一月二日）が追加されている。(12)これらは一時的な職務も一部含まれてはいるものの、全体的に開国にともなう恒常的な職務内容の拡大を示している。

大老・老中・若年寄の現職人数の変遷については、第一回ペリー来航の嘉永六年（一八五三）六月段階では老中六名・若年寄五名であったが、幕府が通商条約に基づいて翌月からの神奈川・長崎・箱館の開港を許可した安政六年（一八五九）五月段階で大老・老中合計六名・若年寄六名、禁門の変直後の元治元年（一八六四）八月段階で老中七名・若年寄七名、将軍家茂が大坂城で死去した直後の慶応二年（一八六六）八月段階で老中七名・若年寄九名、後述する仏公使ロッシュの助言により老中・若年寄の職掌の専門職化がなされた直後の慶応三年七月段階で老中六名・若年寄一二名、大政奉還・王政復古の大号令を経て徳川家が一大名となった直後の慶応四年（明治元）一月段階で老中八名・若年寄一四名となっている。老中・若年寄共に、職掌の拡大による必要性に迫られた増員といえようが、若年寄に関してはほとんどの者が他の職掌を兼務するという状況のなかでの大幅な人員増である。

では、表1・2を参照しながら、幕末期における主要な幕閣人事の流れについて概観してみたい。前に、老中・若年寄の在職期間が急激に短縮化する画期は通商条約締結による開港であると述べたが、その直前の時期に幕閣内部の対立抗争による人事の急変がなかったわけではない。安政二年（一八五五）八月四日には、松平乗《のり》全《やす》・松平忠優の両老中が同時に罷免されているが、これは和親条約締結後に幕政参与の前水戸藩主徳川斉昭が松平慶永・島津斉彬ら諸大名勢力を後援として幕政改革を推し進めようとしたのに対し、両老中が江戸城溜間詰大名勢力と結んでこれに抵抗するという対立関係が生じたために、老中阿部正弘が事態収拾に向けて両老中を罷免するに至ったという経緯がある。これはペリー来航・和親条約締結後の政治的混乱による人事といえる。

次に、表1を見ると、安政五年六月二三日をもって老中のうち二名が退任し三名が新たに就任しており、これは日米修好通商条約締結後の大老井伊直弼による幕閣の改造である。罷免された二名の老中のうち、堀田正睦は将軍家定の意向により京都への勅許奏請にあたり不行届きがあったためとされ、松平忠固は直弼の大老就任に荷担した人物ではあるが、将軍継嗣決定を急ぐ直弼に対して主意強く異議を申し立てたためとされている。これに代わり、太田資始・間部詮勝・松平乗全の三名が新たに老中に任命された。太田資始は掛川藩主を退いて隠居中に急遽抜擢されたもの。間部詮勝は天保一一年（一八四〇）に老中となり、同じ老中水野忠邦と政策上の対立をして同一四年に退任したが、ここで直弼により再任されたもの。そして、松平乗全は前掲のように、安政二年に老中阿部正弘により罷免されたものの、直弼の信任により再任された。これらは、彦根藩士で江戸公用人の宇津木六之丞の強い要請により、直弼が違勅調印の責任追及をかわすための方策として行った人事であるといわれている(13)。

万延元年（一八六〇）三月三日の桜田門外の変で井伊直弼が暗殺された後は、直弼の路線を継承した老中安藤信正（信睦）が約一年半ぶりに老中に再任された久世広周と共に幕閣の中心をなす、いわゆる安藤・久世政権を形成し、和宮の降嫁を軸とする公武合体政策を展開する。その後、坂下門外の変をきっかけに安藤・久世政権が崩壊に向かうと、文久二年（一八六二）三月一五日に水野忠精・板倉勝静の両名が老中に任命されて、幕閣の中心をなすようになる。この両老中就任とほぼ時を同じくして、島津久光の卒兵上京と江戸出府という前代未聞の行動がなされ、一橋慶喜が将軍後見職に、松平慶永が政事総裁職に、松平容保が京都守護職にそれぞれ就任するという徳川氏家門の人材の国政進出がはかられる文久の幕政改革が断行されて、従来の老中・若年寄を中心とする幕政の機構に少なからぬ影響を与えることになる。

例えば、将軍家茂第一回上洛時の文久三年三月、生麦事件の事後処理問題をめぐって英国側が抗議する事態にかんがみ、在京の将軍後見職一橋慶喜が急遽老中格小笠原長行をその対応のために京都から江戸へ派遣したが、小笠原は独断で生麦事件の賠償金を英国に支払うとともに、尊攘激派勢力を追い払うべく卒兵上京を行おうとした。しかし、すでに朝廷に攘夷決行を約束した慶喜は、自らの保身をはかるべく部下に命じてこの事態を朝廷に報告し、将軍家茂や老中水野忠精ら在京幕閣も小笠原らの卒兵上京を阻止する行動に出て、結局小笠原は罷免される結果となった事件があげられる。

また、老中が辞任する他の事情としては、万延元年から文久三年まで三年間近く老中を勤めた亀岡藩主松平信義のように、深刻な藩財政の窮乏と、幕閣在職中は国元での藩主不在が続いたことで藩政改革が思うように進まない状況があったことなどにかんがみて、藩の吏僚有志が信義に老中を辞任するよう建言をしようとした例があげられる。この運動があってのことと考えられるが、信義は文久三年（一八六三）八月一九日に幕府に辞職願いを提出してこれが認可されている。藩主が出仕して老中をはじめ幕閣に在職することにより、国元の藩がいかに疲弊を強いられていたかを示す事例といえよう(14)。

さて、元治元年（一八六四）六月一八日に酒井忠績《ただしげ》・板倉勝静両老中と諏訪忠誠・松平乗謨《のりかた》両若年寄が辞職しているのは、いわゆる六月政変といわれる事件である。文久三年の将軍家茂第一回上洛において朝廷に攘夷の決行を約束させられた幕府は、その妥協案として横浜鎖港の方針を打ち出したが、外国側は猛反対して到底受け入れられるものではないとする姿勢を示した。六月政変は、当時横浜鎖港の実施を強硬に主張して決起していた水戸天狗党を擁護しようとした政事総裁職松平直克らのグループと、これに不同意な酒井忠績ら四名を中心とするグループの対立により起きたもので、四名が罷免されたのは直克が将軍家茂を説得してのものであった。また、その後直克自身が罷免されたのは、水戸藩主徳川慶篤の進言によるものであり、慶篤はそれまで天狗党の鎮静化には消極的であったが、たび重なる天狗党の常軌を逸脱した略奪行為にかんがみ、ここで一転してその鎮圧へと動き出したためである。これにより両勢力は共倒れの結果となった。

慶応元年（一八六五）一〇月一日に阿部正外・松前崇広両老中が退任しているのは、一〇月政変によるものである。同年九月には、英・仏・米・蘭四か国が条約勅許と兵庫先期開港を要求して軍艦九隻で兵庫沖に至り示威行動を行い、ここで幕閣との外交交渉を行った。この事態に対応すべく、阿部・松前両老中は幕府専断による諸外国との兵庫先期開港交渉を行おうとした。しかし、禁裏守衛総督一橋慶喜が朝廷への条約勅許奏請を優先すべきであるとしてこれに反対して朝廷に働きかけたため、朝廷が両老中の官位を剝奪して両名が罷免されるという、異例の事態となった。

ところで、将軍家茂は、文久三年二月一三日より五月二〇日にかけて第一回の上洛を行い、同年一二月二七日より翌元治元年五月二〇日にかけて二回目の上洛をし、さらに慶応元年（一八六五）五月一六日には長州藩征討を名目に江戸を進発し、翌二年七月二〇日に大坂城で病死するまで、江戸に帰還することなく上方に滞留した。また、一五代将軍となった徳川慶喜は、就任当初より明治元年（一八六八）一月の鳥羽伏見の戦いに敗れて江戸に帰還するまで、ずっと京・大坂で政務をとった。従って、後述するように、これらの期間は在京・在坂幕閣と江戸留守幕閣に分かれる状況が続いた。

慶応三年六月二九日に、幕府は伝統的な老中の月番制を廃止し、その役割分担の明確化をはかるべく、五名の老中に国内事務総裁（稲葉正邦）・会計総裁（松平康直）・外国事務総裁（小笠原長行）・陸軍総裁（松平乗謨）・海軍総裁（稲葉正巳）を兼務させた。これはフランス公使ロッシュの助言によるもので、近代的なフランス・モデルの内閣制に基づき、各分野ごとに省を設けてその分野に精通した大臣を置き、省ごとに専門家を配置し、仕事の責任は各省にとらせ、最重要案件は閣議を開いて決定するという機構である。この流れで、当該時期の若年寄の多くも、兼務による明確な役割分担がなされる。例えば、浅野氏祐（陸軍奉行）・平山敬忠（外国奉行）・川勝広運（外国掛）・永井尚服（会計奉行）・立花種恭（会計奉行→外国掛）・松平近説（会計奉行）・京極高富（陸軍事務取扱）・大関増裕（海軍奉行）・石川総管（陸軍奉行）・戸田忠至（山陵奉行・禁裏附頭取）などである。

しかし、大政奉還を経て翌明治元年一月の鳥羽・伏見の戦いに敗れた徳川慶喜が江戸に帰った後には、旧幕府の職制は大きな変革が行われる。すなわち、矢田堀鴻を海軍総裁、勝義邦を陸軍総裁、大久保忠寛を会計総裁に任じるなど、旗本による中枢機構を組織する一方、一月二四日には老中・若年寄らはそれぞれの専任を免ぜられ、一五名からなる国内御用取扱となった。これは鳥羽・伏見の戦いの後に朝廷に恭順を唱えた徳川家が実質的に一大名となった結果、全国支配権力は消滅し、老中・若年寄の職の必要性もそのほとんどがなくなり、旗本中心の徳川家の家政改革が進められたためである。また、同年二月から三月にかけては大久保忠寛ら六名の旗本が若年寄に就任しているが、いずれも数十日足らずの短期間のものに終わった。この時期には、老中と若年寄は次々と罷免され、二月二一日の稲葉正邦の罷免をもって老中職が終焉し、四月には若年寄も完全に消滅することになる。

さて、以上のような幕末期における大老・老中・若年寄の在職期間の急激な短縮化という現象の根本的な理由としては、おおよそ次の諸点が考えられる。

① 幕末期の老中・若年寄についていえば、九州は唐津藩のそれも世子という身分の小笠原長行を老中格に登用したり、元は旗本の二男でありながら宗家の白河藩主となった阿部正外を老中に採用したり、永井尚志ら六名の旗本を若年寄あるいは若年寄並に登用するなど、異例の抜擢が行われるケースも若干はあった。しかし、基本的には譜代大名のなかから登用するという伝統的な枠組を出るものではなく、家柄や慣例を重視する人材登用のしかたは、幕末動乱期においても依然として維持されていたといえる。ここに、幕閣における人材枯渇という深刻な事態を生む原点があったことは確かである。

② これに加えて、文久の幕政改革以来、一橋慶喜・松平慶永ら徳川家一門の人材が幕府政治のなかで大きな地位を占めるようになり、譜代門閥層の老中とはたびたび対立あるいは相互不信が生じる事態となり、幕府

が一枚岩となれない状況が続いたこと。特に、老中はかつての国政における幕府の専断能力を取り戻すことに力を注ぐ傾向が強かったが、一橋慶喜ら家門の勢力は朝廷を中心とする新しい政治機構のなかで幕府をいかに優位な位置に置くかに政治的意欲を燃やす方向性をとっている。こうしたなかで、結局は幕閣内での足の引っ張り合いとなる政変や人事の入れ替えがたび重なり、国政担当者としての老中の専権能力は著しく弱まっていった。一方、諸大名の国政参与のための合議機関の編成が島津久光らにより画策され、元治元年（一八六四）に参予会議の成立をみたが、幕閣を離れたところでも審議を行う参予会議は老中らの拒否反応にあい、また参予の一人であった一橋慶喜は他のメンバーと意見が衝突し、この会議は短期に崩壊することになった。

③　幕末期の老中が抱えた政治的課題は、それ以前の時代に比べて圧倒的に多く、また困難を極めるものであり、しかも時間的に待ったなしの対応を迫られるものが多かった。とりわけ、幕末期に全国的に高揚し活発な活動を展開した尊王攘夷激派勢力がさかんに朝廷に周旋を行い、たびたび幕府に攘夷の決行を迫ったことにより、幕府は大きく動揺し、この問題をめぐり幕閣内に派閥抗争が起きて、老中・若年寄の人事が次々と入れ替わる事態が生じたことは特筆すべきである。これは次節で述べるように、元来幕府の長たる征夷大将軍は武家政権の頂点に立つとともに、朝廷の命があれば夷狄を征討する役割を負うという、幕府の本源的な成り立ちのなかで、幕府が決して全面拒否できない歴史的背景があった。

さて、これらをふまえたうえで、次節ではこの③の幕末期における攘夷の決行をめぐる征夷大将軍の職掌について、その歴史的な経緯を含めて、いくつかの問題点をあげてみたい。

二　幕末期の征夷をめぐる問題

幕末期においては、一連の幕府による開国政策を、朝廷の意向を無視して外国勢力の意のままに翻弄されて推進した国威を損なう弱腰外交であるとみて、これに反発する尊王攘夷運動が全国的な展開を見せた。これは、まさに黒船来航にともなう未曽有の国家的危機に対して湧き起こった、ナショナリズムの高揚が背景となった現象である。もちろん、幕府は長い鎖国時代の対外政策を取り仕切ってきた経験とたび重なる異国船来航に対して実地に海防政策を指揮してきた実績を基に、極めて現実的な対応としての開国政策を推進したのであるが、尊王攘夷運動は結果的に幕府の全国支配権力を大きく揺るがし、その国政担当能力を問い直す大きなきっかけとなった。前節で示したように、幕末期において幕閣としての老中・若年寄の在職期間が著しく短期化して、次々と人材が入れ替わる現象が起こった大きな要因のひとつとして、幕府が執拗に攘夷の実行を迫られたことにより、その政権基盤を大きく脅かされたことがあげられる。

では、幕末期に尊王攘夷論が沸騰して幕府の政策との大きな対立が生じた歴史的経緯とは何なのかについて、ここで整理をしてみたい。

そもそも、尊王論は中国において武力で国を支配する「覇」に対して、徳をもって国を支配する「王」を尊ぶという、周の国王をモデルとした思想であり、日本には鎌倉時代から南北朝時代にかけて武家政権である「覇」を否定し、「王」である天皇を崇拝する考え方として受容された。一方、攘夷論は中国の春秋時代に始まる華夷思想に基づいている。華夷思想は、中国大陸を支配した王朝を世界の中心と位置づけ、その思想や文化を最上のものとし、これに従わない異民族（東夷・南蛮・西戎・北狄）を教化や征伐の対象とみなすという、国と国、国と民族を上下関係という縦軸でとらえる考え方である。古代の日本は、中国大陸の王朝に頻繁に朝貢を行い、倭と呼ばれて中国の冊封体制に組み込まれ、華夷秩序のなかでの東夷の地位を自ら認めていたが、その後大陸の王朝との相対化を試みて、自ら日本型華夷秩序というべき世界観を形成し、朝廷に従属しない周辺の異民族を征服の対象とするという、征夷（攘夷）の思想を形成させる。

古代日本においては、朝廷が蝦夷と呼ばれた東北・北陸地方の異民族を政治的に服従させるためにたびたび軍を送り、その総指揮官を「征夷将軍」「征東将軍」「征夷大将軍」などと呼ばれる、令外官に任命している。例えば、『日本紀略』の一節には、延暦一三年（七九四）（一月一日）に天皇が征夷大将軍大伴弟麻呂に節刀を賜うたとある。征夷大将軍は、「征夷」の行為に関しては現地の軍隊の総指揮官であり、桓武天皇に任命されたその代理人という権限を有していたことから、武士階級全ての最高司令官としての力が備わるようになっていった。文治五年（一一八九）に源頼朝が奥州藤原氏を滅ぼし、建久三年（一一九二）に征夷大将軍に任命された段階で、征夷大将軍の職掌については、これまで連綿として継続された「征夷」の軍事行動は一段落し、以後は武家の棟梁であり域内の政治的支配者である「大将軍」の職掌に重きが置かれるようになった。しかし、一三世紀後半には、元寇と呼ばれるモンゴル帝国軍の二度にわたる日本遠征（文永・弘安の役）に対し、これを迎え撃つ鎌倉幕府は、将軍に代わり執権北条氏が軍事的指揮権を発動して、「征夷」の名分に基づく対外戦争を展開した。

時代は下り、一七世紀半ばに明が滅びてこれに替わり清が大陸を支配すると、明の滅亡に対して古代以来の天皇と朝廷は健在であることから、日本人の間で「万世一系の天皇」という自尊心が高まり、中国王朝に勝る皇国日本という意識が確立していった。この時期に成立し尊王論を標榜する水戸学は、まさにこれを体現した学派であり、日本型華夷秩序という観念をいっそう確固たるものにしていく。

では、そもそもの成り立ちが華夷秩序に基づいて、天皇の命により夷狄を征圧する任務を帯びた武家の統率者たる征夷大将軍が、もし攘夷を実行できないことを表明したとすると、単純に考えれば自己否定につながってしまうことになり、幕末期の将軍とこれを支える幕閣の面々は、欧米諸国の圧倒的な軍事力の精強さを知りつつも、攘夷の決行という大義名分を捨て去ることができずに、苦悩を続けることになる。

この問題に関して、青山忠正氏は幕末維新期を日本の政治勢力が東アジア的世界観に基づく征夷秩序（華夷秩序）から進んで、西ヨーロッパ諸国の近代的国際条約に基づく万国対峙の世界観を容認するに至る歴史的過渡期としてとらえている。青山氏は和親条約を征夷秩序のなかでの夷国に対する一時的な融和措置であるとし、征夷秩序の枠内にある限り和親の次に来るのは攘夷しかないが、修好通商条約の締結は征夷秩序を改変して基本的に国と国とを対等な横軸の関係でとらえる万国対峙の体系を受け入れることを意味し、そのために幕府は天皇の勅許を得ようとしたが得られずに条約に調印したため、その不当性を訴える長州藩などの攘夷激派勢力は、条約をいったんは破棄して国威を充分に発揚し、その過程で対外戦争が発生することもやむを得ないが、諸侯会議を開催して全国一致の決議を以て新たに条約を結び直すことをめざしたとする。(15)

また、奈良勝司氏は幕末期において破約攘夷論と対立軸をなした積極的開国論の系譜について、特に自尊意識に基づく中国の華夷秩序やこれを日本に適用して「神州」「皇国」などと呼ぶ自国観を批判して、万国対峙の世界認識体系を持論として展開した儒者古賀侗庵と、侗庵に昌平坂学問所で教えを受けて条約派の幕府吏僚として徳川外交を支えた数多くの弟子たちの活動に着目した。奈良氏は、彼ら「親外派」の有司たちが、国内の破約攘夷を唱える諸政治勢力からは執拗に攘夷の決行を迫られ、通商条約を締結した諸外国からは条約の遵守と攘夷激派の鎮静化を要求されるというジレンマのなかで、曲がりなりにも開国を維持し得たのは、彼らの強固な世界認識体系があったからであり、彼らが第一に意識したのは、徳川家・朝廷・雄藩といった概念に関わらない、「日本」そのものであったとしている。(16)

このように、両氏の見解からは、欧米先進資本主義国との条約締結とその運用をめぐる国際関係が展開されるなかで、日本の諸政治勢力が、その世界認識において従来の華夷秩序に立つのか、それとも新しい国際社会における万国対峙の枠組のなかでの立場をとるのか、その政治的な立ち位置をめぐり激しい論争と政治的闘争を展開したのが幕末動乱期であることが明瞭となる。

では、いったい徳川政権は征夷秩序に基づいて夷狄扱いをした外国勢力に対しては、どのような基本方針で対応をしてきたのであろうか。ここでは、その具体的な例として、一八世紀末からロシア船などの異国船が頻繁に日本列島に接近・来航するなかで、幕府が海岸防備について全国津々浦々に指令した触書の一部を検討してみたい。

例えば、ロシア使節ラクスマンが根室に来航した五年後の寛政九年（一七九七）一〇月に、幕府は南部・津軽両藩に松前・箱館の海岸防備を命じ、同年一一月のロシア人がエトロフ島に上陸した事件を受けて、同年一二月に発令した海岸防備についての触書[17]には、次のようにある。

若心得違候而、此方より事を好、手荒成働仕出し候而者不宜候、先方より重〻不法之次第相決、不得止事節者格別之儀、先者可成丈ヶ計策を以成とも繋留、注進可有之候、惣而異国船ハ漂着候而も、海上江向候而者石火矢打候ならハしの趣ニ相聞候得者、無事故ニ右ニ乗し卒爾成取計従此方仕出候儀無之様ニ可被入念候

ここでは、異国船の側から不法な行いを仕掛けてきた場合は格別であるが、そうでない場合は決してこちらから手荒なるふるまいはしないようにと、よくよく申し渡しており、まずは計策をもってつなぎ留め、領主の側に注進するようにと令している。

ロシア使節レザノフが通商を求めて長崎に来航した翌々年の文化三年（一八〇六）一月二三日付で幕府が海辺領分・知行所のある万石以上・以下に発した触書[18]は、後の天保薪水給与令に受け継がれるものであるが、異国船が海岸に接近した場合は、

異国船与見請候ハ、早々手当いたし、人数等差配り、先見分之もの差出、篤与様子相糺し、弥おろしや船ニ

無相違相聞候ハ、能々申諭し、成丈穏ニ帰帆いたし候様可取計候、尤実ニ難風ニ逢漂流いたし候様子ニ而、
食物・水・薪等乏敷、直ニ帰帆難相成次第ニ候ハ、相応ニ其品相与へ可為致帰帆候

とあり、来航した異国船がロシア船であると判明した場合は、よくよく幕府の方針を申し渡し、争いを起こすことなく穏やかに帰帆するように取り計らい、難船である場合には食物・水・薪などの物資を相応に給与せよとするものであった。

これらの海防政策は、幕府が華夷秩序に基づき、異国人よりも一段高い立ち位置に立つという意識のもとで応接し、彼らに鎖国政策をとる国情を申し聞かせ、さらに不足の品があればこれを給与するという賑恤姿勢を示そうとしたものである。

しかし、文化五年（一八〇八）八月にイギリス軍艦フェートン号がオランダ船を装って長崎港に侵入し、オランダ商館員二名を人質に取って薪水食料の給与を要求した際、当局はこれを撃退できずに彼らの要求に屈して薪水給与を行うことになり、長崎奉行松平康英らが国威を辱められたとして責任をとり切腹する結果となったフェートン号事件は、幕府に大きな衝撃を与えた。さらに、文政七年（一八二四）五月には、水戸藩家老の領地である常陸国大津浜にイギリス捕鯨船員一二名がボートに乗って接近、上陸して食料の給与を要求し、水戸藩は彼らに食料を給与する結果となる、大津浜事件が発生した。この事件で、イギリス人と接見した水戸藩儒者会沢正志斎は、彼らの上陸が侵略の危機に直結すると認識した[19]。また、同年八月には、イギリス捕鯨船員が薩摩国宝島に上陸して略奪を行う事件も起こった。

そこで、幕府は翌文政八年（一八二五）二月に異国船打払令を発令した[20]。この触書では、イギリスに限らず南蛮西洋は御制禁邪教の国であるから、

以来何れ之浦方於ても異国船乗寄候を見請候ハ、、其所ニ有合候人夫を以不及有無一図ニ打払、逃去候ハ、、

追船等不及差出、其分ニ差置、若押而致上陸候ハ、搦捕、又者打留候而も不苦候

とあるように、異国船が接近してきたらそこに有り合わせた海岸防備の人員により一図に打ち払い、異国人が逃れた場合にはあえて追うことはせずにそのままにしておき、もし強引に上陸しようとした場合には異国人を捕え、あるいは打ち殺してもかまわないとする内容である。ここで明らかなのは、打ち払いのために軍備増強するのではなく、従来の軍備内容を前提にして、異国人の上陸を阻止することに力点が置かれていることである。

天保一一年（一八四〇）にアヘン戦争が発生し、オランダ風説書や唐風説書により、清国軍が最新鋭の軍艦や火砲を駆使したイギリス軍により惨敗したという情報が次々ともたらされると、老中水野忠邦を中心とする幕府は天保一三年八月に異国船打ち払い令を撤回し、前掲の文化三年の触書の内容に戻す薪水給与令を発令した。嘉永六年（一八五三）六月のペリー来航や翌月のプチャーチン来航は、この薪水給与令の体制のもとでの事件であったが、この時も幕府は米・露両国との間に和親条約を結び、彼らが要求した通商は認めず、下田・箱館（ロシアにはさらに長崎を加える）を開港して難船来航の場合は薪水給与を行うという、従来の基本方針のもとでの関係を維持した。

このように、一八世紀末からペリー来航期に至るまでの幕府の海防政策は、伝統的な華夷秩序（征夷秩序）に基づいて一段高い立ち位置から異国船を夷狄扱いはするものの、異国船来航の在り様や世界情勢などの実態に充分配慮した、現実的にとり得る範囲での対応のしかたがその根本にあった。ここで一貫している点は、異国船の側から一方的に攻撃や略奪を行ったり、あるいは沿岸の住民と交易を行ったりした場合以外は、決してこちらから攻撃をしかけることはせず、日本の国情を充分に言い聞かせたうえで穏便に帰帆させ、難船が漂着した場合は薪水・食料を給与するという、賑恤姿勢を見せるように指令していることである。なかでも、相手からしかけてこないうちにこちらから攻撃をすることは決してせず、相手が攻撃をしかけてきた場合に応戦してこそ戦いの名

分が立つとする海防政策の基本姿勢は、後述する文久・元治期の攘夷に対する幕府の姿勢にも受け継がれる連続性をもったものであった。

しかし、幕府の無勅許による安政五か国条約調印後、全国的に高揚した尊王攘夷運動は、朝廷を動かして幕府による条約体制を非難するとともに、幕府に強硬に攘夷の決行を迫った。ここに至り、鎌倉時代以来その実質的な意味がうすれてきていた征夷大将軍の職掌のうちの「征夷」があらためて重要な責務として注目され、執拗に幕府に突き付けられることになった。文久三年（一八六三）三月に上洛した一三代将軍徳川家茂は、孝明天皇から「攘夷の実行」を要請され、これを奉承した。続いて、朝廷から攘夷の期限まで迫られた幕府は、五月一〇日と回答したため、これを名分として同日に長州藩による下関海峡通過の外国船への砲撃が始められた。

ところが、いっこうに攘夷決行の手だてを講じない幕府に対し、尊攘激派勢力は、孝明天皇が直接に攘夷行動の指揮を行うべく、攘夷親征を企てる。例えば、尊攘激派の主要な論客である久留米水天宮神官真木和泉は、早くから討幕の思想をもつとともに、将軍に代わり天皇が大坂城に行幸して攘夷のための軍事的指揮権を発動するという、攘夷親征論を唱えた。真木は、西洋諸国が軍艦・大砲などの器械に優れ駆け引きにも長けている一方、我邦は二〇〇年の泰平により兵卒の士気も弱く軍器も適用でないことは自明の理であるが、まずは天皇の親征により人気を奮い起こすうちに、智略・才覚ある人物も出て防禦の術もできてくるであろうとし、

如此両三度　車駕を動かし給ひなば、後日の外国征伐は、四道将軍の如く、親王方を元帥として、其一面の諸侯を指揮して出征し、　車駕は只時を以て東西南北巡狩がてら其方の軍機を運籌したまひて可なるべし、(21)

とあるように、天皇が両三度は玉座を動かし、外国征伐のためには、かつて崇神天皇が自らの四方に派遣したと伝えられる四道将軍の如くに、親王を元帥に任命して諸侯を指揮統率させて軍事行動を起こすことが肝要であると述べている。攘夷を決行できない幕府から征夷の職掌を剥奪し、天皇自らが軍事的指揮権を発動して攘夷を行

うという大胆な計画である。

このような流れのなかで、幕府は老中ら幕閣が中心となって実際に外国勢力との戦闘を回避するなかで攘夷を実現すべく、横浜鎖港を推進しようとするが、外国勢力の頑強な反対により頓挫し、この政策は実質上棚上げ状態となる。

一方、長州藩の外国船砲撃事件が発端となった四国艦隊下関砲撃事件の事後処理をめぐり、元治元年（一八六四）九月二二日に幕府が英・仏・米・蘭四か国と交わした下関取極書において、四か国が幕府に賠償金の支払いか下関の開港かの二者択一を迫った結果、幕府は日本政府の立場から賠償金の支払いを選んだ。しかし、外国側が提示した賠償金は、三〇〇万ドルという幕府にとって短期に支払うことが不可能な額であり、ここから幕府は外国側に主導権を握られて外交問題で翻弄されるという、長州藩の攘夷行動がもたらした負の連鎖に陥ることになる。

慶応元年（一八六五）九月一三日に、四か国艦隊は条約勅許および兵庫先期開港を要求するために軍艦九隻を率いて兵庫沖に至り示威行動を行ったが、この時の兵庫沖交渉において、四か国側が幕府に対して賠償金三〇〇万ドルの三分の二を軽減する代償として、条約勅許、兵庫先期開港、低関税率の採用を提示した。これらのうち、前二者については、幕府の専断による兵庫先期開港を主張する阿部正外・松前崇広両老中らと、全ての外交問題において条約勅許を優先させるとする一橋慶喜・松平容保らの激しい内部対立が起こり、慶喜の働きかけにより朝廷が阿部・松前両老中を罷免させるという前代未聞の事態が発生している。幕府は朝廷より条約勅許は得たもののの、兵庫先期開港は拒絶すべしとの朝命を受けたために、外国公使へ兵庫からの退去を求めたが、外国公使らは兵庫開港を猶予する代わりに税則改定の要求を起こした。そこで、幕府はその不利を知りつつも交渉に応じざるを得ず、これが慶応二年五月一三日の、輸出入税共に平均五％、いかなる場合も一〇パーセントを超えない低関税率の採用をはじめ、従来よりも自由貿易の環境を充実させる内容の、江戸協約の調印につながっている。

以上のように、幕末期においては幕府は自らの成り立ちの本質的な部分である「攘夷」という職掌を多方面から問い直され、その実行を強く迫られたことにより、その政治的基盤を大きく揺り動かされ、幕府内部においても激しい派閥抗争を繰り返す結果となったのである。

三　井伊政権による風聞書

ところで、近世を通して江戸幕府が長期安定政権たり得たひとつの要因として、幕府の圧倒的な情報収集能力とその管理能力があったという点が、本書の前提となる考え方である。例えば、これは幕末に近い例になるが、一八四〇年に始まるアヘン戦争の情報は、オランダ人によるオランダ風説書、中国人による唐風説書というかたちで真っ先に幕府に伝えられ、幕府は従来の異国船打払令を改めて、一八四二年に薪水給与令を全国に発令している。基本的に重要な政治情報をいち早く入手する能力をもつ幕府は、その裁量により大多数の諸大名や朝廷に対してその情報を秘密化することも、また必要な場合は特定の人々とその情報を共有することも可能だったのである。

さらに、幕府による周到な情報収集活動の要に位置していたのが、諸役を束ねる老中であったことは、異論の余地がないであろう。大番役・大目付・町奉行・勘定奉行・勘定吟味役・作事奉行・普請奉行・小普請組・旗奉行・鎗奉行や数々の遠国奉行など、幕府の枢要な行政機構をその管轄下に置いて幕府政治を取り仕切っていた老中が、幕府の他の役職者や諸大名らをはるかにしのぐ情報収集能力と情報の管理能力を有していたことは、自明の事実である。

二六〇年以上に及ぶ江戸時代は、将軍家自身が政治のイニシアティヴを握った家康・秀忠の時代や八代将軍吉宗の時代、さらには朝廷権力が復活する様相となった幕府終末期などを除き、大半の時代において国政の中枢の実質的な政治権力は譜代大名の老中一座が握っていたのである。もちろん、彼らの上には主君であり国家の元首たる将軍家がおり、石高・格式において彼らをはるかに上回る御三家をはじめとする徳川家一門の大名や国持の外様大名が存在していたわけであるが、幕府の政治機構は基本的に将軍家以外の徳川家一門には国政における中枢の権力はもたせず、固い結束力をもつ戦国期以来の徳川家の忠実な部下である譜代大名＝閣老衆が将軍家を強力に補佐して、国政を動かす強力な裁量権を有するというしくみができあがっていた。当然のように、彼ら老中は国政上重要な多くの情報をいちはやく入手することができ、率先してこれらの情報を管理できる立場にあった。

もっとも、幕府の情報収集機関として別に有名なものに、八代将軍徳川吉宗が将軍直属の役人として享保期に設置した江戸城御庭番がある。この役職については、深井雅海氏の本格的な研究があるので、ここではその概略を紹介したい。深井氏は、御庭番は享保元年（一七一六）に八代将軍徳川吉宗が将軍家を相続した際、紀伊藩において隠密御用を勤めていた薬込役を幕臣団に編入し、彼らを「御庭番家筋」として代々隠密御用に従事させたのがはじまりであるとしている。御庭番には、表向きには御庭御番所の宿直、出火の際の案内、出役場所での人別改、将軍家若君に関する御用などの役目があったが、その主たる任務は「遠国御用」「地廻り御用」と呼ばれる内密御用、すなわち全国各地における隠密活動による情報収集であった。吉宗は、障子越しに内密御用を聴取したが、一一代将軍家斉以降は御庭番は将軍の面前に召し出されるようになったという。深井氏はまた、御庭番の遠国御用は、その名の通り日光や東北・蝦夷地、畿内や四国・九州など江戸からの遠隔地に派遣されるものであり、通常二人一組または三人一組で行われたとしている。(22)

御庭番による風聞書は、老中が閲覧をすることも可能であったが、その場合は将軍の意を受けた御用取次が風聞書を老中に下げ渡すにあたって、探索者の名前が知られないように名前の部分を切り取ったといわれている。

この御庭番による情報収集も、幕末期まで脈々と続けられており、よって老中もまたこれらを知ることが可能だったのである。[23]

さて、前述のように本書で主題とするのは、幕末期の老中水野忠精による情報収集活動の実態であるが、その恰好の比較対照の材料となるのが、時期的には少し前の大老井伊直弼を中心とする政権の安政五年（一八五八）から万延元年（一八六〇）にかけての情報収集活動である。

周知の通り、井伊直弼は、米総領事ハリスによる強力な通商条約調印要求に対して、その勅許をめぐり尊攘派勢力の頑強な反対や諸大名の抵抗により幕政が混迷し、さらに一三代将軍徳川家定の後継問題が重要な政治課題として浮上するなかで、急遽大老に抜擢された人物であり、江戸幕府の歴史的な岐路に直面した国政担当者であった。それだけに、井伊政権にとっては、幕政遂行のための周旋を行おうとした朝廷とこれを支える勢力の拠点である京都や、政治的対立勢力となった一橋派の重要拠点となった水戸藩、さらには政治上の難局にあたり多くの勢力や人物が活発な活動を展開していた江戸市中の情報収集は、極めて重要性を帯びていたのである。

特に、安政五年八月に孝明天皇は、幕府の無勅許による通商条約調印と水戸・尾張・福井三家への処罰を責める内容の「戊午の密勅」を、幕府と水戸藩に下した。これに対し、以前から水戸藩による陰謀説を唱えていた彦根藩士で国学者の長野義言（主膳）は、京都所司代酒井忠義に一橋派志士の逮捕を進言し、これに応えた大老井伊直弼の指令により、京都と江戸でいわゆる安政の大獄が断行され、井伊政権にとって京都・水戸・江戸三方面の情報収集はいっそう火急の重要性をもったのである。

さて、井伊政権が残した膨大な風聞書は、すでに『井伊家史料・幕末風聞探索書』上・中・下三冊として刊行されている。[24] また、これらは大日本維新史料・類纂之部『井伊家史料』にも、他の政治関係史料と共に収録されている。そこで、これらの内容から井伊政権による情報収集活動を概観すると、次の通りである。

①　京都風聞――井伊家は、江戸幕府初期より京都に近い琵琶湖畔の交通の要所である彦根を本領とする譜代大名の大藩であり、幕藩関係においては京都守護を本来の役務としていた。また、京都三条木屋町には彦根藩邸があって、直弼大老の時期には留守居役として後閑弥太郎・山下兵五郎らを配置していた。安政五年（一八五八）四月に大老に就任した井伊直弼は、老中間部詮勝と共に自らの家臣長野義言を京都に派遣して、関白九条尚忠をはじめとする公卿を周旋するとともに、長野自身は豊かな人脈を駆使して京都における情報を江戸に送り続けていた。長野の情報収集には、九条家家士島田左近、渡辺金三郎ら京都町奉行与力・同心、京都所司代酒井忠義の公用人三浦吉信、長野と種々交流のあった女性村山たかが絶大な協力をしており、長野の京都情報の江戸での主な窓口は、彦根藩公用人の宇津木六之丞であった。また、こうした彦根藩家中の人材が探索を行う一方で、江戸からは老中や目付の推挙により、幕府探索方としての徒目付・小人目付が多数京都に派遣されて、彼らも活発な情報収集活動を展開して江戸に風聞書を送り続けた。徒目付・小人目付による情報収集活動は、京都・水戸・江戸三方面においていずれも基本的に二名一組となって行われており（三名ないし四名の場合もあり）、複数の人数による連携が重要視されていることがわかる。ただ、徒目付・小人目付による長期にわたる京都風聞探索は異例のことであったらしく、なかには一橋派への内通を疑われて江戸へ帰還させせられる者も出ている。当時の京都では、関白九条尚忠と結ぶ井伊政権と太閤鷹司政通と密接な関係をもつ水戸藩とが、熾烈な情報戦を展開していたのである。

②　水戸風聞――水戸前藩主徳川斉昭は、井伊直弼による通商条約無勅許調印に激怒して、直後の安政五年六月二四日に松平慶永らと押しかけ登城を行って、直弼を面責した。また、将軍家定の継嗣問題では、水戸藩一派は斉昭の子一橋慶喜を推して、直弼が推挙する紀伊藩主徳川慶福に対抗して、直弼らの南紀派とは真っ向から政敵となっていた。それだけに、井伊政権による水戸藩への情報収集活動は執拗を極めていた。押し

かけ登城を行った斉昭は、井伊政権から急度慎を命じられて、七月六日より江戸駒込の中屋敷で謹慎したため、同政権は駒込屋敷の近辺に徒目付・小人目付や隠密廻を張り込ませて、斉昭らの動静や水戸方の京都との通信の有無などを監視させている。その後、八月八日には前述の孝明天皇による「戊午の密勅」が京都から発せられて、一六日に水戸藩小石川上屋敷に届けられたが、京都風聞探索を行っていた長野義言はこの使者鵜飼幸吉を捕えることができなかった。ここに至り、幕府の水戸風聞探索においては関東取締出役が本格的に動き出し、彼らは水戸藩江戸屋敷から小金をはじめとする水戸街道筋や水戸藩の国元、さらには関東地方の日光道中・中山道・東海道・甲州道中の交通の要所にも及ぶ、広域な情報収集活動を展開したのである。特に関東取締出役は、戊午の密勅降下後に幕府が水戸藩に重臣の更迭を命じ、親戚の四連枝の諸藩に監政にあたらせるなどの圧迫を加えたことに対し、憤激した水戸の士民がたびたび小金・松戸・流山・新宿などに屯集したので、こうした状況を克明に風聞書に認めて江戸に書き送っている。安政六年四月からは、水戸藩四連枝のひとつである高松藩の横目・徒目付・押之者が本格的に井伊政権による水戸風聞探索に協力し、水戸藩の小石川・駒込・小梅の三つの屋敷の周辺、千住・柴又・松戸・小金・我孫子など水戸街道各宿場や行徳・八幡などの広範囲にわたる情報収集活動を行った。高松藩が絶大な協力をしたのは、藩主松平頼胤が水戸前藩主徳川斉昭と深く対立する一方で、井伊直弼とは同じ江戸城溜間詰であり、双方が姻戚関係を結んでいたなど、個人的に親しかったことが考えられる。こうした厳重な情報収集網があったにもかかわらず、結局万延元年（一八六〇）三月三日に、水戸脱藩士を中心とした刺客による桜田門外の変で、井伊直弼は命を落とすことになる。

③　江戸風聞――井伊政権の情報収集網の要は、大老井伊直弼や彦根藩公用人宇津木六之丞がふだん居住する江戸であり、江戸風聞とはその最も手近な江戸市中の情報収集を指している。ここでも京都風聞と同じよう

に、徒目付・小人目付などの幕府の探索方によるものと、彦根藩家中の者や同藩にゆかりのある者とによる風聞書が見られる。徒目付・小人目付は、江戸の幕臣やこれに関わる者の勤務状況や人物評を記した風聞書を多く提出しているが、これは彼らの日常における任務と考えられる。これに加えて、彼らは安政の大獄にともなう江戸の一橋派関係者についての情報収集も展開している。一方、彦根藩家中では同藩江戸城使や江戸内目付、さらには井伊直弼や長野義言らと懇意の幕府徒頭薬師寺元真らによる風聞書がいくつか見られる。また、江戸風聞のなかで異色のものに、江戸城内の坊主による情報提供がある。彼らは登城した大名や旗本らの身の回りの世話をしていたので、重要な機密情報にふれることも多く、溜間詰大名の井伊直弼は彼らと懇意にすることで、多くの情報を得ていたものと考えられる。

このように、井伊政権による情報収集活動は、一橋派勢力との正面対決という当時の政情により、京都・水戸・江戸三方面を主体とするものとなったが、これらは桜田門外の変から丸二年後の文久二年（一八六二）三月に老中に就任した水野忠精が広範に展開した情報収集活動との比較のための好材料となるものであり、随所で活用してみたい。

四　水野忠精と風聞書

次に、本書の中心人物となる老中水野忠精と、その先祖水野家の家系について、概略的にふれておきたい(25)。

忠精の一族である水野氏は、多田源氏源満仲の弟鎮守府将軍源満政を先祖と称する家が主流を占め、満政五世の孫以来尾張国の在地領主として成長し、やがて三河国に移り、刈谷城を本拠とした水野忠政はその娘お大を同国の大名松平広忠に娶わせ、この二人の間に生まれたのが徳川家康であった。忠政の長子信元は、家康と織田信長の盟約に尽力したが、佐久間信盛の讒言により信長の怒りをかい、家康の命により殺害された。この忠政の四男忠守が、天正一八年（一五九〇）の家康の関東入部にあたり、相模国玉縄城主として城付蔵入地三、〇〇〇石を預けられたが、忠守の三男忠元が忠精の家の開祖となった。

忠元は、駿府に隠居した家康の命により二代将軍秀忠に仕え、秀忠の意を受けて江戸と駿府との間を往来して機密事項の連絡にあたり、慶長一九年（一六一四）には小姓組番頭となり、次いで書院番頭に任命された。大坂冬の陣が起こるや、諸隊に軍命を伝える役目を担い、翌年の夏の陣にも出陣して、同年九月に恩賞により下総国結城郡山川城主として三万石を与えられ、譜代大名に取り立てられた。

二代藩主忠善の代において、水野家は寛永一二年（一六三五）に山川から駿河国田中城主四万五、〇〇〇石、同一九年（一六四二）には三河国吉田城主、正保二年（一六四五）には三河国岡崎城主五万石と、めまぐるしく転封を命じられた。忠善は、岡崎を名古屋への押さえとみて、尾張徳川家の動静を監視し、自ら渋帷子に編笠という格好で、名古屋城下に潜入して種々探索活動を行い、収集した情報を幕府に注進したといわれている。

三代目忠春は文治政治を推進し、天和元年（一六八一）に奏者番と寺社奉行加役に任命されたが、貞享二年（一六八五）に職務不行届を理由に突如両役を罷免された。四代目忠盈は、藩主の座にあることわずか七年で物故したため、弟の忠之が五代目藩主となった。忠之が藩主となって二年目の元禄一四年（一七〇一）三月に、赤穂藩主浅野長矩の高家吉良義央への殿中刃傷事件が発生し、幕命により忠之は江戸鉄砲洲の赤穂藩邸に赴いて激昂する藩士をなだめ抑える役を務めている。さらに、翌元禄一五年一二月に細川忠利・松平定直・毛利綱元と共に、忠之のもとには討ち入り後の赤穂浪士九人が預けられている。宝永元年（一七〇四）に忠之は、江戸城二の丸の造営助役を命じられ、その功により翌二年正月には奏者番に任ぜられた。さらに忠之は、正徳元年（一七一一）に若年寄、同四年（一七一四）に京都所司代、享保二年（一七一七）には老中に任命され、将軍吉宗を支える幕閣の重要な一員となった。同一五年（一七三〇）まで老中職を勤めた忠之は、水野家にあっては初の老中就任であった。

忠之の子忠輝が六代目として七年間藩主を勤めた後に、その子忠辰が元文二年（一七三七）に一四歳で七代目藩主となったが、領内の大凶作や矢作川の氾濫等が発生して農民が疲弊したために、領内惣百姓に年貢を減免し、家臣団の勤務評定を厳格にしてその再編をはかるなどの、藩政改革を実施した。しかし、老臣らの頑強な反抗により改革は失敗し、忠辰は座敷牢に閉じ込められたまま二九歳の生涯を閉じた。

忠辰の後は、その養子忠任が八代目藩主となり、宝暦一二年（一七六二）に三方領地替により水野家は唐津藩六万石に転封となった。忠任は、逼迫する藩財政立て直しのために、家臣に厳しい倹約を命じ、領内農民には徹底した収奪を行った。これにより明和八年（一七七一）、領内二万五、六〇〇人余の農民による明和の大一揆が発生し、藩は一大危機を迎えた。結局、藩は年貢・運上を減免し、藩専売の楮の買い上げ値段を引き上げ、干鰯の藩買い上げを中止するなどの大幅な譲歩を行い、騒動は治まったものの、事実上一揆勢に敗北した。

忠任の致仕後の安永四年（一七七五）には、養子忠鼎が九代藩主となり、忠鼎は同八年（一七七九）に奏者番に任命された。藩では、天明二年（一七八二）からの飢饉にみまわれ、また天明七年（一七八七）からは老中松平定信を中心とする幕政改革が開始された。忠鼎は寛政四年（一七九二）一一月に年寄大炊義廉に全権を委ねて、領民に奢侈を禁じ、実態に即した租税徴収の見直しを行い、紙・櫨・石炭などの藩の専売制度を推進するなど、本格的な藩政改革に着手する。

文化二年（一八〇五）に忠鼎が老病を理由に致仕し、世子忠光が一〇代藩主となった。忠光は自ら藩政を親裁し家臣団の再編・強化に努めたが、慢性的な財政難に直面して藩士への倹約令と米の支給量を減らす借知を繰り返すことになり、忠光は文化九年（一八一二）に四二歳で致仕して、世子忠邦が一九歳の若さで一一代藩主となった。

忠邦は、文化一二年（一八一五）に奏者番に、翌々一四年に寺社奉行に任ぜられ、同年に三方領地替により浜松藩六万石に転封となった。この転封と昇進については、忠邦が積極的な運動を展開し、その一方で同年に老中格に就任した同族の沼津藩主水野忠成の支援があったことが、一般に指摘されている。忠邦は慢性的な藩の財政難に取り組みつつも、文政八年（一八二五）には大坂城代に、同一一年（一八二八）には西丸老中に、天保五年（一八三四）には本丸老中に昇進した。老中となった忠邦は、行き詰まった幕府政治を根本的に改革しようとする志をもっていたが、これを大きく阻んだのが大御所徳川家斉を中心とする西丸勢力であった。

しかし、天保一二年（一八四一）閏正月に家斉が病死すると、ついに忠邦の改革断行の機会が訪れ、同年四月には西丸派の諸役人数十名を追放し、五月に忠邦は改革宣言を発している。これにより、奢侈禁止令の公布、年貢の増徴、諸藩の専売制の禁止などの引き締め策を断行するとともに、諸物価高騰の原因を江戸十組問屋・大坂二十四組問屋による流通の独占にあるとみて、同年一二月には株仲間解散令を発令している。また、アヘン戦争情報伝来にともなう対外的危機に対しては、高島秋帆の西洋砲術調練を許可し、翌天保一三年七月には異国船打払令を撤回して薪水給与令を発令している。翌天保一四年には、幕府が江戸・大坂最寄一円の私領を替地を与えて収公させる上知令を発令した。ところが、領地替となる大名・旗本はもちろん、領主交代による年貢増徴などの不利益を恐れた百姓・町人らの猛反対により、同年閏九月に撤回を余儀なくされ、同時に忠邦は老中を罷免された。

いったんは罷免された忠邦であったが、翌弘化元年（一八四四）六月に老中に再任される。忠邦再任については、開国を勧告するオランダ国王の親書が幕府に贈られるという、オランダ商館長から長崎奉行への通知があったことに対し、将軍家慶が天保の改革を一任した信頼する忠邦を再登用したという説がよくいわれている。しかし、忠邦は再任後わずか八か月の弘化二年（一八四五）二月、持病の癪気を理由に老中を辞職している。これに対し、幕府は追い討ちをかけるように、同年九月に忠邦に加増分一万石と本高のうち一万石、および居屋敷・家作共に没収のうえ、隠居・謹慎を命じている。これにより、世子忠精（忠經）が一四歳で浜松藩五万石の家督を相続したが、同年一一月に出羽山形五万石への転封を命じられている。翌弘化三年には転封に際して、浜松藩の領内債務の返済を要求する百姓一揆にみまわれている。

さて、本書の中心的人物となる水野忠精は、天保三年（一八三二）一一月二五日に江戸の中屋敷である芝三田邸において忠邦とその側室寿《ひさ》（篠塚氏）との間に生まれた子である。幼名を金五郎と名づけられ、ただひとりの成長した男子であったために、天保一一年（一八四〇）に九歳で嫡子とされて諱を忠良と名づけられ、さらに山形へ国替となった弘化二年（一八四五）一四歳の時に諱は忠経と改められている。忠精の成長期には、忠邦のブレーンであった儒者の塩谷甲蔵《しおのやこうぞう》（宕陰《とういん》）がその養育係となった。また、忠精という諱を名乗ったのは、嘉永元年（一八四八）三月二八日、一七歳の時からである。

忠精が幕府の要職に就いたのは、嘉永六年（一八五三）三月晦日に奏者番となったのが最初で、以後安政五年（一八五八）一一月二六日には寺社奉行が加役となり、万延元年（一八六〇）一二月一五日には若年寄となり、文久二年（一八六二）三月一五日には老中に就任し、慶応二年（一八六六）六月一九日に御役御免となるまで約四年三か月にわたって老中職の座にあった。江戸城内の部屋分け（殿席）において、水野家は四代目忠盈《ただみち》の代に奥詰の時期があったが、それ以外の時期は概ね雁間詰の大名であり、一二代目藩主となった忠精は無役の間は雁間詰で、奏者番に就いてからは幕府の規定通り役職ごとに指定された部屋に移っていった[26]。

忠精の老中時代は、本章一節「幕末期の老中」で述べた通り、刻々と世情が変化し、政局の争点が頻繁に移り変わる、文字通りの「幕末動乱期」であり、次々と政治上の難題に遭遇せざるを得なかった。

忠精が老中に就任した翌日の文久二年三月一六日には、薩摩藩の島津久光が一、〇〇〇人余の兵卒を引き連れて鹿児島を出発するという異例の事態が発生し、上京した久光が朝廷に対して公武合体を説き、さらに江戸で幕府に一橋派人材の登用を建言し、これにより文久の幕政改革と呼ばれる人事をはじめとする一連の刷新が行われる結果となっている。ここで、久光と共に江戸に下向した勅使大原重徳により、同年六月一八日に攘夷決行の勅旨が江戸城にもたらされ、一四代将軍徳川家茂の第一回上洛という歴史的行事が行われ、忠精はこれに随行することになる。この上洛により、朝廷の攘夷決行要請を受け入れた幕府は、政権延命のためにいわゆる奉勅攘夷の体制をとることになり、多くの困難な政局に直面することになる。さらに、長州藩による外国船砲撃事件が発生し、攘夷をめぐって幕府と朝廷による政令二途の混乱した状況が生じ、幕府がこれを打開する妥協案として、横浜鎖港案を朝廷に提示したのも、この体制のなかでのことである。文久三年八月一八日には、会津・薩摩両藩が中心となり、過激な攘夷運動を展開する長州藩尊攘派勢力を京都から追放する政変を起こしている。

こうしたなか、幕府は朝廷から実質的な庶政一任を取り付けるために、同年一二月二七日に将軍家茂が二度目の上洛の途につき、忠精は再びこれに随行した。これにより、幕府は翌元治元年（一八六四）四月二〇日に朝廷より庶政委任の勅書を下されることになる。

しかし、混乱した政情はなおも収まることなく、同年三月二七日の筑波山挙兵に始まる水戸天狗党の乱に対して、幕府や水戸藩はその鎮撫に苦慮し、一方で同年七月一九日には京都に集結した長州勢を会津・薩摩両藩を中心とする軍が撃退する結果となった、禁門の変が発生している。これにより、幕府は諸大名に朝敵の扱いを受けた長州藩を追討せよと命じて第一次長州征討を行い、長州藩は同年一一月に禁門の変で主導的役割をした三人の家老に切腹を命じて、幕府に恭順している。

一方、外交面において忠精は、同じ老中の阿部正外・松前崇広らと共に幕府専断による外国側との折衝、とりわけ兵庫先期開港による事態の打開をめざしていた。これに対し、禁裏守衛総督一橋慶喜らはあくまでも朝意を重んじ、条約勅許を最優先する意見を主張しており、幕閣内に対立が生じていた。その後、英・仏・米・蘭四か国が翌慶応元年（一八六五）九月一六日に軍艦九隻で兵庫沖での示威行動に出た結果、その対応をめぐって朝議は紛糾し、阿部・松前両老中が朝命により罷免されるという異例の事態となり、結局、慶喜らの説得により一〇月五日の朝議で孝明天皇により条約勅許が下されている。ここで忠精の政治的生命も断たれたかにみえたが、彼は罷免されることなく、なおも約八か月の間老中職を続行したのである。

条約勅許に加えて、外国側が強く望んだのは税則改訂と兵庫開港とであったが、水野忠精は勘定奉行小栗忠順を実質的な交渉役に推し立て、翌慶応二年五月一三日に英・仏・米・蘭四か国との間に江戸協約（改税約書）を結んでいる。しかし、この江戸協約調印の約一か月後の六月一九日に、忠精は老中を罷免されている。

さて、忠精の父忠邦は、戦後の学会で明治維新の出発点と定義されてさかんな論争を繰り広げた天保の改革の研究において、その主体的人物として、実に頻繁に研究対象としてとりあげられてきた。これに対して、息子忠精については、幕末期における重要な任務を担い続けたにもかかわらず、その研究成果は極めて少ないのが現状である。江戸幕府三大改革のひとつである天保の改革を中心となって遂行し、国政を大きく揺り動かした忠邦に対し、政治家としては地味な存在であった忠精はどうもその影に隠れてしまうだけでなく、江戸幕府を滅亡に導いた当事者のひとりとしての、マイナスイメージだけが先行してしまっているようである。

ちなみに、原口清氏はその論文「幕末政局の一考察――文久・元治期について――」において、水野忠精の人物像について、次のように評している(27)。

水野忠精は、文久二年（一八六二）三月の老中就任以来慶応二年（一八六六）六月免職となるまで、他の同僚の任免の激しいなかにあって、老中職に留まりつづけた稀有の存在である。それを可能にした理由は、一つには、果断な実行力によって多くの敵をつくって失脚した父忠邦とちがって、表面的には特別目立つことなく調停者的な役割を担いながら、責任は他に転嫁する巧妙な手法に練達していたことによるものであろう。だが、こうした個人的資質だけでなく、彼の権力保持の源泉は、彼と紀州藩附家老水野忠央家（新宮藩主）とのつよい関係による中奥・大奥との結びつきであろう。山形水野家と新宮水野家とは祖先を同じくする同族であるが、水野忠央は安政年間の将軍継嗣問題では家茂擁立の功労者として井伊直弼とともに有名である。また彼は大奥にも陰然たる勢力があった。忠精は、嘉永六年以来、忠央の息忠幹に自分の妹を嫁がせ、その没後は養女を、さらにその没後も養女をと、三回にわたって嫁がせている。執拗なまでの婚姻政策である。

これは、忠精の政治家としてのイメージ、特にマイナスイメージを実に的確に言い当てた、説得力のある見解ということができる。また、忠精が、将軍家茂擁立の立役者のひとりであった水野忠央とのたび重なる姻戚関係により親密な協力の関係を築いて、中奥・大奥との結びつきを深めており、南紀派の流れを汲む老中であったとする記述により、忠精が将軍家茂の厚い信頼を受けていたことが充分理解できる説明になっている。

しかし、前半部分については極論に過ぎる点があると思う。確かに、国政におけるリーダーシップ・果断性・実行力においては、父忠邦と比べれば劣ると考えてよいであろうが、これでは忠精が巧妙な処世術に長けた保身型の政治家とのみ受け取られてしまいそうである。確かに、忠精が周囲に敵をつくるまいと立ち回る傾向があり、果断性に欠ける点があったことは否めないが、それだけでは短期間に次々と老中が更迭される幕末期の激動の政界を生き抜けなかったはずである。むしろ、派閥抗争を繰り返すこの時代の幕閣にあっては、忠精はほぼ中道を行く立場をとり、その調停者的な役割は有効な面が大きかったのではないかと思う。忠精が幕末期にあって比較的長く老中職を続行し得た理由としては、将軍家茂の厚い信頼があり南紀派や大奥にも固い人脈があったということのほかに、後段で述べるように、その卓越した情報収集能力を評価された点があると考える。また、外交面での実務能力を期待された点、さらには老中・若年寄らが短期間に次々と入れ替わるなかでの幕府の人材難により、安易に忠精を罷免できなかったという周囲の政治状況があったという点も見逃せないと思う。

ところで、この問題に関わる一点の史料を紹介したい。水野家文書のなかには父水野忠邦と息子忠精との往復書簡がいくつか残存しているが、そのなかで極めて示唆に富む内容のものがある。これは忠邦晩年の時期の文書で、弘化二年（一八四五）二月二一日に忠邦が病気を理由に老中を再辞職し、九月二日には勤役中に不正の取り計らいがあったという理由であらためて幕府から隠居謹慎を命じられ、嫡子忠精は表高五万石の家督相続を認められて浜松から山形への転封を命じられた後の同年一二月付で、武蔵国豊島郡渋谷村の下屋敷で謹慎中の父忠邦が、三田中屋敷の息子忠精（当時の名は忠経）に書き送った書状の写である(28)。

この書状が記された時点で、父忠邦は五二歳、家督を継いだ息子忠精は前述のように一四歳であった。その文面をあげると、次の通りである。

忠邦家督中改革向ニ付相定候事共之内、厳ニ過候儀又者下情ニ悖、或ハ不弁理之義も可有之候間、追〻老共江評議被御申付、無斟酌志被成改革候様存候、徳照公御代以上被御定置候儀者、容易ニハ御改無之方と存候

巳十二月

これは、忠邦が自ら隠居して家督を引き継がせて後事を託すうえでの、自ら進めた政治を総括し本音の部分を遠慮なく記した、息子忠精への将来の指針としてのメッセージであるといえよう。すでにこの段階で、忠邦は幕府から懲罰としての謹慎処分と自藩の減封・国替を命じられ、また自身も病気の進行により以前のような精彩はなく、おそらくは失意の底という心情にあって筆をとった書状であると考えられる。

忠邦はここで、自分が家督中に推進した改革のなかで定めた事項のうち、あまりにも厳格に過ぎるものや下情にそぐわないもの、さらに世の中の道理を充分に弁えることができなかったこともあった点をあげたうえで、後

継者の忠精に対しては、今後は「老共」に評議を申し付け、斟酌ない志で改革を遂げるようにと教え諭している。全体の文面から、ここでいう忠邦家督中の改革とは、自藩の藩政改革のみならず、老中時代に自らが中心となって推進した天保の幕政改革をも含めての内容であると考えられる。また、「老共」とは、今後忠精を後見していくべき養育係の塩谷甲蔵ら水野家のブレーンとしての家臣たちを指しているものと考えられ、まだ年端の行かぬ息子の行く末を気遣う親心が伝わってくる内容である。そして、最後に「徳照公」とある忠邦の父忠光（法諡徳照院叡岳宗俊）以前の代に定め置いたことは、容易には改めることはしないようにと説諭する文章で結んでいる。

いずれにしても、この忠邦の書状は、息子忠精に家督を譲るにあたって、自らの政治が結果として挫折したことの無念さと赤裸々な反省点を伝えることにより、この一四歳の少年に訓戒と激励の意味を込めて、藩主としての自覚と責任感をもたせようとするねらいがあったことがうかがえる。この書状を忠精がどう読んだかについては想像の域を出ないが、以後彼が奏者番を手始めに父親と同じ老中に就任し、幕政の中枢の座にあって様々な改革を手がけたことからして、この書状に代表されるような父忠邦の教訓的な忠告は、彼の政治家としての方向性に一定の指針を与えたものであると考えられる。従って、忠精の政治家としての行動の源泉には彼自身の資質や政治的環境のみならず、父忠邦が自らの為政者としての経験に基づいて与えた訓戒の内容に大きく影響される面があったであろうことがうかがえる。忠精にとって、父忠邦は実に大きな存在であり、大先輩として大いに手本とする部分と、逆に父親本人のメッセージからもうかがえるように、強力な反面教師とせざるを得ない部分とがあったことが推察できる。

さて、本書では、そもそもの題名にもあるように、水野忠精の卓越した情報収集能力に注目している。そこで、本書の基本史料となる、水野家文書幕末風聞探索書と水野忠精日記についてふれてみたい。

水野家文書は、一九五二年（昭和二七）に水野忠款氏が東京都立大学図書館（現在の首都大学東京図書館）に寄贈されたもので、寛永年間から明治初期までの膨大な量のものである[29]。これらのうち、水野忠邦に関する文書は、今日まで北島正元氏をはじめとする多くの研究者により頻繁に使用されてきている。これらのなかで、本書における基本史料となるものは、「幕末政治史料[30]」として分類された息子忠精の藩主時代の幕末維新期の文書であり（一部は忠精の子忠弘の藩主時代のものも含む）、計二二七点にのぼっている。そのうち、約半数の一一二点は、筆者の分析により風聞書かこれに類するもの（各地の風聞を記したうえでまとめた意見書等も含む）と考えられる。

表3　水野家文書風聞探索関係史料数

年次（西暦）	年代が特定できるもの	年代を推定したもの	小　計
安政5（1858）	1	0	1
安政6（1859）	0	0	0
万延元（1860）	1	0	1
文久元（1861）	3	2	5
文久2（1862）	39	6	45
文久3（1863）	15	1	16
元治元（1864）	20	5	25
慶応元（1865）	9	1	10
慶応2（1866）	0	0	0
慶応3（1867）	1	0	1
慶応4（1868）	1	0	1
年代不詳	—	—	7
合　計			112

（首都大学東京図書館所蔵、水野家文書により作成）

表3は、水野家文書の「幕末政治史料」のなかで、風聞書（風聞探索書）あるいはこれに類すると判断できる文書を年代別に整理したものである。うち、安政五年（一八五八）から慶応元年（一八六二）にかけての年代が特定または推定できる一〇三点は忠精の藩主時代のものであり、内訳は安政五年の一点は忠精が奏者番、万延元年の一点は奏者番兼寺社奉行、文久元年（一八六一）の五点は若年寄、そして文久二年から慶応元年にかけての九六点は老中を、それぞれ勤めていた時期のものである。また、慶応三、四年の二点は忠精に代わり息子忠弘が藩主を勤めた時期のものである。

よって、忠精が老中を勤めていた時期のものが圧倒的多数を占めている。やはり、国政担当者の老中という立場の切実な情報収集の必要性という点が、数字にも反映されているといえよう。特に、忠精が老中に就任した文久二年は、島津久光卒兵上京・江戸出府とこれにともなう諸大名や西日本各地の尊攘派勢力の慌しい動きがあり、火急の状況に対応したより広範囲でスピーディーな情報収集を必要としたためであろう。将軍家茂の第一回上洛が決定した同年五月二四日以降は、その準備としての京都情勢や諸大名の動静などを報告する風聞書が多く江戸にもたらされている。

将軍家茂第二回上洛時の元治元年（一八六四）四月からは、これに随行して滞京中の忠精のもとへ、同年三月二七日に発生した水戸天狗党の乱に関わる風聞書が続々ともたらされる。これは忠精が江戸に帰府した後も続いており、江戸の忠精のもとにはそのほかに、禁門の変や長州藩処分をめぐる京都風聞、四国艦隊下関砲撃事件関連の風聞などが次々ともたらされている。なお、忠精の老中としての最終段階である慶応二年（六月一九日に罷免）に風聞書を一通も見出せない点については、当該期に忠精が江戸協約をめぐる諸外国との折衝に力点を置いた職務を行っていることがまず考えられるが、不明な点も多く、今後の課題としていきたい。

また、水野忠精日記は、弘化三年（一八四六）八月から慶応元年（一八六五）一二月までの約二〇年間にわたる忠精の公用日記である。途中で日記が欠落している期間も多くあって、これらの期間を完全にカバーできるものではないが、忠精の政務の内容を具体的に知るうえで大変貴重な記録である。(31)

おわりに

本章では、老中水野忠精の情報収集活動の背景となる諸問題について検討してきた。これらの問題は、個々の独立した研究課題としても重要であり、今後さらに蓄積・精査を重ねる必要があると考えている。

次章からは、いよいよ本論である水野忠精の情報問題に入るが、ここからは用語の問題として序章で検討した内容に沿って、現代のスタンダードな言葉としての「情報」を使用することはあるが、一方でリアルタイムの語としての「風聞」「風説」などの語をできるだけ使用する努力をしていきたい。

（1）藤井譲治『江戸幕府老中制形成過程の研究』（校倉書房、一九九〇年）、五三七～五四六頁。
（2）『柳営補任』（大日本近世史料）によれば、老中制度がととのう寛永一五年（一六三八）以前の大老や老中（年寄や年寄衆と呼ばれる）を加えれば、大老・老中の総数は一七三名を数えている（うち大老は一〇名、老中は一六三名。大老は『柳営補任』に「元老」として記載された者一〇名をあげている）。
（3）美和信夫『江戸幕府職制の基礎的研究』（広池学園出版部、一九九一年）、一四九～一五五頁、老中就任者一覧表。
（4）近松真知子「開国以後における幕府職制の研究」（児玉幸多先生古稀記念会編『幕府制度史の研究』吉川弘文館、一九八三年）。
（5）同右、三五五～三六三頁。
（6）高橋秀直『幕末維新の政治と天皇』（吉川弘文館、二〇〇七年）、一四七～一四八頁。
（7）民友社、一九〇〇年。復刻版は岩波書店より二〇〇三年に刊行された（佐々木潤之介校注）。本書では復刻版（二二九～二三〇頁）を引用している。
（8）水野家文書、A一〇―八九（文久二年一一月一一日）。
（9）松平太郎『〈校訂〉江戸時代制度の研究』（柏書房、一九七一年）、三七二～三七五頁。
（10）美和信夫註(3)前掲書、四九九～五〇一頁。松平太郎註(9)前掲書、三八二～三八三頁。
（11）『徳川禁令考』前集第二（創文社、一九五九年）、一四六頁。ここには、明治期の編集段階（一八七八～八二年）で付された解説文が次のようにある。

按ニ、幕府ノ政ヲ為ス百度改作ナキヲ旨トス、唯安政文久ノ際ニ至テ国事漸ク繁多、故ニ其管理スル所モ亦隋テ増加ス、此ニ当時分職庶務ノ申合ヲ記シ、以テ各局ノ体意ヲ存ス

（12）同右。ここにも同じく解説文が次のようにある。
按ニ、御書付留中、文久二年六月三日、同八月十九日、同十一月二日、前件事務ニ掛リ分ケ改達アリ、老中名前ハ今略之、増加ノ事項左記ノ如シ
なお、註（11）（12）の史料は、近松真知子氏も註（4）前掲論文（三六二〜三六三頁）で引用している。
（13）母利美和『井伊直弼』（幕末維新の個性6、吉川弘文館、二〇〇六年）、二〇〇〜二〇三頁。
（14）『新修亀岡市史』本文編・第二巻（二〇〇四年）、九五四〜九五七頁。
（15）青山忠正『明治維新と国家形成』（吉川弘文館、二〇〇〇年）、二八〜五四頁。
（16）奈良勝司『明治維新と世界認識体系――幕末の徳川政権　信義と征夷のあいだ――』（有志社、二〇一〇年）。
（17）静嘉堂文庫所蔵『異国被仰渡留』、寛政九年一二月付の触書。
（18）同右、文化三年一月二三日付の触書。
（19）大津浜事件については、上白石実『幕末期対外関係の研究』（吉川弘文館、二〇一一年）が詳しい。
（20）静嘉堂文庫所蔵『異国被仰渡留』、文政八年二月付の触書。
（21）『眞木和泉守遺文』（眞木保臣先生顕彰会、一九一三年）、九〜一〇頁。「経新愚説」のうちの「親征の事」の一節。
（22）深井雅海『徳川将軍政治権力の研究』（吉川弘文館、一九九〇年）、三七九〜四九二頁。同『江戸城御庭番』（中公新書一〇七三、一九九二年）。
（23）同右。
（24）井伊正弘編、上中下三巻（雄山閣、一九六七・一九六八年）。
（25）水野家の系譜に関わる本節の記述ついては、塩谷宕陰『丕揚録・公徳弁・藩秘録』（北島正元校訂、一九七一年、近藤出版社）、北島正元『水野忠邦』（人物叢書、吉川弘文館、一九六九年）を参考にした。
（26）針谷武志「水野忠精　幕末老中日記　解説」（ゆまに書房、一九九九年）、二〜五頁。
（27）原口清「幕末政局の一考察――文久・元治期について――」（同『幕末中央政局の動向』原口清著作集1、岩田書院、二〇〇七年）。
（28）水野家文書、B二―六二、この史料は、封の裏表紙に「弘化三丙午三月三日便ニ到来　大殿様ゟ　殿様江被　仰

進候御書付写」とあり、実際にこの書状が忠精のもとに届けられたのは、翌年三月三日であることが明記されており、水野家文書に残されているものはその写本であることが判明する。

(29) 現在首都大学東京図書館が所蔵する水野家文書は、林玲子氏が作成した目録により、A幕政・B藩政・C学芸・D絵図・E蔵書・F書画・G遺品の七種類に分類され、この記号に沿った文書番号が付されている。本書もこの文書記号・番号を使用している。

(30) 註(29)の目録のA―一〇に分類される。

(31) 水野忠精日記は、実物は註(29)前掲の首都大学東京図書館が所蔵している。また、一九九九年には、ゆまに書房より『水野忠精幕末老中日記』全九巻（大口勇次郎監修・針谷武志解題）として、その影印版が刊行されている。

第二章　島津久光卒兵上京・江戸出府に関わる情報収集

はじめに

さて、本書の主題である老中水野忠精を中心とする情報収集活動の具体的な展開に入りたい。本章では、水野家文書の風聞書に記された内容のなかで、忠精老中就任直後のもの、具体的には島津久光卒兵上京に関わる関東取締出役・江戸町奉行三廻役・目付の三者を中心とした情報収集活動に焦点を当てて、検討してみたい。

前述したように、水野忠精が老中に就任したのは、文久二年（一八六二）三月一五日のことである。この時期は、桜田門外の変で井伊大老が殺害され、続いてこれを引き継いだ安藤・久世政権が、井伊政権により発案されていた和宮と将軍家茂の婚儀を実現したが、同年一月一五日に坂下門外の変で安藤信正が水戸浪士に襲撃されて負傷し、安藤・久世政権が事実上崩壊した直後の段階であった。忠精と共に、同じ三月一五日に備中松山藩主板倉勝静も寺社奉行から老中に昇進しており、これからしばらくは水野・板倉両老中が幕政における中心的な役割を果たすことになる。

しかし、ペリー来航後の諸大名の政治的発言権の拡大や尊攘激派志士の台頭などにより、もはや老中が従来のような専権能力を発揮することが困難な政治状況となっており、水野・板倉両老中はその実務能力を期待されはしたものの、前途には待ったなしの多くの難問が待ち構えていたのである。

こうしたなかで、薩摩藩主の父島津久光が一、〇〇〇人余の兵卒を率いて三月一六日に鹿児島を出発し、政治的周旋のために京都へ向かうという、異例の事態が発生した。これにより、この機に乗じて行動を起こそうとする尊攘激派の勢力と、彼らとの接触を避け過激な行動が起こされた場合はこれを抑止しようとする久光一行、さらには久光一行や尊攘激派勢力の動向を正確に把握して早急に対応しようとする幕府の三者の間で、実に活発な情報戦術が展開される。薩摩藩としては、久光の卒兵上京・江戸出府については、そもそもが兄斉彬の遺策に基づくものであるとし、斉彬は、井伊直弼の大老就任で将軍継嗣が紀州慶福に決まると「天下の禍乱」になり、そうなると九州の諸大名は全て反発して、自分たちに味方すると想定したうえで、薩摩藩が出兵して朝廷を守護して国政へのイニシアティヴを発揮させようとする計画であった。しかし、斉彬急死によりこの計画は久光に受け継がれ、桜田門外の変後に久光は朝廷守護と公武一和に基づく幕政改革を名目に、挙藩出兵の機会を待っていたとする見解がよくいわれている。(1)

そもそも、島津久光が具体的に卒兵上京・江戸出府を決意したのは、実子で藩主の茂久（忠義）に代わる彼自身の藩内の実質的な支配体制が確立した文久元年一〇月であるといわれている。同年一二月二八日には、藩士大久保利通が久光の卒兵上京・京都滞在を許可する勅命を周旋するために鹿児島を出発し、翌文久二年一月一三日に京都に到着して、権大納言近衛忠房と折衝を行っている。(2)また、一月一六日にはすでに内願を行っていた江戸藩邸焼出事件を理由とする久光の出府が幕府に容認された旨が、藩内に布達されている。(3)

鹿児島出発より一か月後の四月一六日に京都に到着した久光は、近衛忠房と会見し、公武周旋・幕政改革の持論を述べている。朝廷は五月九日に勅使に大原重徳を任命し、久光には勅使随行を命じており、大原は同月二一日に久光らを従えて京都を出発し、六月七日に江戸に到着した。

まず、この久光の卒兵上京・江戸出府が行われるという情報に敏感に反応したのは、西日本各地の尊攘激派勢力の面々であった。すでに、前年の文久元年春に公家中山家諸大夫の田中河内介が九州各地を回って、豊後の小河一敏、久留米水天宮の神官真木和泉、筑前の平野国臣、肥後の松村大成・河上彦斎らと会い、尊王攘夷の実現について志士たちの提携を話し合っていた。翌文久二年一月に薩摩藩で久光の東上が発表されると、同藩士で尊攘激派の柴山愛次郎・橋口壮助両名は、同月二三日に鹿児島を出発し、前掲の真木・平野・松村・河上ら九州各地の志士と会って久光東上のことを知らせ、この機会に江戸と京都で呼応して兵を挙げ、江戸で安藤信正を、京都では関白九条尚忠・所司代酒井忠義を襲撃し、尊王討幕に着手することを取り決めている(4)。この流れで、久光上京中に伏見の船宿寺田屋に集結して、九条関白・酒井所司代を討ち、二条城を襲撃して王政復古の先がけになろうとした有馬・柴山・橋口らが、四月二三日に久光が派遣した刺客に襲撃され落命するという寺田屋騒動が起こっている。その一方で、久光東上の知らせを聞いた長州藩士も、在府の藩主毛利慶親を周旋するために、東海道を東進して続々と江戸に入っている。

これらの動向に対し、老中に就任したばかりの水野忠精は、さっそく各地の探索方の者を通じて、広範な情報収集活動を展開する。本章ではこうした動きについて詳細にみていきたい。

一　九州・畿内における情報収集

島津久光は、卒兵上京のために鹿児島を出発する直前に、藩士に対して次のような訓令を行っている。「去ル午年」(安政五年)に通商条約が結ばれて以来、天下の人心は紛乱し、各国の有志と唱える者が尊王攘夷を名として「慷慨激烈之説ヲ以四方ニ交ヲ結ヒ不容易企ヲ致候哉」と聞いており、当国でも右の者共と私に交わり、書翰を往復している者がいるそうである。しかし、

浪人軽卒之所業ニ同意致候テハ当国之禍害ハ勿論皇国一統之騒乱ヲ醸出シ終ニハ群雄割拠之形勢ニ至リ却テ

外夷之術中ニ陥リ不忠不孝無此上儀ニテ別テ不軽候ト存候拙者ニモ公武之御為聊所存之趣有之候ニ付右様之者共ト一切不相交命令ニ従ヒ周旋有之度事ニ候

とあるように、浪人たちの軽率な所業に同意してしまっては、皇国全体の騒乱を醸出し、諸外国の術中にはまり不忠不孝この上ないことになり、自分も公武のために考えるところがあるので、右様の者共とは一切交わらずに命令に従って行動してもらいたい。もしまた、これまでのいきさつで絶交できない者は、申し出ればこちらで処置する。今度の道中や江戸滞留中に右様の者が来ても、私に面会はしないこと。しかし、やむなく応接せざるを得ない状況になってもあえて議論はせず、その筋の者と談判するように返答せよ。この上違反した族については罪科に処す。というように、藩士たちには激派の浪士たちと接触することに対して、きつく釘を刺している。(5)

はたして、文久二年（一八六二）三月一六日に久光が卒兵上京・江戸出府のために鹿児島を出立すると、九州を中心に各地の尊攘派志士の動きが活発化する。老中に就任したばかりの水野忠精は、さっそく持ち前の情報網を駆使して、九州各地や京都近辺における聞き込み調査を展開して、リアルタイムの情報収集をはかっている。

島津久光は、すでに鹿児島出発に先立つ文久元年一〇月に、薩摩藩士堀次郎（小太郎、後の伊地知貞馨）を鹿児島から出立させて江戸に遣わし、幕府に一橋慶喜と松平慶永の罪を免じて要職に任用すべきことを建言させている。(6)堀はまた、藩命により同年一二月七日に江戸薩摩藩邸の自焼を決行した。これは、藩主島津茂久の出府延期とこれに代わる久光の出府の口実をつくることを目的としていたといわれている。

さらに、江戸において堀は翌文久二年四月一五日に久光卒兵上京・朝廷周旋と連動するかたちで幕閣に書状を提出し、薩摩藩としての次の要望を伝えている。(7)

① 老中久世広周が早々に上京するという件は、いかが相成ったかのこと。

② 青蓮院宮・鷹司政通・近衛忠熙・鷹司輔熙、および一橋慶喜・徳川慶勝・松平慶永・山内豊信・伊達宗城

の謹慎解除はいかがあるかのこと。

③ 各地で気勢をあげる尊攘激派の志士の暴発を防ぐためにも、彼らの怨恨の標的となっている関白九条尚忠・京都所司代酒井忠義の退去の処置を望むこと。

④ 老中安藤信正の速やかな退役を望むこと（実際には信正は四日前の四月一一日に御役御免となっている）。

⑤ 人心一和のためにも、一橋慶喜を将軍後見職に、松平慶永を大老に任命すべきこと。

⑥ これらの内容を実行するためには、朝廷の威勢を立てることが不可欠であり、あらかじめ一、二の大名へ内勅を下されるよう希望すること。

⑦ 松平慶永が着任し上京を認められれば、朝廷尊奉の筋道も立つこと。

堀はこの書状の末尾に、

且本文之末件　叡慮之被為向候処哉ニ夙ニ奉伺候間、到底　叡慮を奉輔佐、公武御全体・人心一和之道ヲ御成就被成候様在御座度、内一二件国論ヲ交へ内〻奉言上候、恐懼再拝

と記しており、久光卒兵上京・江戸出府の政治的目的を、私見を交えて内々に幕府に伝えているものであることがわかる。

次に、久光も翌四月一六日に伏見を発して京都に入り、権大納言近衛忠房を訪問して、議奏中山忠能・正親町三条実愛が同席するなかで、江戸に出府する目的の内実は公武合体・皇威振興・幕政変革を幕府に建白することにあるとし、次のような要望の内容を伝えている(8)。

① 青蓮院宮・鷹司政通・輔熙父子、および一橋慶喜・徳川慶勝・松平慶永らの謹慎解除。

② 近衛忠熙を関白に、松平慶永を大老に任命してほしいこと。

③ 老中安藤信正の速やかな退役を望むこと。

④老中久世広周を早々に上洛させるよう命じてほしいこと。
⑤幕府役人に今回の久光の卒兵上京・江戸出府の趣旨を遵奉させるために、あらかじめ二、三の大名へ内勅を下されたいこと。
⑥これ以後は、叡慮の趣が浪人共に洩れないよう取締を厳重にありたいこと。
⑦浪人共の妄説を信用しないよう注意ありたいこと。
⑧一橋慶喜を将軍後見職に任命すべきこと。

この堀次郎と島津久光の両書状は、その趣旨とするところが矛盾なく一致しており、薩摩藩が同時並行のかたちで、江戸では堀が幕府に、京都では久光自身が朝廷に、久光江戸出府に先立って藩の基本方針を伝えて、あらかじめ人事刷新・改革のための早急な協議を促すことを目的に、周到に作成・提出したものであったことがうかがえる。従って、堀が前掲の書状を提出した四月一五日直後の段階では、すでに幕閣においては久光卒兵上京・江戸出府の政治的目的は充分に認識されていたものと考えられる。

ちなみに、この頃の『水野忠精日記』中の書状の往復状況を見ると、四月一九日の条には、

一京都より去十二日、大坂より同十四日、日光より一昨十七日出之次飛脚到来、相替儀無之候、右書状之内京都状壱通奥江差出申候
一京都・大坂・長・日光江次飛脚差立之候

とあるように、京都・大坂・長崎・日光発送の書状が、江戸の忠精のもとに届けられている。これらの内容は定かではないものの、すでに久光は四月一〇日には大坂に到着しており、大坂よりの書状はその四日後に発送されたものである。京都からの書状は久光入京の四日前の発送であるが、京都市中においてもすでに大坂に到着した久光一行の風聞は、大きく報じられたものと考えられる。また、京都よりの書状が江戸城の奥に差し出されたこ

とからすると、何か重要な伝達内容があったのかもしれない。さらに、忠精がすぐに京都・大坂・長崎・日光へ飛脚を送っていることからも、事態の緊急性を示したものであることが考えられる。

さて次に、現存する水野家文書中の風聞書のごく早い時期のものとして、文久二年（一八六二）四月付で九州地方や京坂地方の動静について詳細に記した「熊本ニ而聞書」[9]の内容を紹介してみたい。この文書は、探索者が熊本で聞き取った複数の風聞を書きまとめたものと考えられ、これらの各節の冒頭に記された副題は、順に「熊本ニ而国友半右衛門より聞取候書付」「旧臘中頃薩州人是枝極右衛門阿蘇大宮司江来り申聞候次第国友氏ゟ承之」「久留米儒官船洩大貳演舌之次第国友氏ゟ承ル」「木下宇太郎被申聞候次第」「木下門人肥前藩鶴田鎌太郎ゟ承候件ヽ」「国友并清水典左衛門ゟ再聞之事件」「熊本ニ而荘村（荘村省三）助右衛門ゟ承候事件」「四月廿七日承之」と付けられ、それぞれに長文の内容が記されており、これらの情報を聞き込んでまとめた差出人の名は記されていない。ちなみに、標題にある「聞書」とは、副題に「聞取候書付」「国友氏ゟ承之」「申聞候次第」「鶴田鎌太郎ゟ承候件ヽ」などとあるように、文字通り聞き込みによって得られた内容をまとめた書付であることがわかる。

さて、これらうち主な情報源となった国友半右衛門（昌）は熊本藩士で、古照軒と号して学者として知られ、各地を遊歴して村田清風・梁川星巌・佐久間象山・安井息軒・会沢正志斎・豊田天功らの門をたたいて教えを受け、鳥山新三郎・吉田松陰・来原良蔵らとも交流し、藩の公子良之助の近侍を勤め、傍らで私塾を開いていた人物である[10]。ここで国友半右衛門が情報を提供していることについては、本書でたびたびとりあげる安井息軒とは親友で、同じ松崎慊堂門下である前掲の塩谷甲蔵との、儒学を通じたネットワークがまず考えられる。

この「熊本ニ而聞書」の内容を要約すると、次の通りである（（　）内は聞き取りにより情報をもたらした人物）。

① 尊攘派志士伊牟田尚平・清河八郎・安積五郎らが認めた手紙の内容（国友半右衛門）。

② 島津久光卒兵上京の目的（国友半右衛門）。

③真木和泉の九州における消息（国友半右衛門）。
④島津久光卒兵上京一件について（国友半右衛門）。
⑤平野国臣ら福岡藩尊攘派志士の動向（国友半右衛門）。
⑥宮部鼎蔵ら熊本藩尊攘派志士の動向（鶴田鎌太郎）。
⑦岡藩に関する使者からの情報（荘村助右衛門）。
⑧薩摩藩家老の動静（荘村助右衛門）。
⑨長州藩士長井雅楽の建白について（荘村助右衛門）。
⑩島津久光大坂着とその後の伏見出立について（国友半右衛門・清水典左衛門）。

まず、②では久光卒兵上京の目的が端的に次のように記されている。

一来春主人参勤として三月初旬鹿児島致発足、大坂屋敷ニ止宿、諸方応援を相待、公武之奸臣を除き、一橋を幕府後見として、越前老公を大老ニ推挙し、其他要路之役ヽ迄入替、攘夷之皇威を興張可致との主意にて、自国踏出し候事

ここでは、久光が大坂屋敷に止宿しながら諸方の応援を待ち、しかる後に一橋慶喜を将軍後見職に、松平慶永を大老に推挙するなど、幕府の大がかりな人事の交替を行う目的で鹿児島を出発したとある。まさに、久光がその後勅使に随行するというかたちをとって幕府に進言する、文久の幕政改革の骨子となる人事改革案が風聞内容として示されている。

③では、二月一日に薩摩藩士柴山愛次郎・橋口壮助両名から久光東上の予告を聞き、一六日に幽閉先の水田村を脱出した真木和泉の消息の風聞について、その信憑性も含めて次のように記している。

一水天宮社司真木和泉、則亡命已後ハ久留米藩中種ヽ不穏雑説多く有之候処、今般島津公子御通行之後一藩

之人気俊ニ動揺、尤甚敷相成候、然処右件〻之雑説其根元を糺し候時ハ、全く根拠致し候程之確証も無之、本より亡命無頼之徒根もなき浮説を相唱候而、全く人心煽動致させ候空言与存候得とも、流言之趣実ニ不容易事柄ニ而、私共熊本ニ罷出候ハヽ、実否之界も相分り、安心落着之場ニも至り可申奉存、重役共より同意を交罷越候段申述候事

真木の亡命により、久留米藩内では多くの不穏な雑説が立っているものの、これらは尊攘激派勢力が根も葉もない浮説を流して世論を煽動しているものであり、風聞の信憑性については現地に赴いて聞き込み、よく分析してみる必要性があることを強調している。ここで国友半右衛門は、尊攘激派の情報戦術の凄まじさを強調し、たとえ流言であっても、天下を揺るがしかねない容易ならざる内容であることを警告している。

次に、同じ流れで④の島津久光卒兵上京についての国友半右衛門からの風聞は、地元九州におけるかなり早い時期のものが記されていて注目される。例えば、久光出立前の風聞として、

一去二月中旬薩人芝山愛次郎・橋口壮助両人熊本通行之節、熊本之宮部貞蔵江対談之事、右両人ハ江戸表へ用向ニ而発足之由、鹿児島之儀者今般島津泉州参勤として発足、実は京師ニ滞留　禁裏を致警固との所存ニ而、此節供人之儀も別段之遂ニ而、右両人共同志之中弐百人計有之候を百七八十人抜挙被成候而、連レ越之よし

とあるように、二月中旬に江戸に向かった薩摩藩士柴山愛次郎・橋口壮助両名が、熊本で宮部鼎蔵に、来るべき久光卒兵上京の予定と、その目的が禁裏を警固することにあることを伝えていたという内容が記されている。前述のように、すでに一月には薩摩藩において久光東上が公表され、その直後に江戸勤務を命じられた尊攘激派の柴山と橋口は一月二三日に出発し、その途中で九州各地の志士と会って久光東上のことを知らせ、その機会に江戸と京都で呼応して兵を挙げ、江戸では老中安藤信正、京都では九条尚忠・所司代酒井忠義を襲撃し、尊王討幕

への実力行使に踏みきることを取り決めたといわれる。この風聞書では、久光の東上が卒兵のかたちをとり、その目的が禁裏を警固することであるということがはっきりと示されている。

また、⑥では同じ国友半右衛門からの風聞のなかで、岡藩士柳井新次郎が熊本へ来て話をした内容として、同じ岡藩士の小河一敏（弥右衛門）が一〇人ばかりを引き連れて出奔して京都へ向かったが、途中で次々と脱落者が出て二、三人の列となった旨が記されている。これに続けて、「熊本ニ而荘村助右衛門ゟ承候事件」の内容として、

一今般之騒動ニ付岡藩柳井新次郎・熊田藤助と申人両人御使者ニ相見へ、拙者出会致し、彼藩之様子承候処、〔小〕大河弥右衛門ト申人ハ元来一門家ニ而、小河家江養子ニ参り、文字才幹も余程有之、右柳井新次郎与抔ト力を合、岡家ニ者大分勤功も有之候由、然共余り過激ニ落入、若公へも度ミ及諫事候事抔有之、追ミ不遇ニ相成候由ニ而、湯治之御暇申上、内分ニ而筑地辺致遊歴、佐賀表ニ而台場見廻物も被願候処、役人差留候を無体ニ踏入見物被致候由、然処肥前侯岡侯と江戸御詰合の節、肥前侯ゟ貴才之御家来ニ小河弥右衛門とて至而元気なる士有之、先年国許ニ而ヶ様と之儀有之候段、何心なく御請有之候由之処、岡侯ニ者元ゟ御悪ミ被為在候小河故、早速幽閉被　仰付候由、然処田中・小河等之儀ニ興し、此節之次第ニ成立候由、尤岡ニ者一門家中川兵右衛門外ニ壱人同様之格合之人此度之列ニ相加り、処置別而六ヶ敷心配之由、柳井氏内話有之候由、右柳井氏ハ文字も余程相違し性質沈静なる人物ニ而、当時御用人相勤、岡侯格別御寵任有之者之由

このように、島津久光卒兵上京にともなう攘夷論の沸騰により、真木和泉や寺田屋で斬殺される薩摩藩士有馬新七ともつながりのあった岡藩尊攘激派の小河一敏が同志と共に京都へ出奔した事件につき、困惑した岡藩が使者を送って熊本藩士荘村助右衛門に相談をもちかけている。これは、久光上京にともなう九州の尊攘派志士の具

体的な動向を示す典型的な例であり、また、後述するように、老中水野忠精に随時重要な政治情報を提供することになる岡藩の動きを示す記事として、注目に値する。

⑩は、大坂着後の久光の動静についての風聞であり、副題には「四月廿七日承之」とあるのみであるが、文面にあるように国友半右衛門・清水典左衛門から聞き取りをした内容である。

一和泉公子当月十日大坂着ニ而、十八日伏見出立相成候段、小倉之肥後用達ゟ申遣候、且此節様子聞候、京摂之間ニ水津熊太郎始役向三四人も熊ト被遣候ニ付、何そ事之替り候儀有之候ハヽ、早速注進も可致候得共、今日迄其儀無之候得者、泉州十八日発足、右来り定而無事ト能被存候得共、唯疑之義にハ泉州伏見発足被致候ハヽ、即注進候様右様子見之外ニ泉州之跡を付、慥成者壱人被遣候ニ付、小倉用達ゟ申出候通り、十八日発足相成候ハヽ、伏見ゟ当所迄五日目ニ者急度注進有之日積ニ候得共、今日迄其儀無之、是ハ如何ト心遣罷在候段、国友・清水両人之話ニ御座候

小倉にいる肥後用達から国友・清水両名のいる熊本へ、久光が四月一八日伏見出立と伝えられ、京坂方面に水津熊太郎ら三、四人が探索のために派遣され、さらに久光一行の跡をつけるべき任務のもう一人が派遣され、変事がある場合は早速注進があるはずなのに、それが一向にないことへの疑問が示されている。これは寺田屋騒動が起こる前の京坂方面の緊迫した情勢に関わる報道であろうから、このような疑問が生じるのも当然であろう。ここでは、国友・清水両名が久光卒兵上京という未曽有の出来事に対して、熊本藩の周到な情報網を利用して、素早い情報の収集にあたっていたことがわかる。

以上のように、「熊本ニ而聞書」は、島津久光が兵卒を率いて鹿児島を出発する文久二年（一八六二）三月中旬からの短期間の間に、探索者が熊本の国友半右衛門を中心とする儒者のネットワークを駆使して正確な情報の収集を行い、これらの内容をまとめて筆写したものである。風聞内容のなかで最も時間的に新しいものは「四月廿

七日承之」と副題があるので、その後即座に「熊本ニ而聞書」に編集されて、即刻江戸の老中水野忠精のもとに送られたものと考えられる。この風聞書は、久光が鹿児島を出立してから大坂に滞在するまで、その足取りを克明に追い、またこれにともなう尊攘激派勢力や西国大名の動静についても調べており、国友半右衛門をはじめとする熊本藩関係者の情報収集能力の高さを示している。幕府としては、この風聞書を久光江戸到着に備えての実に信憑性のある西国情報として取り扱ったものと考えられる。

さて、久光上京・国事周旋の報は、長州藩を強く刺激することになり、同藩の藩論を航海遠略策から攘夷論に転換させる大きなきっかけとなった。この流れで、五月二日には江戸で長州藩主毛利慶親が老中久世広周を訪ね、将軍上洛・国是確立の急務を説いている。

一方京都においては、久光上京にともない、五月四日付で金三郎・嘉吉なる人物が風聞書「上　金三郎・嘉吉」(11)を江戸の幕閣に書き送っている。その概要は次の通りである。

① 卒兵上京した島津久光の願意は攘夷ではない旨。
② 久光に随行した薩摩藩士の京都の宿所における様子。
③ 寺田屋騒動後の薩摩藩の後始末の様子（宿屋への弁償など）。
④ 長州藩主毛利慶親の入京前に同藩家老が差し出した書状を京都所司代は不受理。
⑤ 京都で異変発生の場合は、孝明天皇の一行が彦根城へ立ち退くとの風聞。
⑥ 関白九条尚忠家士島田左近宅へ薩摩藩士が面会を求めたこと。

この金三郎・嘉吉なる両名の身分についてはいまのところ判然としないが、書面の内容から幕府探索方の一員であると考えられ、久光卒兵上京という緊急事態に極めて早い対応をして、江戸に新しい情報を書き送っていることがわかる。

まず①では、

一嶋津殿願意之趣者、異国交易之義者　厳命ニ而御免ニ相成候義ニ付、今更御停止被　仰出候者不及申、且不筋ニ打払而者是又不宜、只向後此国不用之品を以交易致し候ハヽ、自然ニ彼方ゟ相止候様相成可申、其節彼是申出候ハヽ、時宜ニ寄打払候ため何様共致し可申、決而戦争を相好ミ候訳ニ者無之旨被申居候由ニ御座候

というように、卒兵上京した久光としては開国・交易は既成事実であって、いまさら元へ戻すことはできず、かつ無謀な攘夷を行っては筋が立たないとし、もし今後不要の品を交易するような事態になれば外国側から拒絶してくるであろうし、その時に紛争となればこちらから打ち払いの手だてを考えるであろう思惑を説明し、今回武器を携えて卒兵上京したからといって、その目的は攘夷のための戦争ではないと考えている旨を記している。

③の寺田屋騒動発生とその後の薩摩藩の処置についての文面は、次の通りである。

一伏見表寺田屋与申舟宿ニ而刃傷有之候ニ付、相済候後右舟宿へ騒動中渡世相休迷惑ニ哉可有之間、為手当金五拾両、且衾・建具等も損し候ニ付、是又薩刕方ニ而不残新規ニ取揃御渡ニ相成候由、都而諸向共右様手当宜敷候ニ付、市中ニ而者薩刕之風聞至而宜敷、併中ニ者右様万端手当能諸人へ帰伏為致候も何か所存有之候事ニ哉抔風評仕候

ここではまず、同士討ちの刃傷事件を起こした薩摩藩が、寺田屋に対して迷惑をかけた代償として金五〇両を支払うなどの事後処理を行ったために、同藩に対しては今のところ「風聞至而宜敷」とあるように、周囲の評価は決して悪くないことが示されている。③ではさらに続けて、薩摩藩屋敷は寺田屋騒動を起こした者たちを即時に引き取り、伏見奉行所の差配は受けなかったとある。今回の事件については、久光卒兵上京をきっかけに攘夷の先鋒たらんとする行動を企てた攘夷激派勢力は、随行が不許可になったことも聞き入れずに集結してきたので、

彼らが伏見に到着する以前に薩摩国元より早打の使者をもって、藩命に背く者は時宜により討ち取る覚悟でいるようにとの注進があったことが記され、この事件の正確な背景が示されている。

⑤は、本書第六章でも紹介する、京都で異変が起こった場合に孝明天皇の安全を確保するために天皇自身を彦根に退避させるという、彦根遷幸説の一例といえるものである。

若京都ニ而異変有之候ハヽ、禁庭様者勿論、皆〻彦根御城へ御立退ニ相成様可取計諸〔所〕司代之御心底ニ候由、
風聞仕候

ここでは、京都所司代酒井忠義が彦根への遷幸を考えているという文面になっており、所司代酒井の動きを警戒し牽制する側が流した風聞にもとれる。朝幕関係が緊迫するなかでたびたび流された彦根遷幸の風聞はいずれもその発信者が特定できず、今のところ周囲の情勢から発信者を推定する以外に考察する術がないのが現状である。

さて、久光卒兵上京という緊急事態に対し、今度は目付大井十太郎が幕府の諮問に答えて、京都・大坂方面の風聞内容に基づいた自らの意見書「上　大井十太郎」(12)を認めて、同年五月付で幕府に提出している。大井はこの書面で、風聞内容については「伝聞を承り候迄ニ而」とあるように、自ら上方に赴いて聞き込んだものではなく、おそらくは徒目付・小人目付などの探索方により江戸にもたらされた風聞をもとに、自らの意見をまとめたものと考えられる。

この大井の意見書の内容は、おおよそ次のようなものである。

①　大坂表に浪士が集結し不穏な動きがあるので、島津久光は在京したままで出府を見合わせており、久光は近衛家を通じて朝廷から浪士鎮静方を命じられている由。本来、京都所司代の任務である浪士鎮静方を久光ら薩摩藩が行っては、所司代の権力が衰微し、久光の権威が京坂で振るわれる姿となり、幕府にとっては極

めて不都合である旨。

② 方今の情勢に対しては、さっそく老中が上京し、朝廷に浪士鎮静方の引き請けはもちろん、開国交易を推進すべきことも建言されたいこと。老中が多忙で上京できないならば、溜詰をはじめ譜代衆が将軍家にこの問題に対する建言を行い、そのなかで卓見の者を選び上京させて奏聞させたいこと。

③ 追い追い四方の浪士が集まり、京都所司代へ乱入または焼き払いを行い、大坂城へ立て籠るなどの挙に出るという風評もあるので、所司代には最も人望があり英邁果断の者を人選して、差し遣わしてほしい旨。

大井は、久光が卒兵上京し薩摩藩と懇意の近衛家を通じて朝廷より浪士鎮静方を任される事態を、幕府政治の重大な危機的状況ととらえ、老中ら幕府の要人がさっそく上京して朝廷に奏聞を行い、幕府の政治的指導力を発揮させることが急務であることを訴えている。老中の上京については、すでに久光が上京し国事周旋に関する意見書を朝廷に提出した四月一六日に、関白九条尚忠より所司代酒井忠義へ老中久世広周の上京を命じる朝命を下したが、幕府としては安政五年（一八五八）に堀田正睦・間部詮勝両老中が上京したものの、容易にその使命を果たせなかった前例があるので、これを受け入れなかったのである(13)。

そこで大井は②で、

方今之御所置ハ何レニも早速御手を被為下候様仕度、先差向御手前様之内ニ而御上京被遊、当今之御時勢只管人心之不折合ゟ右様浪士共党を結、群聚誹謗《議》仕候而已ならす、外夷之情態ニ至まて、内ハ衆庶不折合之憂御座候而、外ハ海外ニ蛮夷を御引受被遊候不得已之形勢、追日事情切迫於　上も深御心配被遊候次第柄等篤与被遂　奏聞、然る上ニ而浪士共之鎮静方御引受者勿論、外夷交際之事情方今之勢ニ而者、弥貿易盛大ニ御開可相成方等、夫〻御建言被遊、上ハ奉安　宸襟、下ハ衆庶依頼之御所置御座候ハヽ、可然哉奉存候

とあるように、さっそく老中が上京して朝廷に建言を行い、浪士の鎮静方を引き受け、さらに幕府の開国政策を

事実上承認してもらうなど、近衛家を通じた薩摩藩の動きを牽制して、幕府が朝廷を説得して国政のイニシアティブを回復することが急務であると訴えている。

また、こうした上方の危機的状況に対して抜本的な対策を取り得ない京都所司代酒井忠義については、③で、

且又不取留説ニ者御座候得共、追〻四方之浪士共寄集、終ニ所司代江乱入致し候抔、又ハ焼払候抔、其上大坂　御城江楯籠候抔等之風評も御座候哉之由、左候ハヽ、如何成訳歟者不奉存候得共、当所司代者彼頑愚浪士共忿怨之帰し候御方ニも御座候哉ニ相聞、併是迄　公辺江者勤労も被尽候事ニ而、当節ニ至浪士共之為ニ無故御退役相成候而者世評如何哉ニ奉存候得とも、去迚此儘ニ相成居候得者彼難解浪士共之事故、終ニ風説之如キ暴行を働き候様成行候哉も難計、若真ニ道路巷評之如き挙動之機も御座候ハヽ、誠ニ無御拠御場合ゟ被為召候方ニも可有御座歟、左候得者而後所司代者尤人望御座候英邁果断之者御人撰被差遣候方哉ニ奉存候[14]

として、浪士たちが所司代へ乱入しまたは焼き払い、大坂城へ立て籠もるなどという「道路巷評」が現実のものとなった場合には、まさに所司代酒井がその標的となり、それがために退役となっては幕府の威信にも関わり、速やかに所司代を然るべき果断の人物に交替させるべきであると述べている。現在の事態を打開するためには、もはや酒井の実力では不可能であるとし、攘夷運動の高揚、さらにはこれに対する朝廷への対応という難しい課題に直面して、所司代の入れ替えこそが急務であるとの意見である。

この上書で大井は最後に、久光がいつまでも在京していては、まるで所司代が二名存在するような混乱した政情になるので、速やかに江戸に出府させ、

浪士共ニ者薩州旁随従出府致候儀者必然与遠察仕候、其節者何レニも一ト先薩州之屋敷内へ入置候而如何様ニも警衛致し、散乱不致様為取扱、其上ニ而元主人〻〻江御引渡相成候様之御処置相成候ハヽ、可然歟、余り厳酷之御取扱御座候而者却而激怒再挙を志し候者も出来可申哉奉存候間、随分寛優之御処置相成候方可然哉ニ

愚考仕候

として、集結した浪士たちを力づくで取り締まることを避け、できるだけ穏やかな処置を行って元の領主に引き渡す方法が肝要であるとの持論を述べている。

大井のこの上書の日付は文久二年（一八六二）五月であるが、書面を見る限り、この四月二三日に島津久光が剣客を派遣して暴走する薩摩藩攘夷激派を鎮圧した寺田屋騒動についてはふれていない。前述したように、寺田屋騒動についての情報が水野忠精のもとに届いたのは、水野家文書を見る限りでは、五月四日付の金三郎・嘉吉提出の風聞書(15)の文面によってである。これに対し、大井のこの上書は、内容的に寺田屋騒動が発生する前段階の上方情勢に対して意見を述べたものであると考えられる。

いずれにしても、大井は浪士が大坂表に集結し暴発する危険性が考えられるなかで、薩摩藩—近衛家のラインが朝廷を動かし事態を収拾することに対する幕府の危機感を強調し、ここで幕府の威信を示すためにも、老中か譜代衆のどちらかが上京して穏便に事を収める方法を提言している。

二　三嶋宿を通じた風聞書

島津久光卒兵上京という薩摩藩による異例の行動と共に、幕府がもう一方で警戒し入念な情報収集にあたったのは、長州藩の動静であった。長州藩は、桜田門外の変により幕府政治が動揺すると、藩の直目付長井雅楽が文久元年（一八六一）五月一五日に京都で議奏三条実愛に、安政五か国条約調印以来の違勅問題をめぐる争いを捨てて一致協力して航海を開き、武威を海外に振るえるよう朝廷が幕府に命令を下すなら皇国は世界に飛躍するであろうとする航海遠略策を建言し、これが一時朝廷と幕府の双方から支持を受けた。しかし、島津久光卒兵上京がもたらした衝撃により、西日本各地の尊攘派勢力が続々と京都・大坂に集結するという事態を迎え、長州藩においても藩官僚の主流が攘夷論に傾き、藩論は一気に尊王攘夷論へと向かった。こうした情勢のなか、在府の藩主毛利慶親への周旋のために、長州藩士が続々と江戸入りをする事態が生じた。

しかも、世子定広が帰藩を理由に江戸を発して上京した後の文久二年五月五日に、議奏中山忠能は定広に送った手紙の中で、長井の建白については「右建白中、朝廷御処置聊謗詞に似寄候儀も有之」として、長井がその建白書で、鎖国は島原の乱以降厳重に仰せ付けられたもので、平安時代には京都に外国使節接待のための鴻臚館を建てたこともある由につき、もともと皇国の旧法ではないと記したことが、朝廷が隆盛を極めた上古の時代と蛮夷が非礼を行う今日とを同一視するものであるという非難を行った。いわゆる謗詞問題の発生である。また、中山はこの手紙で「主人御上京候はば、委細に御弁解可被為在候」として、藩主毛利慶親が上京して事情を釈明すべきであると記しており、その後慶親が六月六日に江戸を発して上京するに至るにはこうした事情があった(16)。

このような長州藩の動きに対しては、幕府も警戒感を深め、その情報網を駆使して探索にあたっている。文久二年五月付で江戸町奉行三廻役が駿府から品川宿にかけての長州藩士の動静について江戸に報告した風聞書(17)には、同月一一日に駿府表に五〇名ほどの長州藩士が集結し、江戸入口および横浜の外国人居留地では警戒を強めている模様が記されている。

こうしたなかで、関東取締出役も臨時出役の柏崎忠次郎と清水清十郎の両名が品川宿に常駐し、保土ヶ谷宿には同じく臨時出役の渡辺慎次郎が常駐し、さらに出役の喜多村解輔は三嶋・小田原・大磯・戸塚の各宿場を巡回して、それぞれ刻々と西方からもたらされる情報の収集や、江戸への往来の者の名前・身分・風体などの調査にあたっている(18)。

島津久光卒兵上京と長州藩士の江戸入りという緊急事態に、江戸町奉行三廻役と関東取締出役がそれぞれ地域を分担して出動しているのは、長州藩士の動静を逐一江戸の幕閣に通報させるとともに、万一の事態に備えて江戸近郊の街道筋の治安維持をはかる目的があったものと考えられる。

さて、この文久二年五月中に、関東取締出役が東海道中を探索し、情報をとりまとめて幕府（→勘定奉行→老中〔水野忠精〕という経路）に提出した風聞書は、計一一通にのぼっている。これらのうち一〇通は、封書の標題に書かれた差出人が勘定奉行酒井但馬守（忠行）・同根岸肥前守（衛奮）両名となっており、本文の最後尾に関東取締出役の署名がある。従って、関東取締出役が提出した風聞書は、勘定奉行がその文面に目を通して封をした後に、老中水野忠精に提出するという順序で報告されたものと考えられる。

関東取締出役の喜多村解輔は、五月一二日に三嶋宿に宿泊し、同所に京都所司代酒井忠義の家臣藤本六之助・冨沢秀次郎両名が止宿していたので、宿主の梅屋左助に内々に探らせ、緊迫する京都の情勢を聞き出して書付とし、一四日申中刻（午後四時頃）に小田原よりこれを発送し、翌一五日未中刻（午後二時頃）に江戸に到着させている。(19)

この書付でまず報じているのは、島津久光の京都における動向である。久光は、四月一六日に藩士の小松帯刀・中山尚之助・大久保利通らを従えて京都に入り、権大納言近衛忠房と会見して公武合体・皇威振興・幕政変革を骨子とする国事周旋についての心の内を述べている。(20)この喜多村解輔の書付では、彼の京都での動向はまさしく重大事と受け止められている。

一薩州家ゟ今般　関白殿江願筋有之候趣若狭守江申出、右ニ付薩州家京都逗留ニ相成、右願意之次第者不相分候へ共、不成容易願筋之由ニ而、御挨拶振御差支之趣、就而者上り方大名方是又京都ニ御逗留相成、何時何様之変事出来候哉も難計、若狭守殿ニも御心配有之、国許ゟ家来多人数京都江呼上ヶ、夫〻手配固等いたし、右賄方夫人足領分百姓共五百人程も京都江引上相成、国・江戸屋敷共殊之外人少ニ相成候由ニ御座候久光の関白九条尚忠への嘆願があるとの京都所司代酒井忠義への表明は、その内容は不明であるものの重大事と受け止められ、当時上京中の諸大名がそのまま京都に逗留することになり、一触即発で異変が起こるかもしれないと説明している。これを危惧した酒井忠義は、国元の小浜や江戸から都合五〇〇人ほどの家臣や夫人足を京都に呼び寄せて警戒に当たらせたので、国元も江戸屋敷も人数が手薄になってしまったとしている。前節で、目付大井十太郎が危惧したように、久光が上洛して朝廷に周旋することによる政治的衝撃と、所司代の権威失墜への危機感とは、当の所司代酒井自身が痛切に感じ、対応に苦慮していたことがうかがえる。

同書付ではまた、京都においては久光の動きに呼応して薩摩藩士が続々と集まり、四条通りの旅籠屋や商家を一〇〇軒ほど借り受けて家人を引き払わせて手賄いとし、その人数は一、〇〇〇人余にのぼり、伏見や大津辺に止宿する者もあったとの風聞を伝えている。また、長州藩世子毛利定広も京都蔵屋敷に逗留し、同藩家臣は三条通りに薩摩藩と同様に町屋を借り受けて手賄いとし、近々藩主慶親が江戸から上京するとの風聞があるので、江戸へ早飛脚を遣わし、士分の者一四〜一五人が慌ただしく出立して行った旨も記されている。さらに、松平頼聰（高松藩主）は三条通りに逗留、中川久昭（豊後岡藩主）は京都に四、五日逗留の後国元に帰るとも、あるいは逗留はせずとの風聞もあり、藤堂高猷（津藩主）らも京都に詰めたとの風聞があるとしている。

また、宿屋の梅屋左助方に二、三日逗留していた備前飛脚が伝えるには、今般の京都一件は中国地方の筋では薩摩騒動と触れられ、京都への道筋もことのほか武家方家来で混雑しているとの風聞も記されている。久光上京が諸大名に与えた影響の大きさがよくうかがえる内容である。

島津久光が朝廷に対し嘆願した内容については、同書付には次のように記されている。

一関外下説不取留事ニ候得共、今般薩州家ゟ京都江願筋之儀者、異人渡来後御議定筋追〻相心得、御国政乱、
異人共増長いたし、此儘差置候得者国乱ニ相成、万民及難儀者眼前之儀ニ而、異人打払之儀　公儀江再応

申上候而も御取用無之、其上大名下屋敷等上地ニいたし、城郭同様新規家作取建、異人共江御渡相成候様成行候而者、最早関東江参勤ニも不及、京都江相詰、異人征罰之　綸旨頂戴、渡来居候異人共打払、万民難渋相救度と之願意之由、風聞いたし候儀ニ御座候

ここでは、まず「関外下説不取留事」と断っているように、久光上京の目的についてのあくまでも巷の噂としての内容を記している。久光上京の目的は、まさしくこれまでの幕府の開国政策を根本から否定し、外国人打ち払いを決行すべく天皇から綸旨を下されることにあったとしている。ここでは、藩主でもなく無位無官の島津久光の卒兵上京・国事周旋という非常事態によって、久光自身の意思とは裏腹に、彼の上京の目的は攘夷の貫徹にありとする風聞がはびこっている世論の状況をよく伝えている。

このように、関東取締出役の喜多村解輔は、三嶋宿に宿泊しながら宿屋の梅屋佐助に京都情勢についての聞き込みをさせ、また梅屋に宿泊する備前飛脚からも久光上京に関する西国の風聞についての聞き込みを行っている。(21)これは関東取締出役の情報ネットワークの一端が見えており、興味深い。

前掲の五月一四日付の三嶋宿からの風聞書は、その主な情報ルートが「京都所司代家臣→宿屋→関東取締出役」という経路を経て江戸にもたらされており、また一部の情報は「飛脚→宿屋→関東取締出役」という経路でもたらされたものもあり、情報収集活動の連携という意味で注目に値するものである。

三　東海道宿場通行の長州藩士

さて、前掲の駿府表に集結した長州藩士が続々と東海道中を通って江戸に入るという緊急事態に、関東取締出役がその情報収集のために出動する。喜多村解輔は戸塚宿で、臨時出役の渡辺慎次郎は保土ヶ谷宿で、同じく臨時出役の柏崎忠次郎・清水清十郎両名は品川宿で、それぞれ江戸へ向かう長州藩士の人数・姓名や馬・駕籠・荷

駄の数まで入念にチェックし、勘定奉行酒井忠行・根岸衛奮の両名に詳細な記録を計五通の書付に認めて送っている。[22]

まず、この探索内容の概略について、喜多村解輔は文久二年（一八六二）五月一九日付の風聞書で、次のように勘定奉行に報告している。

毛利大膳大夫殿家来、異体之旅装ニて通行いたし候もの共、落付方其外とも早ミ取調可申上旨、今般被　仰渡候ニ付、大磯宿より東戸塚宿迄取調候処、先触無之異体之旅装ニて同宿江止宿並問屋場江立寄、権高ニ人馬相雇通行いたし候ニ付、右名前取調候処、別紙之通ニ御座候、尤右之内見知候もの無御座、乍去言語之様子ニて者長州藩ニ相違有之間敷哉之旨申立候儀ニ御座候、且落着方其外之儀者、御宿ニ無之候て者何分難相分儀ニ御座候[23]

異風の旅装で江戸に入る長州藩士の行方を調べるよう命じられた喜多村の調査は、東海道の大磯宿から戸塚宿までの間にわたるもので、これらの宿場に止宿し人馬を雇って通行した者の姓名を調べ、このなかに顔見知りの者がいるかどうかを本陣から旅籠屋まで見分し、言葉遣いで長州藩士かどうかを見分けようとする、入念な内容であった。

表4は、同年五月一〇日から一九日にかけて、東海道各宿場に長州藩士の一行が何名宿泊したかを、関東取締出役が調査した結果をまとめたものである。柏崎忠次郎・清水清十郎両名による五月一九日付の風聞書によれば、一一日に戸塚宿に宿泊して翌日に江戸へ出立した士分の者は、計三四名を数える。保土ヶ谷宿では、一一日から一九日までは毎日のように江戸に向けて出立し、計士分五〇名・馬二八頭・駕籠一八挺を数えている。[24] ただし、この書付には駕籠かきの人足数の記述がない。また、品川宿では一〇日から一七日までの間に、士分の者二五名・馬二三頭・駕籠五挺・人足一一名が江戸に出立したと記している。

表4　東海道宿場通行の長州藩士（文久2年5月）

宿名	戸塚宿	保土ヶ谷		品川宿	
報告者	喜多村解輔	渡辺慎次郎		柏崎忠次郎 清水清十郎	
通行者内容	5月11〜12日 士分34名	5月11日 士分4名 駕籠4 馬2疋	5月15日 士分1名 馬1疋	5月10日 士分2名 馬2疋	5月17日 士分1名 1疋
		5月12日 士分11名 駕籠2 馬11疋	5月17日 士分1名 馬1疋	5月12日 士分6名 人足7名 駕籠3 馬5疋	
		5月13日 士分8名 駕籠4 馬4疋	5月18日 士分2名 馬2疋	5月13日 士分11名 人足2名 駕籠1 馬10疋	
		5月14日 士分9名 駕籠5 馬4疋	5月19日 士分23名程 駕籠5 馬7疋 具足1 合羽籠1 荷駄1	5月15日 士分5名 人足2名 駕籠1 馬5疋	

（首都大学東京図書館所蔵、水野家文書により作成）

ここでは、長州藩士の通行のしかたが、江戸に近づくにつれて大きく変化している点に気づく。すなわち、駿府表では五〇名ほど、戸塚宿では三四名という多人数が一日のうちに通行しているのに対し、保土ヶ谷・品川両宿では人馬・駕籠を雇い、少人数ずつに分かれて江戸に出立している。

士分の者については、書付にその氏名が明らかにされているので、いくつかの検証をしてみよう。例えば、一二日に戸塚宿を出立した士分三四名と、一二、一三、一四日の三日間に保土ヶ谷宿を通行した士分二八名の氏名を比較した場合、そのうち一一名の氏名が一致している。そして、戸塚宿を出立した彼ら一一名のうち九名が一二日に、一名が一三日に、さらに一名が一四日に、それぞれ保土ヶ谷宿を通行している。また、一一日に保土ヶ谷宿を通行した士分四名は、全員翌一二日には品川宿を通行している。一二日に保土ヶ谷宿を通行した士分一一名のうち九名は、翌一三日には品川宿を通行した[25]。

全体を通してみると、長州藩士は駿府表と戸塚宿では多人数が集結し、戸塚宿を起点に分散を始めて次々と江戸入りを行うという動向が見られる。これは、ひとつには江戸とその近辺における幕府の警戒態勢に備えての分散であるという点と、もうひとつには江戸における彼らのそれぞれの役割分担に応じた出立であった点とが考えられる。

次に、江戸に入った長州藩士の面々の様子について、臨時出役の柏崎・清水両名は勘定奉行へ次のように書き送っている[26]。

松平大膳太夫殿家来、当月十日頃ゟ此節迄追〻出府之人数左之通

一士分　凡弐拾四五人程

是者、此者共之内先方《センハウ》組与唱武芸ニ秀豪傑、家督候而茂無役之身分相交居候由

一足軽　凡弐拾人程

一中間　凡五拾人程

但道中帯刀之由

但士分以下道中先触無之、縦令士分ニ候与も部屋住之分者同様先触等不差出家風之由

士分の者については、先方組と呼ばれる武芸に優れ家督を継いでも無役である者が混じっており、足軽・中間の通行については道中先触はなく、士分とはいえ部屋住の者は同様に先触は差し出さない家風ではないかとしている。また、中間の者は地方組・御蔵之組など十組に分かれ、今回出府の足軽・中間はもちろん、士分について

もその多くが部屋住の者であったと記している。

かくて、五月一〇日より一九日までに一〇〇名近くの長州藩の士分・足軽・中間が品川宿を通って江戸に入ったわけであるが、彼らについての柏崎・清水両名の認識は、次の通りである。(27)

一右自己ニ出府之面〻儀者、於大膳太夫殿近〻在城有之沙汰者不請候得共、当節柄之儀途中供奉之積罷出候歟、差当何等疑ハ敷儀相見不申由

一当月十日ゟ昨今ニ至迄、福伊賀袴等着用、先触無之人馬相雇、品川宿通行江戸入相成候、大膳太夫殿家来者勿論、其外諸家家来之内ニも右体之儀無御座候

長州藩ではこの時期、前年に航海遠略策を朝廷と幕府に建言した直目付長井雅楽が島津久光卒兵上京によりその支持を大きく失って弾劾を受けるようになり、これに代わって尊攘激派が主導権を握りつつある時期であった。藩主毛利慶親は、前掲の謗詞事件の釈明のために六月六日に江戸を出立して上京の途につくのであるが、関東取締出役も五月段階で藩士たちが先触もなく品川宿を通行して江戸入りするという緊急事態を、藩主慶親西上のための供奉が目的であるという認識をすでにもっていたのである。

四　江戸市中の情報収集

島津久光卒兵上京の衝撃により、江戸近郊の東海道各宿場では関東取締出役による組織的な情報収集が展開されていたが、一方で同時期に江戸市中においては、江戸町奉行三廻役（定廻・臨時廻・隠密廻）を中心とする探索活動が行われていた。

文久二年（一八六二）五月付で江戸町奉行石谷穆清《いしがやあつきよ》・黒川盛泰両名が老中に書き送った風聞書「上　石谷因幡守・黒川備中守」(28)は、三廻役が品川宿を探索した内容を町奉行に提出したものである。これによると、松平伊勢

守家来の石川一・仙石主馬両名と中間徳兵衛の合わせて三名が、五月五日に品川宿旅籠梅本屋に宿泊し、ここで氏名不詳の者七、八名を寄せて、大坂で浪士たちと共に攘夷の挙に出ることを相談し、同夜八ツ時頃（午前二時頃）一同で出奔し、多分相州三崎辺で乗船して上方筋へ行く予定であったと思われたが、伊勢守屋敷より追手をかけていったん彼らを取り押さえたものの、その後駕籠脱けをして逃れ去った由である旨の報告をしている。(29) 内容的には不明瞭な点が多いが、久光卒兵上京による上方の攘夷熱沸騰の影響が江戸にも及んでいる一例が示されている。

また、本章第二節でとりあげた、同年五月付で三廻役が幕府に報告した風聞書(30)では、前述のように五月一一日に長州藩士五〇名余が駿府表を通行して江戸に向かった旨が記されるとともに、

当月十三日夕八半時頃、松平大膳大夫家来名前不知ものとも、二十一二位ゟ二十五六才位迄之もの二十八人品川宿問屋場江罷越、両掛十荷相通候哉与相尋候付、右様之品ハ相通不申、何故多人数通行ニ候哉与相尋候処、今般嫡子長門守上京致し居、大膳大夫儀も近〻上京之趣ニ付、為迎下り候旨相答罷通り候後、同日引続同家飛脚足軽之由中川森蔵・神田豊次郎与申もの品川宿通行致し候付、問屋場ニ而前書人数之儀承り候処、大殿迎之供方無人ニ付京地ゟ下り候ものニ而、道中筋宿〻問屋場等ニ而駕籠・人馬等申談方手荒之趣及承候旨相咄し候由

とあり、一三日には長州藩士のうち二八名が品川宿問屋場へ到着して尋問を受けたところ、彼らは世子定広がすでに上京し藩主慶親も近々上京するため、その迎えのために江戸に向かった旨を答え、同日引き続き品川宿を通行した同藩飛脚足軽二名も同様に答えたとしている。

さらに、この風聞書の最後の段で三廻役は、

駿府表通行致し候ものハ、前書品川宿相通候ものニも可有之哉、長州家江着之者も多人数有之、姓名等差向

相分兼候間、猶取調此上承込候儀も有之候ハ、早〻可申上候

とあるように、江戸に向かう長州藩士については、なおも姓名等を調べあげて報告していく旨を記している。

続いて、同じ文久二年五月付で三廻役が老中に書き送った風聞書「上　石谷因幡守・黒川備中守」(31)では、冒頭に「上方筋混雑ニ付、水戸殿幷立花飛驒守・松平修理大夫家中之もの気配相探可申上旨被仰渡候ニ付承探候趣左ニ申上候」とあるように、島津久光卒兵上京とこれによる上方筋の攘夷熱の高揚という事態に対し、これと深く関わると思われる水戸・柳河・薩摩の各藩の江戸屋敷の動静を探索するよう命じられた三廻役が、これに応えて提出したものである。

まず、水戸藩については「水戸殿者奥向等ニ而時〻囃子抔有之、家中も穏ニ而、平常ニ相替り候儀無之候由」と記し、時々囃子などで賑やかにしている以外、別段これといった大きな動きはないことを伝えている。

次に、柳河藩については、

立花飛驒守者先月廿八日発駕相成、参府御暇之節共国許ゟ上下凡三百人程送り迎ひ有之、御暇之節迎人数者三月下旬国許ゟ着致し候定例之処、当年ハ何故ニ候哉、一ヶ月早〻二月下旬迎之人数着致し、士分之もの拾人程例年ゟ相増候由、其外事変り候儀相聞不申候

というように、例年藩主立花鑑寛は江戸参府を終えると、三月下旬に国元より三〇〇人ほどの迎えの従者が到着するのが定例であるが、どうしたわけか当年は一か月も早い二月下旬に迎えの人数が到着し、しかも例年より士分の者の数が一〇人ほど多いことを報告している。

さらに、島津久光の出府を待つ薩摩藩については、

松平修理大夫実父島津和泉儀出府之上家政向取扱可申与之儀ニ付、家中重立候もの不伏之ものも有之、昨年頃ゟ家中騒立居候由、此程ハ江戸屋敷門出入等厳敷、容易ニ他行等不相成由、併動揺之体者相聞不申候

とあり、久光が実質的な藩政の主導権を握る体制ができたことに対し不服を唱える者があって、昨年より家中が騒ぎ立つ事態があり、久光の着府直前のこのほどは江戸屋敷の門の出入り等の検分が厳しくて、容易に外出ができない状況を報告している。

また、この風聞書ではさらに続けて、久光の大叔父にあたる福岡藩主黒田長溥が大坂表で久光と落ち合う手筈をして東上する途中、播州大蔵谷で薩摩浪人（実は旧家臣の平野国臣と薩摩脱藩士伊牟田尚平）と面会をし、上方混雑の模様を聞かされ、このままでは久光同様京都で差し留められると判断し、急遽筑前へ引き返した旨が記されている。この一つ書きは、風聞書自体の最後に「右被仰付候風聞幷黒田家屋敷内風聞共書面之通御座候」とあるように、福岡藩江戸屋敷内の風聞を聞き込んで記したものである。なお、黒田長溥が大蔵谷で急遽国元に引き返したこの事件については、第三章一節で紹介する長崎町役人が文久二年（一八六二）六月七日付で老中水野忠精に報告した風聞書にも、具体的な記述がなされている。

さらに、同じく同年五月付で三廻役が老中水野忠精に提出した風聞書「上　石谷因幡守[32]」は、その冒頭に「水府表ゟ矢部権軒方江別紙之通文通差越候旨申出候間、則相添、此段申上候、以上　戌五月　三廻」とあり、三廻役が水戸表に派遣された探索方より矢部権軒という人物のもとにもたらされた、かなり長文にわたる水戸風聞の内容を報告し、これらに自らの意見も加えたものである[33]。これらの概略は次の通りである。

①　水戸藩江戸小石川上屋敷内の模様。
②　攘夷派が台頭する薩摩藩の京都における状況。
③　水戸藩隠密方与力杉浦仁右衛門（平蔵）の消息。
④　この節出牢の水戸藩関係者については油断なきよう心得ること。
⑤　攘夷を口実に内乱を企む者共にはくれぐれも注意ありたし。

⑥　京・大坂に集結して攘夷を名目に内乱を企てる諸浪人らは成敗されたし。

まず①については、小石川屋敷内では謡・囃子が流行して、これが放置されて大賑わいの状況であり、

右等之遊病之事ヲ以て何事もごちやらかし、乍去　君徳ヲも被損、且ハ邸中之人気をも相乱し候事与被相察、毎度厳法之不行可悪事与風評も御座候

とあるように、これを制御するような力も働かないような事態であることを報告している。

③は水戸藩隠密方与力の杉浦仁右衛門の消息について、

近来上方西国辺ニ罷越候由、近〻自　公辺付けられ無拠逃入候ニ付、前文之通り此度被申付与之風説ニ御座候、右上方筋へ罷越居候義実事ニ候ハバ、此度京地之動揺等も少〻かゝり、今も可有之儀ニ御座候

とあり、幕吏に追跡され逃れて、今は上方・西国方面に赴いたという風説があり、これが実事ならば攘夷激派が集結する京都の動揺とも関わりがあるにちがいないという記述をしている。ちなみに、杉浦仁右衛門は安政五年（一八五八）八月に井伊政権に提出された水戸風聞書にも、彦根や讃岐高松の城下へ潜入した旨が記されており、大変重要な役割を担う水戸方隠密として、幕府から警戒されていた人物である[34]。

⑥は三廻役から矢部権軒へ、赤裸々な意見が伝えられている。ここで三廻役は、京・大坂に集結した尊攘激派の諸浪人が幕府による暴政の筋を申し立てて、朝廷との確執を生じさせようとしている状況を見逃すわけにはいかず、

禁帝ヲ挟ミ諸大名与申合、諸方へ号令ヲも下シ可申抔との浮説等有之候処、三百年来　徳川家之御恩沢ニ浴候人情たる者口外可致筋ハ無之、兎角詐謀ヲ以人心ヲ惑乱為致候術与奉存候

とし、諸大名と結託して朝廷を動かし諸方へ号令を下そうとする策謀をこのまま打ち捨てては、幕府の威光も薄らぐので、彼らの根元にあたる勢力へ誅伐を加えるべきであるとしている。さらに、

今更与相成候而者、内乱御取締之上ニ無之候而者、夷人御扱方御改革御賢慮之程被為在候共、却而御さまたけニ相成候儀与奉存候

として、外交問題の改革のためには、まず内乱を企てる勢力を取り締まることが肝要であることを主張している。

前述のように、この風聞書「上　石谷因幡守」は、三廻役五名が収集した水戸藩江戸屋敷から水戸国元までの諸情報に自らの意見を加えた内容となっており、島津久光卒兵上京と上方における攘夷熱の高揚という事態において、火急の必要性を認識してこれを書きあげて、老中に提出したものと考えられる。かつて、井伊政権時代の安政五年八月には隠密廻が幕府に提出した風聞書があり、これは、隠密廻が飛脚を水戸国元に派遣して情報収集を行わせたものであったが(35)、このような江戸の町方が必要に応じて何らかのかたちで水戸藩を探索することも、たびたびあったものと考えられる。

また、三廻役はもうひとつ、文久二年（一八六二）五月付で土佐藩参政の吉田東洋（元吉）が殺害された旨を江戸町奉行に報告し、町奉行はこれを風聞書「上　石谷因幡守・黒川備中守(36)」として老中に提出している。東洋は国元において、藩の保守派勢力と尊攘派勢力に挟まれながらも、前藩主山内豊信の支持を受けて有能な人材を登用し、文武の近代化をめざす藩政改革を推進していたが、幕府と協調する姿勢が非難を受け、四月二八日の下城途中に勤王党の面々に襲撃され殺害されている。

この風聞書には、

子細不知当四月廿日頃在所表城中ゟ下りを待受、人体不知五六人ニ而打掛り切倒し、首討落逃去候後、一両日過国許仕置場江持出、獄門ニ掛ケ元吉科之次第書付ニ致し晒置候由、右ニ付何故ニ候哉、在所表幷江戸屋敷家来共一同歓ひ居候風聞ニ御座候

とあり、東洋殺害を喜ぶ藩士が国元にも江戸屋敷にも大勢あったことが記されており、多くの敵対勢力をもって

いた東洋の立場が浮き彫りになっている。この風聞書はその文面から、三廻役が江戸屋敷の土佐藩関係者から聞き込んだ内容を筆記したものと考えられる。

さて、再び関東取締出役による情報収集活動に話を戻そう。臨時出役の柏崎忠次郎・清水清十郎両名は、江戸入りする長州藩士の一行に交じって、庄内藩出身の尊攘派志士清河八郎とおぼしき男が江戸に潜入しているとの風聞を、五月二八日に勘定奉行に報告している(37)。

清河八郎は、庄内藩の郷士斎藤治兵衛豪寿の子として生まれ、江戸に遊学して安積艮斎・千葉周作らに文武を学び、安政六年（一八五九）に江戸の神田お玉ヶ池に文武指南所を開いた。やがて尊攘運動に参加し、横浜の外国人居留地焼き打ちを計画した。しかし、文久元年（一八六一）江戸日本橋で町人を無礼打ちにして逃げたことから幕吏に追われ、関東から東北にかけて逃亡する身となった。やがて上京した後、九州に赴いて同年末に尊攘派志士の指導的立場にあった真木和泉とも会見している。逃亡中は、各地の尊攘派志士の同志的結合に努め、文久二年四月の京都における義挙計画の中心的存在となるが、寺田屋騒動の直前に田中河内介と対立して脱退している。文久二年当時の年齢は、満三二歳にあたる。

柏崎と清水の報告は、清河らしき人物を見つけた経緯について、まず次のように説明している。五月二六日、異体の者一六名を含む長州藩士の一行三〇余名が戸塚宿を出て江戸に向かった旨の通報が、配下の石井鑵之助からあり、品川宿では昼夜とも厳重に見張りをしたところ、翌二七日の昼九ツ時頃、この三〇余名の一行が先触なく品川宿を通って江戸市中に入った。そこで、跡をつけて彼らの行方を追ったところ、彼らのうち二〇名は芝車町の茶店で昼食をとり、このうちの一九名は長州藩の桜田門外・麻布両屋敷へ分かれて到着し、残りの一人は目立つ恰好の立派な人物で、頭上に置手拭をしており、彼は車町の辻で駕籠を雇い、下谷三味線堀で御番を勤める清水権之助方に、置手拭姿のまま入って行ったという。

この清河八郎と覚しき置手拭姿の人物とその探索の見通しについて、柏崎と清水は続けて次のように記している。

一年齢三十一二才位
一中丈中肉色白キ方
一眼丸クするとき方
一鼻高ク其外常体
　衣類
一組《御納戸紗割為織》かすり薩摩上布下ニ
一白麻長襦半を着
一刀鞘黒塗外拵な与も不分明
右之通、見届之もの罷帰り申聞、年齢其外兼而御達相成居候清川八郎ニ必的仕、乍去武家屋敷内之儀急速探索方不行届、且又同人儀先達而中下谷三味線堀辺ニ忍ひ罷在候歟之趣、無何与風聞立候儀も有之、旁以疑敷奉存候間、此上急速其筋ゟ御探索御座候様奉願候、以上

このように、清河と覚しき男を見届けた者の申し様によると、すでに達のあった彼の風体に加え、年齢・顔付・服装とも実によく似通っているとしている。

では、この時期の清河の消息を、自らの手記を編集した『清河八郎遺著』(38)によりたどってみよう。清河は、文久二年五月一二日には日帰りで大坂に行き、また京都へ戻って各所を徘徊し、ここで薩摩藩士益満新八郎（休之助）とも会っている。同月下旬には安積五郎・藤本真金と共に大坂に至り、河内国富田林で郷士の水郡善之助と

会い、さらに伊丹に行き、ここの明倫堂を訪ねている。同月二二日の勅使大原重徳とこれに随行する島津久光の一行の東下を京都で見届けた後、二八日には薩・長の志士を激励するために、長州藩世子毛利定広に対する上書に、速やかに籌策を決して勤王の行動をするように勧告する旨を記して、同藩家老浦靭負に手渡している。さらに、京都での再挙が行われにくいと思った清河は東下を決心し、六月六日に京都を発し、和歌山・松坂・山田・三河吉田・甲府・鰍沢・伊豆・小田原を経て、八月二四日に江戸に入っていることが記されている。

これらは、清河自らが筆をとった記録であるので、こちらを基本に考えれば、前掲の報告にある五月二七日に長州藩士と共に江戸入りして清水権之助方に身を寄せたとされる人物は、実際には清河本人ではなかったということになろう。しかし、この期間の清河の消息については、なお傍証史料となるものを探して検討を試みる必要があると考える。

それにしても、両名が調べあげた前掲の書付に見える清河の風体の詳細は、大坂の薩摩藩邸内で知人の藤本鉄石が描いた「清河八郎肖像」の風体と極めて似通っている。清河は有力な尊攘派志士であるとともに、江戸における町人殺害の下手人でもあったわけで、関東農村の警察権の末端部分を統括する関東取締出役にしてみれば、当該時期の不穏な政情のなかで、大変に神経を尖らせるべき要注意人物であったことがわかる。

五　島津久光江戸出府をめぐる諸情報

さて、寺田屋騒動後の島津久光は、その念願とする幕政改革を実現すべく、勅使の江戸下向を朝廷に建言した。その結果、勅使大原重徳の江戸下向と久光のこれへの随行が行われることになる。

勅使と久光の一行は、文久二年（一八六二）六月七日に江戸に到着するが[39]、これに先立ち大磯宿駐在の関東取締出役喜多村解輔は、小田原・江戸間の一行の旅程をあらかじめ勘定奉行を通じて老中水野忠精に、次のように

報告している。(40)

今廿六日夕、薩州家来内藤善次・松元嘉右衛門両人、島津三郎京都出立ニ付、宿割として罷越候由ニ而、大磯宿江罷越、三郎儀　勅使大原左衛門督殿御一同、当月廿二日京都出立ニ而、道中者前後相成江戸着者御同日之積ニ有之由、三郎儀者当月五日小田原宿止宿、同六日平塚宿休之由、其余者相分不申候得共、同七日江戸着相成可申哉ニ有之、乍去今夕大雨ニ付川支之程難計奉存候得共、此段奉申上候、以上

東海道大磯宿御用先
関東御取締出役

戌五月廿六日　喜多村解輔

勅使大原重徳と島津久光の一行は、五月二二日に京都を出発して、初日は近江大津に宿泊し、東海道を東下して二五日には伊勢桑名に宿泊している(41)。喜多村の調査では、一行に先立って薩摩藩士内藤善次・松元嘉右衛門の両名が翌二六日に宿割のために大磯宿を訪れ、一行の旅程を伝えている。これによれば、両者は道中では相前後したが、江戸着は大原も久光も同じ日となる予定であること、久光は六月五日に小田原に宿泊、六日に平塚で休憩し、七日に江戸到着の予定であるが、現時点（五月二六日夕方）では大雨の天候なので、道中の川止により遅延する可能性もあるとのことである。しかし、実際に一行は七日に江戸に到着しているので、この遅延はなかった模様である。

さらに、二日後の五月二八日に、喜多村解輔が小田原宿から当時申し継ぎのあった京都情報を、長文の風聞書「戌五月廿八日申上刻出　日　廿九日午中到着　風聞之趣申上候書付　酒井但馬守・根岸肥前守(42)」にまとめて、勘定奉行に提出し、これがさらに老中水野忠精に送られている。その概要は次の通りである。

①　序文…島津久光卒兵上京、久光と近衛忠熙との会談の模様。

②　長井雅楽の航海遠略策。

③　長州藩世子毛利定広上京の趣旨。
④　島津久光護衛の鉄棒組について。
⑤　寺田屋騒動の経緯。
⑥　関白九条尚忠落髪の風聞。

まず、①では序文として、次のように問題を切り出している。

島津三郎供勢七百人程ニ而、去月十二日夜伏見より京都江罷越、直ニ近衛殿江被参候処、早速議奏衆御同亭江被相越、駐与様子者不相分候得共、此度薩州家ゟ近衛殿江御縁辺之儀も有之、且　公武御合体・国家安全之ため　和宮様御下向ニ相成候処、安藤対馬守殿一条其外人気不穏、依而国主一同談之上此度上京、異船打払之儀　台命御座候歟、又者　御所ゟ御沙汰御座候歟、両様之内御取計相成候様被　仰立ニ相成、此節参居候異人共打払、其上アメリカ迄も罷越、征罰致度旨申立候由ニ御座候

前述のように、上京後久光は四月一六日に近衛忠房邸を訪れ、議奏中山忠能・正親町三条実愛が同席して、卒兵上京・江戸出府の政治的目的を述べている(43)。①の文面では、この会見のことが前置きされており、島津家と近衛家との縁辺（斉彬の姉興子が忠熙の妻）もあり、和宮降嫁後に坂下門外の変が発生するなど不穏な世情となったので、諸大名が申し合わせて上京し、攘夷を旨とする幕命か朝命を待ちたいと決議したと記している。もっとも、この会見については「駐与様子者不相分候得共」と記しているように、直接その内容を検分しての情報ではないことがわかる。

また、①の文面には、久光が一連の幕府の妥協的な開国政策を批判し、攘夷を決行してさらにアメリカへまでも遠征すると主張しているという、かなり飛躍した内容がある。これは、久光卒兵上京により西日本各地の尊攘派志士の動きが俄然活発化して攘夷論が沸騰したことに加え、前掲の長井雅楽が建言した航海遠略策にも影響さ

れたと思われる内容となっており、当時の巷説を盛り込んだものとなっている。

次に、②ではこうした攘夷論の前提として、前年五月に長井雅楽が朝廷に建言した航海遠略策を持ち出し、次のような風聞内容を記している。

一右発端者、昨年五月長州藩永井雅楽与申もの　公辺江建白いたし候者、異船交易御差止ニ相成不申候而者、追々米価・諸色共高直相成、万民之難儀与罷成、終ニ者　御国衰微いたし、果者異国ニ被奪取可申候間、早々交易を御断相成可然旨申上候処、　和宮様御下向ニ而御用繁ニ付、追而御沙汰可有之旨之処、去年十二月中雅楽御呼出有之、長州一手之勢を以打払可申旨御沙汰有之候処、雅楽申立候者、迚も長州一手を以打払候儀者難出来候間、諸家江も御沙汰被下置度旨申立候処、当正月中尚又雅楽御呼出ニ相成、異船打払之儀長州江御任ニ相成候間、一同評議之上可申出旨御沙汰ニ付、雅楽儀早速上京いたし、議奏衆江右之趣申立候次第も有之、右等ニ付国主方評議之上、此度島津家ゟ三郎上京いたし、加州ゟ長甲斐守（加賀藩士）、仙台ゟ片倉小十郎（仙台藩士）上京いたし候由之処、甲斐守者去月廿八日京着いたし、小十郎者中仙（山）道相上り候由ニ候へとも、京着の様子相分不申由ニ御座候

長井雅楽はその航海遠略策を、前年（文久元）三月に藩主毛利慶親に建白して採用され、さらに五月には朝廷への建白を行っている。長井はこの建白で、現時点では破約攘夷はいたずらに諸外国の反発を招き得策ではないとし、むしろ航海遠略を行うことにより、「皇威海外ニ振ひ、五大州之貢悉く皇国ニ捧奉らすハ赦さす」という国是をいったん立て、積極的に開国を進めることこそ、国威を示す絶好の方策であると主張している[44]。これは、従来の攘夷論と消極的開国論の両方を批判し、積極的開国・対外進出を唱える点で、幕府の富国強兵政策（特に大海軍の建設）とも適合し、また朝廷からも朝・幕・藩あげて国是を確立しようとするこの論は歓迎され、久世・安藤政権も長州藩に公武周旋を依頼するに至る。

しかし、②の文面では、久光卒兵上京にともなう攘夷論の沸騰という世論にすっかり煽られ、事実とはかなりかけ離れた内容となっている。幕府が長井を擁する長州藩に正式に公武周旋を依頼したのは、和宮降嫁後の文久二年（一八六二）二月二四日であったが、(45)幕府はすでに前年一二月に長井を呼び出して攘夷を長州藩一手に任せる旨を命じたとあり、これに対し長井は長州藩一手ではとても不可能であり、諸家の協力を要請したい旨を願い出たとある。ここでは、富国強兵による国是確立という面では一致するものの、積極的な開国進取をめざす長井に立ちはだかるように、久光卒兵上京とともに尊攘派志士が集結した京坂方面の模様をよく反映した内容となっている。

かくて、朝廷は翌文久二年一月に再び長井を召し出して、攘夷は長州藩を中心に諸家の評議のうえで決定するよう命じたとしている。そこで、長井は議奏衆にこの旨を伝え、諸大名の評議を経たうえで、結局、島津久光と長州藩世子毛利定や広仙台藩士片倉小十郎らが、相次いで上京することになったという経緯を述べている。②の文面を通してみると、長井の航海遠略策も久光の卒兵上京も、いずれも攘夷決行を前提に話の筋道が展開しており、風聞の内容自体が尊攘派志士の世論煽動の影響を強く受けていたことが明白である。

続いて、同書付の⑤では、四月二三日に起きた寺田屋騒動について、一か月以上を経た後ではあるが、克明な報告がなされている。まず、事件発生までの経過については、久光に随行してきた兵員のなかに、セイホウ組または軍組と呼ばれる、平常は無役であるが出軍の際に動員される要員が二八〇名ほどいた。彼らのうち、久光と共に京都へ随行した者のほかは大坂の蔵屋敷に留め置かれたので、血気にはやりここを脱走した者が一一名あり、彼らを制止し続けた小組頭は体面が立たずに切腹したという。薩摩藩の大坂留守居役より早打の使者が遣わされて、こうした経過が久光に伝えられたとある。その後の事件の展開については、次のような説明がなされている。

申付置候儀を相背き罷出候儀不埒ニ付、篤与利解申聞候様同勢之内重立候もの八人江申付候ニ付、右八人之もの者早速伏見江立越、旅籠屋共相尋候処、寺田屋与申宿ニ前書拾壱人罷在候間、右之もの共儀申付を背き罷出候次第察当ニおよひ、段〻利解申聞候処、承伏不致、其内拾壱人之もの共刀を抜切懸候ニ付、八人之もの共も抜合、拾壱人之内六人即死、弐人深手、三人者何れ江歟立去行衛不相分、八人之方者内壱人即死、弐人深手、弐人浅手を負候よし、拾壱人之内深手弐人者疵所外科ニ為縫平癒之上死罪申付候由、右即死之もの死骸者取捨同様之取扱ニ而片附候よし、八人之方死骸者至而丁寧ニ取扱取置致候趣、拾壱人之もの者、何れも剛勇中ニも深手拾壱ヶ所負候もの、医師疵口縫候節医師江差図いたし為縫候由、医師もあきれ居候趣、尤も三郎方ゟ差向候八人者文言上手之ものゝ由ニ有之、拾壱人之者ハ全軍礼を背き候取扱之由、右死骸者其夜之内伏見薩州屋鋪江引取候由ニ御座候

これらは、凄惨の一語に尽きる記事である。寺田屋に集まった一一名の志士の目的は、京都で関白九条尚忠や所司代酒井忠義の邸宅を襲撃して攘夷の先陣を切ることにあり、これを察知した薩摩藩士高崎佐太郎が大坂から京都の久光にいちはやくその旨を伝えたといわれる。[46] 刃傷事件が発生するまでの経過と死傷者の数については、一般に報じられているところと同じである。[47] 一一名の志士のうち、六名は即死し、二名は深手を負って傷を医師に縫わせて平癒の後に死罪を命じたとし、このうちの一名は一一か所も深手を負い、医師が傷口を縫う際に医師に指図をし、医師もあきれるほどのしたたかさであったという。また、久光が寺田屋に差し向けた八名は「文言上手」で、一一名の方を軍の規律に背く狼藉者扱いにしたと記している点は、この事件を巧妙に処理した薩摩藩の在り方を示しているといえよう。

この書付の日付は五月二八日であり、事件から一か月以上を経過した後の報道であるが、老中水野忠精のもとには、すでに五月四日に前掲の金三郎・嘉吉両名により、寺田屋騒動とその事後処理についての記事が伝えられている。[48] これによれば、薩摩藩はこの事件が家中の者の不心得により発生した同士討ちであるので、伏見奉行所

の差配は受けず、また刃傷事件の場となった寺田屋には騒動中に渡世を休ませ迷惑をかけたので、手当金として五〇両を手渡し、衾や建具等も残らず新規に揃えさせたとしている。その結果、「市中ニ而者薩州之風聞至而宜敷」なったとし、またこのように万端の手当よく処理した裏には、薩摩藩に何か所存があってのことではないかとの風評も立ったと記している。これについても、薩摩藩の世評を充分に意識した対応というものがうかがえる。

おわりに

さて、島津久光卒兵上京という異例の事態は、攘夷論の沸騰も手伝って、国政担当者としての幕府に大きな危機感を抱かせる結果となった。久光の鹿児島出立とほとんど時を同じくして老中に就任した水野忠精は、こうした事態に対応すべく、さっそく多くの人材を駆使した情報収集を展開している。

前述のように、すでに久光出立に先立って薩摩藩より文久元年（一八六一）一〇月に鹿児島からの江戸派遣を命じられた堀次郎（小太郎）の書状提出や口述により、久光卒兵上京・江戸出府の政治的目的が幕閣に示されており、幕府としても早急な対応を迫られることになった。

また、忠精のもとにもたらされた久光東上に関わる西国情報の詳細なものは、彼の家臣塩谷甲蔵とつながりが深いと思われる国友半右衛門ら儒者のネットワークを活用した翌文久二年四月付の「熊本ニ而聞書」であり、いわば私的な人間関係に基づくものであると考えられる。さらに、金三郎・嘉吉による上方方面の風聞書などの西国情報も江戸にもたらされ、もう一方で久光上京の風聞を充分にふまえて幕閣の上京を急ぐべしとする、目付大井十太郎の上書が提出されている。

人事刷新を骨子に幕政改革を掲げて江戸出府をめざす久光らの動きに対して、幕府側も即座に対応する。四月二五日には前尾張藩主徳川慶勝・一橋慶喜・前福井藩主松平慶永・前土佐藩主山内豊信の四名に対し、安政の大獄以来の謹慎処分を解除している。[49] また同日、安政の大獄で永蟄居となっていた尊融法親王（中川宮朝彦親王）らの公家の赦免を朝廷に願い出、朝廷は三〇日に彼らの赦免を行っている。四月一六日に上京した島津久光が、前述のように近衛邸において国事周旋の内容を述べた後、朝廷は早くも同日に京都所司代酒井忠義に対して久光の周旋内容のひとつである老中久世広周の上京を命じている。よって、これは、有力大名の連合によって国家的危機を乗り切る構想をもち、一橋慶喜を将軍継嗣に推していた兄島津斉彬の遺志を継いだ島津久光が兵卒を率いて東上してきたのであるから、幕府としても危機感を増し、先手を打って、久光が勅命を取り付けて幕政改革を強行する事態を避けようとしたものであろう。

幕府がこのような決定を行ったのは、前掲の堀次郎による江戸における幕府への書状提出や数々の風聞書による情報伝達はもちろんであるが、久世上京の朝命を受けた所司代酒井忠義が即刻江戸にその旨を伝えたものと考えられ、さらにこれらの情報により、危機感を覚えた幕府が機先を制して早急に対応したものであると考えられる。[50]

五月二日には、長州藩主毛利慶親が老中久世広周を訪ね、この難局に際して将軍家茂が上洛して朝廷を周旋すべきことを建白している。慶親は、幕府が朝廷より庶政委任を受けて政務にあたるという現状においては、列藩が幕府をさしおいて各々朝廷に建言して勅命を待つのであれば、幕府の威光が立たず、群雄割拠を醸出し、天下の帰するところを失うとしたうえで、

　今般公方様御上洛御国初之御光耀を以て列藩予参被　仰付当時御初政ニ付天下より御更張之　思召を以御国是如何被相定候て可然哉各存意申出候様被　仰聞列藩建白之旨趣御熟考　叡慮被成御窺　勅命　台命を以て御国是被確定之御旨列藩へ被　仰渡候ハヽ衆心和協　御国威更張之御発端過之候儀ハ御座有間敷

として、列藩参予を前提とした、朝廷―幕府―諸大名という政策決定・指令系統のルートによる国是を確立する

ために、将軍が直々に上洛すべきことを具申している。[51]

こうしたなか、幕府は五月七日に謹慎を解いた松平慶永に幕政参予を命じている。[52]この日幕府は、老中久世広周に上京を命じており、久世は登城した慶永に対して幕府の危機的状況を訴え、自らの上洛に同行を求めている。[53]久世は、老中安藤信正と共に幕政を主導していた万延元年（一八六〇）七月二九日に、京都所司代酒井忠義を通じて朝廷に「当節より七八年乃至十ヶ年を相立候内」を期限とする鎖国引き戻しを条件に、皇女和宮降嫁を願い出て、その勅許を得た老中のひとりである。[54]彼はかつて期限付きで攘夷実行を約束した以上、長州藩の建言を受けて単独で上京してはどのような難題を突きつけられるかわからず、幕政参予となった慶永に同行を求めたのである。

翌五月八日に登城した慶永は、水野忠精・板倉勝静両老中と面会し、長州藩から建白のあった将軍上洛について諮問され、財政上の困難はあるものの、折からの政治的混雑に対応するためにも、将軍の上洛は至当であることを述べている。[55]

その一方で、朝命を受けた所司代酒井忠義からは、引き続き江戸の老中久世広周に上京するようにとの催促があり、江戸城においては依然として久世を上京させるべく、準備がなされていた。『水野忠精日記』五月七日の条には、この日御用部屋において老中内藤信親が久世に、このたび上京につき拝借金五、〇〇〇両を下し、さらに急速のことで費用が嵩むであろうから、格別にまた五、〇〇〇両を下す旨を伝えたと記されている。そこで、久世は、朝廷や将軍上洛を具申した長州藩など諸方面から振り回されるかたちとなった。

『再夢記事』には、

大和守殿羽目之間にて御談の次第ハ一昨日御右筆中村又兵衛京都より罷帰り申達且所司代よりも書簡にて大和守上京の催促有之自然御用多之故を以御断り等に相成儀候ハ、　勅使可指下との御内意も有之候得とも是

は所司代ニ而打消置候間[56]

とあるように、五月一一日に京都から江戸に帰着した右筆中村又兵衛からも、さらには所司代酒井忠義からも、書簡で上京せよとの催促があり、長州藩および松平慶永より将軍上洛を提案された久世は、返答に窮する状況に追い込まれている。

こうしたなか、幕府内部では久世に京都での周旋役を任せるのは能力的に不適格ではないかとの議論が高まり、五月一六日には幕閣により久世上京か否かの評議が行われ、結局幕府は久世の老中としての勝手掛・国益主法係・外国御用取扱、並びに上京御用を免じ、同日に老中の連名で京都所司代酒井忠義に飛脚を送り、久世の上京は見合わせる旨を伝えている。[57]

久世自身は、『水野忠精日記』五月一六日の条に「大和殿風邪・頭痛ニ付登　城不被致旨以手紙被申越」とあるように、この日の評議には欠席し、出立予定日であった翌一七日についても、同日記一八日の条に「大和殿風邪・頭痛同篇ニ付昨日出立難被致旨同列衆江自分より申達」とあり、表向きは体調不良で、以後の幕閣の評議を欠席し続けている。

こうして、幕議は将軍家茂が上洛するか否かの議論にしぼられたが、五月二四日に登城した松平慶永と老中との議論は『再夢記事』に、

中務大輔殿と初而御対談あり例の御上洛の件を厳敷御討論に及はれしか此侯ハ京都の事情も乍古風御心得故大に御同意有し故泉防両閣も遂ニ同議に帰せられし由[58]

とあるように、将軍上洛を強く主張する慶永に対しては、前日に老中に就任したばかりの脇坂安宅が大いに同調し、この流れで水野忠精・板倉勝静両老中も同意して、ついに将軍上洛の幕議が定まったことが記されている。

このように、幕府による将軍家茂上洛の決定は、島津久光の卒兵上京と朝廷への周旋により、朝廷が老中久世

広周上京を京都所司代に命じたことから、幕府で本格的な論議が行われ、こうしたなかでの長州藩主毛利慶親による将軍家茂上洛の建言、さらには久光上京にともない謹慎を解かれて幕府の政治参与となった松平慶永が幕閣とのたび重なる折衝を行って上洛決定に至ったことが、表立った政治的経過ということになる。

しかし、前述のように水野家文書を見る限り、幕府が将軍上洛を決定する五月二四日までの間に、国友半右衛門ら儒者のネットワークにより島津久光卒兵上京をめぐる西国情勢をつぶさにまとめた「熊本ニ而聞書」、京坂における島津久光とその周辺の動静を綴った金三郎・嘉吉による風聞書、久光の朝廷周旋により京都所司代の立場が軽んじられたことによる幕府の危機感を痛切に訴えた目付大井十太郎の上書が、いずれもすでに提出されており、水野忠精ら幕閣が閲覧していたことが明白である。これらの風聞書は、実に臨場感と説得力に富む内容であり、久光卒兵上京と朝廷への周旋、これにともなう諸大名の動向、西日本各地の尊攘激派勢力の活発な活動などが克明に記されている。

一方で、これらの風聞書は尊攘激派勢力が世論煽動したことにより虚説や流言蜚語が各地で流布していたことも報告しており、幕府の情報収集に携わった人々は、こうした尊攘激派勢力が展開する情報戦術を社会を揺るがしかねないものとして警戒感を強めている。ここではまた、次々と報告される風聞内容のなかでの、信憑性のある正確なものと浮説・虚説等との選別がかなり明確になされていたことが明らかである。これにより、幕閣は久光上京・江戸出府の目的やこの事件がもたらした社会的影響を正確に把握し、その後の政策決定に充分に生かしたものと考えられる。そうしたうえで、幕閣は事態を打開するには、将軍直々の上洛が是非とも必要であるという決断に至ったものと考えることができる。

その結果、島津久光と勅使大原重徳が江戸へ到着する六月七日よりもかなり早い段階で、幕府は安政の大獄で処分された松平慶永ら一橋派の面々の赦免を行い、将軍自らの上洛という、幕府としては約二三〇年ぶりの朝幕関係における儀礼の実行を決定し、久光の目論む政治的周旋に対応する準備を行ったのである。

さて、一方で長州藩では長井雅楽の航海遠略策をめぐる謗詞問題の釈明のために、在府の藩主毛利慶親が上京することになったため、多くの長州藩士が続々と東海道を通って江戸に入ることになる。この長州藩士の動向を警戒した幕府は、江戸町奉行三廻役と関東取締出役という公的な機関を駆使して、機動力に満ちた探索活動を展開する。これは、謗詞事件直後の五月一一日より東海道の駿府宿から江戸市中に至るまでの探索活動が展開され、品川宿を境に江戸市中は江戸町奉行三廻役が巡回して探索にあたり、三嶋・小田原・大磯・戸塚・保土ヶ谷などの宿場には関東取締出役が常駐または巡回して、江戸に入ろうとする長州藩士の状況を入念にチェックするものであった。ここでは、品川宿を境に、江戸市中は三廻役、東海道中各宿場は関東取締出役という基本的な探索の役割分担ができていた。

ただし、前述したように、三廻役が水戸藩国元を探索したり、関東取締出役が江戸市中に入って清河八郎に酷似した人物を追って江戸市中を探索したりと、必要性に応じてその境界ラインを越える例も見られる。

また、このように配置された探索方には、久光卒兵上京をめぐる京坂の風聞が次々ともたらされ、長州藩士の情報と併せて、幕府（老中水野忠精）に報告されている。前述の「熊本ニ而聞書」や金三郎・嘉吉の風聞書などとともに、これらの京坂風聞においては、前述したように聞き込みによる大変正確な情報と、「種〻不穏雑説」「関外下説」などと断っているような、尊攘激派の世論煽動によるものや浮説・流言蜚語などとを、かなり明確に書き分けている点がはっきりとうかがえよう。

さて、一連の島津久光卒兵上京・江戸出府という前代未聞の行動に対し、老中水野忠精ら幕閣は、前述のように多くの機関や人材を駆使した周到な情報収集を行い、久光らの行動の目的を的確に理解し、彼らがめざしていた幕府政治再編案の主要な部分を採用し、一連の文久の幕政改革を推進する。さらにこうした流れで将軍家茂上洛という歴史的事業を行うことになる。

（1）芳即正『島津久光と明治維新』（新人物往来社、二〇〇二年）、六三〜六五頁。
（2）佐々木克『幕末政治と薩摩藩』（吉川弘文館、二〇〇四年）、七三〜七五頁。
（3）鹿児島県維新史料編纂所編集『鹿児島県史料　忠義公史料』第一巻（巌南堂、一九七三年）、七二五頁。
（4）芳即正註(1)前掲書、七九頁。
（5）『島津久光公実紀』一（東京大学出版会、一九七七年覆刻）六二〜六四頁。
（6）同右、三五〜三六頁。
（7）水野家文書、A一〇―一六（文久二年四月一五日）。これは標題に「四月十五日堀次郎持参一紙写　大意」とあるもので、堀次郎が藩の基本方針を列挙し、若干の私見を記した内容になっており、水野忠精の側が控として認めた写本であることがわかる。この写本を見る限りでは、堀の書状の提出先は幕閣であるのか、水野忠精の側が控として認めた写本であるのか、それとも後述するように知己の関係にある忠精の家臣で儒者の塩谷甲蔵であるのかなどは、判然としない。
（8）『島津久光公実紀』一、八〇〜八八頁。
（9）水野家文書、A一〇―二〇（文久二年四月）。
（10）荒木精之『熊本県人物誌』（日本談義社、一九五九年）、五四一頁。
（11）水野家文書、A一〇―二一（文久二年五月四日）。
（12）同右、A一〇―三〇（文久二年五月）。水野家文書中のこの書付は、大井十太郎が提出した上書の写本であると考えられる。
（13）『維新史』第三巻（明治書院、一九四一年）、九六頁。
（14）この大井十太郎の上書の引用部分には、「風評」「世評」「風説」「巷説」という四つの語が使用されていて、興味深い。まず、「不取留説ニ者御座候得共」として、世間では浪士たちが所司代に乱入するか焼き払いをし、そのうえで大坂城に立て籠もるなどの「風評」があるとし、この「風評」と同義語として「風説」「巷説」の両語を使用している。また、浪士たちのために所司代が退役に追い込まれては「世評」にも関わり、このままにしておいたら彼らが「風説」のような挙に出ることも考えられると記しており、これらの類義語として「世評」という言葉を使用している。

(15) 註(11)に同じ。

(16) 『維新史』第三巻、三三二～三五頁。

(17) 水野家文書、A一〇―二六（標題なし、文久二年五月）。

(18) ちなみに、関東取締出役については、最近その研究が大いに進展しているが、そのなかで情報収集という役割も大変重要視されるようになってきていることを付記したい。関東取締出役に関しては、二〇〇四年八月三〇日に江戸東京博物館で関東取締出役研究会の主催により、これまでの研究の総括と新たな問題点を報告・論議するシンポジウムが開かれ、翌年にはこのシンポジウムの記録集が出版された。ここでは、関東取締出役設置の背景や文政・天保期、そして幕末期の同役の機能などが実証的に明らかにされ、特に幕末期においては嘉永期の博徒取締の強化、開港による臨時出役の設置などの治安維持機能の増強、文久期以降の天狗党の乱・武州一揆などにともなう取締の強化が主なテーマとされるとともに、筆者の研究も含めた幕末期の関東取締出役による情報収集活動の問題も重要な研究課題と位置づけられた。このシンポジウムにおいては、田渕正和「関東取締出役の設置の背景」・桜井昭男「文政・天保期の関東取締出役」・牛米努「幕末期の関東取締出役」の三氏の報告が行われ、これらに基づいて議論が交わされた。その報告集が、関東取締出役研究会編『関東取締出役――シンポジウムの記録――』（岩田書院、二〇〇五年）である。

(19) 水野家文書、A一〇―三二「戊五月十四日申中刻出同十五日未中刻着」（文久二年五月）。

(20) 『島津久光公実記』一（一九一〇年、続日本史籍協会叢書）、八〇～八三頁。

(21) 高部淑子氏は、論文「『人のうわさ』考――情報空間の展開――」（滝沢武雄編『論集中近世の史料と方法』東京堂出版、一九九一年）で、飛脚が情報源となって江戸・神奈川方面から京都へ情報伝達が行われた事例として、嘉永七年（一八五四）の京都商家「杉浦家歴代日記」の記事、京都田村家に伝わる冊子「人のうわさ」中の文久三年（一八六三）の記事の、二つを紹介している。飛脚が情報源となる情報伝達については、高部氏の指摘にもあるようにほかにも事例が見られ、今後の重要な研究課題となるものである。

(22) 水野家文書、A一〇—三四「戌五月十九日未上刻出　同廿日夘中刻着　探索之趣申上候書付　酒井但馬守・根岸肥前守」、A一〇—三五「戌五月十九日申上刻出　月　日酉上刻着　探索之趣申上候書付　酒井但馬守・根岸肥前守」、A一〇—三六「松平大膳太夫殿家来品川宿通行いたし候分取調書付　酒井但馬守・根岸肥前守」（文久二年五月）、A一〇—三七「戌五月十九日申下剋出　同廿日夘中剋着　松平大膳大夫家来旅行性名取調書付　酒井但馬守・根岸肥前守」（文久二年五月）、A一〇—三八「戌五月廿日出同夜分到着　諸藩之もの東海道保土ヶ谷宿通行之儀ニ付申上候書付　酒井但馬守・根岸肥前守」。

(23) 水野家文書、A一〇—三四。

(24) 同右、A一〇—三五。

(25) 同右。

(26) 同右。

(27) 同右。

(28) 同右、A一〇—二五（文久二年五月）。

(29) この風聞書に記された「松平伊勢守」については、慶応二年五月二六日に中奥小姓より目付に就任した松平伊勢守が思い当たるが、今ひとつ判然としないところもあり、特定はできていない。

(30) 水野家文書、A一〇—二六（文久二年五月）、本章第二節註(17)に同じ。

(31) 同右、A一〇—二七（文久二年五月）。

(32) 同右、A一〇—二八（文久二年五月）。

(33) 矢部権軒については、風聞書の文脈から、江戸町奉行所に関わるかあるいは近いところにいる幕府方の人物かと思われるが、確定はできていない。三廻役は、この風聞書で権軒のことを「貴老」と記しており、彼らからみて大分年長者であることがうかがえる。この風聞書では、かなり赤裸々な意見を述べていることから、三廻役と矢部がかなり懇意の関係にあることが推量できる。

(34) 『井伊家史料・幕末風聞探索書』上、二三六〜二三九頁。佐藤隆一「幕末期井伊政権による水戸風聞探索」（『茨城県史研究』第八三号、一九九九年)、二三頁。
(35) 佐藤隆一註(34)前掲論文、二二～二三頁。
(36) 水野家文書、A一〇―二九(文久二年五月)。
(37) 同右、A一〇―四二「清川八郎ニ可相当者附慕候義ニ付申上候書付　酒井但馬守・根岸肥前守」(文久二年五月二八日)。
(38) 『清河八郎遺著』(続日本史籍協会叢書、一九一三年)は、清河の手記を山路愛山が編集したもので、清河の生い立ちから死に至るまでの出来事を、断片的ではあるが要領よく編年体でまとめあげたものである。以下、同書二二五～二三三頁。
(39) 『島津久光公実紀』一、一六三頁。
(40) 水野家文書、A一〇―四〇「戌五月廿六日戌上刻出　同廿七日未中刻着　承り込候趣申上候書付　酒井但馬守・根岸肥前守」(文久二年五月)。
(41) 『島津久光公実紀』一、一四八～一五六頁。
(42) 水野家文書、A一〇―四一(文久二年五月)。
(43) 本書第二章一節を参照。
(44) 水野家文書、A一〇―八〇(標題なし、大津詰田村五百代風聞書、文久二年九月二六日)。
(45) 『維新史』第三巻、一七頁。
(46) 『島津久光公実紀』一、九三頁。
(47) 同右、九三～九九頁。
(48) 水野家文書、A一〇―二二「上　金三郎・嘉吉」(文久二年五月四日)。
(49) 『肥後藩国事史料』巻三、一六～一八頁。
(50) 前掲のように、『水野忠精日記』文久二年四月一九日の条には、同月一二日差出の京都からの飛脚が到来したことが記されているが、朝廷が所司代に老中久世広周の上京を命じた同月一六日直後に差し出されたと思われる飛脚便についての記事は、この日記には見当たらない。しかし、同日記の四月二三日の条には、登城のうえ「京都　御

使帰　召出ニ付」とあり、京都に遣わした者が江戸城に帰り、諸事報告に及んだことがわかる。また、『続徳川実紀』の同日の条にも、「就臨時朝会御表出御。就封御暇三十三人。京都御使御帰府御目見」とあり、この日に江戸城で臨時の朝会があり、京都に派遣された使が帰府し、将軍に御目見に及んだとある。具体的な報告事項はわからないものの、時間的な前後関係から察するに、おそらくはこの四月二三日に久世上京の朝命の旨が江戸の幕閣に伝えられたものと考えられる。

(51)『再夢記事』(日本史籍協会叢書、一九二二年)、四六〜四八頁。
(52)『続徳川実紀』第四編(吉川弘文館、一九六七年)、三〇九〜三一一頁。
(53)同右、三一〇頁。『再夢記事』、五四〜五九頁。
(54)『九条尚忠文書』四(日本史籍協会叢書、一九一六年)、一七〜二六頁。『中山忠能履歴資料』二(日本史籍協会叢書、一九三三年)、一九四〜二〇八頁。
(55)『再夢記事』、五九〜六〇頁。
(56)同右、七三頁。
(57)『水野忠精日記』文久二年五月二六日の条。
(58)『再夢記事』、九五頁。

第三章　将軍家茂上洛をめぐる情報収集

はじめに

島津久光卒兵上京により、幕府はその政治機構の見直しをはかるとともに、国是確立のために将軍家茂の上洛を決定した。すなわち、将軍上洛は水野忠精・板倉勝静ら新任の老中を中心とする閣僚と、これに島津久光が画策して登用された将軍後見職一橋慶喜・政事総裁職松平慶永ら家門の人材を加えた新体制の幕閣が、最初に取り組む大きな政治的課題であった。

将軍上洛に随行する水野忠精の情報収集活動も、当然のように活発化する。しかし、将軍上京を控えた京都や西日本各地の情勢は、幕府にとって決して楽観できないものがあった。前述の久光の卒兵上京により、西日本の尊攘激派志士の動きが俄然活発化し、京都では朝廷が一、〇〇〇人余の兵卒を率いた久光に、京坂に集結し気勢をあげて暴発しかねない浪士たちの沈静化を命じ、これがために京都所司代酒井忠義の政治的立場が無視される事態となっていた。幕府にとって何よりも重要な点は、国政上の重要課題について諸大名が直接朝廷に建言するという事態が次々と生じるなかで、幕府の威信をどう回復していくかであった。

一方で、将軍上洛については、まずはその費用をどう賄うかという財政的な問題が生じている。これに関して、家茂一行の上洛のコースとして陸路をとるのか、あるいは海路をとるのかが、幕府内部で真剣に議論されることになる。その結果、幕府は経費節減の点からも、また幕府の威勢を誇示する点でも有効な、軍艦により海路をとる上洛の方法に決定する。しかし、後述するように、生麦事件発生とその賠償問題によりイギリス軍艦が大挙して横浜港に集結するという事態が生じて、家茂の江戸出立直前に急遽陸路に変更する結果となった。

将軍上洛に随行する老中水野忠精は、事前に、あるいは上洛中に、どのような情報収集を行ったのか。また、生麦事件の賠償問題という江戸における緊急の外交問題を未解決にしたまま京都に向かった将軍家茂の一行は、山積する問題にどのように取り組んだのか。本章では、これらの点を主眼に具体的に見ていきたい。

一　将軍家茂上洛の決定と情報収集

本章でとりあげる一四代将軍徳川家茂の文久三年（一八六三）の上洛は、三代将軍家光の上洛以来二二九年ぶりに行われたものであった。家光の寛永一一年（一六三四）の三度目の上洛が、諸大名に供奉を命じて総勢三〇万七、〇〇〇名余を動員し、自らの全国支配権力を誇示する目的で大規模に挙行されたものであったのに対し、幕末期の家茂の上洛は、その政治的性格や折からの幕府財政の窮乏もあって、わずかに総勢三、〇〇〇名余を動員するという規模のものであった。

そもそも、朝廷においては、島津久光上京により同年五月九日に大原重徳が勅使に決定し、孝明天皇は幕府に何を宣示すべきかを、中山忠能・三条実愛・岩倉具視の三名に諮問した。これに対して岩倉が答えたものが三事策であり、これは第一に将軍が大小名を率いて上洛し国事を議する、第二に沿海の五つの大藩の藩主（薩摩・長州・土佐・仙台・佐賀）を五大老に任じ国政に参予せしめる、第三に一橋慶喜を将軍後見職に、松平慶永を大老に任じて幕政を補佐させる、という内容であった。これらのうち、第一の将軍上洛は長州藩の説、第二の五大老任用は岩倉の自説、第三の慶喜・慶永の幕政登用は島津久光が朝廷に内奏した意見を、それぞれ採用したものである。(1) この三事策は、五月一一日に群臣に諮問されたうえで、朝廷が勅使を通じて幕府に要求する内容と決まった。

しかし、前章で述べたように、同年五月七日に幕政参与となった前福井藩主松平慶永が幕政改革・国是確立の急務を説いて幕府に将軍家茂上洛を建議しており、幕府は勅使大原重徳が江戸に到着して勅旨を伝える六月一〇日より以前の五月二四日に、すでに将軍家茂の上洛を決定している。六月一日には、将軍家茂が御三家以下の諸侯に登営を命じ、幕政改革の内意を告げている。勅使下向を目前にして、幕府も慌しく動き出したのである。

六月七日には、勅使大原重徳が江戸に到着して龍口伝奏邸に入り、これに随行した島津久光もこの日に高輪の薩摩藩邸に入り、一〇日には江戸城に臨んで勅旨を将軍家茂に伝えている。この流れで、七月六日には一橋慶喜が将軍後見職に、同月九日には松平慶永が政事総裁職に、閏八月一日には松平容保が京都守護職に、それぞれ就任するという、久光が主導する幕閣の人事が行われた。さらには、諸大名の参勤交代を緩和して、従来の隔年交代を三年に一度（江戸在府期間を一〇〇日とする）とし、軍事面では、歩兵・騎兵・砲兵の三兵戦術を採用し、蕃書調所を洋書調所と改めて洋学研究の充実をはかるなどの、一連の文久の幕政改革が進められた。

このように、一外様大名の藩主の父親という立場の久光が主導する改革案に、幕閣がほぼ従うかたちで幕府機構の大きな変革が行われたことの意味は大きく、結果として幕府権威の低下を世に示した点は否めないところである。また、久光が画策して実現した新しい幕府首脳部による政治が、はたして円滑に機能していくかどうかも、多くの人々が注目した点であろう。

さて、こうした状況のなか、老中水野忠精のもとには種々のルートから西国情報がもたらされている。島津久光上京とこれにともなう勅使大原重徳の江戸下向（久光のこれへの随行）という非常事態に対し、水野忠精の山形藩は歩横目の田村五百代《いおよ》を近江国大津に派遣して、京都における情勢を探索させている。そもそも田村が大津に派遣されたいきさつについては、彼が文久二年（一八六二）一〇月に水野忠精に書き送った風聞書[2]に同封するかたちで、山形藩御取次頭取の朝生清左衛門が書き添えた別紙の書面に、次のように明らかである。

上

大津詰支配歩横目田村五百代より、別紙之通申越候写取可奉入　御覧筈ニ御座候得共、手間取可申候間、其儘奉差上候書面之ケ条者、既ニ御承知可被　為　在筋とハ奉存候得共、五百代儀御在所表より直ニ大津江罷出相務罷在候ニ付、御当地之御模様者一向不相弁、上方筋之動乱ニ相驚、昼夜心配仕、奇特ニ探索仕候儀ニ御座候、右ニ付而者、前〻之御役人様方　公辺御取調之外内分御手調も御座候様及承候間、御当地より敏捷之歩横目壱人大津表江被差立、御入用之筋ケ条を以五百代与申談、精〻取調候様被　仰付、御上洛済迄被差置候ハヽ、別而探索向可行届、万〻一　公辺之御調ニ洩候儀申越、御心得筋ニも可相成儀可有之哉与奉存候、今般不容易御時節且御役柄御大事之儀与奉存心付候間、奉入　御聴候、且又此別紙五百代心得方奇特之儀ニ付、御年寄共江も入披見置度候間、　御覧済之上御下ケ被成下候様仕度奉存候、此段奉申上候、以上

十月十六日　　　　　　　　　　　　　　　　　朝生清左衛門

これによると、田村五百代は島津久光卒兵上京という異例の事態発生のために山形藩の国元より大津へ派遣され、これを補助するために地元よりもう一人の歩横目も動員されて、二名により京都風聞探索を展開していたことがわかる。ここで、朝生は田村の探索について、以前の幕府の役人たちも「公辺御取調之外内分御手調も御座候様及承候間」とあるように、幕府の公的機関のほかに私の人材を投入しての情報収集を行っていることをあげ、「公辺之御調ニ洩候儀申越」、すなわち公的な幕府の探索方だけではつかみきれない情報も収集できる可能性があることを念頭に置いて、京都風聞探索の期間を将軍上洛が済むまでを目途とし、田村の心得方を「奇特」と評価し、彼の探索に期待を寄せている。よって、朝生は田村の働きを記したこの別紙の書面をさらに藩の重役たちに

も披見してほしい旨を忠精に依頼している。

ところで、田村が京都を中心とした上方の風聞探索を行うのに、なぜ京都市中ではなく大津の地に詰めたのかという問題が頭に浮かんでくるであろう。これについては、慶応期の山形藩の家臣分限帳を見ると、当時同藩の家臣の総人数は一、一二一名で、うち山形詰六八八名、江戸詰四二七名、大津詰五名、京都詰一名と記してあり、さらに俸禄を支給する藩の御用達の商人らとして上方では大坂三五名、近江一一名の名をあげている（京都は記載なし）(3)。従って、当時上方において、同藩は他の多くの大名が配置していた正式な役職としての京都留守居役というものは置いていなかったものと考えられ（分限帳に同役の記載なし）、また同藩は近江国坂田・浅井両郡に領地があり、京都に関わる用務は主に近江国大津を拠点に遂行していたものと考えられる。同藩は京都詰の人員という点では弱体であるが、大津と京都は至近距離にあり、京都市中で探索が必要な場合はすぐに出動する態勢をとっていたものと思われる。

大津は京都に近距離の宿場で、すぐに往復できる位置にあることに加えて、ここは東海道と北国街道が合流する陸上交通の要所である点も利点としてあげられる。すなわち、西は至近距離にある京都の情報を、反対方向としては東海道を通じて文字通り太平洋側の東海道中の情報を、北国街道を通じては敦賀・小浜や国元の山形など日本海側からの情報を、街道の宿場という性格を生かして、いちはやく得やすいという利点をあげることができる。また、大津は古来から琵琶湖・淀川水系の水上交通の要所であり、水運を通じた情報も得やすかったこともあげることができよう。

さて、田村五百代が大津で五月二九日付で書き上げた風聞書（標題なし）(4)の内容を要約すると、次の通りである。

① 四月中に京都所司代酒井忠義が伝奏広橋胤保・坊城俊克に宛てた書状の文面。

② 島津久光の伏見到着と入京の模様。
③ 五月二二日に勅使大原重徳と島津久光が京都を発し、江戸に向かう旅程の途についた旨。
④ 薩摩・長州など諸国から京都に集結した浪人の宿の取調べが厳しく行われている旨。
⑤ 安芸・桑名・膳所・彦根などの諸藩の動静。
⑥ 九条家諸大夫島田左近と京都町奉行与力加納繁三郎が攘夷激派台頭に対して恐怖の体でいる由。
⑦ 京都所司代酒井忠義が国元の小浜より夫役として百姓約二、〇〇〇人を上京させたが、田植えの季節と重なり、彼らが難渋している旨。

これらのなかで、②については、

一四月十三日頃、薩州島津和泉様伏見御着、同十五日夜半頃同所出立、御上京・御紹談御用有之由ニ而近衛殿へ御越有之、其夜伏見迄御引取、翌十六日朝人数相増厳重之備ニ而又ゝ御上京、御屋敷江御入込相成、其後御所司代江左之通御届之由ニ御座候

当節柄、浪人体之者所ゝニ寄集候趣、不為安　叡慮候処、嶋津和泉儀御当地通行之折柄、右浪人体之者為取締、嶋津和泉御差留被　仰付旨議奏衆ゟ御達有之、依之此段御届申上候、以上

薩刕留守居

四月十八日　田中仲右衛門

というように、久光の伏見到着と入京の模様を具体的に報じ、薩摩藩京都留守居からの所司代への届書の文面も伝えている。この文面こそ、朝廷が所司代に通達することなしに外様大名家の、それも藩主ではない無位無官の島津久光に、攘夷論の高揚により京坂地域に集結した浪士の鎮撫を命じるという、所司代にとってはこの上ない屈辱的な内容を記したものとなっている。

⑥は久光上洛にともなう尊攘激派勢力の京坂集結により、

一九条様度〻御辞職御願之由ニ候得共、勅許無之由、有名之御近習島田左近近来六位ニ御取立、右兵衛大尉と歟承申候、此節殊之外恐怖之体ニ而、一説嵯峨辺へ隠れ候抔噂御座候、町御奉行所附与力加納繁三郎と申人も殊之外恐怖罷在候由、噂ニ御座候

とあるように、井伊政権と入魂の関係であった関白九条尚忠が政治的な危機的状況のなかで朝廷に辞職を願い出たが許されず、その部下で安政の大獄の推進役となった島田左近と、もうひとり同じ一派の京都町奉行与力加納繁三郎が身の危険を感じて、恐怖におののいている状況を伝えている。後述するように、七月二〇日に尊攘激派により島田左近が殺害されるに至る、直前の状況が端的に示されている。

また、⑦では久光卒兵上京により著しくその政治的地位を脅かされるに至った、京都所司代酒井忠義家中の動向について、

一御所司代様此上之御成行如何可被為在哉、御勝手向必至之御様子、尤四月中旬ゟ御家中追〻上京、凡四千人ニ及ひ候由、御国元者老人・子供而已ニ而、空城同様と申噂ニ御座候、御領分ゟ夫役ニ而上京之百姓凡弐千人計と承り申候、先頃田方植付之時節ニ付暇相願候由ニ候得共、御聞届無之、元来田地手余り候御領分之儀如何可相成哉抔、御領分之もの嘆息罷在候由ニ御座候

とあり、この非常事態に国元の小浜藩家中の者は続々と上京して、その数は四、〇〇〇人余に上り、領地の農民も二、〇〇〇人余が夫役として上京させられ、田植の時節につき帰還を願い出ても許可されないという異常な状況であったことを伝えている。

この田村の風聞書は、勅使大原重徳と島津久光の一行が江戸に到着する（六月七日）直前に、江戸の水野忠精のもとに送られたものと考えられ、久光卒兵上京・江戸出府とこれにともなう周辺の動静について、以前にもた

らされた儒者のネットワークによる「熊本ニ而聞書」や金三郎・嘉吉の風聞書、あるいは関東取締出役が東海道筋でつかんだ風聞等との、絶好の比較対照の材料となったものと考えられる。

さて、一方で水野家文書には、長崎地役人の吉田守三郎・吉村藤兵衛・津田喜三右衛門・塚原鉄蔵の四名が、九州における尊攘派志士や諸藩の動向についてまとめた六月七日付の風聞書「探索之儀申上候書付」(5)も残存している。彼らは、後述する同じ六月七日付の風聞書「探索之儀別段申上候書付」(6)に、吉田守三郎は「御役所附触頭助過人」、吉村藤兵衛は「御役所附」、津田喜三右衛門は「同助」、塚原鉄蔵は「同助過人」と記されている。(7)「御役所」とは長崎奉行所（立山役所あるいは西役所）を指していると考えられるが、彼ら幕末期の長崎地役人の任務については、今のところ本格的な研究がなく、不明な点が多い。しかしながら、彼らは日常長崎市中の警備や港内の検分を担当し、九州を中心に広い地域の人々に接する機会が多かったと思われ、当然のように西国諸藩の豊富な情報を入手することが可能であったと考えられる。

この「探索之儀申上候書付」の標題の次には、「九刕地諸家藩中人気騒立候趣風聞有之候ニ付　探索之儀被仰渡候」という文言があり、久光卒兵上京・江戸出府にともなう九州諸藩の動向について、彼ら長崎地役人が探索を命じられた旨が記されている。また、日付の下の署名欄には、吉田守三郎ら四名の署名とそれぞれの印が押してあり、これが写本ではなく生の書付であることが明らかである。ただ、この文面だけでは誰が探索命令を下したのかは判然としないが、おそらくはこうした火急の九州情勢にかんがみて、水野忠精か彼をとりまく人物が九州風聞のひとつのルートとして、彼ら長崎地役人に報告を依頼したものと考えられる。

そこで、六月七日付の「探索之儀申上候書付」の概要をあげると、次の通りである。

① 近年、九州諸藩で攘夷思想が流行。その思想的影響を受けた儒者大橋順蔵（訥庵）・寿次父子は、江戸で召し捕えられた旨。

② 豊後岡藩では、同年三月に江戸で藩主中川久昭に異変ありとの風聞が立ち、領内が騒ぎとなったが、やがて流言と判明し、同藩が格別に取り騒いだ藩中八名ほどに逼塞を申し渡した旨。

③ 熊本藩主細川韶邦が、浪人三名による外国人取り扱いの具申について家中評議を行った家老長岡佐渡（忠顕）に、差し控えを命じた旨。

④ 久留米藩水天宮神主真木志摩と弟の真木和泉の九州における消息。

⑤ 諸事改革を進めている柳河藩は民政が安定している由。

⑥ 福岡藩主黒田長溥が、出府の途中に播州明石宿で、同家ゆかりの浪人二名による道中に危険ありとの密告により、急遽帰国した旨。

⑦ 近年、京都より太宰府天満宮への奉幣使が途絶えている旨。

⑧ 佐賀・大村・島原各藩の動向。

これらのなかで、①では尊王攘夷思想を指して「天保学」と記し、その代表的な思想家である大橋順蔵の息子寿次が一時九州各地に滞留したことを、次のように記している。

江府儒者
大橋順蔵
年齢五十四五歳
右同人養子
大橋寿次
年齢二十四五歳

右順蔵儀者宇都宮産ニ而、江府御儒者佐藤捨蔵殿門人ニ相成、和漢之学ニ長し、諸大名方之内ニ広く懇意を通し、天保学流随一之者ニ有之候由、倅寿次儀者近年学問為修行九刕地江相越居、三四ヶ月宛所〻江滞留いたし、去酉年冬帰府仕候趣ニ而、肥後国を出立、当戌二月初旬比江府着いたし候処、順蔵一同御召捕ニ相成、且順蔵儀者牢死いたし候趣ニ相聞江申候、

前年に『政権恢復秘策』を著して王政復古の秘策を草案し、和宮降嫁に反対して老中安藤信正暗殺の決意を固めていたとされる大橋順蔵は、坂下門外の変の三日前の文久二年一月一二日に密告により江戸で逮捕されている。ここでは、一緒に逮捕された息子の寿次が、その直前に学問修行のために三、四か月九州各地に滞在していたという風聞を記している。これもおそらくは、前章で紹介した『熊本ニ而聞書』と同じように、儒者のネットワークからもたらされた風聞であろう。

また、⑥の福岡藩関係記事は、

一筑前福岡松平美濃守（黒田長溥）殿、先達而出府之途中播刕明石旅宿江五ヶ年前同家浪人いたし候小金丸源蔵・名前不相分もの壱人相越、美濃守殿江面会いたし、明日大蔵谷御通行之折可及乱妨与多人数申合罷在候間、早〻帰国有之可然、右者古主之儀ニ付、忠節之為密〻申出候由申之候故、俄ニ病気之趣ニ申成、翌未明同所ゟ帰国相成候趣ニ相聞江申候

但、上京いたし居候嶋津和泉ゟも、当時柄出府不宜敷趣同宿江飛札差越候趣も相聞江申候

とあるように、福岡藩主黒田長溥が江戸出府のために国元を立ち、播州明石宿に至ったところ、旧家臣の小金丸源蔵（平野国臣）・ほか一名（薩摩脱藩士伊牟田尚平）が面会に訪れ、翌日に大蔵谷（現在の明石市東部に位置する地名）を通行する際に多人数に襲撃される危険性を予告して、帰国するように勧め、長溥はこれに応じて病気を表向きの理由として、翌日未明に帰国の途についたという風聞である。また、長溥にとっては血縁にあたる、上京中の島津久光（長溥は久光の大叔父にあたる）からも、出府を見合わせるよう通知があったという。

この事件は、長溥が参府の途次に久光に説いて、その政治的行動を阻止しようとしているとの風説が伝わったために、四月一三日に平野・伊牟田両名が久光の使者と偽り称して長溥に京坂の形勢を説いて上京の不可なることを諫言したので、長溥はやむを得ず病と称して帰国したが、平野は藩庁の忌憚に触れて獄舎につながれ、伊牟田もまた薩摩藩の藩吏に捕えられて鬼界ヶ島に流罪となったというものである(8)。

また、この風聞に対応する史料は、『肥後藩国事史料』中に見出すことができる。岡藩の尊攘派志士小河一敏（弥右衛門）が文久二年四月一六日付で記した書付には、長溥が「昨夜大蔵谷御泊り之所御不快之趣ニ而同所より御国元江御引かへしニ相成旨申来候由ニ御座候意味ハ御推察可被成」とし、明石で形勢を見ながら進退を決する状況にある旨を知ったとある(9)。同史料はさらに続けて、同年五月七日付の田中彦右衛門（熊本藩士か）の書付を載せている。ここで田中は、藩主長溥は浪士たちの申し出により、大蔵谷より姫路まで引き返して二日ほど滞留してから国元に帰り、申し出をした浪士たちは召し捕えて国元に連れ帰った由である。この浪士たちは京坂に集結した攘夷派浪士集団に加わったもののこれを抜け出て、諸浪人が通行中の長溥に難題を願い出て、場合によっては争闘に至ることもあり得るので、関わり合いにならずに速やかに引き返すことが得策であると申し出をしたという内容になっている(10)。

吉田守三郎ら四名はまた、前掲の同じ六月七日付の風聞書「探索之儀別段申上候書付」（註(6)に同じ）で、九州各地における雑多な出来事の内容を、江戸の水野忠精に書き送っている。その概略は左の通りである。

① 小倉・鶴崎辺より浪人や商人体の者が九州に入り込み、また上方筋は九州より多人数の浪人が入り込み、両方の地で攘夷熱が沸騰している旨の風評。
② 福岡城下の野原で、福岡藩世子黒田長知と同藩家老黒田一葦双方が軍事教練を行ったとの由。
③ 薩摩藩領内に、桜田門外の変の犯人の一人有村治左(次)衛門の石碑が立ったとの由。

④　諸国より隠密の者が九州各地を徘徊し、日向国冨高では隠密二名が七〜八名の薩摩藩士に斬り殺された由。

⑤　福岡藩江戸留守居役肥田郡次の所業。

④は、諸国から隠密が九州各地を徘徊し、これが露見して薩摩藩士に斬られる事態となった旨などが次のように記されている。

諸国ゟ隠密之もの九刕地所〻徘徊いたし、既ニ御領日向国冨高与申所ニ而、隠密士之由壱人・供之小もの壱人与も薩刕之士七八人ゟ被切殺、尤右七八人も少〻宛手疵負候由ニ御座候、其外九刕所〻國境ゟ隠密体之もの裸ニいたし、懐中物其外取上追払候もの抔不少趣、大坂ニ而も乞食五人隠密之由ニ而、被切殺候由ニ御座候

この文面から、島津久光鹿児島出立・卒兵上京の衝撃と影響力は大きく、各地から探りを入れるべく隠密が九州各所に入り込み、これを排除すべく薩摩藩士が動き出し、大坂においてもこうした騒動が起きた旨が報告されており、諸政治勢力による情報戦術のすさまじさが見て取れる。

また、⑤では、

昨年来筑前江戸留守居肥田郡次与申者帰国いたし、美濃守殿出府を進メ候由、然処城中舛形之内ニ何れゟ之仕業ニ候哉、肥田郡次仕置場与認建札いたし候由之処、同人右を承り、夜に紛窃ニ出立仕、江戸表ニ立戻候由ニ御座候

とあり、福岡の国元に帰った江戸留守居役肥田郡次が前掲の藩主黒田長溥に江戸出府を勧めたが、城中で彼の仕置場と称する建札が立てられた結果、これを恐れた彼が夜に紛れて出立し、江戸に立ち帰った旨が記されている。

吉田守三郎ら四名によるこれら二通の風聞書は、九州の広い範囲の情報を集めたものではあるが、三月の島津久光卒兵上京の進発にともなう各地の動静を報道しているわりには、文書発送の日付が六月七日と、本章一節で

あげた儒者のネットワークを駆使した「熊本ニ而聞書」（文久二年四月）に比べて、時間的にずいぶん遅い情報伝達となっている。この六月七日は、勅使大原重徳と島津久光が江戸に到着した日である。従って、幕府の政策決定のための情報として、即時にどれだけ活用し得たかについては疑問の残るところではある。しかし、老中水野忠精が遠方の長崎地役人からの詳細な九州情報を入手している点は注目すべきである。

さて、江戸に到着した勅使大原重徳は六月一八日に江戸城に入り、会津藩主松平容保・老中脇坂安宅・同松平信義・同水野忠精・同板倉勝静と面会し、攘夷決行の勅旨遵奉を促している。一方、朝廷においては関白九条尚忠を同月二三日に罷免し、新たに近衛忠煕をこれに任じ、幕府への奉勅攘夷実行に向けての駒を進めている。はたして、七月一日に江戸城に臨んだ大原重徳に対し、将軍家茂は勅旨遵奉の意思表明をしている。

そこで、いよいよ朝幕関係・幕藩関係の重大な難局を迎える事態に際し、老中水野忠精のブレーンというべき塩谷甲蔵（宕陰）と朝生清左衛門が主君に意見を具申している。まず、塩谷は六月五日付の上書「上　塩谷甲蔵」(11)で、前出の島津久光の江戸出府のための工作にあたっていた薩摩藩士堀小太郎（次郎）は自分の知人であり、今回の出府で久光一行の道中を先行した堀が密かに塩谷の自宅を訪れて、久光下向の具体的な趣旨を話したと述べている。

前述したように、島津久光は鹿児島出発に先立つ文久元年（一八六一）一〇月にこの堀小太郎を江戸に遣わし、幕府に一橋慶喜と松平慶永の罪を免じて要職に任用すべきことを建言させており、また堀は翌文久二年四月一五日に江戸の幕閣に書状を提出し、京都における久光自身の朝廷への建言と連動して、薩摩藩としての具体的な要望を伝えている(12)。薩摩藩における久光江戸出府に先立つ堀の江戸における情報伝達と周旋の役割は、実に重大であったといえよう。

さて、では前述の六月五日付の「上　塩谷甲蔵」の内容に入りたい。塩谷はその前日に自宅を訪れた堀小太郎が述べた内容について、次のように記している。

薩州側頭

堀小太郎

右之者、私四五年来交り候者ニ御座候、此度嶋津三郎ニ相従ひ京都ゟ罷下り候処、伊勢坂下ゟ二三宿先ニ罷下り申候、昨日私宅江相見へ内密申聞候者、故修理大夫者兼〻之所存、当家　権現様ゟ以来三百年来之　御高恩を蒙り、殊ニ御内縁も深ク候間、毛頭　将軍家を御麁略ニ者不奉存、然ル処外夷之患日〻逼り候処、格外御政事御振張之御様子も相見不申、優柔不断ニ御流被成候付、角而者天下之安危ニ掛り候訳与深ク心配罷在候処、於国許大病ニ相成、其節舎弟三郎を枕元ニ召申聞候ハ、近年夷狄日〻迫り候処、将軍家御綱紀弛ミ、何共不安心之至ニ候、我死セバ汝善国政を補佐し、又　公武御合体天下之人心一和し、将軍家御中興有之候様心を尽スベシ、（中略）且又　禁廷ニ而者夷患年〻深ク、将軍家御頼甲斐無之事を　叡慮を被為悩、其上　和宮様之御事ゟ逆鱗益甚敷御様子を奉恐察、何卒故修理大夫所存之趣相達シ、公武御合体、将軍家御政事御一新、天下之人心一和仕候而、外侮を不被為受候様仕度、依之当春ゟ京都江罷登り、御当地ニも罷下り候儀存立候儀ニ御座候、然ル処此節者追〻前之御役人様も相代り、人望之帰し候賢君方御政事を被為執候様ニ相成候而者、故修理大夫存意も往〻相達シ可申形勢ニ相成、天下之御為恐悦此事ニ奉存候、将又三郎事大原左衛門督殿ニ御附添申候而下り候儀常格ニ外レ候御察度も可有之候得共、其儀者　内勅も有之、此節柄常格を守り嫌疑を避け候而者、天下之安危を旁観致し居候外無之、若常格を外し候を　関東ニ而咎ムルナラバ、長州之事幷ニ外夷之処置尽ク常格を破候者如何与可相詰旨　御内旨も有之候、此儀其　君候様江御申上被下候様頼入候与申聞候

この時期には、堀は久光の出府に先立つこと五日の六月二日に着府して、直ちに福井藩士中根雪江・同酒井十

之丞を訪問し、四日には塩谷甲蔵を訪問して、右の文面にあるような事情説明を行い、五日には藩主松平慶永に面会して久光の使命を陳述して斡旋を願い出ている(13)。

この六月五日付の右の書状の文面で、堀は、久光上京・江戸出府という前代未聞の行動はそもそも久光の兄である故島津斉彬の遺言に基づくものであることを強調したうえで、昨今の朝廷においては外患がいっそう深まり、幕府に頼り甲斐がないことを憂慮し、そのうえ幕府の攘夷決行を条件に認めたという和宮降嫁についても逆鱗が甚だしいという状況に危機感を覚え、公武合体・幕府政治一新・天下の人心一和のために上京し、江戸にも出府するといういきさつを説明している。さらに堀は、このたび久光が勅使大原重徳に随行して江戸に出府することを常格を外した行為とみなす向きがあるが、内勅を得てのことであり、これを関東において咎めるならば、一連の長州藩の事件や幕府の諸外国への処置もことごとく常格を外すものであるという久光の意向があるという自己弁護の内容も説明し、このことをぜひ主君である水野忠精へも言上してほしいと頼んでいる。すでに、四月一五日に江戸で久光出府にともなう薩摩藩の具体的な政治的方針を幕府に伝えていた堀であったが、実際に久光江戸到着を二日後に控えて、知己である儒者の塩谷甲蔵を介して、新任の老中水野忠精に異例の久光卒兵行動の赤裸々な趣旨を伝えようとしたことが明らかである。

そもそも、堀は嘉永三年（一八五一）に藩主島津斉彬が琉球国使節をともなって出府するのに従い、江戸に来ており、遅れて出府した西郷隆盛と共に江戸における薩摩藩の秘密工作を担当していた。塩谷甲蔵が堀のことを「私四五年来交り候者」と記しているのは、このようななかで培われた関係であろう。また、堀は以前に薩摩藩の藩校造士館の句読師《くとうし》を勤め、江戸の昌平黌に留学したこともある人物であり、儒者塩谷甲蔵と学問を通じて深いつながりがあったことがうかがえる。ともかくも、水野忠精は島津久光や大原重徳が江戸に到着する二日前の六月五日に、塩谷甲蔵を通じて、久光江戸出府の目的を塩谷の知己の薩摩藩士から直接聞き出すことができたのである。

さて、勅使大原重徳が幕閣に対して勅旨遵奉を促したことにより、いよいよ幕府の人事刷新と将軍家茂上洛が急務となるに至り、忠精はあらためて塩谷甲蔵に諮問を行っている。塩谷はこれに答えるかたちで、六月二一日に意見書「上　塩谷甲蔵」[14]を忠精に提出している。その概要は次の通りである。

①将軍家光・家斉・家慶の各代の大老・老中の役柄について。

②非常時の定火消や八王子千人同心の出動態勢。

③次の京都所司代には、元大坂城代である土浦藩主土屋寅直が適任であること。

④次の老中（老中格）には、小笠原長行が適任であること。

⑤歴代大老・老中の後継者養成の実例。

⑥将軍家茂上洛は、蒸気船で海路をとって行うのが時宜にふさわしいとする意見。

③では、酒井忠義に代わる京都所司代の有力候補として名があがっている、大坂城代本荘宗秀を任命することには反対し、

又復諸浪人蜂起可仕も難測奉存候、去ル未年水戸安島帯刀等一件、松平伯耆守（本荘宗秀）様御掛ニ而、粟田口宮様・近衛様御始御冤罪被為蒙候付、京都都（ママ）之方ニ而者分而怨憤を抱候者余多可有之、然ル処御同人様若も御所司代被　仰付候時者　宸襟不安事ニ可被　思召、公卿百官も尽ク御憤願可有之、因而者土屋采女正（土屋寅直）様ニ者御温和之御性質之由、且水戸之御続を以堂上方御羽向も定而宜敷可被為入与奉存候

として、京坂に集結した浪士たちが蜂起する可能性があり、これに加えて宗秀は安政の大獄では掛として中川宮朝彦親王や近衛忠熙・忠房父子らを謹慎処分に導いた張本人であり、京都では公卿百官の憤怒を招くのは必定であるとしている。よって、塩谷としては、性質温和で水戸徳川家と血縁関係にある土浦藩主土屋寅直（寅直と徳

川斉昭は従兄弟）の方が、堂上方への対応を考えるとふさわしいと主張している。

この塩谷の忠精への意見表明があったものの、幕府は六月三〇日に酒井忠義を罷免するとともに、塩谷が反対した本荘宗秀を新しい所司代に任命している。しかし宗秀は、島津久光江戸出府後の京都の無警察状態のなかで、とうとう着任ができなかった。そこで、幕府は八月二一日に姫路藩主酒井忠績にその任務を代行させ、二四日に宗秀を罷免し、あらためて寺社奉行牧野忠恭《ただゆき》を所司代に任命している、土屋寅直の登用はなかったものの、塩谷が指摘したような事態は実際に起こったのである。

④では、この困難な時局に臨み、思い切って唐津藩世子の小笠原長行を老中格に登用すべきことを提言している。

小笠原図書頭様御賢行之大略、先度も奉申上候通、世間一同人望之帰し候事万口一声ニ御座候、或藩儒者同侯之御事を越州老公江及書上、或浪人儒者ハ板倉様江上書ニ及候由、此御時節ニ当り御常格ニ御泥ミ被游候而者、世界第一等之強国ニ被為成候御事者迚も不被為出来候、御偉業を御立被游候　御実意ニ被為入候ハヾ、破格ニ而賢方ヲ御用無御座候而者、迚も御英志御達し被游間敷

小笠原は天保一三年（一八四二）に江戸に移住して以来、松田迂仙や朝川善庵について儒学を学び、江川英竜に師事して西洋砲術を学び、この塩谷甲蔵や安井息軒ら儒者とも交遊関係をもった。彼の才能を高く評価した塩谷は、「世界第一等之強国」となるためには慣例を破っても能力主義を優先して、他の方面からも推薦のある小笠原の登用をはかるべきであると主張している。その後幕府は、七月二一日に小笠原を奏者番に任命し、閏八月一九日には若年寄に、九月一一日には老中格に任命するという異例の抜擢を行っている。

次に⑥では、将軍上洛の行程について、

御上洛之　御英志誠以難有御事、下々ニ至候迄拝舞歓躍仕候、然ル処何程簡易ト被　仰出候而も、敬上之心

ゟ東海道之領主〻・御代官・道中奉行等御大切御大切与奉存候より、道路・山径・川々橋々之普請・修復等諸事莫大之財費・賦役言語筆紙ニ可尽ニ無御座候、つまり万民必至ト難渋至極ニ至り、其余事ハ社稷も斃候程ニ可相成者的面ニ相見申候、因而者絶大之　御英断を以蒸気船ニ而　御上洛被為在候時者、何計か億兆之　御仁徳ニ被為成、且者　御英風四海万国ニ御耀キ可被游

とあるように、領主財政逼迫の折に東海道中の領主・代官・奉行に過重な負担を懸けるのは得策ではないとして、幕府が財政面での負担の軽減をはかり、かつ蒸気船を使用してその先進性を周囲に示すという両面から、海路による上洛を建言している。

ところで、海路による上洛は幕臣勝義邦（海舟）が同年九月九日に江戸城に登城し、政事総裁職松平慶永・老中板倉勝静・同水野忠精の三名へ、将軍上洛は蒸気船を用いて行うべしとする建白を行ったことがよく知られている。五日後の九月一四日にも勝は老中板倉の諮問に答えて、上下疲弊の折に陸路で上洛を行えばその道中の経費は莫大に掛かり、また将軍家茂の身辺の安全確保にも不安が残るが、「御海路に候わば、是等の御掛念少しも御座なく、数千の御警衛士召連れられ候よりは、軍艦一、二艘の方、実地の御警衛充全と存じ候」と述べている。(15)

こうして将軍家茂の第一回上洛の経路については、いったんは幕議で海路をとることを決定し、上洛の迫った文久二年（一八六二）一二月二七日に老中水野忠精が大坂城代松平信古へ書状を遣わし、翌年二月の家茂上洛はまず軍艦で江戸から大坂城へ行き、淀川通船で伏見へ行きここで泊まり、翌日二条城へ入る予定であることを伝えている。(16)しかし、ここでは勝の建言よりも約三か月も前の将軍上洛が決定した直後の早い段階で、ブレーンである塩谷甲蔵が水野忠精に海路をとる上洛を強く進言している点は注目に値する。忠精は勝の建言を待たずして、家臣の塩谷を通じて海路による上洛の利点を充分にわきまえていたのであり、これを支持する考えをもっていたと考えられる。

このように、塩谷甲蔵は主君である老中水野忠精のブレーンとして、将軍上洛を控えて次々と積極的な意見を具申している。しかも、彼は当時の幕府が置かれた危機的状況を大変正確に把握しており、彼の主張した小笠原長行の老中格登用は実現し、海路による将軍上洛も幕議でいったんは決定されており、実に現実性をふまえた説得力のある意見を展開していることがわかる。

ところで、同年七月二日には、山形藩御取次頭取の朝生清左衛門が将軍上洛をめぐる意見書「戌七月二日差上世上風聞之儀申上候書付」(17)を水野忠精に提出している。ここで、朝生は前文に次のように記している。

上

世上風評之事

御役成最初之儀者、其砌奉言上候通御令聞雷鳴仕候処、当時者少〻薄うき悪評も相交り候趣ニ御座候、尤御政事筋ニ付而者一方宜時者一方不便之儀も出来候故、誹誉返〻ニ相成候事者必然之勢ニ候間、些細之筋者可取用義にも無御座不申上候心得ニ候得共、左之趣者関係する処大ニ候間、為御心得奉入御聴置度風聞之条〻左ニ相認奉申上候、勿論殿方様之御処置と申ニ者無之、御執政方御一体之儀ニ者候得共、殿様・板倉様兼而御令聞御座候ニ付、御二方様之上ニ皆〻申成候由(18)

朝生は、忠精が老中に就任してから世上では悪評に類するものも含めていろいろと風評があるが、政治は一方がよい時はもう一方は不便が生じるものであって、些細な事柄は取り用いる必要はないと前置きしたうえで、今後遂行すべき将軍家茂上洛を柱とするこれらの重要な政治問題を、次のように列挙している。

① 上洛の供方人数は先例よりも格段に削減すべきであること。

② このたび、無位無官の島津久光が薩摩藩人のみを率いて江戸へ出府したのは奇怪なことであり、幕府から沙汰を下さなければ威光が立たないとの風説あり。

③　旗本・御家人の生活が著しく疲弊している当節は、彼らの人気もよろしからず、海陸備向充実のために冗官冗用を省き、今後は人物壮健の者を武官に用い、武官の旗本には御救金を支給し、小給の御家人で武官の者は禄高を倍増して武備充実をはかるべきである点。

朝生清左衛門については今のところ不明な点も多いが、将軍上洛という歴史的事業を控えた忠精にその指針を示すべく、世上の風評を述べて堂々と自らの意見を具申しており、各地からもたらされる風聞をもとに、主君忠精に適切な助言をしようとする、朝生のご意見番としての立場がよく示されているといえる。

二　将軍上洛準備と京都情報収集

一時は朝廷と幕府の厚い支持を受けた長井雅楽の航海遠略策であったが、島津久光卒兵上京・江戸出府によりその政治的影響力が弱まるに及び、長州藩は文久二年（一八六二）七月六日の在京要路の会議において、航海遠略策を放棄し、一転して尊王攘夷論に邁進することとなった。これにより、久坂玄瑞・高杉晋作らの過激な攘夷論が長州藩論をリードし、やがては京都へも大きな影響力を与えるに至る[19]。

こうした流れで、島津久光と勅使大原重徳が江戸に向かった後の京都では攘夷熱が沸騰し、過激派による旧井伊政権派の人物らへの凄惨なテロ事件が相次いでいる。

文久二年七月二〇日には、九条家諸大夫島田左近が殺害され、生首が四条河原に晒されている。閏八月二〇日には尊王の志士本間精一郎が殺害され、同じく四条河原に晒された。閏八月二二日には、九条家諸大夫宇郷玄蕃が殺害され、松原河原に晒されている。また、九月一日には、島田左近らと好を通じた目明かし文吉が絞殺された。これらの事件のなかで、まず島田左近暗殺事件の模様が八月付の風聞書「上方辺ゟ来状写」（差出人名はなし）[20]にまとめられ、江戸の水野忠精に報告されている。さらに、九月二三日には激徒が井伊派の京都町奉行与力渡辺金三郎・同心森孫六・同心大河原重蔵・同心上田助之丞の四名を、近江国石部宿で襲撃して殺害している。

そこで、山形藩歩横目田村五百代は石部宿事件の三日後の九月二六日付の風聞書[21]を作成し、一連のテロ事件や京都における諸大名の動静、長州藩士長井雅楽の建白書の内容などについて、江戸の水野忠精に報告している。その概要は次の通りである。

① 江戸を出立した島津久光は京都御所に参内して孝明天皇に謁見し、閏八月二三日に京都を出立して帰国の途についた旨。

② 土佐藩士の在京人数は約一、五〇〇～一、六〇〇名であること。

③ 薩摩・長州・土佐三藩の人数のうち、約四〇〇～五〇〇名ずつが手分けして京都市中を見回り、藩士たちの所業を取り締まっている由。

④ 京都市中における本間精一郎・宇郷玄蕃・目明かし文吉殺害事件の模様。

⑤ 石部宿における渡辺金三郎・森孫六・大河原重蔵・上田助之丞四名の殺害事件の模様。

⑥ 彦根藩が粛正のために藩士木俣清左衛門・同庵原助左衛門両名を謹慎、同長野義言を斬罪、同宇津木六之丞を揚屋入に処した旨。

⑦ 幕府が彦根藩に近江国神崎・蒲生両郡約五万石の上知を命じた旨。

⑧ 八月二〇日に朝廷が岩倉具視・千種有文ら和宮降嫁関係者を処罰した旨。

⑨ 島津久光が卒兵上京前に藩内に触れ渡した書付の文面。

⑩ 上京した島津久光が四月一六日に近衛忠煕に伝えた、江戸出府の目的を記した書状の文面。

⑪ 五月二一日に孝明天皇が江戸下向直前の勅使大原重徳に伝えたこと。

⑫ 八月二日に京都学習院において、議奏中山忠能らが長州藩世子毛利広封に手渡して江戸へ持たせた書状の

文面。

⑬　全国の諸藩の動静を簡略化した吟味書。

⑭　長州藩士長井雅楽の朝廷への建白書の文面。

というように多岐にわたる内容となっており、これは田村が追い追い手に入れた書類や聞き出した情報をひとつにまとめた風聞書であり、彼はこの書面の最後を、家茂上洛について次のように結んでいる。

来二月　公方様御上洛、殿様御供奉之趣及承候ニ就而者、今般万事御変革之趣ニ御座候得者、万事御省略、道中筋も立行候様御仁恕之御取計可相成候得共、乍恐　和宮様御下向之節者、第一宿〻人馬夥敷手当被　仰出、殊之外混雑、木曽路抔ニ而者人足之内凡百弐拾人程死失、其余病気之体ニ而、駕籠・戸板等ニ乗通り候中ニも、内実者余程死人有之候模様之趣、跡調ニ罷越候京都同心衆之噺之由ニ御座候得者、疾御承知被為在候御儀ニ者奉存候得共、宿〻者不及申、助郷并臨時助郷村〻之入費不容易、尤其節者堂上方下部不法而已申立、一入莫太之費も相立候儀と相見へ申候得共、下方之憂苦不大方趣、兼而及承罷在候儀ニ付恐入奉存候得共、任幸便一応此段も申上置候、以上

田村は、主君の水野忠精が将軍上洛の供奉を勤めるにあたり、先の和宮江戸下向に見られたような、道中筋宿々村々への過重な負担による疲弊、逼迫する幕府財政への影響を充分に考慮されたしと指摘している。この田村の見解も、前掲の六月二一日に塩谷甲蔵が水野忠精に提出した上書で述べた、東海道筋各地の普請・修復による莫大な経費の計上とこれによる領主・代官・奉行への過重な負担から海路を主張した意見と、状況判断において大筋で一致している。

ところで、田村によるこの風聞書では、攘夷激派による一連のテロ事件の模様が実に生々しく報告されている。⑤にあげた渡辺金三郎らの殺害事件は、この風聞書の日付の三日前に起きた最もリアルタイムの事件であり、次

のような文面となっている。

九月廿四日朝、石部宿ゟ大津問屋江申越候文通抜書之由、左之通

　　　　　　　　御宿
　渡辺金三郎様　　橘屋市三郎
　森孫六様　　　　佐渡屋次三郎
　大河原重蔵様　　万屋半七
　上田助之丞様　　角屋宗吉

右之御方、昨廿三日申中刻石部宿御着之処、暮過頃武士方人数三十人計四軒へ分れ、抜身ニ而入込、渡辺様・森様・大河原様三人衆首打落し、西ノ方江引退、上田様深手ニ而八百屋兵助方江駈込落命被成、渡辺様御子息恒三郎様・同家来・上田様御家来手疵、其外別条無御座候由、右京都町奉行所同心衆四人、過日於御奉行所羽織・袴御取上、三日之支度ニ而出府被仰付候由噂有之、廿三日朝出立之処、同日暁阿州・土州藩中之由ニ而大津問屋へ相越、先触帳致一覧、尤手槍持候者四、五人有之、近隣ニ而食事等いたし、差急立出候由、全右人〻之所為かと相見、石部ゟ渡辺・森・大河原三人之首級を為携、矢橋船乗切候而罷帰、粟田口ニおいて梟首体之事いたし有之、即罪状札左之通、

全く凄惨な内容である。この書付にはさらに渡辺・森・大河原三名の罪札が示されており、彼らは井伊政権時代の安政五年（一八五八）以来長野義言・島田左近と共謀し、同じ京都町奉行所同心の加納繁三郎・上田助之丞らと心を合わせ、古来未曽有の国難を醸成し、国事を憂う者に対しては無実の罪を着せて、甚だしきは死罪を用いるという毒計を行ったとし、これに天罰を加えたものであるという内容である。この事件の報は、翌九月二四日に石部宿より大津問屋へもたらされ、急報を知らされた田村五百代が他の京都風聞と共に急ぎ風聞書にまとめあ

げ、二六日付で江戸の水野忠精に送ったものである。

さて、将軍家茂上洛をめぐり、塩谷甲蔵・朝生清左衛門・田村五百代らが生々しい情報や意見をもたらすなかで、老中水野忠精は上洛への具体的な準備を始めている。

文久二年（一八六二）九月付の勘定奉行川勝広運・同津田正路・勘定吟味役立田正直三名の上書「御休泊之御場所見分等之儀ニ付申上候書付」[22]では、将軍家茂上洛の道筋見分御用は大目付松平正之・勘定奉行根岸衛奮・目付長井昌言の三名に委任されたものの、いまだ供奉の人数も定まらず、宿々の大工・諸職人も今回の行事には不慣れであるので、彼ら三名に加えて大目付・目付共も出勤して、見分・修復・宿割を行いたい旨を幕府に願い出ている。この書付には、目付の神保長興・大井十太郎・山口勘兵衛三名の添書が付けられており、彼らも川勝らの意見に同意を表明している。

一〇月一〇日には、水野忠精ら老中が連名で京都所司代牧野忠添へ書状を遣わし、将軍家茂が二条城で勅使と対面する場合、あるいは京都御所へ参内する場合の服装について、寛永度の三代将軍家光上洛時の先例を示し、なお不明な点があれば伝奏衆へ問い合わせるよう指示している。[23]また、同月二二日には同じく連名で所司代牧野へも書状を送り、将軍上洛の供奉のために上京する諸大名が宿として寺院や町家を借り受けたい場合は、相対で行うのではなく、宿割のために派遣される目付大久保権右衛門（忠一）が京着したうえで、彼と相談して取り決めるよう指示している。[24]

こうしたなか、大津詰の歩横目田村五百代が一〇月付の風聞書「上書　田村五百代」[25]をまとめ、江戸の水野忠精に送っている。その概要は次の通りである。

①　平野国臣ら尊攘激派志士の行動は内憂を醸成するものとして、厳しく批判。

②　京都市民が薩摩藩士に帰服する傾向が強いことに対しては、警戒を要すべし。

③　九月二九日早朝に大津の四、五か所に米などの諸物価に関わる張紙あり。
④　長州藩より熊本藩主細川韶邦へ送った趣意書の文面。
⑤　上方に流布する「亜魯英仏盟約書和解」なる書付の文面。
⑥　「平野次郎国臣密奏書」の文面。
⑦　田村五百代の京都風聞探索についての朝生清左衛門の添書（前掲）。

特に、田村が②に記した内容は、当時の京都市中の情勢を克明に示している。

一薩長土之内京都市民殊ニ薩劢ニ帰服いたし候由ニ御座候、尤薩州家御上京之後者、数百人手分ヶいたし、三五人を一群として日〻市中を遊歩し、堂上・武家をいはす、部屋者或者火方之者等、商家ニおいて酒代と称し非義之銭抔請ひ候悪徒を見受候へ者是を制止し、若悪口或ハ手向ひ候者者即時ニ斬捨、其所の費用を憐恕し、死骸を屋敷へ引き、又諸物を買ふに吝ならす、是等の所為京都弊風一洗、市民之患を除くを以て急務と被成候歟、夫故悪徒漸く減少し、是によりて市民益敬服するに至り候、（中略）是以　公儀を軽蔑仕候ニ相当り

このように、朝廷が上京した島津久光に浪士の取り締まりを命じて以来、薩摩藩士が手分けをして京都市中を巡回して警察権を行使し、市民から敬服されるようになっている状況は、本来市中を取り締まるべき立場の幕府を軽蔑する事態であるという警告を発している。

この田村の上書は風聞書として記されたものではあるものの、大津に駐在して上方情報を収集する彼の立場からの意見書という性格が強く、島津久光の卒兵上京に先立って上京した尊攘派志士平野国臣が大坂城と二条城を手中にして討幕を行おうとする討幕三策の密奏書を朝廷に提出したことに対する危機意識から、このようなかたちでの忠精への上書がなされたものと考えられる。

さて、朝廷は一〇月一二日にあらためて攘夷決行を幕府に認可させるために、三条実美・姉小路公知の二名を勅使として江戸下向の途につかせた。同月二八日に彼らは江戸に到着し、一一月二七日に江戸城大広間で将軍家茂に勅書を授けている。今後将軍家茂が上洛して朝廷からの庶政委任をめざす幕府としては、この勅書を拒絶するという選択肢を見出すことはできず、一二月五日には、将軍家茂より勅使両名へ、勅旨にある攘夷決行と御親兵編成は確かに承る旨の奉答書を手渡している。朝廷は家茂上洛を控えて事前に幕府が国是としての奉勅攘夷体制を受け入れることを確認したのであり、以後幕府は現実問題としての攘夷の決行を事あるごとに迫られるという重圧を負うことになる。

水野忠精は、三条ら勅使への応対を行う一方で、翌年二月に予定された将軍家茂上洛への具体的な準備を進めている。『水野忠精日記』一一月一日の条には、忠精ら老中一座が京都所司代牧野忠添に送った二通の書状の文面が示されている。そのうちの一通は、将軍上洛にともなう二条城修復御用については、これから上洛する勘定方役人とよく打ち合わせること。そして、もう一通は将軍家茂が京着のうえでの二条城における勅使出迎えの手順について、寛永度の家光上洛の先例に照らしてよく打ち合わせてから報告するように指示した内容となっている。

ところで、一一月二一日には儒者安井息軒（仲平）が水野忠精の諮問に答えるかたちで、長文の意見書「時勢一隅」(26)を幕府に提出している。前述のように、すでに第一章一節ではこの意見書の一部を紹介している。安井息軒は塩谷甲蔵とは同じ昌平黌で学んだ儒者であり、たび重なる異国船来航について「海防私議」などの意見書を幕府に提出した経歴をもっていた。この「時勢一隅」は、安井が関東・上方などの各地の情報を収集したうえで、鎌倉・室町・江戸初期の歴史を紐解き、さらに中国・アジア・ヨーロッパなどの世界情勢にもかんがみて、当時の朝幕関係などの政治問題・人材登用・民政・財政・経済・軍事・対外関係などについて、率直に論じた本格的な意見書となっている。その内容は多岐にわたるが、主な意見をあげると次の通りである。

① 将軍家は若年であるが故に、この難局においては閣老らが輔導の心を尽くすことが肝要であり、将軍家の側には学問ある衆を選んで仕えさせ、将軍家はなるべく表にあって、彼らを通じて民情を理解することが重要であること。

② 現在の封建世禄の制度にあっては、国政担当者の人材登用の資格者の範囲はいたって狭いが、当面はこの枠の中で登用せざるを得ず、健全な士風を取り戻すための教育を重視し、学問の充実により世禄の士の人材育成をはかるべきであること。

③ 大都会の驕奢な生活が士風を退廃させている現実から、倹素古朴の風を取り戻すべく、武士たちを教導すべきこと。

④ 関東筋には博徒が横行して風俗を乱しているので、厳重に取り締まるべきこと。

⑤ 民間の政令・法度は簡易を旨とし、人々によく理解させるべきこと。

⑥ 江戸に人々が流入して人口増加する一方で、農村において荒地が増加する事態から、戸籍を正す政策を徹底し、事情があり余儀なく江戸入りする者以外の流入者は、土地を取り上げるなどの処罰を行うべきであること。

⑦ 金・銀・銭相場を安定させ、横浜開港による経済の混乱を是正すべきこと。

⑧ ナポレオン戦争やクリミア戦争の模様を紐解き、西洋の軍制を採り入れた富国強兵をはかるべきであり、大軍を指揮する知略に優れた将軍を育成すべきこと。

安井は難局が続く近年の政治的状況にあっては、いまだ若年の将軍家を閣老がよく補導し、幕閣に座を占める人材は従来通り多くは世禄の者を登用せざるを得ないが、大都会の驕奢な生活により弛緩した武士たちの気風を改善するためにも、質実剛健な士風を取り戻すべく教育を進めることが肝要であると述べている。

特に、④の士風の退廃の問題について安井は、

> 慶長以来弐百六拾年之渥沢ニ浴し四民之上ニ立候士人候故、凡双刀を帯候程之者驕奢ニ流候義自然之勢とも可申候、然共田舎ハ諸事不目当候故、目を眩し心を迷候者少く、其楽と致候処ハ山野遊猟等ニ御座候、其上身分賤く威勢軽く候故、恐れ慎み候処有之より、猶少ハ古朴質素之風も残り居申候、幕士ハ世界第一之大都会ニ居住し、物心付候より其見聞致候処、驕奢誘逸之事ニあらさる者なく身分貴候故、驕慢之風別而甚敷候

というように、慶長期以来二六〇年余を経過し、武士たちが戦国の気風を忘れて驕奢な生活にふけるのは時の流れとして止むを得ないとしても、地方に目を向ければ贅沢な暮しに目が眩む者は少なく、恐れ慎む気持をもち古朴質素の風が残っている現実を示している。こうしたことから、武士たちに倹素古朴の気風を取り戻すべく、教育を充実させることが大切であることを強調している。

安井は、退廃した士風や都会の贅沢な生活を是正し、荒廃した農村をよみがえらせるなどの復古的な政策を断行すべきであるという考え方を示すとともに、一方で開港による経済の混乱を静めるためにも内外貨幣の相場を安定させ、早急に西洋の軍制を採り入れた富国強兵政策を推進すべきであるとするなどの、近代化への指針も示している。

この安井息軒と塩谷甲蔵・芳野立蔵（金陵）の三名は、同年一二月一二日に幕府の儒者に登用されて、それぞれ切米二〇〇俵を支給されている。彼らが幕府政治にどのような影響を与えたかについては今後検討しなければならないが、この登用は将軍家茂上洛を前にした朝幕関係の難局において、彼ら昌平黌出身の儒者としての開明性に富む識見と幅広い人脈とこれにともなう良質の情報収集能力というものが、幕府から高い期待を受けたものと考えられる。

さて、一二月五日に将軍家茂の奉答書を受け取った勅使三条実美・姉小路公知の両名は、翌々七日に江戸を発足して帰途についている。これにより、将軍家茂上洛という朝幕間の一大行事が具体的な手順で進められる。

一二月一五日には、将軍家茂が政事総裁職松平慶永と会見し、先発上京を命じた。またこの日、一橋慶喜は上坂の予定を変更し、江戸を発して上京の途についている。翌々一七日には、老中水野忠精が大目付松平正之を通じて諸大名へ、来る二月の将軍上洛における上洛中・後の対応のしかたについて指令をしている。[27]海路による上洛を決定したことにより、同月二一日には松平慶永・老中水野忠精・同板倉勝静らが幕府の軍艦咸臨丸に乗船し、品川沖で諸艦の操練を見学している。この流れで水野忠精ら老中一座は、同月二七日に大坂城代松平信古へ書状を送り、来年二月の将軍上洛は前掲のように海路をとって行う予定であることを通達している。

明けて、文久三年（一八六三）、将軍家茂上洛を直前に控えた一月一八日に、大津詰の山形藩歩横目田村五百代が、前年の勅使江戸下向をめぐる堂上方の動静、堂上方による条約破約の議論、長州藩の京都周旋、尊攘派志士の動向などについての京都風聞書[28]を江戸の水野忠精に書き送っている。その概要は次の通りである。

① 勅使下向により攘夷一決の旨の触が出されるなど、堂上方関係の書状の文面。
② 長州藩の朝廷への伺書（幕府への周旋を急務とすべしとする内容）。
③ 将軍家茂上洛決定をめぐる文久二年八月の堂上方建白書の文面。
④ 朝廷より幕府閣老に宛てた沙汰書の文面（文久二年三～四月、下田条約調印について）。
⑤ 長州藩主毛利慶親より大納言中山忠能への伺書の文面（文久二年八月二日、勅使下向について）。
⑥ 毛利慶親より議奏衆へ差し出した書状の文面（文久二年七月一二日、勅使下向について）。
⑦ 朝廷より土佐藩主山内豊範への勅諚書の文面（文久二年八月二五日、京都警衛について）。
⑧ 長州藩家老浦靫負より中山忠能へ差し出した書状の文面（文久二年五月五日、長井雅楽建白書について）。

⑨　幕府より長州藩世子毛利定広への沙汰書の文面（文久二年五月一日、朝幕関係の周旋について）。

このように、田村は将軍家茂上洛を目前に控えて、長井雅楽の建白などの長州藩による朝幕間の周旋を軸に、島津久光卒兵上京以来の朝・幕・藩間を秘密裏に往来した書状のなかで入手したものを整理し、忠精に上洛に向けての重要な政治情報をまとめあげて伝えている。

さて、将軍上洛に先立って、幕府側の主要な人物も次々と入京する。京都守護職に任命された松平容保は一月二日、一橋慶喜は京都所司代牧野忠添・高家中条信礼らを従えて一月一〇日に、それぞれ参内して孝明天皇に謁見している。松平慶永も二月四日に着京して二条堀河の藩邸に入り、あとは将軍家茂の上洛を待つばかりとなった。

三　英艦横浜集結と将軍上洛経路の変更

いよいよ将軍家茂上洛のための江戸出発は、文久三年（一八六三）二月三日と決まり、海路で上方へ向かうべくその当日を待つ段階となったが、突如として新たな問題が生じる。

この段階では、生麦事件に関する日英両国の紛議がいまだ解決していない状況のもとで、幕府が将軍の上洛を優先して挙行しようとしたため、これに抗議したキューパー提督が指揮する英国艦隊が続々と横浜港に集中し、損害賠償を求めて軍事的威嚇に出たのである。

そこで、二月九日に幕府は、

一　　　　　　　　　　　　　　　　　　　　　　　大目付
　　　　　　　　　　　　　　　　　　　　　　　　目付　江

御軍艦ニ而　御上洛可被遊旨被　仰出候処、御都合も有之ニ付、来十三日　御撥駕、東海道筋御上洛可被

遊旨被　仰出候、尤御省略之儀ハ、兼々厚被　仰出候趣も有之候得共、猶一際御供方其外、格別御減略可
被遊旨被　仰出候、此段向々江可被相触候[29]

とあるように、急遽将軍家茂の海路上洛を陸路に改め、二月一三日を江戸出立の期日と令するに至った。このことは、東海道中宿々村々の疲弊や幕府財政窮乏の現状から、経費が少なく人的負担も軽減できる海路上洛をいったんは決定した幕府の目論見を、根底から崩す結果となった[30]。

ここではまず、当時頻発していた外国人殺傷事件とイギリス側の対応について参照してみよう。安政六年（一八五九）に来日し、翌年イギリス駐日公使となったオールコックは、頻発する外国人殺傷事件にかんがみ、上海の英国艦隊司令長官ホープにたびたび日本の開港場への軍艦の常駐を要請したが、ホープは中国におけるアロー戦争への対応に手いっぱいで、なかなかこれには応じようとしなかった。しかし、ホープ自身が文久元年（一八六一）に来日して日本の実情を知り、翌文久二年四月にはイギリス本国政府が日本への軍艦常備政策を採用した[31]。さらに、同年五月には第二次東禅寺事件が発生し、英国代理公使ニールが事態を本国に通報した結果、イギリス本国政府は態度を硬化し、軍部が日本側を屈服させ駐日英人の安全確保をはかるために、日本沿岸封鎖計画を立案するに至る。

このイギリス軍部の日本沿岸封鎖計画については、すでに石井孝・熊澤徹両氏の研究があるので、簡単に紹介してみたい。

石井孝氏は、第二次東禅寺事件の後にホープが海軍力による日本の港湾の封鎖を提案し、ニールと共に老中との会談にあたっていた海軍少将キューパーは、江戸市民への米の供給は大部分海上輸送されるので、海上封鎖は極めて有効な手段であるとホープに報告したとする。さらに、生麦事件が発生するに至り、英国外相ラッセルは幕府に正式な陳謝と賠償金を請求し、幕府がこれを拒んだ場合は報復行為または封鎖を行うようニールに訓令し

たが、その後交渉に立った老中格小笠原長行が独断で生麦事件および第二次東禅寺事件の賠償金一一万ポンドの支払いを行って和解が成立した結果、イギリス側が態度を軟化して日本沿岸封鎖計画を中止したとしている。(32)

一方、熊澤徹氏は、幕府が掲げた「奉勅攘夷」体制の下での鎖港方針は外国側に条約体制の破棄を意味するものと受け止められ、イギリス軍部はより現実的な江戸・大坂攻略を含む軍事戦略を立てたが、内陸戦は無理と判断し、優先的な方策として構想されたのが海上封鎖作戦であったとしている。よって、対外戦争を避けつつ国政の主導権を握るために鎖港要求を行うという幕府の二枚舌外交は、実際には極めて危険をはらんだものであったことを指摘している。しかし、イギリス外務省が既存の通商貿易擁護を優先させ、極力避戦方針を掲げたために、この作戦は回避され、駐日公使オールコックは長州藩への軍事行動をテコに幕府の鎖港方針を撤回させ、兵庫・大坂進出と条約勅許の獲得によりその保障を得ようとする戦略を展開したとしている。(33)

よって、当時の外交関係の推移によっては、イギリス海軍が日本の港湾を封鎖して米の船輸送を阻止するという強硬な軍事行動に出る可能性もはらんでいた。こうしたなかで、江戸を出発して海路上方に向かう将軍上洛の一行が、横浜に集結するイギリス艦隊と鉢合わせになりトラブルを引き起こす可能性が出てきたのである。

そもそも、英国艦隊が大挙して横浜港に集結するとの予告情報は、一月末に米国弁理公使プリュインから外国奉行にもたらされた。これに苦慮した井上正直・板倉勝静・水野忠精・牧野忠添の四人の老中は、在京の将軍後見職一橋慶喜に二月二日付で次のような書状を送り、緊急事態の打開のための方策を打診している。(34)

此節専御上洛之御用意ニ御座候、廿一日ニは必御出帆之御都合ニ御座候、一昨日米国ミニストル外国奉行江咄候ニは英国軍艦五六日内ニ渡来可致、第一生麦之一条可申聞と存候、其余ニも一二ケ条は可申立、多分生麦を重ニ渡来と察し候旨、尤風聞而已ニは候得共、心得ニ咄候旨申聞候由、就而は同列共申談候処、此儀風説而已ニ而証拠は無之候得共、譬虚説たりとも覚悟無之而は不相成事故、思召も相伺度奉存候、生麦一件其余ニも彼是申立候節、生麦之儀は是迄誠精薩刕江申付、出奔人是非取調為差出候積厳敷懸合置候、政府ニ而も探索申付置候旨、再三事情を尽し可及談判候、乍去結局は薩州へ可参ト可申聞、其儀も差留候様可仕、且不日　御上洛之事故、何事も夫迄之処暫猶予いたし候様誠精申諭、夫ニ而も暴論而已申出、遂ニ彼与り開兵端候場ニ可至も難計、其節は申迄も無之、　御国辱ニ不相成様尽死力打破、直ニ　御上洛可被遊、外夷渡来何時も難計、素ゟ覚悟之事ニ候へは、夫か為　御上洛御猶予ニは至り兼、是非御登被遊、　禁闕之御守衛被遊候事と同列一同申談候、諸役人江評議為致候而ハ御承知之通の人気、必　御上洛御見合之論紛〻与起可申与奉存候、秘置評議等は不為致、御警衛向之処而已申談置候、此儀は得と御賢慮之上御見込、早〻被仰下候様奉願候

四人の老中は、相談の結果、英艦渡来の情報に対しては最悪の場合は戦端を開くことも覚悟しなければならないが、それがために将軍上洛を遅延させるわけにはいかず、まず上洛して朝廷の守衛にあたることを最優先したいと述べている。また、この件を幕府諸役人と評議をしたならば、必ず上洛見合わせの論議が起こるとし、評議は行わず秘密裏に事態への対応を行い、英艦渡来への警衛面のみを指令したい旨を慶喜に伝えている。英国との一触即発の差し迫った外交交渉よりも、明らかに朝廷からの庶政委任をめざす内政問題を優先している。

四老中はさらに続けて、板倉・水野両老中が上洛に随行し、井上・牧野両老中が残る江戸の政務不安の状況に対しては、

将又御留守之処、同列両人而已ニ而は御取締向万端深心配仕候、何分御承知被遊候通、別段可被仰付人物無之当惑至極仕候上にも、其辺深御心配被為在御噂も御座候、就而は図書頭義其御地ニ而も御用向も多端可有之候得共、何卒　御上洛前迄ニ早〻帰府被仰付、御留守相心得候様仕度奉存候間、御賢慮之上、一日も早ふ帰府被仰付候様奉願候[35]

とあるように、すでに慶喜と共に上京して朝廷への周旋を行っていた老中格小笠原長行を、即刻江戸に帰府させてほしい旨を要望している。やがて展開する小笠原長行を中心とする生麦事件賠償金の支払い・卒兵上京行動につながることになる彼自身の帰府は、当初の老中四名が将軍上洛により井上・牧野両名だけとなってしまう江戸留守老中の補強を理由に、一橋慶喜に要請したものであった。

さて、米国弁理公使プリュインの予告情報の通り、二月四日には英国海軍少将キューパーが旗艦ユーリアラス号に搭乗して横浜港に入港し、他の英国軍艦も続々と横浜港に集結した。将軍家茂江戸出立前日の二月一二日には、同国代理公使ニールは外国奉行に対して書状を送り、次のように生麦事件賠償問題に対する真摯な対応を要求している。

不列顚臣民を犯し、いまた其始末なき粗暴なる所業之為めに、　女王殿下之政府余に命して請求すべき事を、今日より両三日中に書を以て台下に報告するは、余の勤なる事を台下ニ報する為め、余か方にてハ一瞬間も時を失ハす、この請求の正大明白なる事に於て、大君之政府最も方正に是れを監考し、定りたる時限中直ニ注意する事緊要なるへし、此故に余今台下に心附かしめん為めに書贈る、唯今請取たる　大君出立之報告の事によりて、余か台下に成すへき方正の告知を延引する事能ハす、余か告知に是非なすへき貴答を定むへき時限中、余は江戸政府より之を待へし、且余か請たる任ハいか様故障差起るとも必らす之を施行すへし、余次件を懇篤を以て台下に報するも亦余の任なり、此の公書中の事を直ちに　大君殿下に差上すへし、余且こゝに附言す、若し此事行ハれさる時ハ如何様なる痛哭すへき事件も差起るへし、此事に関してハ台下ニ日本政府其責に任すへし(36)

ニールは、将軍江戸出立の知らせを受けたからといって賠償実行の延引を認めるものでは決してなく、イギリス側の要求を必ず将軍家茂に伝えるよう迫り、もし幕府がこれを実行しない場合は武力に訴えることも辞さないという脅しをかけている。

こうした事態に、幕府は前述のように二月九日に急遽将軍上洛の経路を海路から陸路に転ずる旨の触を発したのであるが、これに至る政策決定は大目付・目付や勘定方など幕府の諸役人の評議を経ることなく、井上・板倉・水野・牧野の四老中の秘密裏の話し合いのもとで進められていったのである。

海路による将軍上洛を老中に建議した軍艦奉行並勝義邦は、二月六日に出張先の大坂を出帆して江戸に帰り、一一日に「天下の形勢をおもうて遺恨胸間に満ち、憤怨に堪えず。御船行の義も止められ、十三日御陸行と御仰せ出でありしと聞く」と日記に記しているように(37)、急遽将軍上洛が海路から陸路に変更になったことを知って憤怒の情を抑えきれず、翌一二日に登城して板倉・水野両老中に対し、この件について断固抗議をしている。この日の江戸城内の状況を、勝は日記に次のように記している。

十二日　登営。聞く。英の軍艦四艘、金川に来る。一言も来意を言わず。天下騒然、仏船もまた来ると云う。営中、御発駕の事にて、誰一人その義を云う者なし。○御用部屋にて周防殿、和泉殿へ春嶽殿の御口上を申し、猶、海路御止めの事、且、偽浪士の事を説解す。その言、甚だ激烈(38)。

英国艦隊が大挙して渡来したことにより、横浜も江戸も騒然としたが、江戸城中は明日の将軍上洛の事に追われて、誰一人そのことを話題にする人はいなかったという。これも四人の老中が将軍上洛の経路を急遽陸路に変更し、後の交渉を江戸留守老中と、その江戸出府を一橋慶喜に要請した老中格小笠原長行とに任せて、自分たちは上洛準備を優先に事を進めようとしていたことがよく示されている。勝は兵庫での松平慶永からの伝言(39)を水野・板倉両老中に伝えるとともに、宿願であった海路上洛が取り止めになったことに断固抗議をしたものの、両老中はすでに決定済みのこととしてこれを退けている。

四老中は、とにかく歴史的事業としての将軍上洛を最優先し、英国艦隊渡来により論議が沸騰して上洛が遅延することを避けるために、この問題を幕府諸役人に発議することなく秘密裏に話し合いを進め、将軍家茂一行と英国艦隊が海上で鉢合わせする事態を防ぐために、急遽海路から陸路への変更を決定して、将軍江戸進発直前に各方面にこれを指令したのである。

四　将軍上洛と賀茂社行幸

かくて、二月一三日朝六半時に将軍家茂が江戸城を出立し、老中水野忠精・同板倉勝静ら約三、〇〇〇名がこれに随行し、東海道中を西上する途についた[40]。突然の海路から陸路への上洛コースの変更に、東海道宿々村々も大急ぎでその対応に追われることになる[41]。

一方、約二三〇年ぶりの将軍上洛を待つ朝廷では、尊攘激派の志士の脅迫により、文久三年（一八六三）一月二三日に関白近衛忠熙が、二七日には議奏中山忠能・同三条実愛が相次いで辞職する事態となった。これに代わり、関白には鷹司輔熙が、議奏には攘夷強硬論者の広幡忠礼・長谷信篤両名が就任し、議奏三条実美を含めて攘夷強硬論者が主流を占める状況となっていた。また、二月一一日には長州藩士久坂玄瑞・同寺島忠三郎・熊本藩士轟木武兵衛が関白鷹司邸に赴き、攘夷決行の期日を速やかに決定するよう輔熙を脅迫した。久坂ら尊攘激派を背後で支援していたのが、長州藩世子毛利定広であった[42]。このように、将軍家茂が上洛したのは、まさに攘夷強硬論者が主導権を握る京都であった。

こうした情勢のなかで、すでに上京していた将軍後見職一橋慶喜と政事総裁職松平慶永との間には、朝廷への対応をめぐり意見の対立があった。慶喜は前年一一月の勅使江戸下向により幕府は攘夷を奉承している以上、今回幕府が庶政委任を取り付けるからには、攘夷決行の約束をすることは避けられないとする考え方であった。一方、慶永は所詮はその実行が不可能な攘夷を条件に政務委任を取り付けることには納得がいかず、この際、家茂が孝明天皇に将軍職の辞職を表明し、幕府が政権を返上すべきであるという論をめぐらしていた。

事実、慶永は三月三日に大津宿に将軍家茂を訪ね、「方近の状態を顧るに道理に依りて事を成すへきにあらさるものあり故に此上は将軍職を辞せらるゝ外なされかたあらさるへし」[43]と訴えて、難局の事態を説明して将軍職の辞職を勧告する場面があった。しかし、入京を翌日に控えた将軍家茂やこれに随行する老中らの念願は、第一に朝廷からの庶政委任の実現であり、もはや慶永の諫言を聞き入れるべくもなかった。

さて、三月四日に家茂は大津駅を発して二条城に入り、老中水野忠精・同板倉勝静も入京する。翌五日、まず一橋慶喜が将軍代理として京都御所に参内し、事前の工作として孝明天皇に幕府の所信としての攘夷決行を前提とした庶政委任の実現を望む旨を伝えた。これに対して、天皇は庶政は関東へ委任する存意であり、攘夷のことはなお出精すべしとする勅旨を慶喜に伝えた。

三月七日、将軍家茂は一橋慶喜・板倉勝静・徳川慶篤らを従えて京都御所に参内し、孝明天皇に謁見する。ここで、家茂が正式に「攘夷奉承」を回答したのに対し、天皇は家茂に「将軍職はこれまで通り御委任」「諸藩へ攘夷決行を沙汰すべし」とする二つの命を下した。しかし、同時に鷹司関白は二日前の勅旨について、国事は幕府に委任するものの、事柄によっては朝廷が直接諸藩に命令を下す場合もあり得るとする内容の表明を行い、全ての政務委任を取り付けようとした幕府の目論見を強力に牽制したのである。[44]

将軍上洛をめぐるここまでの幕府側の動きを見ると、朝廷からの庶政委任を実現するという第一の目的を遂げるために、生麦事件賠償問題でイギリス船が横浜に集結する緊急の事態も、江戸留守幕閣にその対応を任せてまで、予定通りの日程で朝廷との交渉にあたろうとしたことがわかる。しかし、幕閣の中心となるべき政事総裁職松平慶永が着京寸前の将軍家茂に辞職勧告をするという不協和音が生じたり、一方で一橋慶喜が朝廷への事前の工作をしたにもかかわらず、三月七日に朝廷から下された趣旨は完全な庶政委任が認められるものではなかったという結果に、当時の幕府内部の実態を読み取ることができる。すなわち、上洛の準備段階において幕府内部で誰がどのような役割を担って朝廷との交渉を行い、朝廷からこういう打診があった場合はこういう対応をするという、綿密な段取りについての話し合いがなされていなかったことが判明する。よって、このような行き当たりばったりの対応のしかたにより、期待を裏切られる朝命が下されると、また内部で激しい意見対立が起こるという悪循環が生じることになる。

では、こうした事態から派生した問題を検証するために、三月四日に入京してからの水野忠精の行動を追ってみよう。

将軍参内翌日の三月八日には、朝廷より三日後の三月一一日に賀茂上下社へ行幸する旨の通達があり、家茂がこれに同行することになった旨、さらにこれを向々に伝えよとする記事が、同日の『水野忠精日記』には記されている。同日の日記ではさらに続けて、将軍家茂一行の江戸への帰路の手順についての申し合わせ事項が、次のように記されている。

還御之節、御供弁御用掛之向〻陸路持越之荷物不相増候様可致候、都而人馬遣高之儀最前之通御当日半減又ハ三分一遣之積、残被下人馬を以御発興後御跡より両三日ニ割合差立、御泊之宿方江追付不申様可致、尤兼而相達置候通可成丈御軍艦江積入廻し方致し、御当日人馬高不相嵩様可被心得候

右之趣、向〻江可被相触候事

このように、八日の段階においても、忠精としては上洛日程は当初の予定通り一〇日間とする手筈をとっていることがわかり、江戸への帰途は陸路の荷物を極力減らし、残った荷物は将軍家茂の京都出発後に軍艦に積み込んで運ぶことが確認されている。前述のように、当初の方針をひるがえして往路は陸路をとって上洛したことに対し、復路は経費を減らし、疲弊の著しい東海道宿々村々には大きな負担は掛けまいとする幕府の方針がうかが

える。

しかし、一方で家門の諸大名のなかには、将軍のこの早々の東帰を望まずに、そのまま長期滞在をした方がよいとする意見を寄せる者がいた。前尾張藩主徳川慶勝は三月一〇日付の朝廷宛の上書で、まず公武一和の体制をつくることにより、初めて攘夷を決行することができるとし、そのためにも「仰キ願クハ大樹ヘ被命御一和相整四海帰一之場ニ相運候迄ハ輦下ニ滞在有之候様仕度昧死伏テ願所ニ御座候」として、将軍の東帰を延期した方がよいとの意見を述べている[45]。また、会津藩主松平容保も、三月一七日の幕府への意見書で、横浜表の外交事情が切迫したならば、将軍後見職一橋慶喜と政事総裁職松平慶永を帰東させればよいとし、「殊には重き被為蒙朝廷之恩命候上は、長く御滞京被遊、上は奉安宸襟、下は万民の帰嚮に対させられ、神州無窮治安之基本相立候様不被遊候ては、必至と不相成儀と奉存候」として、公武一和の体制を確立するためにも将軍の長期にわたる滞京が必要であるという意見を述べている[46]。

次章で述べるように、将軍上洛に随行した幕臣のなかには、滞京期間を延ばして朝意に翻弄され続けることへの不安と外国勢力への緊急の対応の必要性から、将軍家茂の早急な帰東を要求する意見書が水野忠精に寄せられており、上洛中の幕閣は、賀茂上下社行幸への随行を済ませた後に、切迫する外交交渉に対応するために早々に帰東すべきか、それとも朝意を重んじてこのまま滞京を延期すべきか、決断を迫られることになる。

さて、賀茂上下社行幸当日の三月一一日、水野忠精は夜九ツ時（二四時頃）に二条城に登城して衣冠に着替え、将軍家茂も、二条城施薬院で装束を身に着け、忠精と板倉勝静両老中が同道して参内の途についた。将軍一行が御所に到着し、南門西方に、将軍家茂を先頭として一橋慶喜らが後方に随従するかたちで一行が整列し、紫宸殿より孝明天皇を乗せた鳳輦が通りかかると、家茂は蹲踞の姿勢で天皇に一礼し、天皇一行が南門を出た後にこれに随従した。鳳輦が下賀茂神社に到着すると、家茂は下馬して舞殿東方に佇立し、これに一橋慶喜が随従、水

野・板倉両老中も下馬して控所へ行き、

其内　主上　御拝被為済、御休所ニ　入御之後、　公方様ニも　御休所に御引被為　遊候(47)

という流れで、孝明天皇が背後に将軍家茂や一橋慶喜らを従えての攘夷祈願が済まされた。続いて、孝明天皇の鳳輦が上賀茂神社に向けて出発するのを、家茂は同じく蹲踞の姿勢で拝礼し、関白鷹司輔熙の後方について、家茂の一行が出発した。上賀茂神社においても、下賀茂神社と同じく孝明天皇の背後に家茂が佇立して従うかたちでの攘夷祈願が行われた。

こうして、将軍家茂の第一回上洛においては、家茂と孝明天皇との会見において幕府側が強く希望した、政務全権委任という項目がはぐらかされてしまっただけでなく、賀茂上下社行幸での天皇の攘夷祈願も、家茂らは天皇の背後に控えさせられるという朝廷側にとって大変有利な演出で進められた。将軍家茂の一行は朝廷側が用意した巧みなシナリオに翻弄されることになり、幕府の威信を示すという政治的目的は大きく挫折させられることになった(48)。

おわりに

将軍家茂第一回上洛に随行することになった老中水野忠精は、その準備段階から上方・九州方面を中心に入念な情報収集活動を展開して、正確な情報を次々と入手する。しかし、将軍上洛を待つ京都では、尊攘激派勢力の動きが活発化して、数々のテロ事件が発生するなど、幕府にとって予断を許さない状況となっていた。本章で主題とした将軍家茂第一回上洛は、島津久光の提言により立ち上げられた一橋慶喜・松平慶永・松平容保ら家門の人材を加えた新しい幕閣が、この歴史的事業を成功させて、幕府権力の再生をはかれるかどうかの試金石といえるものであった。また、そのためには、慶喜ら家門の人材と老中ら従来の幕閣の人材とがいかに協調し、結束して事に臨むことができるかが重要な点であった。

しかしながら、将軍上洛を控えて、幕府においては様々な疲弊状況が噴出することになり、この新しい幕閣は決して折り合いよくしっかりとした結束ができたわけではなかった。また、上洛する幕閣は事前に朝廷との交渉に臨むための入念な打ち合わせをした形跡はなく、むしろ上洛後は朝廷の巧みな演出に翻弄されることになる。

では、こうした点をふまえて、本章のまとめをしてみたい。

①　島津久光卒兵上京という非常事態に、水野忠精の山形藩から大津に派遣された歩横目田村五百代は、京都を中心とした上方の情報を収集し、次々と風聞書にまとめて江戸の忠精のもとに送っている。田村の風聞探索活動は、文久二年（一八六二）五月二四日に将軍家茂上洛の幕議が定まった段階で、老中である忠精にとっていよいよその重要性を増してくる。

②　島津久光卒兵上京・江戸出府とその後の将軍家茂上洛問題において、重要な情報収集と意見の具申を行ったのが、忠精の家臣で儒者の塩谷甲蔵であった。学問研究を通じて多彩な人脈をもつ塩谷は、久光一行が江戸に到着する二日前に薩摩藩小納戸堀小太郎の訪問を受け、久光卒兵上京・江戸出府の真意を具体的に聞き出し、その内容を主君である水野忠精に書き送っている。堀が塩谷のところを訪問したのは、薩摩藩の意向によるものと思われるが、すでに両名は個人的に密接な交流をもっていた。

③　塩谷甲蔵は、勅使大原重徳と島津久光が江戸に赴いて勅旨による幕政改革を迫るという非常事態に臨み、六月二一日に水野忠精に自らの幕政に関する意見書「上　塩谷甲蔵」を提出している。これは正確な情報収集と現状分析をふまえたうえで、酒井忠義に代わる京都所司代には候補として名のあがった本荘宗秀ではなく土屋寅直を推すこと、老中には従来の慣例を破って唐津藩世子の小笠原長行を推すこと、将軍上洛は陸路ではなく軍艦を用いて海路をとるべきことなど、実に的確で説得力のある意見の具申といえるものである。

これらのうち小笠原の登用は実現し、将軍上洛もいったんは海路に決定しており、また本荘宗秀は塩谷の意に反して所司代に任命されたものの、着任すらできずに解任される結果になっており、ここでは塩谷の卓越した現状認識力がうかがえる。

④ 忠精の九州情報収集の情報源については、第二章であげた儒者のネットワークに加えて、吉田守三郎ら長崎地役人四名による風聞書があげられる。これは二月から四月にかけての諸事件を六月付で報道するなど、情報伝達としては時間的に遅いものであり、忠精が政策決定において充分に活用し得たかどうかは疑問の残るところではあるが、長崎地役人が江戸に向けて九州各地の動静を報じたものとして注目に値する。

⑤ 忠精は、塩谷の親友である儒者安井息軒にも朝幕関係の難局に臨んで諮問を行い、長文の意見書を提出させている。安井の意見書「時勢一隅」は、当時の士風の退廃、世禄制度による人材の枯渇などを鋭く指摘して学問奨励を主とした教育による人材育成を説き、開港による経済の混乱を立て直して富国強兵をはかるべきであるとする積極的な内容であった。塩谷・安井両名の意見書の内容は、忠精が重要な役割を担った将軍家茂上洛をめぐる幕政に反映される部分が多かったものと考えられ、間もなく彼らは幕府の儒官に任用されている。いずれにしても、この時期の忠精の政治情報収集においては、儒者の情報ネットワークが有力なベースとなっていたことは確かである。

⑥ 忠精は、将軍家茂上洛に臨んで、前掲の塩谷甲蔵や田村五百代らによる強い申し入れにより、財政上の困難から供奉の人数を極力少なくし、また疲弊が著しい東海道中宿々村々への負担を和らげようとする配慮から、後の勝義邦の建言もあって、幕議として海路による上洛という結論を導き出した。しかし、生麦事件の賠償をめぐる日英関係の紛糾により、英国艦隊が横浜港付近に集結するという予期せぬアクシデントがあり、結局幕府は莫大な費用を必要とし、かつ東海道中各地域に甚大な負担を掛ける陸路による上洛を選ぶ結果と

なった。

⑦　将軍家茂の第一回上洛は、その準備段階において、幕府の関係者が上洛後に朝廷とどのような政治折衝を行うのかの段取りについて充分な打ち合わせをしないままに京都に到着し、一行は朝廷側が用意したしたたかな演出に翻弄され続ける結果となる。ここでは、打ち合わせの不充分さという点に加えて、将軍・老中らと、文久の幕政改革により新たに設置された将軍補佐役としての政事総裁職・将軍後見職等を加えた幕府一行に、必ずしも一枚岩の結束があったとはいえず、組織体として機能不全を起こしている実態をまざまざと見ることができる。

（1）『維新史』第三巻（明治書院、一九四一年）、一〇一〜一〇四頁。
（2）水野家文書、A一〇―八五（文久二年一〇月）。
（3）『山形県史』資料篇一八、近世史料三（巌南堂書店、一九八三年）、五二一〜八三頁。ちなみに、この分限帳は前掲の山形藩士朝生清左衛門の身分を「拾五人扶持」「(朱) 慶応元丑年ヨリ　外役扶持五人・衣服料金拾両」「御小納戸格　江戸」と記している。五四頁。
（4）水野家文書、A一〇―四三（文久二年五月二九日）。
（5）同右、A一〇―四九（文久二年六月七日）。
（6）同右、A一〇―五〇（文久二年六月七日）。
（7）安政年間に記された長崎県立長崎図書館所蔵森文庫の「分限張」には、彼ら四名のうち吉田守三郎は「御役所附助」、守三郎の息子喜助は「船番見習」、塚原鉄蔵は「町司定乗」、鉄蔵の息子寅十郎は「町司見習」、という役名で記載されている（『オランダ通詞会所記録・安政二年万記帳』〔長崎県立長崎図書館、二〇〇一年〕、七四七〜七五〇頁）。
（8）『維新史』第三巻、八〇〜八一頁。

(9)『肥後藩国事史料』巻二（鳳文書館、一九九〇年覆刻）、九六二～九六三頁。
(10) 同右、九六三頁。
(11) 水野家文書、A一〇—四八（文久二年六月五日）。
(12) 本書第二章一節を参照。
(13)『維新史』第三巻、一一〇頁。
(14) 水野家文書、A一〇—五一（文久二年六月二一日）。
(15)『勝海舟全集』一八「海舟日記I」（勁草書房、一九七二年）六～七頁。
(16) 水野家文書、『水野忠精日記』文久二年一二月二七日の条。
(17) 同右、A一〇—五七（文久二年七月二日）。
(18) この朝生清左衛門の上書は、文書の標題には「世上風聞之儀」とあるが、文中の冒頭には「世上風評之事」と記しており、これは「風聞」と「風評」とを全く同じ意味に使用している例である。
(19)『維新史』第三巻、二六四～二六七頁。
(20) 水野家文書、A一〇—六五（文久二年八月）。
(21) 同右、A一〇—八〇（文久二年九月二六日）。
(22) 同右、A一〇—八一（文久二年九月）。
(23) 同右、『水野忠精日記』文久二年一〇月一〇日の条。
(24) 同右、同日記、文久二年一〇月二二日の条。
(25) 同右、A一〇—八五（文久二年一〇月）。
(26) 同右、A一〇—八九（文久二年一一月二一日）。
(27) 同右、『水野忠精日記』文久二年一二月一七日の条。
(28) 同右、A一〇—九七（文久三年一月一八日）。
(29)『続徳川実紀』第四編（国史大系、吉川弘文館、一九三六年）、五三五頁。
(30) 大口勇次郎「文久期の幕府財政」（『幕末維新の日本』年報近代日本研究三、山川出版社、一九八一年）によれば、当時の幕府にあっては、上洛費の捻出と海軍の建設は二者択一の課題と認識されており、将軍上洛という莫大な臨時支出は幕府財政の基礎構造を圧迫するとともに、開港後急速に支出が拡大しつつあった海防費・軍事費とも競合し、これを大きく圧縮するものになったとしている。

(31) 鵜飼政志『幕末維新期の外交と貿易』(校倉書房、二〇〇二年)、三六~四七頁。

(32) 石井孝「幕末における英国海軍の日本沿岸封鎖計画」(『歴史地理』七六巻一号・二号、一九四〇年)。

(33) 熊澤徹「幕末の鎖港問題と英国の軍事戦略」(『歴史学研究』七〇〇号、一九九七年)。

(34) 『続再夢記事』一(日本史籍協会叢書、一九八八年覆刻)、三六五~三六六頁。

(35) 同右、三六六頁。

(36) 『続通信全覧』編年之部五、五二四頁。

(37) 『勝海舟全集』一八「海舟日記Ⅰ」、二九頁。

(38) 同右「海舟日記Ⅰ」二九~三〇頁。

(39) 勝が松平慶永から依頼された伝言とは、①朝廷尊奉の徹底、②上洛中の経費の節減、③大坂の諸役人に諸事簡易の旨を厳命すること、であった。同右「海舟日記Ⅰ」二八~二九頁。

(40) この日、海路上洛を建言していた勝義邦は、江戸下乗橋で将軍家茂一行を見届けて一礼し、自らの日記に「ああ、我建議行われず、終に陸路を御上京。唯賀すべきは、御供勢寡少、小人、御中間の類、衣服質素、此一事以て仰ぐべし」と落胆の気持を記しており、一方で極力経費節減をはかろうとする幕府の姿勢にやや安堵の意も込めている(同右「海舟日記Ⅰ」三〇頁)。

(41) 例えば、武蔵国久良岐郡磯子村の百姓堤磯右衛門は、その手記『懐中覚』に、近隣の東海道保土ヶ谷宿の助郷村々に急ぎ廻状が回ったことを、次のように記している。

覚

文久三年癸亥年二月十三日、御発輿ニて、東海道程ケ谷宿ハ十四日御通行ニて、御公方様御上洛有之候

其先触左ニ記ス

今般

公方様御儀、御上洛御軍艦御差止ニ相成、来ル十三日御発輿、陸地被為成候旨、廻状をもって申聞置候通り、不容易御用達御差支等有之候ては不相済義ニ付、御通輿御当日被極次第差掛り候事ニ付、御入用人馬人別ニ応し宿方ゟ触当候積り、其村々役人共精々心を用ひ不参無之様、壱人壱疋無相違宰領付添可差出候、依之前以相達置候、此廻状刻付をもって順達、止り村ゟ我等旅宿へ可相返候、以上

亥ノ二月十一日

保土ヶ谷宿御用先
竹垣三右衛門手代
松野斉輔　印

将軍家茂一行の通行に備えての慌しい対応の様子がうかがえるが、磯右衛門の住む磯子村にも八五人の人足割り当てが来ており、実際は人足七七名を動員する結果となった。ちなみに、第一回ペリー来航直後の泉・綾部両藩による磯子村付近海岸の巡見において、同村は人足二七名を動員した前例があり、これはおおよそ同村の男子一〇人に一人が徴発された計算になるので、家茂上洛時の人足動員がいかに大きな負担であったかがわかる（『堤磯右衛門・幕末維新「懐中覚」』〈横浜開港資料館、一九八八年〉、三三頁。『横浜開港資料館紀要』三号〈一九九五年〉、一二八頁）。

(42)　佐々木克『幕末の天皇・明治の天皇』（講談社学術文庫、二〇〇五年）、六二～六三頁。
(43)　『続再夢紀事』一、四〇〇頁。
(44)　『維新史』第三巻、三四一～三四四頁。
(45)　『孝明天皇紀』第四、五一五～五一六頁。
(46)　菊地明編『京都守護職日誌』第一巻（新人物往来社、二〇〇八年）、一一九～一二〇頁。
(47)　同右、同日の条。
(48)　佐々木克「明治天皇の巡幸と『臣民』の形成」（『思想』八四五号、一九九四年）では、孝明天皇の賀茂社行幸を計画し演出したのは、攘夷強硬派の長州藩と一部の公家および尊攘激派の志士たちであり、この行幸は攘夷という国家の最重要の政治課題を天皇が先頭に立って祈願するというもので、しかも天皇は多くの大名と共に騎馬の将軍

家茂をも鳳輦の後ろに従えるという、まさに政治的イベントとして行われたものであったとし、幕末政治史のなかで、天皇が非政治的存在から政治的存在となっていることを強く世に示すものであったとしている。

第四章　攘夷・鎖港問題をめぐる情報収集

はじめに

文久三年（一八六三）三月の将軍家茂の第一回上洛により、それまで混迷を続けていた幕府政治は、さらに新たな厳しい局面を迎えた。前述のように、三月七日の参内において孝明天皇は徳川家茂に、「将軍職はこれまで通り御委任」「諸藩へ攘夷決行を沙汰すべし」とする二つの命を下し、さらに関白鷹司輔熙は、国事は幕府に委任するものの、事柄によっては朝廷が直接諸藩に命令を下す場合もあり得るとする指示を行い、庶政全ての委任を取り付け、その権力基盤の再建をめざす幕府の目論見を強力に牽制した。しかし、結局幕府はその政権延命のためにこれを受け入れ、いわゆる奉勅攘夷の体制が固まることとなり、多くのより困難な政局に直面することになる。

そこで本章では、家茂の第一回上洛から江戸帰着、さらには翌元治元年一月の第二回上洛に至るまで、将軍家茂の信頼の厚い側近であった老中水野忠精がどのような情報収集を行い、政治的活動を展開したかを明らかにし、国政の最高責任者の一人である老中の立場から見た政局の推移という視点から、当時幕府・朝廷・諸大名やこれらに関わる諸勢力が国是の確立をめぐって活発な活動と模索を繰り返した、激動の政情を追ってみたい。

ところで、当該時期の政治過程についてはすでに数多くの研究蓄積がある(1)。まず、鎖港・攘夷の問題について小野正雄氏は、横浜鎖港交渉は幕府が朝廷および尊攘激派の攘夷決行の督促を回避するためにとった政策であり、八月一八日の政変で尊攘激派が京都から一掃された直後の文久三年九月の段階において、横浜鎖港の成功こそが攘夷という方法をとることなく外国勢力を日本から遠ざけ、攘夷の可否をめぐる国論の不一致を解消させる策として構想されていたとしている。(2) また、当時の破約攘夷の論理について青山忠正氏は、長州尊攘激派や越前藩の中根靭負(雪江)・松平慶永らの見解を例示し、彼らの考えは、安政通商条約をいったんは破棄し、その過程で対外戦争を覚悟することもやむを得ないが、諸侯会議を開催して国是を評議し、全国一致の決議をもって新たに条約を結び直すことであり、最終的に検討される点は開戦を覚悟するか避戦を貫くかの問題であると指摘している。(3)

一方、箱石大氏は、家茂上洛を幕府による朝廷からの庶政委任取り付けの重要な画期と位置づけ、第一回上洛時の庶政委任の制度化は不完全で、かえって尊攘派に逆用される結果となり、八月一八日の政変以降は庶政委任の制度化と朝廷尊奉の充実によって公武合体が完結すると考えた幕府が行ったのが元治元年の第二回上洛であり、ここで家茂が外交措置について朝廷に上申したのが横浜鎖港の方針であるとしている。(4) また、奈良勝司氏は、文久三年三月の将軍家茂の上洛・参内で、徳川将軍家は「公儀」ではなく攘夷の実行機関としての「征夷御職掌」であるという認識が確認され、これを契機に成立した奉勅攘夷体制では将軍家を朝廷の下部組織に位置づけ、条約の有効性が否定され、国家主権者としての将軍家の地位も正式に否定されたとしている。(5) さらに、原口清氏は、文久・元治期の政局の基本的視角として、攘夷論を攘夷慎重論と即今攘夷論とに、公武合体論を大政委任的公武合体論と王政復古的公武合体論とにそれぞれ分類し、文久元、二年の長州・薩摩・佐賀・鳥取などの諸藩の国事周旋、文久三年八月政変に至るまでの政情、禁門の変から第一次征長期における幕府の特徴点という順序でその政治過程を分析し、機能不全を繰り返す幕府権力衰退の実態を丹念に実証している。(6)

さて、本章で扱う文久三年三月より翌元治元年一月に至るまでの時期は、幕府・朝廷・諸大名の間で国政の方向性をめぐる議論が活発化する。そのひとつは、当初の予定では一〇日間であった第一回上洛における将軍家茂一行の京都滞在期間が、孝明天皇との謁見後に済し崩し的に延引されてしまう状況のなかで、主に滞京幕閣による、京坂における人質状態を回避し関東で起きている外交問題に対応するためにも、将軍はすぐに江戸に帰るべきであるとする即刻帰東論と、主に諸大名や尊攘激派勢力による、朝・幕・藩が手を携えて攘夷の実現をはかるためにも、その最高司令官たる将軍は京坂に留まるべきであるとする滞京延長論との対立である。

また、もうひとつは、第一回上洛で将軍家茂が孝明天皇にその期限まで約束した攘夷の決行を、実際にどのようなかたちで行うかの議論である。これは、長州藩尊攘激派らがこれまでの幕府の柔弱な外交姿勢を批判し主張する、即刻に攘夷行動を決行することにより、たとえ敗れても日本の国体を外国勢力に誇示することによってこそ富国強兵の道につながるとする攘夷強硬論（即今攘夷論）と、一方、無謀な攘夷行動は国の破滅をもたらすことになるので、外国勢力に対してはあくまでも話し合いにより退去を要請するべきであり、条理を尽くしての拒絶交渉に応じずに、外国側が戦端を開いてきた際に応戦する場合にのみ攘夷の名分が立つとする攘夷慎重論との対立があった。

こうしたなかで、老中水野忠精のもとには様々な人物から意見書や風聞書がもたらされるが、本章では、忠精ら幕閣がどのような意見を採用し、政策決定をしたかについて検討したい。また長州藩による攘夷決行としての外国船砲撃とこれに対する外国側の報復に関わる問題、八月一八日の政変により攘夷強硬派勢力が京都から一掃され、公武融和の気運が高まるなかで朝幕間で打ち出された横浜鎖港問題、さらにはこのような状況のなかでの庶政委任の取り付けをめざした家茂の再上洛、という順で見ていきたい。

一　将軍家茂帰東問題と石清水社行幸

賀茂上下社行幸三日後の文久三年（一八六三）三月一四日、上京した島津久光は近衛邸に赴き、内覧近衛忠熙・権大納言近衛忠房父子、関白鷹司輔熙、朝彦親王、将軍後見職一橋慶喜、京都守護職松平容保、前土佐藩主山内豊信らが列席するなか、浮浪藩士の暴説に基づきこれから行おうとしている破約攘夷の決行は、軽率であり、決して実行すべきではなく、彼らの暴説を信用してはならず、これを信用する公家を退け、攘夷強硬論者を朝廷周辺から排除し、天下の大政は幕府に御委任ありたいこと、さらには朝廷政治の改革が必要であることを主張した。(7)しかし、久光の主張に対して、誰一人として意見を述べる者はおらず、失望した久光は一八日に京都を出立して帰国の途についた。

一方、賀茂社行幸への随行を済ませた一橋慶喜と板倉勝静・水野忠精両老中は、一七日に参内し、江戸表が容易ではない形勢にあり、片時も捨て置き難い状況にあるので、二一日に将軍家茂が帰途につきたい旨を願い出た。『水野忠精日記』の同じ一七日の条にも、忠精が大目付・目付に「来ル廿一日当地　御発駕、東海道　還御可被遊旨被　仰出候、此段向〻江可被達候事」と命じている文面が筆記されており、あくまでも一〇日間の滞京期間の後に帰東する準備が進められていた。しかし、一八日、朝廷は滞京幕閣に対し、京都および近海の守備は将軍自らが指揮することが叡慮にかなうものであり、英国との応接は大坂港へ廻して拒絶談判をすればよく、関東防禦は然るべき人材に申し付けるべきであるとして、さらなる滞京を命じている。(8)

翌一九日、将軍家茂は、後見職一橋慶喜らを従えて参内し、なおも帰東の聴許を申請したが、朝廷は攘夷祈願のため四月四日に石清水社に行幸するので、これに随行するよう命じた。そもそも、先の賀茂上下社行幸と同じく、石清水社行幸は、同年二月二八日の長州藩世子毛利定広による朝廷への建議が発端となって決定・挙行されたものであり、これらはいずれも定広により破約攘夷実現のために孝明天皇自らが親征を行う第一歩であるという位置づけがなされていた(9)。

これにより、家茂一行はやむなく帰東を延期することになった。先の賀茂社行幸の攘夷祈願において、孝明天皇の背後に将軍らが随従させられるという、幕府権力衰退を象徴するような光景を世にさらすことになったが、曲がりなりにも庶政委任を取り付けた幕府は、やむを得ず朝廷の意向に従う結果になったのである。

さて、前掲のように、京都における政令帰一をめざす公武合体路線が現実的には挫折したことにより、政事総裁職松平慶永が三月二一日に無断で退京したため、水野忠精は二五日に京都の旅宿に慶永の名代田付主計を呼び寄せ、慶永の政事総裁職罷免を申し渡している(10)。その他、山内豊信・伊達宗城らも相次いで帰藩し、その後の将軍家茂は、ほとんど人質状態で済し崩し的に京都に滞在延長をさせられることになる。

こうしたなか、上洛中の幕府の随行員にもしだいに焦燥感が見え始める。三月二五日には随行員の徒頭仙石政相・同諏訪庄右衛門の両名が、水野忠精に書状「存寄之次第御内々申上候書付」(11)を送り、将軍帰東延引についての世評や意見を述べている。まず、帰東延引は叡慮遵奉のこととはいえ巷に怨言が満ちており、こうした事態は幕府にとって迷惑千万であるとしたうえで、次のような意見を述べている。

仮令勅命ニ而京都御警衛被為在候とも、御居城を御立離ニ而平常御武備御充実無之、御於城ニ安閑与御永住者乍恐甚以薄氷を踏候様ニ奉存候、国主初列藩衆之所存者いかゝ御座候哉、衆意御構図無之候而者尤以不可然奉存候、下説ニ者八幡御祈禱抔頻ニ申候得共、乍恐　御祖宗之御憲法を被廃、弥御動座抔申者恐入候次第、因ゟ国家之御祈ニ被為在候共、人事を尽し候上之御事ニ可有之、下々之浅間敷言ニ者禰宜・神主之事ニ御沈溺被為在候様ニ申、第一下々一同を御憐察薄キ様ニ聞へ、且何事ゟ斯俄ニ攘夷之儀京師ゟ被　仰出候歟不可測候得共、先比生麦之一条ニ候ハヽ、衆人之説兎角三郎自儘に外国人を殺害致候ゟ之起り与申唱候、曲直判然ニ無之、聊も此方ニ曲有之兵端を開き候而者、勝敗者天哉ニ仕候而も天理人道に悖り候而者、当時之形勢伸興中ニ相立候事叶申間敷、尤以不可然奉恐念候、所謂寸善尺魔故ケ様之御時節ケ様成御場所御永留者不可然、御供之向も覚悟之外、ケ様之次第ニ而永続罷成候而者必ス病人其外怪我人等も相増候者必定、江戸表万一之程も難計、御供方敢而一人之組耳ニ者有之間敷、諸向共同様ニ可有之、此上猶更御手薄ニ可相成甚奉恐念候

仙石・諏訪両名は、幕府内部における衆意の一致がみられないままに滞京が延びていく奉勅攘夷体制の在り方に不満を述べ、朝廷主導による攘夷祈禱のための石清水社行幸への随行に、強い不信感を表明している。また、生麦事件は、島津久光一行の側に過失があって外国人を殺害に及んだとするのが衆人による専らの説であり、いささかなりともこちらに曲があって兵端を開いたのでは天理人道に背くことになるとして、この事件の事後処理を完結しないままに上洛したことに対する不安の念を、ここで強調している。両名は、このままでは江戸表に万一の事態が発生することも計り難いとし、将軍家茂の帰東延期に強く反対している。ここで両名は、翌年の家茂再上洛時にも見られたような、滞京幕閣と江戸留守幕閣とに分かれる状況が長く続くことによる幕府の指揮統率力の低下という問題を、早くも指摘している。

また、同じく将軍上洛に随行中の目付池田長発は、三月二七日に開国・攘夷問題についての意見書を在京幕閣に提出した(12)。この書状で池田は、着京以来すでに二〇日余を経過し、上洛中の一行が早朝の登城や夜分・夜半過ぎの退出など、日夜の評議により心身共に疲労困憊している状況であり、内外危急の情勢のなかでこれ以上滞京することは、いくら朝命とはいえ好ましくなく、攘夷の決行を迫る朝廷を説得して、速やかに帰府することが得策であるとしている。さらに、今後とるべき対外問題については、次の三つの選択肢があり得ると主張する。

①　武備を充実させ、戦わずして諸外国と和を結び、開国すること（従来の幕府の避戦・開国政策を継続する）。

② 無二念攘夷の決定を速やかに諸外国に通達し、外国人には一刻も早く引き払わせ、幕府・朝廷・諸大名共に力を合わせて国防に努めること。

③ 攘夷命令を受け、かれこれ因循しているうちに外国勢力の暴発に遭い、幕府が人望・権威共に失い、万民に不意の費を及ぼし、アヘン戦争後の中国の二の舞となること。

池田は、これらのうち自分がどれを選択するかについてははっきりと記述していないが、③については明らかに否定的なニュアンスを示しており、①の内容のうち避戦政策を基本的に維持しながら、②の鎖港・攘夷論を進めようとする考え方を暗示している。

特に②で池田は、

是者、海外各国之暴威を示し候事を審ニ被為奏　聞、若一度戦て和を入候ハヽ、彼之属国ニ等しく相成、御当家者兎も角も　御国体之安危斯ゝ与被仰上、其上ニ而者五十歩百歩、一日も早く各国人共為引払、海外を敵ニ取、御国万全之策を被為立、武威を張、考を正し、詮根を順ゝニし、民心を結固し、諸侯与共ニ力を弁せ、御国内専一与成候ハヽ、如何成難敵・暴兵与雖、主客之勢可不敗矣

とあるように、朝廷に対しては、欧米諸国の暴威に対しむやみに戦端を開いて和を講じたのでは、彼の属国に等しくなり国体の安危に関わることを奉聞して理解を求めたうえで、戦闘行為に及ぶことなく一日も早く外国人を国外に引き払わせ、国論を統一して軍備を増強し、諸侯と協力して挙国一致の体制をつくりあげることこそ、現段階で取り得る最良の策であるとの主張をしている。

池田は、この年の九月一二日に外国奉行に抜擢され、一一月二八日には横浜鎖港談判正使に任命されて、一二月二九日にはフランス軍艦ル・モンジュに乗船して、パリに向かっている。前掲の池田の三月二七日の上書は、この段階で幕府が取り得る選択肢を示したうえで、横浜鎖港政策の根幹をなす議論を展開しており、幕府の重要

な政策決定につながる意見書として注目に値する。

しかし、これらの将軍の帰東延期に強く反対する意見書があったにもかかわらず、朝廷の意向を重視した幕府は、同日（三月二七日）に石清水社行幸に将軍家茂が供奉することを上洛一行に布告した。

また、三月付で上洛随行員により水野忠精ら滞京幕閣に提出されたものとみられる風聞書（標題なし）[13]には、当時の朝・幕・藩をめぐる情勢が次のように明らかにされている。

①　三月二一日に幕府に無断で退京し帰藩の途についた松平慶永の消息についての、福井藩用人の話。

②　この頃、在京中の島津久光も西宮まで引き取ったので、近衛家の家司や薩摩藩の留守居役が、これを追いかけて近日出京する由。

③　帰東の勅許を奏請してすぐに江戸への帰途につきたい幕府と、将軍家茂を随行させての石清水社行幸を強行したい朝廷との、双方の思惑の違いについて。

④　横浜における英船の動静についての風聞。

⑤　在京諸侯の動向。

特に、③では幕府と朝廷との立場の違いが端的に示されている。

大樹様御事、於　御所向者御滞在之御請相済候故、石清水行幸之供奉列ニも被為加、御酒饌等も其内可賜、且又　右府御昇進之儀、時節柄御請者被有間敷候共、御推任追而御暇、御参　内被　仰出、諸大名ニも昇官之　思召ニ御座候処、関東横浜ニおゐて異船戦争之様子御側御用取次衆江申参、右を以俄ニ御帰府之事共、関白殿江御老中より被仰立御承知候得共、素〻　主上ニ而前段之　思召ニ付、御発輿之儀御差留被成度儀ニ御用　召、御参　内被　仰出候哉と奉存候

このように、上洛中の随行員の間に疲れと焦燥感がただようなか、横浜に来航したイギリス船が三月一八日頃

大砲を撃ちかけて江戸の民家が類焼し、これに対し防備の彦根藩一番手・二番手の兵員がこのイギリス船二艘を攻め取ったとする虚説が京都で流布して、これが「異船戦争之様子」と報道され、これを理由に老中が関白に帰東をしたい旨を打診したものの、孝明天皇に石清水社行幸の意向が強く、ついに帰東が延引となった事情が示されている。これは、まさに流言蜚語に基づく風聞内容といえようが、裏を返せば将軍随行員のなかに滞京をこれ以上延ばすことへの強い反発があったことがよくうかがえる。

こうしたなか、四月二日には一橋慶喜が中川宮（朝彦親王）に書状を送り、石清水社行幸中止を嘆願している。当時、世上には賀茂上下社行幸に供奉した後に行方を晦ました侍従中山忠光が、石清水社行幸にあたって長州藩世子毛利定広と共に鳳輦を奪い、淀川を下って乗輿を摩耶山に移して四方に号令するであろうという流言があった。(14) しかし、翌三日に朝廷は石清水社行幸の期日を四月一一日と決定し、これを幕府や諸大名に布告した。そこで翌四日には、水野・板倉両老中が中川宮に面会し、さらに前関白近衛忠熙邸にも赴いて、石清水社行幸について用談している。(15) ここで両名は行幸の中止を強く求めたものと思われるが、おそらくは孝明天皇の意向が強く、結局幕府としては押し切られるかたちで勅命に従う結果になったものと考えられる。

ところで、石清水社行幸を四日後に控えた四月七日の『水野忠精日記』の条には、将軍家茂が二条城で乗馬を行い、水野・板倉両老中がこれを参観している模様が次のように記されている。

一午後　御乗馬被　遊候ニ付、拝見被　仰出旨御側衆申聞候、右御礼同人を以申上之
一無程　御乗馬為拝見、周防殿同道ニ而奥江相廻
一拝見罷出候処、自分・周防殿乗馬被　仰付之
一右相済引候而、御乗馬拝幷乗馬被仰付、御礼泊方を以申上之

この記事からは、水野・板倉両老中を呼んで自ら乗馬を行い、さらに彼らにも乗馬を命じる、将軍家茂のいた

って元気な様子が伝わってくる。

しかし、周知のように、石清水社行幸の前日である三日後の四月一〇日に至り、将軍家茂は突然朝廷に翌日の行幸供奉を断っている。水野忠精は同日の日記に、このことを次のように記している。

一明十一日石清水八幡江　行幸有之ニ付、　公方様奉従御勤可被遊候処、少ミ御所労被為　在候ニ付、御断被仰上、右ニ付御延引被　仰出候

この頃、世上には石清水社の社前において孝明天皇が攘夷の節刀を将軍家茂に下賜するとの説が流布していた。[16]また、家茂不参加の理由については、四月一〇日付で前尾張藩主徳川慶勝が鳥取藩主池田慶徳に送った書状には「明十一日ハ石清水　行幸も有之幕ハ御風邪ニ而御断残念之事存候」[17]とあり、『京都守護職始末』には「夜半になって将軍家が急に発熱し、ときどき眩暈もする容態となった」[18]と記されている。

一方、供奉した一橋慶喜が晩年に『徳川慶喜公伝』の編纂者たちに語ったところによると、慶喜は石清水社行幸に随行した場合に将軍家茂が他の供奉の面々から離れたところで天皇の面前に召され、ここでいかなる勅命があるか計り知れずと憂慮し、

予は直に之を辞せんかと思ひしかど、斯くては議論むつかしかるべければ、寧ろ期に臨み不快と称して辞し奉るに如かずと考へ、其場は程よく答え置きたり[19]

として、行幸直前に不快と称して随行を断るのが最良の策と考えたことを述懐している。

さて、忠精の日記には前述のように「少々御所労」とあり、行幸に参列し得ないほどの重病とはとても解釈できない記述である。また、行幸の当日に孝明天皇は、欠席した家茂に代わって慶喜を社頭に召して攘夷の節刀を手渡そうとしたものの、この時慶喜は腹痛を訴えて山下の寺院に静養して御召を拝辞したので、このことはついに行われなかった。[20]『水野忠精日記』は、家茂と常に行動を共にしていた老中の記録であり、これによると家茂

は供奉を断った日の三日前の四月七日に水野・板倉両老中の前で元気に乗馬を行っていたのであるから、もし体調が悪くなったとしてもごく軽度であると考えられ、やはり慶喜ら側近の説得により、この時は方便を用いて供奉を断るに至ったと考えるのが妥当であろう。

かくして、四月一一日、孝明天皇が石清水社に行幸し、幕府側においては家茂が欠席のまま、後見職一橋慶喜と水野・板倉両老中らが供奉するかたちとなった。

二　攘夷をめぐる幕府と長州藩

朝廷より提示された、幕府の征夷の職掌のうちの課題のひとつは、天皇の居住する京都および西国支配の最大の拠点である大坂城を控えた摂津近海の防備であり、これは幕府が奉勅攘夷体制において国政の主導権を確保するうえで、重要な問題であった。

すでに、幕府は安藤信正・久世広周政権時の文久元年（一八六一）四月に遠藤胤統・酒井忠毗両若年寄を海陸御備向並軍制取調係に任命し、五月、六月には講武所奉行・軍艦奉行・大目付・目付・留守居等をこれに加えている。摂津近海の防備もこの流れで手がけられ、文久二年一二月二八日から翌三年一月一一日にかけて、老中格小笠原長行によるこの摂津近海の巡見が行われ、同年二月一日に幕府は小笠原を摂海台場築立用係に任命し、さらに二月一二日には小笠原を補佐していた軍艦奉行並勝義邦に摂海台場築造を命じ、本格的な台場築造を開始した。(21)

さて、四月一八日には将軍家茂が後見職一橋慶喜や水野・板倉両老中らを従えて参内し、摂海巡視の勅許と慶喜の帰東を奏請し、孝明天皇がこれを許可している。また、前述のように幕府は、四月二〇日に攘夷の期限を五月一〇日とする旨を応答し、朝廷がこれを許可した。そこで、滞京幕閣は翌二一日に、攘夷の具体的方法として横浜・長崎・箱館の三港を閉鎖して外国人を三〇日以内に帰国させ、もし外国側がこれに応じなければ一戦に及ぶことなどの内容を、江戸の幕閣に伝達した(22)。同日の幕議では、生麦事件賠償金支払いも決定し、水野忠精が万石以上・以下へ、攘夷の期日が決定したので自国の海岸防備を厳重にするよう指令している(23)。また、同日、将軍家茂が京都を発してあらためて石清水社に参詣し、幕府としても将軍自らが奉勅攘夷の姿勢を明らかにした。

　家茂は、その足で四月二三日に順動丸に搭乗して兵庫・西宮沿岸の防備を巡見し、二六日には摂津国神崎川方面に至り、岡山藩警守の砲台を見分している。水野忠精は、四月二八日に大坂城に登城し、翌二九日に軍艦に乗船して兵庫沖に向かい、天保山下で将軍家茂一行と合流し、同所における大砲の操作を見学した後、一行は大坂城へ帰還した(24)。五月四日には、将軍家茂が水野・板倉両老中を従えて順動丸に搭乗し、舞子ヶ浜・須磨・明石・由良を巡見した(25)。翌五日にも、忠精は家茂の安治川砲台と備前島の巡見に供奉している(26)。

　ところで、奉勅攘夷体制の成立により、岡山藩主池田茂政が朝廷の命により将軍家茂の摂津近海巡見に供奉するなど、実際に海防問題において朝廷が直接諸藩に指令を下す例が見られるようになる(27)。こうしたなか、水野忠精のもとには幕臣からのいくつかの切実な意見書が提出されている。

　まず、大目付・目付が同年四月中に水野忠精へ、この節摂津近海警衛を命じられた津和野藩主亀井茲監《これみ》（四万石）がこれを辞退したい旨を嘆願してきたので、これを認めてはどうかとする意見書を提出している(28)。文面は次の通りである。

　亀井隠岐守摂海御警衛之儀被　仰付候処、自国海岸引受居候儀、双方ニ而者難行届候間、御免奉願度旨相願候書面御下ヶニ付勘弁仕候処、小藩之儀ニ者御座候得共、御人撰を以被　仰付候儀御免相願候段、武門之不好筋ニ者候得共、当人右等心得も無之、御免相願候上者強而被　仰付有之候而も行届申間敷、御不安心ニ可有之候間、右之廉を以御免相成、代り之者被　仰付候方可然奉存候、依之私共評議仕、御達案相添、此義申

上候

そもそもこの文久三年（一八六三）は、摂津近海防備担当藩の大幅な改変が行われた年であった。安政五年（一八五八）六月二一日に幕府により防備を命じられた長州・岡山・鳥取・土佐・柳河の五藩[29]のうち、土佐藩を除く四藩の持場が他藩に引き継がれた。このうち、三月三〇日に幕府は、長州藩の持場であった摂津国武庫川から湊川までの海岸防備を、津和野（西宮・打出海岸）・津山（御影海岸）・岡（神戸海岸）の三藩にそれぞれ命じている[30]。しかし、津和野藩主亀井兹監より免除の嘆願がなされたうえに、前掲の大目付・目付の意見書の趣旨を受け入れたものと考えられ、幕府は早くも九日後の四月九日に津和野藩の摂津近海防備を免じ、代わりに久留米藩をその任に着かせている[31]。

このような配置転換のしかたは、前掲の大目付・目付の意見書の文面にもある通り、本来、幕府の絶大な強制力をともなう諸大名への軍役賦課の原則とその運用のしかたとは、違う判断でなされたといえる。また、幕府により海防を命じられた大名が、嘆願によりこのように早く役を免除されたのは、管見の限りでは前例がないと考えられる[32]。これには、幕府が五月一〇日を攘夷の期限と約束したいきさつのなかで、京都の朝廷の防衛につながる摂津近海防備においては、即戦力となる大名を動員せざるを得ないという火急の状況があったことは間違いない。

また、同じく四月付で新番頭糟屋義明が水野忠精へ、将軍家茂帰府の問題についての意見書「覚」[33]を提出している。その内容を要約すると次の通りである。

① 将軍還御（帰府）の風説がしきりに流れているが、これはかえって人心を惑乱させるので、正式な手続きのもとで還御を仰せ付けられたいこと。

② 将軍家茂が東帰する代わりに将軍後見職一橋慶喜が京都に残るという説があるが、これも不都合を生じさ

せてしまうこと。

③ 攘夷を先に行うか、それとも恣行の国（長州藩）を征することによる国内一和を先決とするかという問題。

④ 急務となる幕政改革の施策を内々にうかがいたいこと。

⑤ 滞京中の者のなかには、奥向のために一刻も早く帰府したいという者もいるので、在江戸の者と交代させてはどうかとする意見。

⑥ 滞京中は、奥向はもちろん諸組書方の者も遊惰のないように指示すべきこと。

⑦ 京都守護の会津藩の勝手向が疲弊しているので、何らかの出財の道を世話した方がよいこと。

この糟屋の意見書は、石清水社行幸や奉勅攘夷にともなう摂津近海巡見などにより、上洛一行の滞京日数が長引くなかで、幕閣が江戸と京都とに分かれてしまっている現時点での急務となる問題点を列挙したものといえる。ここでは、島津久光・松平慶永らが相次いで離京し、政令帰一をめざす公武合体路線が崩れたなかで、滞京中の幕閣が早急にはっきりとした施策を講じなければ威信を失うという危機感が如実に示されている。

また、五月六日には、江戸の寺社・町・勘定の三奉行が連署して、前掲の滞京幕閣より通達された外交拒絶と横浜・長崎・箱館三港閉鎖断行の指令に対する意見書を幕府に提出している[34]。ここで彼らは、外国人に三〇日以内に退去を強制するこの方針では、外国勢力と名分のない戦争に及ぶことになりかねず、事理を尽くして応接し攘夷の名分を立てることが筋であるとし、「方今三港一挙ニ相鎖候御趣意ニ而は時勢之安危御拠無之不論是非御難題ニ相当り」として、三港の同時閉鎖は現実的に不可能であり、欧米諸国と日本との国力の差をよく認識しなければ皇国の崩壊につながる所以を論じ、「無御拠御場合前件之御次第被仰立御職務御辞退被遊御願候而」として、いったんは家茂が将軍職を辞すべきことを幕府に建言している。三奉行は「神君以来之征夷御職掌一時ニ御癈申上候義を奉勧候は如何ニも臣下之身分ニ而重罪至極」であるが、今は「開闢已来之大患」の時節であり、将軍職辞職は苦渋の選択として言上したものであるとの説明をしている。

これに対し、生麦事件への対応を命じられて急遽東帰した老中格小笠原長行は、三奉行に再議を求める書面を遣わし、「今度改而追〻及応接内地人心之不服且永久国力疲弊等之廉を以申断相断候上は」とあるように、こちらから充分に国情を説明し、筋を通して鎖港を通告した後に、もし外国側が兵端を開くのであれば、それは決して無名の戦争とは言い難く、逆にいたずらにこちらから戦端を開くことこそ無名の戦争に陥る旨を助言している。また、将軍職を辞退する案については、これにより攘夷に一決した外様の大藩に異国掃攘の勅命が下されることにもなりかねず、反対であり、征夷の職掌は貫徹させてほしいという意見も述べている。(35)

はたして、五月九日には小笠原長行が横浜に赴き、紛糾するイギリスとの問題を解決するために、独断で生麦事件の賠償金および英国公使館襲撃事件に遭遇したイギリス人への扶助料合わせて四四万ドルを英国代理公使ニールに交付している。(36) これは、前掲四月二一日の幕議決定に基づくものであり、また生麦事件の補償を速やかにしなければイギリスとの衝突は避けられないとする、水野忠徳ら「親外派」と呼ばれる幕府吏僚の強い要請にもよるものであった。また同日、小笠原は各国使臣に書を送り、横浜・長崎・箱館の三港を閉鎖し、在留外国人を退去せしめんとすることを通告している。(37) ここまでの経過をみれば、小笠原自身の認識では償金支払いは外国との紛争を極限まで避けようとする、幕府の奉勅攘夷の姿勢に基づくものであったといえようが、一方で、償金支払い自体を国威を損ねる屈辱的なものと考える人々の激しい反発を招くことになる。

さて、幕府が朝廷に攘夷決行の期限と約束した当日の五月一〇日、満を持していた長州藩により外国船砲撃が決行される。横浜から長崎に向かうアメリカ商船ペムブローク号が田ノ浦沖に投錨したところを、長州藩の軍艦庚申丸と癸亥丸が砲撃し、豊後に逃走させている。翌一一日、山口を発して萩城に帰った長州藩主毛利慶親は、この攘夷決行のことを朝廷および幕府に上申した。

このような長州藩の過激な行動により、滞京中の幕府一行は動揺し、五月一四日には一橋慶喜が関白鷹司輔熙に上書し、現時点での攘夷決行の不可能を論じ、将軍後見職を辞退したい旨を願い出ている[38]。同月二〇日夜には、水野・板倉両老中と京都守護職松平容保らが参朝し、奸吏処罰と攘夷決行を名目に将軍家茂東帰の允許を懇願している[39]。ここで、水野忠精は京都の事務は守護職松平容保にあたらせようとする将軍の内命を会津藩に伝えたが、同藩家老横山主税らが連署して同日に水野忠精に書を送り、将軍東帰に反対し、その延期を願い出ている[40]。ここで彼らは、「若し将軍様輦轂の下を御離れ被遊候ては、万事隔絶致し、東西の事情不相通」として、将軍家茂が帰府することはすなわち朝幕関係の隔絶につながり、さらに「現在御東下と御滞京との理非を諭し、麾下の御方々を御鎮静被遊候事も御行届無之候て、断然拒絶の御取計は乍憚無覚束奉存候」として、帰府か滞京かの理非を随行員に理解させないまま江戸に帰っても、攘夷の実現は到底不可能であると言い切っている。帰府が決定した段階に至っても、在京幕閣と会津藩吏僚との足並は揃っていなかったのである。

一方、次々と外国船を砲撃した長州藩に対し、その被害を受けた諸外国側の報復も熾烈を極めた。六月一日には、アメリカ軍艦ワイオミング号が下関に至り長州藩と交戦し、庚申丸・壬戌丸を沈没させ、癸亥丸を大破させている。また、六月五日にはフランス艦隊司令長官ジョーレスが、軍艦セミラミス号・タンクレード号を率いて下関に迫り、前田・壇ノ浦等の砲台を砲撃し、陸戦隊を上陸させて守兵を追い、備砲を破壊している。

さて、こうした諸外国軍と長州軍との戦闘の模様については、意外なルートから幕府に詳細な情報がもたらされている。水野家文書中の「長府侍女中文之写」[41]がそれである。これは、長州藩の分家である長門府中藩（藩主は毛利元周、以下長府藩と略す）の奥女中が書き付けて送ったものが幕府内で回覧され、水野忠精がこれを筆写したものであると考えられる。内容的には、左にように六月一日の米艦との戦闘を主とした①から④までの前半部分と、六月五日の仏艦との戦闘を主とした⑤から⑦までの後半部分とに分けることができる。

①　六月一日の米艦と長州藩軍艦との戦闘の模様。長州藩の損害は甚大。
②　長府藩の砲台からも米艦に向けて砲撃し、双方の撃ち合いの場面もあったが、長府藩側に大きな損害はなかったこと。
③　長州藩の中で、議論の末に斬り合いに発展する事件が起きたという風聞あり。
④　このたび長州藩主毛利慶親は山口に引き移り、世子毛利定広も山中の寺院に移動したという風聞あり。
⑤　フランス船が、六月五日に前嶋から四〇丁のところの海より城に向けて大砲を撃ちかけ、奥向の人たちは各所を転々と避難し、結局井田村来福寺に落ち着くことになった旨。
⑥　フランス軍兵士三〇〇人ほどが、長州藩の前田砲台に上陸して守兵と合戦に及び、双方に死者が出た旨。
⑦　下関城下の女・老人・子供は山野に避難し、長府藩主と世子も来福寺で雨天の日は傘を差して行水をするなど、不自由な生活をしていること。

特に、①では米艦の激しい報復の模様が次のように克明に記されている。

アメリカ大船一艘ニて扨かけ参り候由之処、御本家様との合戦此ハ大敗軍、庚申丸と申船江打込れ大騒之処、とふ〳〵当り強く海中江沈ミ、夫ゟはっていらとか申船江乗かへ大合戦之処、又〻平信丸と申船とも大合戦のよし、是も大そんじのよし、又蒸気船も大損し相成候処、アメリカすんしと帰り候由、其節日本之人江色〻とアメリカ船ニて笑ひつふやき申て参り候由、扨〻残念なる御事、御本家蒸気船者湯の釜へ鉄砲当り候故、其湯あひて六七人も即死いたし、其脇ニ居候人ニ大分〳〵怪我御座候処、強くはね候分者、二日夕両人死候由、何とハかる〳〵生て居候由、平信丸とかハ昨二日朝迄浮て居候、四ツ時頃是亦水中ニ沈ミ候よしも申立候、三艘切にて最早船軍ハ出来不申との御事

六月一日の米艦との戦闘の模様については、『防長回天史』(42)に詳細に記されているが、これと比べて概略的で

あり、右の文は、長州藩の軍艦名を間違えている箇所はあるが、全体的には的確な戦闘模様の情報をつかんだ記述である。

また⑦では、米艦・仏艦との激しい戦闘により、長府藩主毛利元周とその世子らが居城から井田村の来福寺など城下に避難し、ここで日頃とは違う不自由な生活のなかで奉公しなければならない筆者（女中）の苦労が赤裸々に記されている。

当時被為入候井田村の来福寺にいらせられ候よし、漸百姓家二三軒計住居候所、扨〻あわれ成御事ニ御座候、何事も日〻二三里ツヽ、御調物ニ両人ツヽ、出候わてハ万事の間に合不申、長府町方にても老人・女・子供等ハ皆〻田舎へ引込、男子の分計居候よし、御家中ハ浜辺近き御事ゆへ大分自分〳〵知行所へ、高取の分ハ御引籠相成事ゆへ、何と申様なき始末、日〻荷物等送り候事にて、郷都の人〻も引足り不申候、（中略）左京様も十三日ニ御城を御立退、かくおん寺与申寺へ御住居相成候、御城ハ御家老持ニ而、中〻海近く御住居被為入兼候御事、実以心細く、日〻消息のみ御案可被下候

これにより、藩士と家老やその他の家臣団が分散状態となり、長府の城下町も老人・女・子供が疎開して男子ばかりとなり、もはや大名家としての機能が麻痺してしまった状況が手に取るようにわかる。

さらに、筆者の女中は最後に、次のような添書を入れて、この書状を結んでいる。

添書

長府にてハ、日〻と唐船のミの騒き御座候御場所〳〵へ出張の御事にて、上へ下へといたし候中、御表・奥とも不残御道具外へ御預ニ相成候仰付にて、御城も大騒きに御座候、十一日ニもイキリス大船参り候処、朝六半時頃より前の嶋と申所へ滞留致、昼過頃迄居候処、測《そく》量のミにて出帆いたし候由、応接ニ出候所、色〻と云ひ事も御座候へ共、何れ又〻参り候由与存られ、色〻と心痛らしく御座候、何の為か分り不申候、只〻

ひや〳〵との ミ 致居候、御家来中も御当惑の様子ニ御座候、何も〳〵元ハ御本家様のくだらぬ故と申候事ニ
　御座候

全ては、本家である長州藩が播いた種により、長府藩が否応なしに外国船との戦闘に巻き込まれ、家中がただただ当惑して大騒動となってしまったとし、攘夷決行を行った本家長州藩に対する抜き難い不信感を表明する、皮肉たっぷりの文面となっている。

さて、長州藩の外国船に関わる事件の詳細な情報を幕府に提供した長府藩女中については、『下関市史』（藩制―明治通期[43]）中に「長府侯の老女のふみ」として記載された女性と同一人物であると考えられる。これによると、外国船砲撃当時は、海浜の松崎御殿に起居していた長府藩主毛利元周らは十数丁離れた覚苑寺に避難したが、ここも安全とはいえないので婦人たちを一ノ宮に送り、元周と奥向の人々は井田村の来福寺に移った。この来福寺避難者のなかに、元周の叔父で前藩主の毛利元運の未亡人欽麗院とその侍女がおり、欽麗院は当時の土浦藩主土屋寅直の実姉であり、土屋氏の系図には欽という名で記載されている[44]。一方、侍女は彼女の輿入れとともに付き添って来た女性であり、彼女が目の当たりに見たり聞いたりした事件の有様を書き綴って土浦の国元へ出した手紙文が残存しており、その全文面が『下関市史』に記載されている。そこで、前掲の水野家文書の文面と『下関市史』の文面とを照合したところ、ほぼ同じ内容であることが判明した。

従って、前掲の「長府侍女中文之写」は、侍女が長府藩の混乱状況を郷里の土浦に書き送り、藩主土屋寅直を通じて江戸の幕閣に回覧され、老中水野忠精がこれを筆写したものであると考えられる。ただし、この情報伝達のルートについては、土浦藩側の対応もふまえてさらに検討する余地があるといえる。ともかくも、この書状を通じて江戸の幕閣（六月一六日には上洛に随行した老中水野忠精も江戸に帰着）は、長州藩への外国船側の報復の凄まじさと同藩の惨状を手に取るように知ることができたのである。

さて、将軍家茂上洛中の上方では、老中格小笠原長行らによる京都の尊攘激派排除をめざす卒兵上京事件が発生する。小笠原は、前述のように家茂上洛直前の二月二日に江戸の四老中が宛てた書状を受けた在京の将軍後見職一橋慶喜に江戸出府を命じられ、三月二五日に京都を発して四月七日に江戸に到着し、膠着する生麦事件の賠償問題解決のためにイギリスとの交渉にあたっている。それまでに、江戸幕閣が米・仏両国公使に協力を依頼してイギリス側にたびたび賠償金支払いの延期を求めたが、業を煮やしたイギリス側が軍事行動に出る可能性が出てきたので、江戸のいわゆる親外派幕臣と呼ばれる元外国奉行水野忠徳・江戸町奉行井上清直・神奈川奉行浅野氏祐・同山口直毅・目付向山一履・同土屋正直らが江戸に下った小笠原を説得した結果、五月九日に小笠原の独断によりイギリスに賠償金一一万ポンド（約四四万ドル）の支払いを行った。さらに親外派幕臣の面々は、尊攘激派追放をめざして兵卒一、〇〇〇余人を率いての京都への進軍を画策し、このクーデターのために江戸に戻っていた一橋慶喜を擁しようとした。これは、京都で攘夷熱を煽っていた尊攘激派勢力を幕府の力で駆逐し、幕府権力の復活をはかるための千載一遇の好機といえるものであった。しかし、慶喜は突如病気と称してこれに加わらなかったのみならず、五月二四日付で京都の関白鷹司輔熙に手紙を送り、小笠原独断による賠償金支払いの事実を告げ、かつ親外派の面々の小笠原を擁してのクーデター計画を通報している[45]。

この書状で慶喜は、四月二二日に京都を出立して二六日に熱田に到着したところで、上京の途についていた目付堀宮内に会い、江戸表の模様ならびに賠償金のことを尋ねると、賠償金は支払うことに評決したと聞いて驚愕したといい、その後の経過を次のように説明している。

償金決而遣シ申間敷旨相認、江戸表老中一同へ急ニ申遣シ候得共、猶不安心ニ付、弥以償金遣ス間敷、拒絶之応接早ゝ取掛可申、尤一日モ早キ方可然旨相認、家来へ口上委細申含、浜松宿ヨリ大急使ヲ以、図書頭方へ申遣候得共、返書到来不仕候間心配仕、去ル八日神奈川宿通行之節、同所奉行浅野伊賀守・山口信濃守呼出シ、英夷之様子相尋候処、両人申聞候ハ、当月三日償金相渡可申旨証書、已先日中英夷へ相渡候処、私旅中ヨリ申遣、両度之留有之ニ付、三日当朝ニ至、俄ニ償金遣ス間敷旨、図書頭ヨリ両人迄差留申越候。依之償金渡兼候趣、奉行共ヨリ英夷へ及談判候処、英夷殊之外ニ立腹致シ、一旦証書迄差贈候儀、今更変改致候ハ甚以不信之至、此上ハ存寄有之候間、最早閣老ニテモ誰ニテモ、面会不致ト申切、戦争取掛可申体ニ付、仏郎西人ヲ頼ミ、当時談判中之由申立候間、左様ニ候共、償金渡申間敷旨申付候処、左候ハヽ、今晩ニモ必戦争相始可申

慶喜は、自分は償金支払いは決してならぬという旨を手紙で小笠原に打診したにもかかわらず、小笠原からの返書はなく、神奈川奉行浅野・山口の両名がすでに英国へ償金を支払う旨を証書で確認してしまっており、撤回を申し出ても英国側はただただ立腹するだけで、このままでは戦争に発展しかねない旨を述べており、結局償金の支払いはやむを得ないが、これはあくまでも自分の責任ではない旨を弁解する言い回しになっている。

また慶喜は続けて、幕府が攘夷を決行して戦争することに対しては、奉行たちが反対しており、いったんは江戸に下った小笠原については、

図書頭事上京致候由ニテ、既ニ出船致シ、未タ此辺ニモ居可申ト両人申聞候。何故上京仕候ト相尋候処、子細不存候得共、償金之事ニモ可有之哉ト申聞候。跡ニテ承候得ハ、図書頭償金独断相渡候由

とあるように、すでに小笠原が独断でイギリスに償金を支払ってしまい、京都に向けて出船していることを浅野・山口両名から聞き出したことを記している。

なお慶喜は、小笠原らの卒兵上京計画の詳細については、この手紙のはじめに、

本文之趣、委細梅沢孫太郎へ申含候事ニ御座候。又余認兼候風説ハ、同人ヨリ御承知被遊候様奉願候

というように、水戸藩士の梅沢孫太郎に申し含めてあるので、詳しく説明させる旨を伝えている。このように慶

喜は、京都の尊攘激派を駆逐し朝廷に開国政策を是認するよう説得するという小笠原らの卒兵上京の計画を、事前に関白鷹司輔熙にすっかり知らせている。これらの責任逃れの申し開きと小笠原の行動の朝廷への暴露は、その後、老中をはじめとする幕閣とその関係者に、慶喜に対する抜き難い不信感を与えたことは間違いない。後述するように、他の者に責任を転嫁し味方を陥れるようなこうした在り方に対し、水野忠精のブレーンである塩谷甲蔵は、第一次長州征討後には慶喜を京都から江戸に帰還させ、国政への参与から外すという慶喜廃斥論を忠精に建言している。

ところで、この事態を受けて朝廷は、五月二四日に水野忠精・板倉勝静両老中に参内を命じて、将軍家茂の東帰勅許の内旨を示し、三〇日には両老中らに対して、六月三日をもって将軍東帰の勅許があるべき旨の沙汰を行った[46]。上洛一行の多くの者が望んでいた東帰の許可は、意外な展開のなかでようやく実現することになった。

さて、一、〇〇〇余名の兵卒を率いた小笠原は、横浜を出港して三〇日に大坂に上陸し、夜半後には枚方に着いた。在京の閣老は大いに驚き、六月二日朝に若年寄稲葉正巳は馬を走らせて枚方に至り止めようとしたが、小笠原はこれを聞かずに淀に進んだ。四日には「閣老水野和泉守に尾州家老成瀬隼人正・会藩士等も附添ひ来り、終夜の激論に、水野閣老も詞屈して」とあるように、水野忠精自身が淀に赴き、小笠原にまずは上京の理由を詰問したところ、小笠原は将軍に直々に言上したいとして、なおも上京の意志を示したので、忠精らは終夜の激論に及んだが、小笠原は聞き入れずに忠精の方が詞に屈してしまったという。翌五日、使番能瀬金之丞が将軍家茂の親書を小笠原に示したところ、小笠原はついに卒兵上京を思い止まった[47]。

無謀な攘夷行動に反対し、小笠原長行が率いた幕府の親外派吏僚らにも協力的姿勢をもっていた水野忠精がここで卒兵上京を制止する行動に出たのは、すでにこの計画自体が一橋慶喜によって関白鷹司輔熙に通報されて朝廷の察知するところとなっており、皮肉にもこれがもとで将軍の東帰が約束された以上、幕府が内部の意見分裂状況のなかで卒兵行動を起こすことによる計り知れない混乱を避けようとする考えがあったためといえよう。前述のように、小笠原卒兵上京は、京都における強い政治的影響力をもつ尊攘激派勢力を撃退し、幕府の政治的な専権能力を取り戻すための千載一遇の好機であったが、実際の展開においては内輪揉めの情報戦によりその機を逃すことになった。

六月六日に朝廷は幕府に対し、勅に背いた小笠原らを厳科に処すべきことを命じている[48]。三日後の九日、幕府は朝命に従って賠償金支払いに関与した老中格小笠原長行の職を免じ、小笠原に絶大な支援をした江戸町奉行井上清直・同水野忠徳・目付向山一履に差控を命じ、各々これを大坂城代松平信古に預けとしている[49]。この水野忠精ら滞京幕閣による小笠原卒兵上京の阻止と彼らへの処罰は、奉勅攘夷を約束した幕府が朝廷への体面を取り繕う手段とはなったものの、二か月後の八月一八日の政変では幕府ではなく会津・薩摩両藩を中心とする諸大名勢力により尊攘激派勢力が京都から一掃されて、国政担当者としての幕府の威信に疑問を抱かせる結果となった。

しかし、幕府は奉勅攘夷体制を大義名分として強引に外国船砲撃を行った長州藩を、全く放任していたわけではない。将軍家茂の江戸への出立を翌日に控えた六月一二日、水野忠精は大坂において長州藩留守居役北条瀬兵衛を呼び出し、長州藩の下関における外国船砲撃を妄挙として批判する内容の書付を手渡している[50]。

まず、水野忠精が長州藩に遣わした書状には、

> 夷国拒絶之儀ニ付而内達之処、最早兵端相開き候ニ付、穏便之取計難相成旨被申聞候得共、最前拒絶之儀ニ付、相達候節了解難致廉も候ハヽ、逐一相伺可申筈之処、其儀無之、殊ニ横浜表おゐて談判中ニ而、いまた御手切と不相成候処、猥ニ兵端を開き候而は　御国辱を引起候ニ相当以之外ニ候、弥御手切ニ相成候節ハ早速ニ相達可申候、其節ハ無二打払可申候、夫迄之処ハ彼ゟ襲来不申候内ハ粗忽之所行不致様可心得事[51]

とあり、幕府が攘夷の実行を了解したとはいえ、現在は横浜において諸外国と談判・交渉中であり、手切れを迎

えていない段階でこちらから兵端を開けば国辱を招く結果となり、外国側が襲来してこない限り、こちらから軍事行動を起こしてはならないとする幕府の基本方針が述べられている。ここで忠精は、あくまでも外交の主導権は朝廷から攘夷遂行を委任された幕府にあるという認識に基づき、たとえ外国側と通商条約を破棄する事態となるにせよ、あくまでも避戦政策を守り交渉を重ね続けてこぎつけるものであるとし、「猥ニ兵端を開き候而は御国辱を引起候」と、こちらから一方的に戦端を開くことは国辱を招く結果になるとして、まず武力発動ありきの長州藩の攘夷に対しては強い批判を加えている。

しかし、これに対し長州藩からの返書は次のような内容であった。

> 於国元外夷拒絶之期限四月中旬と被仰出候節、国中江其沙汰仕、再度五月十日と被仰出候付、其砌ゟ及打払、既ニ先般御内達之節申上候通御座候、其後も御届仕候通、外夷共襲来候故及戦争、従　朝廷別紙写之通　叡感不斜之御旨御沙汰をも被為在、家来末々迄一統勉励仕、皇国攘夷之御国是相立候様ニと誠心を尽し、粉骨砕身之折柄、於大坂御達之旨　朝廷御沙汰之御旨と齟齬仕、於公武御合一之御根本不相立、皇国内乱之基と相成可申と甚気遣敷奉存候、元来御国辱と申候ハ外国ゟ　皇国之正気衰弱仕候と被見込候儀第一ニ可恥事と被相考、勝負而已ニ付御栄辱を分チ候筋も有之間敷、六十余州之人心只管正気を振起し、叡慮を遵奉仕候様御所置被仰付度御事と奉存候、[52]

長州藩としては将軍家茂が孝明天皇に攘夷決行を約束し、いったんその期限を四月中旬と答えてこれを全国に触れ回しており、再度五月一〇日を期限と返答したことを前面にあげて、すでに攘夷決行の国是は確立したとしている。従って、水野忠精からの書付の内容はこうした攘夷の国是と齟齬し、それこそ内乱の原因になるとし、「御国辱と申候ハ外国ゟ　皇国之正気衰弱仕候と被見込候」として、全国の民が叡慮を遵奉し、戦いの勝算の有無を乗り越えて正気を振起して国威を示し、攘夷の実現のために努力すべきであるという強硬論を述べている。

この水野忠精と長州藩との議論は、朝廷に攘夷実行を約束したものの、現に日本は通商条約のもとで欧米諸国と交易を継続中であるから、あくまでも避戦を貫いて外交交渉による事態の打開をはかろうとする幕政担当者としての老中水野忠精と、幕府の開国政策を批判し、奉勅攘夷体制のもとで朝廷権力を振興し、開戦により外国側に国威を示して、従来の対外関係を一度御破算にして、新しい政治体制の構築をめざそうとする長州藩尊攘激派とが、互いに違った立場からの所信を述べ合う展開となっており、はっきりとした姿勢の違いが示されている。

ところで、最近の研究によれば、破約攘夷論については幕府が欧米諸国の軍事力に屈し、彼らの論理に巻き込まれるかたちで無勅許で締結したのが修好通商条約であるという認識から、いったんこれを破棄して諸侯会議を開催して国是を評議し、全国一致の決議をもって新しく条約を結び直すということで、国内諸勢力の間では一応の了解は得られていたとし、最終的に検討されるべき点は開戦を覚悟するか避戦を貫くかの問題であったことが指摘されている(53)。また、長州藩尊攘激派に代表される強硬な破約攘夷論も、旧来の鎖国への復旧をめざすものではなく、結果としての開国に至る過程で開戦により国威を発揚することで自らのイニシアティヴ・自尊心を担保しようとする考え方であり、当時の開国論と攘夷論は決して対極にあるものと考えるべきではないとする見解が示されている(54)。

ここでは、長州藩側が「勝負而已ニ付御栄辱を分チ候筋も有之間敷」と記しているように、近代的な装備をもった欧米諸国軍は手ごわく勝算は薄いという認識は、幕府・長州藩の双方で共通してはいる。しかし、そもそも通商条約を締結した当事者としてこちらから戦端を開いては、諸外国からの侵略を招きかねないとする危機感を強調し、万民の生命・財産を守る立場からあくまでも避戦政策を貫こうとする政権担当者としての幕府と、この幕府の姿勢を「御国辱」を招く弱腰外交ととらえ、勝負を度外視して「六十余州之人心只管正気を振興し」とあるように、挙国一致の体制で武力発動による攘夷を決行しなければ国体を守ることはできないとする長州藩との、認識の違いが浮き彫りになっている。従って、文字通り結果としては日本側の立場と利益を守る開国・通商の国家をめざすにせよ、その過程で武力発動を加えるか否かが大きな焦点となっていたのである。

当時、三条実美ら攘夷強硬論者の公家、松平慶永や水戸藩尊攘激派など、この長州藩の主張を正論として支持する勢力も多くある以上、奉勅攘夷を約束した幕府としては、自らの主張から一歩出て何らかの打開策を講じなければならなかった。そこで、幕府において現実的に避戦政策を維持しながら攘夷を実現するための妥協策として考え出されたのが、諸外国への説諭によって彼らを退去させようという横浜鎖港の方針であった。

三　横浜鎖港交渉と家茂再上洛

長州藩の外国船砲撃の強行という新たな事態に対し、当初朝廷は期限を違えず攘夷を実現したことを評価し、諸大名に対してもしきりに長州藩援助を命じて、京都における攘夷熱はその極に達している。[55]その背景には、前述のようにこの頃朝廷では議奏三条実美・同広幡忠礼・同長谷信篤ら攘夷強硬論者が政治力を強め、破約攘夷を望んではいたものの武力闘争に至るような過激な攘夷行動を嫌う孝明天皇は、むしろ朝廷内で孤立するという状況があった。これに対し、幕府は四月二三日の諸大名への攘夷期限の布告にあたり、外国勢力が来襲すればこれを掃攘するも、こちらから進んで戦端を開くべからずとする、あくまでも避戦政策を基本とする方針を指令している。[56]
このような朝幕間の対応の大きな違いに対し、諸大名もその帰趨にとまどう者が多く、幕府自体も朝命との齟齬に苦しみ、また外国勢力の強硬な抗議との板ばさみにもなり、大いに進退に窮した。[57]また、朝廷は六月一八日に大坂城代松平信古および摂海警備の諸藩へ、各藩が協力して攘夷実行を期すことを令している。[58]ところが、幕府の方は、二日後の六月二〇日に松平信古に対し、みだりに外国船艦を砲撃することを禁じるよう命じている。[59]

こうした政令二途に発する状況を回避するため、幕議はその打開策として横浜鎖港の方針を決定し、八月一〇日に将軍家茂が、江戸城黒書院で老中以下布衣以上の有司に、「近々鎖港之儀ニ取懸候間、何も熟慮いたし可申事」と告知している。(60)前節で検討したように、攘夷決行に関する考え方として、まず戦端を開いて国威を発揚してから富国強兵をめざそうとする長州藩の姿勢に対し、幕府はあくまでも避戦政策を貫き外交交渉により事態を打開しようとする方針を明らかにしており、横浜鎖港はこの幕府の基本姿勢の流れで選択されたものであったといえよう。

鎖港についての幕議は、そもそも外国奉行沢幸良が横浜・長崎・箱館の三港を閉鎖しなければ攘夷には当たらないと主張し、一橋慶喜もこれに同意していたが、老中板倉勝静らは当面は横浜一港を閉鎖することが現実的に精一杯の策であると述べ、将軍家茂もこれを支持したので、結局横浜鎖港政策に決定した。(61)しかし、横浜鎖港は幕閣が首尾一貫した信念のもとに決定したものではなく、攘夷決行を強く要請する朝廷とあくまでも武力闘争を回避しようとする幕府との妥協の産物である面が強く、後述するように、その後も議論の余地を残した不安要素の多い政策であることがすぐに露呈する。

さて、その一〇日後に京都では八月一八日の政変が発生した。この政変は、会津・薩摩両藩を中心とする勢力が周到に計画し、京都にあって孝明天皇の意向を無視して大和親征行幸の勅を出したり、天皇の関知しないところで島津久光上京の勅命を取り消したりして、朝廷政治の実権を握りつつあった長州藩関係者や公家らから成る攘夷強硬論者を追放するために、（攘夷を藩論とする鳥取・岡山両藩なども含めた）多くの大名の協力を得て断行したものであった。(62)

この政変で、会津・薩摩を中心とする諸藩兵により長州藩攘夷激派勢力が京都から一掃され、公武周旋への動きが一気に加速した。この政変発生の情報が江戸の幕閣にもたらされたのは四日後の八月二二日であり、(63)彼らがその対応を行ったのは、同月二七日であった。老中水野忠精はこの日、大目付・目付を通じて、この政変で尊攘激派勢力が山口へ逃亡する事態に際し、西国の諸大名に次のように指令している。

> 大目付
> 目付　江渡候書付
>
> 大目付
> 御目付江
>
> 今度上方筋不容易事変有之、人心動揺之折柄、右残党者勿論、其余心得違之もの有之、此上何様之事変を企可申も難計候間、万一之節銘〻領分ハ勿論他領共申合、相互ニ応援致し、且又最前　御料所其外寺社領・小給所等警衛向手薄之場所者不待差図、時宜次第出勢いたし、取鎮方手抜無之様兼而心拭(掛)置候様可被致候
>
> 右之趣、中国・九州領分有之万石以上之面〻江可被相触候
>
> 八月(64)

西国大名に相互に情報交換と警備体制の充実を主とする協力関係を強化させ、攘夷激派勢力を徹底的に鎮圧させて封じ込め、政治的な形勢挽回をはかろうとする幕府の意図がよくうかがえる。

さらに、長州尊攘激派勢力が京都から一掃され、朝廷から幕府への即時の攘夷決行という重圧が弱まったことにより、幕閣内部においてもあらためて横浜鎖港の是非が問い直されるようになる。『小笠原長行日記』一〇月三日の条には、慶喜により学者田口文蔵が入説のために元老中格小笠原長行を尋ねて、横浜鎖港について慶喜と水野忠精・板倉勝静両老中との間で次のような議論が交わされたとある。

> 夫者近頃一橋殿、水野和泉守・板倉周防守両人を被為召、攘夷之義御尋ありしと所(ママ)、御両人共横浜一港ニ而も鎖る事者中〻出来兼候趣申上候処、一橋殿以之外御不興なりしとそ、取分周防殿者彼藩川田剛始一藩不残横浜鎖港之説ニ而厳重申上れ共、更ニ取用も不被致、当今之形勢如此ニ而者三港拒絶出来兼可申候得共、是

非横浜丈者鎖さね者何分人気不折合、既ニ此節者長州人夥敷当地ニ入込居、閣老抔甚危く供連抔人数相為増、殊之外厳重ニ候間、前文之通是非横浜丈者鎖さね者ならす(65)

ここで水野・板倉両老中は、横浜一港ですら鎖港を行うのは現実的に困難である旨を述べたが、慶喜は承知せずに御不興であったこと、とりわけ板倉は三港封鎖が無理ならば横浜一港を鎖港すべしと主張した張本人であり、多くの藩が一致して横浜鎖港に同調したはずなのに、ここに来て鎖港はできかねるというのでは人気が折り合わず、すでに長州人が当地におびただしく入り込んでいるので、厳重な警戒が必要となっており、横浜だけはぜひ鎖港しなければならない旨を田口が入説したという文面となっている。

また、一〇月一八日には家臣の嘉右衛門が小笠原に、慶喜と水野・板倉両老中が横浜鎖港について、さらに次のような議論をしたと報告している。

橋者横浜商人さへ引かせれ者交易者自然止ムと云、水・板者それ者不出来、左様致せ者忽戦争と相成故、左者不出来と云、橋者決して戦争ニ者不成と云、議論終ニ不合、依而文を使として我方に来らせしなるへし、是者我手を借て板を却従させん手段と見ゆと也(66)

慶喜が横浜商人さえ引き上げさせれば自然と外国との交易は途絶えると言ったところ、水野・板倉両老中は、それはできず、もしそのようなことをすればたちまちに戦争となると主張したが、慶喜は決して戦争にはならないと反論して議論は嚙み合わなかったという。そこで、慶喜は田口文蔵を小笠原のところに遣わして入説し、何とか板倉を説得して自説に従わせようとする手段を講じたいきさつが述べられている。横浜鎖港が外国側との戦闘を引き起こす危険性が充分にあった点については後で詳しく述べるが、慶喜は全くその心配はないとする認識に立ち、あくまでも朝意を重んじて鎖港実施に向けて動き出すべき旨を主張しているのに対し、両老中は現実に起こり得る多くの危険な事態を想定して、鎖港の見直しを求める意見を述べていることが明らかであり、ここに鎖港をめぐる慶喜と老中との対立の構図が明瞭となる。

ところで、水野家文書中には、八月一八日の政変で山口へ逃げ延びた三条実美ら七卿が各地の有志の者に宛てて政変の模様を伝え、彼らに形勢挽回を呼びかける内容の書状「密書」[67]が存在している。この書状の封紙の裏側には「京士一同中川修理大夫御家来持参」と記されている。中川久昭（修理大夫）を藩主とする豊後岡藩士がどのような経過でこの書状を手に入れたかは今のところ判然としないが、幕府にとっては京都から逃走した尊攘激派勢力の動静を探るうえでは実に有益な情報となったことは間違いない。この書状の後半部分には、国々有志の者へ決起を呼びかける内容が次のように記されている。

前文略

扨者、年来天下之勢一変、当夏上京仕候ニ付、殿下儀三条公等御懇命被下、依而都裏吐露、速ニ大権　御収攬、五畿　御直隷相成候様　御親征之御手始として、　行幸所〻被為入候様五件建白仕候処、御取用相成、既ニ期ニ相進候処、中川公会津之賊与被申合、八月十八日之大変ニ及申候、右邪正曲直之儀者御聞ニも入可申、今更不申述候、其後案之通　幕威又〻熾ニ相成、攘夷之事も日〻薄、　皇宮之衰弱前日ゟも甚敷、行末如何ニ相成候哉、尚冬中ニて興亡相決可申候、憤惋之至奉存候、幸ニ三条公奉始七卿御下向ニ相成居候間、西国ニ而急度大業恢復相計申度、京坂ニ者殿下儀烏丸・万里小路・徳大寺黄門・豊岡卿等御残ニ相成、東西申そへ如何様ニも出来候事故、御見込之事も御座候ハヽ、此節機会ニ付、奮然人意表之御取計被置度奉存候

ここではまず、先の賀茂上下社行幸と石清水社行幸を、自分たちが建言して用いられた孝明天皇の攘夷親征の手始めと位置づけている。そもそも攘夷親征は、文久二年（一八六二）五月に孝明天皇自身により、幕府が一〇年以内に攘夷を実行しないならば自分が公卿百官と共に攘夷親征を行うと発言したことにより初めて表明され[68]、翌文久三年六月五日には、中川宮は自分が「攘夷先鋒」の任にあたりたい旨を上表し[69]、さらに真木和泉が同年七

月二四日に朝廷に提出した『五事建策』の中で、天皇が石清水社に行幸して攘夷の勅命を下すべしとする提案をしたことで準備が進められていた。[70] しかし、前掲史料では、その後中川宮が考えを改めて会津藩と結託して八月一八日の政変を引き起こしたとし、これにより幕威高揚・朝権衰微の状況を迎え、京都を追われた七卿の勢力と、依然として上方に残る烏丸・万里小路・徳大寺らの公家勢とで力を合わせ、「当冬」に形勢挽回をはかろうとする決起文となっている。

この書状からは、自藩の小河一敏ら尊攘激派の過激な行動に苦慮していた中川久昭の周到な情報網と、彼と老中水野忠精との親密な協力関係がうかがえる。

さて、幕府にとっての攘夷・鎖港問題における難局はなおも続く。京都の政変の二日前の八月一六日には、横浜において英国代理公使ニールが幕府に書状を送り、最近横浜に生糸が集荷されない事態は江戸商人らの策略であり、イギリスをはじめ外国商人は大きな損毛を出して難渋しているとし、幕府が速やかにその事情説明をしてくれないならば、自分は江戸に赴いて直談判するつもりであると伝えている。[71] ところが、その三日後の八月一九日に、京都では朝廷が諸大名に対して累年の叡慮貫徹のため「勤　王之諸藩不待幕府之示命速可有掃攘之由　叡慮被仰下候事」として、幕府の指揮を待たずに攘夷を決行するよう指令している。[72] 九月一日には孝明天皇がこれに追い討ちをかけるように、有栖川宮熾仁親王を幕府に攘夷の成功を督促する勅使に任命して東下させ、[73] さらに同日一橋慶喜に対して速やかに鎖港談判に着手するよう命じている。[74]

こうしたなか、いよいよ老中板倉勝静は、九月一三日に大目付・目付を通じて万石以上・以下へ、翌一四日から軍艦操練所においてアメリカとオランダに対し鎖港談判を開始する旨を達している。『水野忠精日記』に記されたこれについての文面は、次の通りである。

一大目付・御目付江周防殿被相達候書取、左之通り明十四日、於御軍艦操練所亜墨利加人・阿蘭陀人江鎖港之談判及候ニ付而者、彼方軍艦ニ而出府可致候間、右応接中如何様虚唱之所業有之候共、差図不致候以前決而発砲等致間敷候

一非常合図之儀者、当五月中相達置候通可被心得候

右之趣、万石以上・以下之面〻江不洩様可被相達候

九月[75]

この鎖港談判が決裂し、双方が発砲することをも想定した一触即発の極度に緊張した外国との関係が見て取れ、幕府が物々しい警備を敷こうとしていたことがわかる。非常の際の合図として「当五月中相達置候通」とある心得とは、文久三年（一八六三）四月二〇日に幕府が朝廷に攘夷の期限を五月一〇日と回答し、その期限の迫った五月四日に英国との国交断絶の危機が迫るのに備え、町火消を芝・高輪・数寄屋橋などの海辺の要所に配置し、海岸沿いの住民に避難を命じた前例を指しているものと考えられる。[76] 実際に日本と外国が軍事的衝突に至るという幕府にとって最悪のシナリオを充分に予想しての、具体的な準備がなされていたのである。これをみても、実際の鎖港談判交渉においては諸外国とのただならぬ危険事態を想定しなければならなかったことがわかる。

はたして、翌九月一四日には老中水野忠精・同板倉勝静・同井上清直らは、米国弁理公使プリュインと蘭国総領事ファン゠ポルスブルックを築地軍艦操練所に招いて、予定通り横浜鎖港のことを提議する会見を行っている。[77] プリュインとポルスブルックの両名は幕府の提議の内容を拒否したが、会見そのものは平穏のうちに終えたようである。[78] しかし、四日後の九月一八日にはポルスブルックと仏国全権公使ドゥ゠ベルクールは、彼らとプリュイン・英国代理公使ニールを含めた四か国の代表が共に、今後横浜鎖港に関する会合には一切出席しない旨を、各々幕府に通告している。[79] こうして、横浜鎖港は袋小路にさしかかり、水野忠精ら閣老は連署して九月二九日に京都守護職松平容保に書状を送り、横浜鎖港談判がこれ以上進展し難い実情を報じている。[80]

さて、横浜鎖港談判中において、水野忠精のもとにはいくつかの意見書や風聞書が寄せられている。まずは、大番頭大久保教義組与頭の神谷平七郎が、八月付で鎖港と交易謝絶についての意見書を忠精に提出している[81]。要約すると次のような内容である。

① 幕府は、諸外国に対して交易謝絶の理由に国内の商品欠乏をあげているが、通商条約締結時に商品の一〇年ほどの見積もりはできたはずであり、今にわかに欠乏を唱えるのは日本側の見積もり不行き届きと言われてしまうこと。

② 開国通商は幕府の本意であり、これを勅命によってやむを得ず謝絶することに対して、幕府は外国側に弁明できず、残念であること。

③ 西南の諸藩が外国と戦闘に及び、幕府が外国と平和的に通商を行うという全国両端の状況では、四民が安堵せず、ここは西南諸藩の兵端を落着させることこそ急務であること。

これらは、基本的に幕府の開国政策を是とし、朝廷や一部の大名の圧力がかかる困難な情勢のなかで、何とかこれを維持しようと模索する意見内容となっている。

しかし、神谷の意見書があったにもかかわらず、幕府は横浜鎖港の方針に基づいて貿易の管理・抑制に向けて動き出している。九月一一日と翌一二日には、江戸町奉行の命令により横浜における生糸流通の実態についての探索を行った隠密廻は、その報告書「上　隠密廻」[82]を幕府に提出している。これは、前掲の八月一六日にニールが幕府に提出した生糸集荷についての書状とも関連の深い内容である。水野家文書中にあるこの史料は、隠密廻の風聞書の写本と考えられる。その内容は次の通りである。

① 九月五日に江戸南町奉行所において、生糸荷物は江戸問屋が送り状へ改印を押して横浜へ発送するよう命じられたので、生糸九貫目一箇に付世話料（口銭）銀三〇匁を江戸問屋が荷主から受け取ることになった旨。

② 九月六日より九日までの横浜への生糸発送数。このところ減少気味であるが、荷主が元方値段を引き下げて荷の確保をはかっていること。

③ 世話料三〇匁は、天誅事件を防ぐために派遣された新徴組浪士などへ支払う雑費に使われるという風聞あり。

そもそも、開港以来横浜への生糸直送は従来の三都中心の国内経済を混乱させる原因とみなされ、幕府は万延元年（一八六〇）閏三月に五品江戸廻送令を発令して混乱の収拾をはかったが、この法令は実際にはほとんど守られなかった。そこで、前掲の隠密廻の報告書提出後の文久三年（一八六三）九月二四日に、江戸町奉行はあらためて生糸・呉服・雑穀・水油・臘の五品目を直接横浜へ積み出すことを禁じ、江戸問屋がこれら五品のほかに荷主から口銭を取ることのないよう命じ、もし不正があった場合は厳重に吟味を行う旨を指令している[83]。この隠密廻の風聞書は、幕府が諸外国と鎖港談判交渉を行おうとするなかで、すでに発令した法令のもとでの開港地横浜における生糸流通の現況を報告させたものであると考えられる。

さて、横浜鎖港問題が紛糾するなか、朝廷が将軍家茂の再上洛を促す動きが活発化する。一〇月八日に幕府は老中五名が連署して京都守護職松平容保に対し、池田長発・河津祐邦両外国奉行を横浜に派遣して横浜鎖港の交渉に着手したことを報じ、これを朝廷に奏聞させている[84]。一方、朝廷は一〇月一一日に松平容保に命じて、将軍家茂を再び召見する朝旨を伝達している[85]。これに対し、幕府は一〇月一七日に政事総裁職松平直克・老中酒井忠績・同水野忠精・同板倉勝静らが連署して朝廷に上書し、現在は横浜鎖港交渉中であるので、将軍家茂への召命を辞退し、代わりに将軍後見職一橋慶喜を上京させたい旨を願い出ている[86]。

一方、京都では一〇月三日に上京した島津久光と朝廷上層部とが協力して、旧一橋派の有力大名を京都に集め、将軍家茂に再上洛を求めて政務を委任したうえで、勤王奉勅の道を立てようとする政治的方向性が模索されていた。さらに久光は、朝廷を開国政策に転じさせようと画策しており、幕府にとっては即座に上洛して朝廷に開国通商政策の続行を説得する絶好の機会であったはずである。ところが幕府では、前の第一回上洛時に朝廷側の巧みな演出にいいように振り回された苦い経験から、再上洛には反対かあるいは極めて慎重な姿勢をとる意見が大勢を占めていた。

しかし、一〇月二九日には朝廷が幕府に重ねて将軍家茂の上洛を促し[87]、また老中酒井忠績の上京に随行した軍艦奉行並勝義邦が一一月四日に帰府・登営して、将軍上洛に関する松平慶永の意を伝えた。翌日、将軍家茂は海路上洛する旨を布告し、随従および留守居の人員を定めた。ここで、老中酒井忠績・同水野忠精は将軍家茂への随従を、同板倉勝静・同井上清直・同牧野忠添は江戸留守居を命じられている[88]。

ところが、一一月一五日に江戸城本丸・二ノ丸が焼失する大火災が発生し、一九日には老中六名が連署した書状を京都守護職松平容保に送って江戸城の焼失を報じ、将軍上洛が遅延することを告げている[89]。

さて、水野家文書中には、将軍再上洛を目前にした各地の情勢を入念に認めた一一月八日付の風聞書（差出人の記名なし）[90]が残存している。その内容を列挙すると次の通りである。

① 将軍再上洛の期間は二〇日ないしは三〇日ほどならよいが、五か月、七か月と長期化するとはなはだ心配であるとする風説あり。
② 将軍上洛の随行を命じられた幕府有司の風評について。
③ 外国船砲撃を決行した長州藩に同心する九州の諸大名は皆無の由。
④ 長州藩への取り締まりを厳重にしたうえで、将軍再上洛は沙汰止みにした方がよいとする風聞あり。
⑤ 大和国の浪人約三〇〇人が甲府に立ち入り、幕府の金蔵から金子七万両を盗み取ったとの風聞あり。
⑥ 高崎藩領の下総国銚子に水戸浪士ら六〇〇～七〇〇人が潜伏しているとの風聞あり。

⑦　将軍が上洛する場合には、孝明天皇の国事用係中川宮朝彦親王と同調する薩摩藩を取り込んだ方がよいとする説あり。
⑧　島津久光一行が上京の途上に長州藩領内を通行中、何者かが鉄砲を撃ちかける事件発生の風聞あり。
⑨　当時の在京の諸侯の名前を列挙。
⑩　長州藩から小倉藩への出兵要請に対し、小倉藩内においては五分五分の意見で、結局一味せずとの由。
⑪　薩英戦争発生の報告。
⑫　萩へ逃走した三条実美ら七卿とその一味の者都合八人が、この節京都から沙汰を受けたこと。
⑬　京都の薩摩藩屋敷には、これまで五、〇〇〇人ほどが詰めていたが、この秋より五〇〇人の詰め合いとなった由。
⑭　薩摩藩領の甑島において、同藩士が文武の習得に精を出している由。
⑮　九州各地の城郭の要害としての特色。
⑯　京都における小松帯刀ら薩摩藩士の居所。

特に③では、

○萩藩乱妨相働候ニ付而者九刕大名之内同心之向も無之由ニ候得共、久留米同心、熊本半分身軽之者同心、其余福岡・佐賀・柳川〔河〕・豊後辺之大小名不残取入候計略ニ候得共、誰一人も同意不致よし、薩刕様も此節萩と種〻計略を以味方ニ取入候趣ニ候得共、素来薩刕家者大臣故、萩之尻ニ者付ケ不申ト家中之向上下一同一知いたし申居候由

とあるように、長州藩の働きかけに対し、九州の諸藩が一向に同調せず、長州藩が孤立する状況がよく示されている。また、薩摩藩の中には長州藩を味方に引き入れようとする計略をもつ者もいるようだが、元来同家は大藩

であって長州の尻にはつけないという点では、家中の意見は一致していると指摘している。

この風聞書の情報源は、畿内・九州・中国・関東と多方面にわたる入念なものであり、将軍再上洛に備えて各地の情報を総括的に収集・整理して筆写した書付であると考えられる。

また、水野家文書中にある西国郡代屋代忠良（増之助）が一一月二一日付で豊後岡藩主中川久昭に送った書状[91]には、天草島樋島村に久留米儒官と称する茂次郎なる者が来訪し、人々を同志に引き入れるべく長州藩の動静や勤王の議論をなし、懐中より差し出した二通の書状のうち、一通は長州三田尻に漂泊する三条実美ら七人の公卿が発した文書で、もう一通は久留米水天宮神官の真木和泉に加わる清助なる者より同志の者に遣わした書状であったと記されている。屋代の書状にはさらに続けて、次のように記されている。

且当節七人事諸浪人を集メ、農民をかたらい、人数一万ニ相成候ハヽ、上京可致、長藩後詰可致抔与、右計策専評議中ニ而、茂次郎舎弟ハ和泉門人ニ而、付添倶ニ三田尻ニ罷在候趣も茂次郎申聞候段、樋島村より天草島冨岡陣屋江御訴いたし候旨、右陣屋引受候ゟ申越候、真贋虚実ハ難計候得共、分窮る事件ニ而、書撥文幷和泉書状与も事実ニ立ハ九州筋へ間者差入人気扇動為致間敷ニも無之、右ハ疾達御聴候哉ハ難計候得共、不取敢御心得之ため写差上、白書印封を以此段申上候

八月一八日の政変後の三条実美ら七卿や尊攘激派志士のその後の動向を警戒する幕府にとって、天草冨岡陣屋に届けられたこの書状は、三条らが長州藩の支援のもとに上京をはかるべく準備を始めているというただならぬ風聞内容であって、緊急の重要性を帯びており、「西国郡代屋代忠良→豊後岡藩主中川久昭→老中水野忠精」というルートで速やかに伝達されたものと考えられる。前掲文久三年八月の「密書」[92]と同じく、岡藩が関わった情報伝達である。水野忠精と中川久昭との関係は今後検討を要する問題であるが、岡藩は文久三年三月三〇日より長州藩と入れ替わるかたちで摂津海岸の防備を担当しており、国元の豊後と併せて西国大名、とりわけ長州藩に

関わる良質な情報を収集できたものと考えられる。[93]

さて、これら各地の生々しい情報に接しながら、幕府は、将軍再上洛の準備と、紛糾する諸外国との関係調整に力を入れていく。一一月二八日に幕府は、外国奉行池田長発を横浜鎖港談判正使に、同河津祐邦を同副使に、目付河田煕にその同行を命じ、彼らのヨーロッパ派遣を決定している。[94] さらに一二月五日には、幕府は仏国全権公使ドゥ゠ベルクールに、同国公使館書記官ブレッキマンを横浜鎖港談判使節に同行させることを要請したところ、ベルクールはこれを承諾している。[95]

また、老中板倉勝静は、一二月一一日に大目付・目付を通じて万石以上・以下へ、上洛を間近に控えての浪士の取り締まりについて、次のように指令している。

近頃、浪人共水戸殿浪人或者新徴組抔与唱、所ゝ身元宜者共江攘夷之儀を口実ニ無心申掛、其余公事出入等ニ携、彼是申威し、金子為差出候類有之候処、追ゝ増長及ひ、猥ニ　勅命抔与申触し、在ゝ農武家を党類ニ引入候類も有之哉ニ相聞、今般　御上洛被　仰出候折柄難捨置、依之以来御領・私領村ゝ申合置、帯刀致し居候とも浪人体ニ而怪敷見受候分者無用捨召捕、手向いたし候ハ、切殺候とも可致旨被　仰出候間、悪事ニ不携もの共者早ゝ旧主へ帰参之儀相願、神妙ニ奉公可致[96]

各地で攘夷を口実に金品を略奪したり、勅命と称して人々を自らの党類に引き入れたりするなどの攘夷激派の行為に対して、将軍再上洛を控えた今のこの段階では捨て置き難い事態であるとして、厳重な取り締まりを命じている。この達書ではさらに続けて、用向により家来を旅行させる場合は、必ず道中奉行（大目付が兼帯）に届けて先触を差し出し、調印の書付を持参して関所を通るようにと指令し、違反者は召し捕え、手向いする者は斬殺せよとの厳命を下している。三条実美ら都落ちした七卿の動静、薩英戦争、水戸浪士の動向など多くの不穏な事件の情報がもたらされるなかで、上洛を直前に控えた幕府が各地の治安維持に大きな注意を払っていたことがよく読み取れる。

さて、幕府は一二月一七日に将軍家茂が一〇日後の二七日に海路再上洛の途につくことを大目付・目付を通じて布達し、予定通り江戸城を進発した将軍家茂は浜離宮より乗船し、品川沖で軍艦翔鶴丸に乗り移って西上の途につき、明けて元治元年（文久四年）一月八日に大坂天保山沖に着船し、いったん大坂城に入った後、一五日に二条城に到着した(97)。

おわりに

将軍家茂第一回上洛により確立した奉勅攘夷体制は、当初幕府がめざしていた完全なる庶政委任の実現とはならず、その後の幕府の国政運営をめぐって、これに関わる人々の間で激しい意見の対立をみることになる。こうしたなか、長州藩は幕府の奉勅攘夷体制を大義名分に外国船砲撃を決行し、これが内政・外交に大きな混乱を生み出すもとになった。そこで、幕府は国是の柱となった攘夷の実現について、その妥協案としての横浜鎖港政策を進めようとしたが、外国勢力からは全面的に拒絶された。こうしたなか、鎖港の推進が外国との武力衝突のもとになることを危惧し始めた水野忠精・板倉勝静両老中と、あくまでも鎖港に固執する一橋慶喜との意見対立が生じることになる。

では、本章のまとめと若干の展望をしてみたい。

① 将軍家茂の第一回上洛において、攘夷強硬派が主導権を握り、京都における政令帰一をめざす公武合体路線が挫折し、島津久光・松平慶永らが次々と退京していくなかで、上洛随行員のなかからこれ以上滞京することへの反対論が主張される。三月二五日には徒頭仙石政相・同諏訪庄右衛門が石清水社行幸随行への不信感を示して滞京延期に反対し、二七日には目付池田長発が内外危急の情勢を憂慮して、一刻も早く帰東すべ

きであるという意見書を水野忠精ら滞京幕閣に提出している。一方で、京都における公武一和による攘夷体制の充実をめざす会津藩の吏僚は将軍帰東には強く反対するのであるが、帰東推進派は、将軍一行の滞京が長引けば長引くほど、諸外国勢力の圧力に直面して苦慮する江戸幕閣と奉勅攘夷を最優先する滞京幕閣との温度差は拡大し、幕府自体の統率力低下につながるとして大きな危機感を抱いていた。しかし、奉勅攘夷を誓約した滞京幕閣は、その強い拘束力により石清水社行幸に供奉するなど、済し崩し的に滞京延期をはかることになり、帰東推進派の即時帰東論は結局等閑に付されることになる。

②　家茂第一回上洛において、朝廷に奉勅攘夷を約束した幕府（具体的には将軍後見職一橋慶喜や老中水野忠精・同板倉勝静・老中格小笠原長行ら、いわゆる滞京幕閣）が表明した攘夷への基本姿勢は、外国勢力との軍事的衝突を極限まで回避し、万一外国側から軍事的攻撃を受けた場合にのみ応戦するというものであり、あくまでも根気強く対話を重ね、外国側を説得して国外に退去させようとするものであった。現段階で外国勢力との武力衝突が起きた場合に、勝算は皆無に近いことを深く認識していた彼ら幕閣は、あくまでも避戦政策を前面に打ち出したのである。すなわち、説得を尽くした後に外国側が戦闘をしかけてきた場合にこちらが受けて立つ戦争こそ、攘夷の名分にかなうものであるとする説明であった。これはまた、幕府が一八世紀末より全国的に展開した海防政策の実地の経験により培った、より一貫性をもった対応の仕方であったともいえよう。しかし、この方針は攻撃的な攘夷論を主張する長州藩からの激しい反発を招くことになる。前掲の文久三年六月の大坂における水野忠精と長州藩側との往復書翰の内容は、両者の攘夷に対する取り組みの決定的な違いを示している。また、朝幕関係においては、石清水社行幸や生麦事件償金支払いに対する双方の認識の大きな隔たりが浮き彫りになり、さらには幕府が五月一〇日を攘夷期限と公表して以後しばらくの間、朝幕双方により攘夷に関する政令二途を発する状況が生じている。そこで幕府は、八月一八日の政変で長州

藩尊攘激派勢力が京都から一掃された後、外国勢力との軍事的衝突を回避し、一方で朝廷からの外夷掃攘の要求に対応するために、横浜鎖港の交渉に向けて本格的に動き出す。

③ 朝廷による執拗な攘夷の督促に対し、幕府はまず天皇の居住する京都を控えた摂津近海の防備に力を入れることで応えている。庶政委任を成就し国政のイニシアティブを回復しようとしていた幕府にとって、摂津近海防備の指揮統率は重要であった。そこで、台場の新規築造や防備担当大名の大幅な配置転換を行い、将軍家茂自身が軍艦に搭乗して備場各地を巡見した。また、防備担当大名の配置替えについては、前掲の津和野藩の例にあるように、従来のように強権を発動することなく、大名側の事情をよく配慮した対応を行っている点は従来の方針を変えるものであった。

④ 老中格小笠原長行による、横浜でのイギリスへの生麦事件賠償金の支払い断行と攘夷激派打倒の卒兵上京は、過激な主張で世論を煽っていた尊攘激派勢力を幕府の力で駆逐し、幕府が国政の主導権を回復する絶好の機会であった。しかし、奉勅攘夷体制の堅持にこだわる一橋慶喜は、小笠原卒兵上京計画を事前に関白鷹司輔熙に知らせてしまい、ここで水野忠精ら在京幕閣も卒兵上京を阻止する側に回り、結果的には幕府の内輪揉め騒動に終わっている。

⑤ 文久三年五月一〇日に長州藩による外国船砲撃が強行され、この無謀な行為に諸方面から非難が集まるなかで、孤立化し始めた長州藩を中心とする尊攘激派勢力が京都から一掃される八月一八日の政変が発生した。こうした政情の変化のもと、横浜鎖港は事実上困難と判断した水野忠精・板倉勝静両老中は、鎖港の見直し論を主張するが、あくまでも朝意遵奉を唱える一橋慶喜らに阻まれることになる。

⑥ 横浜鎖港交渉においては、文久三年九月一四日の水野忠精による米・蘭両国代表への鎖港提案は一方的に拒否され、翌々日には米・蘭・仏・英四か国から鎖港交渉の会合を開くこと自体も拒絶されている。これで、

鎖港そのものがいかに実現不可能かをよく認識したにもかかわらず、一橋慶喜らはあくまでも公武一和のための鎖港に固執し続け、幕府は一〇月八日には京都守護職松平容保を通じて、朝廷に鎖港に向けて鋭意努力している旨を報告する結果となった。

⑦　将軍家茂の再上洛は、こうした政情のなかで準備され行われた。朝廷は、八月一八日の政変により尊攘激派勢力が京都から一掃されたものの、朝廷政治を担う人材の欠乏という事態に直面し、これを幕府と有志大名による参予会議とに委ねようとした。一方、幕府は第一回上洛で達成できなかった朝廷からの確固たる庶政委任を取り付けるためにも、その交換条件としての横浜鎖港にこだわり続けている。その意志表明のひとつが、将軍家茂江戸進発二日後の文久三年一二月二九日に神奈川を出航した横浜鎖港談判使節池田長発らのヨーロッパ派遣であった。結局、訪問国フランスでは横浜鎖港の提案は完全に封じられ、池田は鎖港の不可能を悟って帰国するのであるが、彼の渡航前の持論は、あくまでも避戦により外国人を国外退去させ、朝廷を周旋して挙国一致の防備体制を築こうとするものであり、当時の幕府の奉勅攘夷体制に最も適う考え方であった。

⑧　将軍家茂の再上洛に随行する老中水野忠精の事前の情報収集は、地域的には関東・畿内・中国・九州の各地方にわたり、第一回上洛前と同様の広範囲にわたる入念なものであり、彼の情報収集能力の高さが遺憾なく発揮されている。これらは、八月一八日の政変で京都から逃走した三条実美ら七卿の動静、外国船砲撃を決行した長州藩が政治的に孤立して行く状況、公武合体を推進する島津久光の動向や薩英戦争など薩摩藩関係情報、横浜における生糸集荷状況と外国勢力との関係、関東で不穏な動きを続ける水戸浪士の動静など、どれをとっても国政を左右し得る内容であった。水野忠精は、将軍家茂再上洛に先立って重要な政治情報は着実に入手して朝廷との折衝に備え、奉勅攘夷体制を堅持しながらも、尊攘激派勢力や外国勢力との正面か

らの衝突は避け、あくまでも対話と説得により幕府の方針を理解させようとする穏健的姿勢を基調としていたのである。

（1）本稿で大いに参考にしたものとして、原口清「文久三年八月一八日政変に関する一考察」（原口清著作集Ⅰ『幕末中央政局の動向』岩田書院、二〇〇七年）、同「幕末政局の一考察――文久・元治期について――」（同書）、小野正雄『幕藩権力解体過程の研究』（校倉書房、一九九三年）、家近良樹『幕末政治と倒幕運動』（吉川弘文館、一九九五年）、三谷博『明治維新とナショナリズム』（山川出版社、一九九七年）、青山忠正『明治維新と国家形成』（吉川弘文館、二〇〇〇年）、箱石大「公武合体による朝幕関係の再編――解体期江戸幕府の対朝廷政策――」（家近良樹編・幕末維新論集3『幕政改革』吉川弘文館、二〇〇一年）、芳即正「文久三年八月一八日の政変と島津久光」（『明治維新史学会報』第三九号、二〇〇一年）、佐々木克『幕末政治と薩摩藩』（吉川弘文館、二〇〇四年）、奈良勝司『明治維新と世界認識体系――幕末の徳川政権　信義と征夷のあいだ――』（有志舎、二〇一〇年）、などをあげることができる。
（2）小野正雄註（1）前掲書、一七四～一七六頁、二一八頁。
（3）青山忠正註（1）前掲書、四六～五一頁。
（4）箱石大註（1）前掲書、三七～四三頁。
（5）奈良勝司註（1）前掲書、二〇四～二〇五頁。
（6）原口清註（1）前掲書「幕末政局の一考察――文久・元治期について――」。
（7）『島津久光公実紀』二（続日本史籍協会叢書、一九七七年覆刻）、一二～一五頁。
（8）『続再夢紀事』一（日本史籍協会叢書、一九八八年覆刻）、四二六～四二八頁。
（9）『維新史』第三巻（明治書院、一九四一年）、三七六～三七八頁。
（10）水野家文書、『水野忠精日記』文久三年三月二五日の条。
（11）同右、A一〇―一〇四（文久三年三月二五日）。

(12) 同右、A一〇―一〇七（文久三年三月二七日）。
(13) 同右、A一〇―一〇九（文久三年三月）。
(14) 『維新史』第三巻、三八七～三八八頁。
(15) 水野家文書、『水野忠精日記』文久三年四月四日の条。
(16) 『維新史』第三巻、三八九頁。
(17) 『鳥取池田家文書』（日本史籍協会叢書、一九一七年）、二九一～二九二頁。
(18) 『京都守護職始末』Ｉ（平凡社東洋文庫、一九六五年）、一〇四頁。
(19) 『徳川慶喜公伝』史料篇一（続日本史籍協会叢書、一九七五年）、四九九～五〇〇頁。
(20) 『維新史』第三巻、三九三頁。御召を拝辞した慶喜については、仮病ではないかと噂されたが、慶喜は晩年の述懐において「世には節刀を給はんことを恐れ仮病をつかひしやうにいふもあれど、前にもいへる如く、節刀の事は幕府にては全く知らざれば、恐を抱く謂なし、実際病気の為に御召を辞したるなり」として、仮病説をきっぱりと否定し、節刀拝受の儀式についても、もともと知らなかったと述べている（『徳川慶喜公伝』史料篇一、五〇〇頁）。
(21) 原剛『幕末海防史の研究』（名著出版、一九八八年）、五七～五九頁。
(22) 『徳川慶喜公伝』史料篇二（一九七五年）、五一〇～五一七頁。『肥後藩国事史料』第三（国書刊行会、一九七三年）、七六四～七六五頁。
(23) 水野家文書、『水野忠精日記』文久三年四月二一日の条。
(24) 同右、同日記、文久三年四月二九日の条。
(25) 同右、同日記、文久三年五月四日の条。
(26) 同右、同日記、文久三年五月五日の条。
(27) 針谷武志「安政～文久期の京都・大坂湾警衛問題について」（明治維新史学会編『明治維新と西洋国際社会』吉川弘文館、一九九九年）、八二～八三頁。
(28) 水野家文書、A一〇―一一四（文久三年四月、標題なし）。
(29) 『兵庫県史』史料編・幕末維新一、兵庫県史編集専門委員会、一九九八年）、四三～四四頁。

(30) 同右、五六〜五七頁。原剛註(21)前掲書、一七九頁。
(31) 原剛註(21)前掲書、一七九頁。
(32) 例えば、弘化四年(一八四七)二月に相州海防を命じられた彦根藩は、その本来の軍事的役割が京都警備であると主張して、たびたび免除願を提出したが認められず、安政元年(一八五四)四月まで海防の任に就いている。また、小浜藩は、津和野藩とちょうど同じ日付で兵庫海岸の防備を命じられて、すぐに高松藩と入れ替わっているが、その小浜藩は文久三年八月一四日の段階で、淀川に面した江口の防備を担当している。『兵庫県史』史料編・幕末維新一、五六〜五七頁、七一〜七二頁。原剛(21)前掲書、一七九頁。
(33) 水野家文書、A一〇―一一五(文久三年四月)。
(34) 『続再夢記事』二(日本史籍協会叢書、一九二一年)、六〜七頁。
(35) 同右、七〜八頁。
(36) 『七年史』一(続日本史籍協会叢書、一九〇四年)、二九六〜二九七頁。『維新史料綱要』巻四(東京大学出版会、一九三七年)、四二三頁。
(37) 同右。
(38) 『七年史』一、三〇三〜三〇四頁。
(39) 『南紀徳川史』第三冊(名著出版、一九七〇年)、四八七頁。
(40) 『七年史』一、三一四〜三一七頁。
(41) 水野家文書、A一〇―一一八(文久三年六月)。
(42) 『防長回天史』上巻(末松謙澄著、柏書房、一九六七年)、四四九〜四五二頁。
(43) 下関市史編修委員会、一九六四年、三九九〜四〇五頁。
(44) 『土浦市史』(土浦市史編纂委員会、一九七五年)、一一一二〜一一一三頁。
(45) 『孝明天皇紀』第四(平安神宮、一九六八年)、六四八〜六五一頁。
(46) 『南紀徳川史』第三冊、四四八頁。
(47) 田辺太一『幕末外交談』(続日本史籍協会叢書、一九七六年覆刻)、二七三〜二七六頁。『維新史』第三巻、四四六～四四九頁。
(48)『維新史』第三巻、四四九頁。
(49)同右。
(50)『吉川経幹周旋記』一（日本史籍協会叢書、一九二六年）、一一〇～一一二頁。
(51)同右、一一〇頁。
(52)同右、一一一～一一二頁。
(53)青山忠正『明治維新と国家形成』、四六～五一頁。
(54)奈良勝司「二つの開国論――幕末における世界認識体系の相克――」（『歴史の理論と教育』第一二六・一二七合併号、名古屋歴史科学研究会、二〇〇七年）。
(55)『維新史』第三巻、五二四～五二八頁。
(56)同右、五二五頁。
(57)同右、五二八頁。
(58)『防長回天史』上巻、四三一頁。
(59)『維新史料綱要』巻四、四六九頁。
(60)『東西紀聞』二（一九六八年覆刻）、三七～三八頁。
(61)『徳川慶喜公伝』史料篇一、六一一～六一四頁。『鹿児島県史料』忠義公史料（一九七六年）、八四～八五頁。
(62)佐々木克『幕末政治と薩摩藩』、一二三～二〇七頁。
(63)『会津藩庁記録』文久三年第二（日本史籍協会叢書、一九一九年）、一八七～一八九頁。『鳥取池田家文書』第一、七二八～七二九頁。
(64)水野家文書、『水野忠精日記』文久二年八月二七日の条。
(65)東京大学史料編纂所所蔵、維新史料引継本、『小笠原長行日記』文久三年一〇月三日の条。
(66)同右、文久三年一〇月一八日の条。
(67)水野家文書、A一〇―一一三（文久三年八月）。

(68) 『孝明天皇紀』第三（平安神宮、一九六八年）、八九二頁。
(69) 同右、第四、六八七～六八八頁。
(70) 『真木和泉遺文』（真木保臣先生顕彰会、一九一三年）、三一頁。
(71) 『続通信全覧』編年之部・文久三年（雄松堂、一九八三年）、六二二頁。
(72) 『続再夢記事』二、一一七頁。
(73) 『孝明天皇紀』第四、八六五頁。
(74) 『維新史』第三巻、六四八頁。
(75) 水野家文書、『水野忠精日記』文久三年九月一三日の条。
(76) 『東京市史稿』市街篇・第四六（臨川書店、一九五八年）、一〇〇九頁。
(77) 『維新史』第三巻、六六四頁。
(78) 同右、六六四～六六五頁。
(79) 『七年史』二、二一～二三頁。
(80) 『続通信全覧』編年之部・文久三年、四一二頁、七六六～七六七頁。
(81) 水野家文書、A一〇―一二二（標題なし、文久三年八月）。
(82) 同右、A一〇―一二五（文久三年九月）。
(83) 『横浜市史』資料編一（有隣堂、一九六〇年）、一八一～一八二頁。
(84) 『会津藩庁記録』二、五七九頁。
(85) 『七年史』二、三〇～三一頁。
(86) 『維新史』第三巻、六五九頁。
(87) 『京都守護職始末』I、二一三～二一四頁。
(88) 水野家文書、『水野忠精日記』文久三年一一月五日の条。
(89) 『七年史』二、六〇～六二頁。
(90) 水野家文書、A一〇―一二八（文久三年一一月八日）。

(91) 同右、A一〇―一二九（標題なし、文久三年一一月二一日)。
(92) 註(67)に同じ。
(93)『兵庫県史』史料編・幕末維新一、五六〜五七頁。また、時期と地域は異なるが、幕府の情報収集に諸大名が協力した例として、安政五年（一八五八）から万延元年（一八六〇）にかけての井伊政権による水戸風聞探索に絶大な支援をした高松藩（藩主松平頼胤）の情報収集活動をあげることができる。これについては、佐藤隆一「幕末期井伊政権による水戸風聞探索」(『茨城県史研究』第八三号、一九九九年）を参照されたい。
(94)『維新史』第三巻、六六六頁。
(95)『続通信全覧』編年之部五・文久三年、八〇八〜八一五頁。
(96) 水野家文書、『水野忠精日記』文久三年一二月一一日の条。
(97) 同右、同日記、文久三年一二月一七日・二七日・二八日〜同四年（元治元年）一月一五日の条。

第五章　元治の庶政委任と老中の往復書翰

はじめに

さて、元治元年（一八六四）一月の将軍家茂再上洛は、八月一八日の政変後の長州藩への処分や幕府が提案した横浜鎖港政策などの重要な案件について、朝廷・幕府・有力大名の代表が一堂に会して協議し、国家の指針としての国是を定めようとする目的があることを前提にしたものである。また、幕府としては家茂第一回上洛時に完璧なかたちでの政務委任を取り付けられなかった経緯から、攘夷激派の勢威が弱まった現時点において、是が非でも朝廷より庶政委任の実現をはかろうとする一大目的があった。

水野家文書には、この時期の国政上重要な内容が豊富に盛り込まれた老中の往復書翰の写である『秘翰』[1]が残存している。『秘翰』は、上洛した老中と江戸で留守を預かる老中との、国是をめぐって直面する数々の政治課題に対する本音の部分での情報や意見の交換が展開されており、その内容は実に注目すべきである。そこで、本章では、初めての試みとしてこの史料全体の内容を紹介し、老中らの情報交換・意見交換の実態を明らかにすることにより、国是確立をめぐって浮上した様々な政治的課題の実態を整理してみたい。

一　家茂再上洛をめぐる政情と水野家文書『秘翰』

二度目の上洛の途につき、元治元年一月一五日に二条城に到着した将軍家茂は、二一日に後見職一橋慶喜ら在京の者四〇余名を従えて参内した。ここで、孝明天皇はあらかじめ作成しておいた宸翰を家茂に下した。[2] これは、一月七日に島津久光が朝彦親王と近衛忠煕に建白書を提出し、天皇が参内した家茂に「至誠ノ綸言を以テ諭告」を行い、宸翰を手渡して、これまで尊攘激派を台頭させ八月一八日の政変を招いたような事態に対して自分が反省をする意向を示し、朝廷・幕府・諸大名が一体となって天下挽回の道を開くことこそが至上の方策であることを進言したことに基づくものであった。

この二一日の宸翰のおおよその内容は、孝明天皇が諸外国から恥辱を受け併呑の危機を迎えたのは「汝ノ罪ニ非ス朕カ不徳ノ致ス所」として自らの責任を自覚し、汝（家茂）は「征夷府ノ職掌」を尽くして天下人心の企望に対応してほしいが、「無謀ノ征夷ハ実ニ朕カ好ム所ニ非ス」として、長州藩が外国船を一方的に砲撃したような暴挙は認めず、松平容保・松平慶永・伊達宗城・山内豊信・島津久光らの諸侯は頼むに足る人材であり、彼らと親しみ協力して衰運を挽回せよとするものであった。

また、天皇は一月二七日にも参内した家茂に宸翰を授けているが、これも二一日の宸翰と同様、薩摩藩が起草したものであった。[3] その内容の大略は、三条実美ら攘夷激派が「匹夫ノ暴説ヲ信用シ」て、天皇の命を曲げて「軽卒ニ攘夷ノ命ヲ布告シ、妄ニ討幕ノ師を興サン」としたとし、長州藩の暴臣は「故ナキニ夷船ヲ砲撃シ、幕使ヲ暗殺シ、私ニ実美等ヲ本国ニ誘引」しており、彼らは必罰しなければならない。しかし、これらはみな「朕カ不徳ノ致ス所」であり、これからは武備の充実に努め、将軍および各国の大小名もみな力を合わせ、天下の事を自分と共に一新してほしいと願うというものであった。

このように、三条実美ら攘夷激派の公家らの所業を摘発し、無謀な外国船砲撃を行った長州藩を処罰するという点では、天皇も久光も上洛した将軍家茂ら幕府一行も一致していたのであるが、結論から述べると、この朝廷・幕府・諸大名が一致団結して難局に対応するという宸翰に盛り込まれた政体の構想は、破綻を来すことになる。

一月二一日の天皇宸翰にある諸侯の国政参画については、すでに前年（文久三年）一二月晦日に朝廷より一橋慶喜・松平容保・松平慶永・伊達宗城・山内豊信の五名に朝議への参予が命じられ、無位無官の島津久光も官位を授与されたうえで翌元治元年一月三〇日に参予を命じられ、また二月一六日には老中有馬道純より参予諸侯の幕議への参加も認める通達があり、ここに元治国是会議が成立する。

しかし、この参予諸侯の会議については、一月二八日に集会の席上で水野忠精は、閣老として松平慶永に次のように異議を唱えている。

水野閣老此節参予を置かるゝハ公平の御処置とも覚へすと申されしか公卿上洛前の形勢止むを得さる次第ありて参予を置かれけれと已に御上洛ありし今日となりてハ或は不用なるへしさりなから今の参予ハ諸侯の巨擘ともいふへき輩なれハ此際参予を廃して幕府の参謀に加へられなは真に公平に至るへしと申されしかは閣老何の答へもなくてやまれしとそ(4)

忠精としては、将軍家茂が上洛した以上、なおも幕府政治の枠外での朝議に列席して国政の評議を行う参予を置くというのは不公平であり、もはや不要ではないかと主張した。しかし、諸大名の国政参画のための制度をひらくことを強い信念とし、有力諸侯の賛同のもとでの庶政委任の実現をめざす慶永は、この際参予を廃して幕府の参謀に加えてはどうかと提案した。これに対して、忠精はただ黙止したままであったという。ここに、諸大名の国政参画は認めながらもあくまでも幕閣の主導権を重視する老中と、幕府の閣老の実力を見限り諸大名への開かれた政治制度を構築しようとする慶永をはじめとする参予諸侯との、明瞭な対立点を見出すことができる。また、その後、横浜鎖港は外交上不可能であるとする久光・慶永・宗城ら参予諸侯と、幕府の奉勅攘夷体制のなかであくまでも鎖港に固執する慶喜との意見対立が激化し、参予諸侯は次々と辞表を提出し、元治国是会議は三月中に事実上崩壊する。このように、庶政委任をめざして上洛した幕閣・諸大名らのなかでの参予諸侯と老中の国是会議の成り立ちをめぐる対立に加え、参予諸侯のなかでも、あくまでも横浜鎖港に執着する慶喜と開国路線を主張する他の諸侯との対立が生じ、結局彼らは一枚岩の結束を固めることができなかった。

参予会議が事実上解体した後、三月二五日に慶喜は将軍後見職に代わり禁裏守衛総督に任ぜられ、四月七日には会津藩主松平容保が京都守護職に再任され、四月一一日には桑名藩主松平定敬が京都所司代に任命されて、京都におけるいわゆる一会桑政権が成立する。しかし、一方で島津久光は四月一八日に京都を発って帰国の途につく。参予会議の中心的な提唱者であった久光は、その解体を機に幕府とは距離を置いて朝廷一筋の政治姿勢を守るように西郷隆盛ら在京の藩士に命じ、幕府離れの姿勢を明確に示し始める(5)。

結局、元治元年四月二〇日の朝廷から幕府へ下された庶政委任は、その実現が不可能なことが明らかである横浜鎖港を主たる条件に成立し、しかも本来はこの庶政委任を支援すべく上京したはずの参予会議の諸大名も意見の一致をみずに解散した後に、これが成立するという結果を招いた。つまり、これは朝廷から幕府へ庶政を全権委任するという、かたちのうえでは明瞭なものではあったが、その実は参予会議のメンバーをはじめ有力な諸大名の支持を得ないままに行われた権限の委託であった。従って、その後の幕府は多くの内政・外交上の難問が山積し、文字通りその存亡をかけた厳しい国政運営を余儀なくされたのである。

すでに、将軍家茂の第一回・第二回の上洛において、老中を中心とする幕閣は、江戸と上方（京都・大坂）とに二分する事態に直面し、上洛した幕閣がその主導権を握り、江戸は留守幕閣というかたちをとった。しかし、

第一回上洛時においては、江戸幕閣は生麦事件の賠償問題という緊急の外交問題を抱えていたが、第二回上洛時においても、江戸幕閣は横浜鎖港をめぐる外交問題や水戸天狗党の蜂起など差し迫った数々の問題に直面しており、幕府の指揮統率系統に大きな混乱が生じていた。幕府の指揮系統の二元化は、そのまま老中一座の実務能力を大きく減退させる結果となった。前年に奉勅攘夷体制のなかで幕府が朝廷に約束した横浜鎖港の実施をめぐり、これを率先して推進しようとする一橋慶喜・松平直克（政事総裁職）らと、現実的に鎖港は不可能であり天狗党鎮圧こそ優先課題であるとする老中たちとの意見対立は深まっていった。

本章では、将軍家茂第二回上洛中の元治元年（一八六四）二月一八日から四月二三日にかけての、在江戸老中と滞京老中との往復書簡計一七通を筆写した水野家文書中の書付『秘翰』の全体を分析・検討することにより、当時幕府が直面していた両都両港開市開港問題、水戸天狗党挙兵への対応、横浜鎖港交渉などの問題を通して、元治国是に至る老中体制の実態について考察してみたい(6)。

往復書翰といっても、『秘翰』は一通目から一六通目までは全て在江戸老中から滞京老中に宛てたものであり、最後の一七通目が滞京老中水野忠精が在江戸老中井上正直に宛てたものである。これらは標題にも明らかな通り、老中同士で交わされた密書であり、在江戸老中の苦衷に満ちた政局運営の模様が赤裸々に記されている。

ちなみに、将軍家茂が再上洛した元治元年一月の段階での老中は、水野忠精・板倉勝静・井上正直・酒井忠績・有馬道純・牧野忠恭の六名であり、このうち水野・酒井・有馬の三名は上洛に随行し、板倉・井上・牧野の三名は江戸留守居となり、これに加えて前年末には、将軍後見職一橋慶喜と政事総裁職に就任した松平直克が上洛していた。家茂再上洛中の幕府の命令系統の主体は、家茂に随行した滞京幕閣であったといえるが、江戸幕閣は前掲の開市開港・横浜鎖港など切迫した問題で横浜駐在の外国勢力と折衝しなければならず、また家茂上洛中の元治元年三月二七日には、水戸藩庁が江戸に天狗党の乱発生の報をもたらしている。では次に、『秘翰』に筆写された一七点の文書を年月日順に並べた表5を参照しながら、内容の分析と考証をしていきたい。

表5　水野家文書『秘翰』に筆写された文書とその概要

番号	文書年月日	差出人〔○印は筆記者〕	受取人	内容概略
1	元治元年 二月一八日	牧野忠恭 井上正直 ○板倉勝静	松平直克※ 酒井忠績 水野忠精 有馬道純	松平容保京都守護職解任に抗議、その復職を希望。
2	二月二二日	牧野忠恭 ○井上正直 板倉勝静	松平直克 酒井忠績 水野忠精 有馬道純	外国側と江戸・大坂両都開市、新潟・兵庫両港開港問題が切迫する事態につき、上洛中に条約勅許を得られたい旨。
3	四月四日	牧野忠恭 井上正直 ○板倉勝静	松平直克 酒井忠績 水野忠精	宇都宮藩による山陵修復工事と将軍家茂の位階昇進について。横浜鎖港実現には困難がつきまとうこと。参予会議解散について。老中有馬道純の後継に小笠原長行を復職させたい旨。水戸天狗党の乱発生の報。
4	四月六日	牧野忠恭 井上正直 ○板倉勝静	松平直克 酒井忠績 水野忠精	関東の情勢については、目付佐々木脩輔を上京させて説明する旨。
5	四月八日	牧野忠恭 井上正直 ○板倉勝静	松平直克 酒井忠績 水野忠精	天狗党の乱鎮静化は容易ならざること。勘定奉行の人事。重ねて小笠原長行の老中復職を望むこと。
6	四月八日	○板倉勝静 牧野忠恭 井上正直	水野忠精 松平直克 酒井忠績	宇都宮辺に天狗勢あり。よって幕府役人の日光新宮登山は見合わせる旨。
7	四月一〇日	牧野忠恭 ○井上正直	松平直克 酒井忠績	藩主徳川慶篤自らが指揮する水戸藩の天狗党鎮静方は進まず。当面天狗党鎮静方は江戸方の臨機応変の処置を施したいこと。

※表において松平直克は老中ではなく、政事総裁職である。

		板倉勝静	水野忠精	
8	四月一〇日	井上正直 ○板倉勝静 牧野忠恭	酒井忠績 水野忠精 松平直克	小笠原長行の即刻の老中格再任を切に願う旨。
9	四月一二日	○板倉勝静 牧野忠恭 井上正直	水野忠精 松平直克 酒井忠績	老中有馬道純は退任する旨。仰せの通り、井上正直を上京させる旨。小笠原長行の早々の老中格再任を望むこと。松平容保京都守護職再任につき安心した旨。
10	四月一二日	○板倉勝静 ○牧野忠恭 井上正直	水野忠精 松平直克 酒井忠績	水戸藩主徳川慶篤が横浜鎖港談判推進を主張している旨。しかし、この水戸藩の主張は拒むべきこと。
11	四月一四日	○板倉勝静 井上正直	水野忠精 松平直克 酒井忠績	天狗党のうち日光山の者は立ち退き、筑波へ集結した由。
12	四月一四日	井上正直 ○板倉勝静	松平直克 酒井忠績 水野忠精	水戸藩主徳川慶篤は天狗党が常陸辺で騒ぎ立てたため、英国公使オールコックとの応接を見合わせるよう我々に要請。
13	四月一四日	井上正直 ○板倉勝静	松平直克 酒井忠績 水野忠精	オールコックと横浜鎖港の談判をしたが、英国側は断固応ぜず。
14	四月一五日	井上正直 ○板倉勝静	松平直克 酒井忠績 水野忠精	日光奉行よりの書状を送ること。諸事は上京する大久保忠恕・石野民部両名より聞き取られたいこと。
15	四月一七日	井上正直 ○板倉勝静	松平直克 酒井忠績 水野忠精 稲葉正邦	今朝、水戸藩執政岡部以忠が上京のため出立、朝廷より攘夷の勅諚取り付けのためかと警戒する旨。
16	四月一九日	○井上正直	松平直克	水戸天狗勢が下野国太平山に移動し、心痛である旨。大久保忠恕が不快により、石野民

		板倉勝静	酒井忠績 水野忠精 稲葉正邦	部一人を上京させること。
17	四月二三日	○水野忠精	井上正直	小笠原長行老中格復帰についてはこれを進めたいが、一橋慶喜が反対。しかし元治の庶政委任により状況が変わり、慶喜もこれに同意した旨。

二　両都両港開市開港問題（『秘翰』の内容・その1）

まず『秘翰』の1は、江戸留守老中の板倉勝静が松平直克ら滞京幕閣に書き送った書状である。板倉は、将軍家茂再上洛中の元治元年（一八六四）二月一五日に会津藩主松平容保が京都守護職を免じられ、五万石を加増されて陸軍総裁職に任ぜられたとの風聞に接したとして、

甚以残念奉存候、肥後殿儀ハ世上一同幕府柱石と不存者ハ恐らく有之間敷、公論之所帰、人望之所属、真之御一和被為整候迄ハ、決而京地ヲ離れ候事ハ難出来人ニ御座候、必天下之動静ニ関係し、人心之惑乱も又従是起り、如何なる変事可出来も難計、実ニ嘆息之至ニ御座候、是非何と歟御引直し之御工夫無之候而ハ、決し而御為不相成儀と、一同寝食を忘れ心痛至極仕候

とあるように、京都守護職への引き戻しを要求している。容保に代わって、京都守護職には松平慶永が任命されているが、慶永は参予会議発足について、これに反対する水野忠精をはじめとする老中たちと対立した経緯があった。

板倉は、紀伊藩主徳川茂承や新選組らと共に慶永の開国論は朝幕の方針に反すると主張し、慶永の守護職解任と松平容保の復職を希望し、一方新選組も慶永の支配下に入るのを嫌った。また、慶永と一橋慶喜とは外交問題・長州処分等について所信を異にし、幕閣の多くが慶永の忠告を嫌う態度を示したことが明らかになったので、

早くも慶永は三月二一日に幕府に京都守護職解任の願書を提出し、四月七日に解任されている(7)。結局、『秘翰』に記された板倉らの要求が滞京幕閣に受け入れられたかたちとなっている。

次に、2は同年二月二二日付で在江戸の井上正直が筆をとったもので、安政五か国条約に盛り込まれた江戸・大坂両都と兵庫・新潟両港の開市開港問題についての打診である。

> 第一両都両港延期之至極を漸く御整談ニ相成候得共、期限纔ニ明後年ニ止り、且今般金港鎖之為メ使節被差遣候得共、万ニ一談判承諾仕候共、横浜ゟ可恐両都両港可開年限ニ及ひ、此上之延期ハ弥難事ニ可有之、爰ニ至候而ハ若干之御憂苦と奉存候、其外申立候条々をも夫々御処置有之、還御後者御決答不相成候半てハ無量之御不都合ニ奉存候、実ニ皇国之御光輝ニも相拘り候重大事件ニ付、御上洛中得と御確定ニ相成候様仕度奉存候

両都両港の開市開港は、安政五年（一八五八）の五か国条約に盛り込まれていたものであり、そのうち日米修好通商条約では、江戸は一八六二年一月一日（文久元年一二月二日）、兵庫は一八六三年一月一日（文久二年一一月一二日）、新潟は一八六〇年一月一日（安政六年一二月九日）に、それぞれ開くことが約束されている。

しかし、兵庫開港・大坂開市については、朝廷側の激しい拒否反応が出て準備が進まず、新潟については湾口が浅瀬で外国船の入港ができず、その外港は風波が強く危険であるとの悪条件から、他の西海岸の港の選定に手間取っている。そこで幕府は、外国奉行竹内保徳を全権とする使節を欧米諸国に派遣し、文久二年五月九日に各国政府代表と開市開港延期に関する覚書に調印し、この件は一八六八年一月一日（慶応三年一二月七日）まで延期されることになった（ロンドン覚書）。

老中井上としては、家茂再上洛中に朝廷より両都両港開市開港の許可を取り付けて、江戸へ帰府後には諸外国側に決答なくしては「一同痛心此事御座候」として、その後にさらに難問を持ち越すことになり、ぜひ上洛中に

熟考してもらうよう要請している。

次に3は板倉勝静の書状であるが、まずは上洛した将軍家茂の位階昇進についてふれている。再上洛した家茂は、一月二一日に参内して朝廷より右大臣に任ぜられ、さらに二七日に参内したときに従一位に叙する内旨を賜り、位階について家茂はいったんこれを辞退する旨を奏上したものの聴許が得られず、二九日に従一位に叙する宣下があった(8)。このうち、位階の昇進については、幕府が神武天皇陵をはじめ歴代の山陵の修補に着手して文久三年冬に一区切りの工事を終えた功労に対する褒賞という名目があった。

そもそも、山陵の修築は文久二年閏八月一四日に宇都宮藩主戸田忠恕が建議したもので、同年一月の坂下門外の変で同藩から大橋訥庵・菊池教中らの逮捕者を出して藩の立場が不利になったことに対する名誉回復のねらいがあった。幕府はこれを採用し、宇都宮藩ではこの仕事を家老の戸田忠至（間瀬から本姓の戸田姓に復帰する）に担当させている。一〇月二〇日には、朝廷が戸田忠至を新設の役職の山陵奉行に任命している。山陵奉行は、京都所司代の下部組織とされており、この時点で幕府の役職を朝廷が任命するという人事権のねじれが生じている。

この山陵修復工事の褒賞としての家茂の位階昇進に対し、板倉は大いに難色を示して次のように記している。

御着京早〻之御転任如何之御次第哉と実ハ心痛仕候へ共、夫ハ兎も角も御位階御昇進ハ実ニ乍恐愕然嘆息仕候、其予ハ必真之　叡慮ゟ出候事ニハ奉存兼候、全く戸田大和之奸曲ゟ出候義ニ相違無御座候、同人義　公武之御間御為を存込、山陵御普請之義申出候得共、俗ニ云大山師、甚以可悪大不忠者、急度御咎被　仰付度位ニ存詰候へハ、大名之列之御取扱ニ而も、此末決而領知等被下間敷、万〻一以　叡慮被　仰付候とも、同列之場合其内情打明奏　聞いたし、決而御請ハ難申上候、御不肖僕御同列ニ被差加候内ハ誓而承服不仕候

板倉は、今度のことは叡慮によるものではなく、全く戸田忠至の奸曲と野心から進められたもので処罰をするに値し、すでに山陵奉行に任命された時点で大名格に認められたといっても、決して領地を与えてはならず、万

一朝廷からその旨の沙汰があったとしても、内情を説明してこれを請けないようにと強く訴えている。板倉としては、水戸藩尊攘激派と関わりが深いと評された宇都宮藩が朝廷と密接につながろうとする政治的動きを警戒するとともに、将軍家茂一行が第一回上洛時に朝廷側によりたびたび翻弄された苦い経験から、安易に位階昇進という栄誉を受けてその術中にはまることへの深い憂慮を示している。

その後宇都宮藩は、一度は天狗党の乱への対応の責任を問われて、慶応元年（一八六五）一月二五日に幕府より藩主戸田忠恕の謹慎、領地のうち二万七、八五〇石の召し上げ、陸奥国棚倉への転封を命じられたものの、戸田忠至らの嘆願があり、山陵修復の功績からこれらの処分は取り消しとなっている。また忠至自身も、慶応二年三月に宇都宮藩より本田七、〇〇〇石と新田三、〇〇〇石を分与され、諸侯に列して下野国高徳藩を立藩している。ここでは何よりも、幕府の役職としての山陵奉行を朝廷が任命したという点を、翌慶応元年の一〇月政変において阿部正外・松前崇広両老中が朝命により引責辞任させられるという、任と免との違いはあれ、朝廷による幕府の人事権への介入の先がけとして注目すべきである。

次にこの3の書状では、将軍家茂再上洛に合わせて朝廷から次々と任命されて朝議に参画することになった、一橋慶喜・松平容保・松平慶永・伊達宗城・山内豊信・島津久光ら参予大名の動静についての内容が記されている。彼らは、それぞれに長州藩や七卿の処分問題や横浜鎖港問題等について活発な意見を述べたが、結局、横浜鎖港に執着する一橋慶喜と開国を主張する他の諸侯との衝突により、元治元年三月中に参予会議は事実上解体してしまった。

この板倉の書状には、こうしたあつれきが次のように説明されている。

参予初御暇之儀、当時如何之もの哉、参予之儀ハ王政めかしく尤不好儀に候へ共、只今と相成不平を生し候而は又御為ならす、細川・黒田様ハ無二之忠臣ニ御座候、是等も十分力を尽候事之出来候様被成候得ハ、只今御暇ハ却而御失策と奉存候、因備之上京御待之御容子、右様ニ其時〻御見込変し、諸藩を御当てニ被成候様ニ而は御成功ハ乍恐御六ケ敷と心痛ニ不堪候、兎角何事も御誠意を以御貫第一ニ御座候、一歩も御策略ニ渉候而は不相成候、堂上方も随分策略家も可有之、諸藩ニも策略家可有之、夫ニ御策略ニて御競合ハ実ニ危き事と乍憚御案事申上候事

基本的には、老中の立場からの参予大名の国政介入への拒否反応が強く示されているが、今回のような不平を残して解散をみたことは好ましいものではなくて、失策であるとしている。また一方で、熊本（細川）・福岡（黒田）のような親幕的な大名の力を借りることは大切であるとしており、諸大名の国政参加自体を厭う見解ではない。ただし、堂上方・諸大名と幕府とが策略をめぐらして競合するような事態は危険であると忠告している。

また、板倉はこの書状で、幕府が朝廷と諸外国双方への対応で行き詰まり、大きな自己矛盾を来した両都両港開市開港問題と横浜鎖港問題について、次のように打診している。

長崎・箱館之二港ハ、断然御存シ之廉御布告ニ仕度候、昨年攘夷之御事被仰上、其後御請通り不行儀ハ、敢而御因循ニハ無之事情得と被仰上度候、宇内之形勢ニてハ鎖国難出来、開国も又御国内人心ニ不合難行、依而一港鎖と御治定、扨又一港鎖も使節談判之成不成ハ兼て難期候得共、飽迄御力を被尽候事ニ候、十分成就とのみ御差合、還御ニ而は後日如何哉、不整節之御覚悟も亦有之度候、当今宇内之形勢御国内之人気、今外国人之事情も飽迄被仰上、堂上方も十分会得有之度候、今度コック再渡来、両都両港之義申立候ニハ意味合も可有之、此義ハ委細兵庫へ申含候故、文略致候、

第四章でも述べたように、朝廷に攘夷を約束した幕府が現実的に取り得る策としては、横浜一港の閉鎖が精一杯であると板倉勝静が主張したことにより、幕府は文久三年八月一〇日に横浜鎖港政策を決定している(9)。板倉は3の書状でも、現状では完全なる鎖国も開国もでき難いという困難な情勢にあり、幕議はその妥協点としての横

浜一港の閉鎖と決定したが、それすらもヨーロッパへの鎖港談判使節との交渉次第で失敗することもあり得るとして、こうした厳しい現状を朝廷に報告して、充分に理解を得ることが肝心であると記している。

また、板倉は3の書状で、滞京老中の有馬道純の後任として、前年六月に尊攘激派勢力一掃のための卒兵上京を行おうとして老中格を罷免された小笠原長行の再任を強く望む旨など、人事に関する希望を次のように記している。

遠江守殿跡役之義、先便ニも申上候通、何分にも是非〱図書頭不被仰付候而は不相成、飽迄御尽力可被成候、一日も早ふ被仰付候へハ、同人直上京被　仰付候方万〻御都合可然、同人御請仕候上ハ、帰一工夫も可有之と存候、此儀ハ得と　上ニも被仰上、以御英断速ニ被仰出候様御取計可被成候、一橋殿何と被仰候とも、上意を以御押付可被成候、当時急務ハ肥後守復職、図書之再勤と存候、当御地ニてハいか様存候而も取計方も無御座候

まず、老中有馬道純の処遇については「遠江守殿跡役之義」とあるように、この段階において老中内部でその退任が決定されていたことがわかる。このことは、『秘翰』の二月段階の1・2の書状で、受取人の在京老中に名を連ねていた有馬が、3の書状ではその名がないことでも裏づけることができる。

さて、板倉は3の書状で、横浜鎖港や両都両港開市開港問題により行き詰まる状況のなかで、外国勢力との交渉の経験に長け決断力に優れた小笠原を一刻も早く老中に復帰させ上京させたいと懇願している。この件については、滞京幕閣の一員である一橋慶喜がどのような反対意見を述べようとも押し切ってほしいとも頼んでいる。またここでは、軍事総裁職に転役となった松平容保の京都守護職への復帰も頼んでおり、「御当地ニてハいか様存候而も取計方も無御座候」とあるように、この時期の幕府要職の人事権はすっかり滞京幕閣が握っていたことを示している。

三　天狗党の乱発生（『秘翰』の内容・その2）

同じく3の書状で板倉は、筑波辺に水戸浪士ら浮浪の徒が集まり、不穏な情勢であることを報告している。すでに、三月二七日に水戸藩士藤田小四郎らが浪士らを率いて筑波山に集結し、さらに日光東照宮にも拠点を設けようとしたために、水戸藩庁が藩士岡田新太郎を急ぎ江戸に派遣し、藩主徳川慶篤および幕府にこれを報じている。いわゆる天狗党の乱の発生である。

板倉は、天狗党がかなりの大軍であり、水戸藩の一手では鎮静し難いという風聞に接しているものの、昨今は、ぜひ同藩により鎮静化をはかってほしいと掛け合っており、「若水戸に而鎮静無之、万〻一横浜へ暴発ニ而は万事瓦解と殆当惑心痛仕候」とあるように、もし同藩の手に余り、横浜へ押し寄せて外国勢力と衝突するような事態となっては、万事が瓦解すると危機感を訴えている。

次に板倉が記した四月六日付の4の書状では、混迷する関東の情勢については、今後目付佐々木脩輔を上京させて滞京幕閣に報告したい旨を、次のように記している。

今般佐々木脩輔立帰登京相達候、当地之事情篤と御聞取可被下候、昨今何分内外六ケ敷事情而已にて、実に殆と当惑致候、御地も御六ケ敷御様子御同前如何致可然と日夜心痛苦念致候而已、何事も更ニ揃取兼候間、恐入奉存候、ケ条書脩輔へ相渡候間、御聞取可被下候、同人帰府之義ハ早〻被仰付度候、御地ニ逗留と被仰付候而ハ、江戸表何分御差支ニ御座候、種〻御用多之儀同人ハ御普請揃等も心得居、先〻当時ハ古き部にて、御用多故同人永〻御差留ニ而ハ実に御差支ニ相成候、其故同役共ゟも達而申聞候、十日計も滞留にて、直ニ御差下可被下候

この文面は、江戸幕閣と滞京幕閣との間で情報交換をするうえでの、目付の重大な役割を示す内容として注目

すべきである。特に、横浜鎖港や両都両港問題が行き詰まる一方で、天狗党事件が発生する風雲急を告げる事態にあって、佐々木脩輔のような経験豊かな目付が短期間のうちに江戸・京都間を行き来して諸事連絡役となったのである。

板倉が四月八日付で滞京幕閣に書き送った5の書状では、水戸藩領の潮来・玉造・小川の三館へ集結した浮浪の徒の動静について、四月六日までの事情は上京する佐々木脩輔に報告させるが、翌七日に水戸藩主徳川慶篤が江戸城に出仕し、三奉行・大目付・目付と会見のうえ鎮静方については何分にも処置の見込みがないと訴えており、さしあたり水戸藩若年寄二名へ直書の諭書を持たせて対応させると伝えている。さらに、

一体彼等之表に主張致候所ハ、横浜鎖港及遅緩候を名と致候事ニ付、暫時ハ鎮り候而も、其後ハ又〻同様之騒きニおよひ候者眼前之事に候間、此上之動静ニ寄候而者、無余儀公辺ゟ臨機之御処置有之候ゟ外無之候へ共、御留守中之義、右様之取計ニ不相成様致度事ニ候、右ハ不容易事柄ニ付、於当地も精〻取計候様可致候得共、於御地一橋殿御初篤と御評議之上、右鎮静方何と歟御手段有之候様致度存候、実ニ三人共日夜寝食も不安心痛苦念仕候事ニ御座候

とあるように、天狗党事件が水戸藩の自力では解決できず、江戸留守老中三名が日夜苦慮しているなかで、滞京老中も一橋慶喜を交えて篤と評議し、鎮静方をいっしょに考えてほしいと要望している。

また、5の書付で板倉は、江戸の勘定奉行の人事について、次のように滞京幕閣に伝えている。

公事方御勘定奉行之義、兼て伺置候得共、に今御指図無之候、然ル処前文之次第ニ而、関内御取締向ニ付而ハ、御用向万端壱人勤ニ而ハ御不都合ニ付、恐入候得共、不得止御差図を不相待、斉藤摂津守へ今日申達候、

後文略ス

関東地方の取り締まりの人員が不足したために、前もって伺いは立ててはいたものの、即刻補充の必要があっ

たために、滞京幕閣の指示を待つことなく江戸幕閣の決定により斉藤三理（摂津守）を任命したと記している。ただし、斉藤は五月六日には同職を辞任しており、在任期間はわずかに一か月足らずであった。将軍上洛により幕閣が江戸と京都に分かれる体制のなかで、幕府の政策・人事決定の主導権は基本的に滞京幕閣にあったとはいえ、急を要する場合においては、このように江戸老中の独断で人事を行うという流動的な面もあったことがわかる。

さらに板倉は5の書状で、井上正直が上京を命じられ、板倉・牧野両老中だけで江戸の職務を取りしきることはでき難く、水戸家で天狗党の乱が発生して人気が騒ぎ立ち、もし間違えば諸外国と事を構えることにもなりかねず、皇国の一大事となり、昨春の生麦事件賠償問題に関わる騒動のようになってしまっては、上洛の意味も水泡に帰してしまうとしている。そこで、

就而者是非共急速図書頭帰役被仰付可被下候、此儀万一御聞済無御座候而ハ、眼前御不都合を存なから勤居候而者職掌も立兼、深恐入奉存候間、最早覚悟仕候より外無御座候

というように、江戸老中が板倉・牧野両名のみとなってしまう指揮系統の弱体化を、実務能力に優れた小笠原を老中格に復帰させることにより補いたい旨を伝えている。小笠原は、多くの人々に早くからその学才を評価されており、ここでも外国勢力との交渉力や尊攘激派への抑止力としての裁量を、大いに期待されていることが見て取れる。

次に、6の書状は四月八日付で板倉勝静が滞京幕閣に送ったものである。板倉は、翌年四月に予定されている日光山における徳川家康二五〇回忌に向けての見分のための幕府役人の日光新宮登山について、天狗勢が日光近辺を徘徊する状況を説明した宇都宮藩主戸田忠恕の注進をふまえて、次のように記している。

越前守ゟ二印之届ニ而ハ、日光之所如何にも懸念至極御座候、夫〻最寄大名ヘ心得方申達置候

一新宮近〻御登山可被成候処、前文之次第にて、御途中も甚以懸念ニ付御所労之趣にて、御登山を御見合之積ニ御座候、一日〳〵と動静も相替り候事ゆへ、猶近〻可申上候

日光非常時警衛の任にあった戸田忠恕は、前日の七日に二通の書状を江戸の幕閣に書き送っている[10]。これらの書状で、忠恕は五日に藩の役人が城下の宇都宮に止宿した水戸藩町奉行田丸稲之衛門（直允）ら一五〇～一六〇名ほどの鎗・鉄砲を携えた一行を尋問したところ、攘夷志願のために小川館へ集結した勢力であると答えており、彼らは「直様横浜江押出可申儀ニも可有之哉」という懸念もあり、あるいは日光山神祖の霊を持ち出して攘夷の志願を遂げる存意であるとの風説もあるので、自らが江戸勤番の者を召し連れて国元へ帰り、取締向の手配にあたりたい旨を願い出ている。彼ら天狗勢は、翌六日には斎藤佐次衛門・藤田小四郎両名が宇都宮藩家老県信緝に挙兵の目的について、開港以後外国人が増長し幕府の政治的威信が低下していくなか、攘夷の実現により幕府権力の回復をはかりたい旨を明言し、そのために宇都宮藩へも協力を要請している。こうした事態に、藩の家老たちは藩主忠恕に江戸からの即刻の帰藩を求めたので、忠恕としても捨て置き難い大事と判断したものと考えられる[11]。

板倉が前掲の書状で「日光之所如何にも懸念御座候」と記しているのは、このような事態を述べているのであり、周辺の大名にその取り締まりを命じるとともに、当面は幕府役人の日光新宮登山を見合わせる旨を滞京幕閣に伝えている。

翌々四月一〇日付で井上正直が書き送った7の書状では、天狗党事件は水戸藩主徳川慶篤が同藩若年寄を同行して説諭を行ったが鎮静化せず、もはや処置なしの状況であることを、滞京幕閣に次のように報じている。

右ニ而説諭可行届見据も無之迚、御家臣之内使命を奉し候者一人も無之、依て前文之御処置ハ無拠御差止と之御内話ニ御座候、段〻推考致候ニ近〻過激之気焔盛ニ而、要路御家来も勢雷同之姿より右様之事にも候哉、

中納言殿にも殆御当惑之御様子に候へ共、一体御留守中御守衛之義御委任之御方、御領内ニ而当節右様之儀醸候者、素より御不取締ハ申迄も無之、剰右御鎮静方御手を被下候御工風も無御座、御領内之動揺冗敷、御束手御傍観之外無御座との御事ニ而ハ御鎮静之期無之候間、猶懇ニ御内話も申上、何れニも御力之被及丈ハ御取鎮方不被成候而者、御家柄殊に当時之御職掌ニ被対不相済候事、拙者共一同強而申上候処、何分にも御手段無御座候旨御当惑、此上公辺ゟ御督責、御在所ニ而ハ尽沸騰と申様相成候得ハ、御家臣挙て中納言殿を擁シ、御在所へ割拠之外無之旨、御家来〻申居候抔御内話も有之、去迚右を御咎め被成候御義も難相成との御嘆息片言之御都合も御届不被成候哉ニ而、拙者共一同も実に困却此事に御座候、最早御相談致シ方も無之候

ここでは、たびたびの説諭にもかかわらず領内の浪士集結の騒ぎをいっこうに鎮静化できない藩主徳川慶篤の無策ぶりを、井上が痛烈に非難している。ところが、幕府が慶篤を処罰すれば水戸藩では藩をあげて慶篤を擁して割拠するという風説もあり、江戸老中としても手の出しようがない状況を説明している。

また、7の書状では、二日前の四月八日に徳川慶篤は執事武田耕雲斎をともなって江戸城に登城し、老中たちに横浜鎖港を断行して叡慮に奉答し、もって水戸領内の動揺を鎮静化すべきことを提案したことが、次のように記されている。

昨八日御挨拶之趣意ハ、先年之攘夷　勅諚を奉じ、今般之　叡慮は不取用由ニ而、公辺ニ而金川鎖港之御所置無之候得共、同港へ暴発可致と之見込、夫故同港之御所置無之上ハ、何分にも御取鎮之御手段無之との御咄而已に有之候、同日武田伊賀守も登　営致候間、同人へも拙者も一同面会、前文之事理申諭、激徒共如何様切迫候共、今般之　宸翰幷御請ニ基き、御取計方之外処置無之候間、依而激徒鎮静方之儀厳重申談候処、言葉屈し候迄ニ而、別段見込も不申聞候へ共、松平大炊頭義取鎮方急〻宇都宮辺迄発足之積之旨申聞候、併

是迄迚も一通之義ニ而取鎮方難整、攘夷　期限等を以て不申諭候而者難行届抔申聞候間、是又拙者ニ而差図難相成、何れにも前文之　叡慮ニ触候御所置難致旨相答置候

慶篤と耕雲斎は、天狗一派の尊攘激徒がいつ横浜へ襲撃をかけるかもしれないという情勢のなかで、激徒を鎮静化するには横浜鎖港を遂行するほかに手立てはないと主張している。これに対し井上ら江戸幕閣は、孝明天皇が上洛した将軍家茂らに「無謀な攘夷」は好むところではないとする内容を示した、この年の一月二一日・二七日の宸翰の趣旨に基づいて、激徒を鎮静化すべきであると主張して、双方の意見が対立した。こうしたなかで、水戸支藩の宍戸藩主松平頼徳（大炊頭）が急遽宇都宮に出向いて激徒を説得するとの報にも接したが、これも攘夷期限を設定することを条件にしなければ彼らは納得しないとの様子であり、今のところ自らの手で指図を下せない状況であることを説明している。

　しかし、井上は一方で7の書状の最後に、

一ゝ御地へ相伺御差図を相待候上ニ而者、彼之勢気ハ益増張、是ゟハ手を下候機会ハ相後れ可申候間、此上之模様次第臨機之所置応変之取計仕置、跡ゟ近ゝ申上候様可仕存候間、此段兼而申上置候、尤拙者共行届候丈ケハ死力を尽し、沈静方仕候心得故、格別御痛慮不被為在候様奉存候

というように、天狗党事件については在京幕閣の指図を仰いでいては処置が手遅れになる場合もあり得るので、当面は江戸幕閣により臨機応変の対応を行いたい旨を打診している。

　また、四月一〇日付の8の書状は、その文面のはじめに「副啓」とあり、井上による7の書状の添書として板倉が認めたものである。

図書頭儀先便ゟ度ゝ申達候得共、今以御差図無之、当惑至極仕候、本文ニ委細申上候形勢にて、三人殆当惑心痛致候、既ニ御差図を不待可申達、若不可然候ハヽ、周防御咎を蒙候間、直ニ可取計と同人断然主張仕候へ

共、河内・備前・若年寄見込には、図書儀ハ最初退役之事柄一ト通ならす候間、いつれニも御差図相待候方可然、左無之候而は同人も容易ニ御請致間敷、却て御不都合故、御差図を待候処ニ決着仕候、就而者是非〳〵速ニ被仰付候様御取計可被成候

その内容は、滞京幕閣にたびたび願い出た小笠原長行の老中格再任については今もって指図がなく、重ねて小笠原の再任を願う旨が示されている。横浜鎖港問題や両都両港開市開港問題で外国側との交渉が紛糾し、天狗党の蜂起がいっこうに鎮圧されない現状において、力量のある小笠原の復帰は欠かせないものであるとの強い意向である。

続く板倉による四月一二日付の9の書状では、四月六日付の滞京幕閣からの書状を一一日に受け取り委細承知としたうえで、江戸に戻った老中有馬道純については、

遠州退役之義ニ付、段々御配慮　御意書等も御廻し、御至念之義ニ御座候、応接一条者過日申上候故、此節ハ御承知と存候、右ニ付遠州ハさそひ為引置候、今便被　仰候趣ニ而は、直に取計候方と申談、今日御役御免取計申候、御安心可被下候

というように、滞京幕閣の意向を受けて江戸幕閣が応接して御役御免を申し渡した旨が記されている。有馬が退役となった具体的な理由については、今のところ充分に明らかにすることはできないが、老中一座が充分な合意のもとで判断し、「右ニ付遠州ハさそひ為引置候」とあるように、説得のうえで退任させる手順ができていたことがわかる[12]。前述したように、板倉ら江戸幕閣は、その伏線として小笠原長行の即刻の老中格復帰を強く願っていたのである。

このことについては、

毎々申進候遠州跡之義、呉々も図書一日も早ふ不被仰付候而ハ実ニ不都合、周防・備前も迚も勤兼恐入奉存

候、何分厚く御憐察是非〳〵早ミ御差図一日千秋奉待候

とあるように、板倉・井上両名だけでは難問が山積する江戸老中の職務を遂行しかねる状況を訴えており、優れた手腕をもつ小笠原の早々の復帰を願う旨が記されている。

板倉はさらに、四月七日に松平容保が京都守護職に再任されたことを喜ばしいこととする一方で、「大蔵も退役之趣一時被　仰付候段ハ扨ミ気之毒」として、代わりに退役となった松平慶永（大蔵大輔）は気の毒であり、機嫌を損ねないように対応したい旨を述べている。

板倉は9の書状の最後に「別啓」として、小笠原長行の老中格再任については、

図書頭被　仰付候節、万一御断申上間敷も難計候間、被　仰付候節ハ何卒　御直書頂戴仕度奉存候、此段御念被　仰上置可被申候、御差図済之節御廻し可被下候

というように、万一本人がこれを断る場合もあり得るので、再任する場合は京都幕閣より直書をもって命じてほしい旨が記されている。小笠原再任案が江戸幕閣、とりわけ板倉勝静の強い要望によるものであることが、この書面からもうかがえる。

同じ四月一二日付の10の書状は、頭に「上封防」とあり、元の書状は板倉勝静が封をしたものであるが、中味は前半が牧野忠恭による文面、後半が板倉の文面となっている。

まず、前半の牧野の書状「別啓申上候」では、天狗党事件は水戸藩主徳川慶篤に掛け合っても横浜港の休港を望むばかりで埒が明かないとしている。また、慶篤に対しては、

就而ハ申談候得共、兼而御承知之通之人物ニて、休港談判致候見込之由ニ御座候、昨夜も休港論有之候得共、何分御為不宜と申所ニ御決定相成候処、今般是非休港不申談候而は不相成と同人申振居候事ニ御座候、被仰付候ハ、昨年之三港拒絶之如く、出来さる儀を主張いたし、其説不被用、夫を辞柄ニ退役願候ハ必然、夫ニ

　　而益過激輩之意ニ叶、天誅三寸前を除策ニ可相成

とあるように、横浜鎖港談判の進行を強く主張するばかりで事態が進展しないとし、これでは前年の三港閉鎖論のように実現不可能なことを主張して駄々をこねているにすぎず、とても相手にならない旨を述べている。

次に、後半の「至密書別啓」とある板倉の書状では、

　　本文至密書之趣意何事必御採用相願候、表向伺面之通相成候而ハ以之外御不為ニ御座候、水戸殿ゟ何と被仰立候哉難計、一橋殿御主張専御座候而ハ不相成、其節ハ御尽力御拒可被成候、為念申上置候

とあるように、横浜鎖港の即時決行を主張する慶篤と兄弟の一橋慶喜の意向は、何としても阻止してほしい旨を願っている。

四月一四日付の11の書状では、板倉が天狗党の乱の推移について、

　　先日光山ハ穏ニ立去候趣ニ而安心仕候、又ゝ筑波へ相集候趣ニ御座候、此上動静如何哉、何分暴動無之様厳重　御所ゟ被　仰出御座候様奉願候

として、天狗勢が日光山を立ち退いて今度は筑波に集結したので、朝廷よりの厳重な鎮静化の命令を願うとし、委細については一六、一七日頃大目付大久保忠恕・目付石野民部両名を軍艦で上京させて報告する旨を伝えている。また続けて、ここでも小笠原長行の老中格再任の指図を一日千秋の思いで待つ旨が付け加えられている。

四　横浜鎖港問題の行き詰まり（『秘翰』の内容・その3）

将軍家茂再上洛中の江戸幕閣が抱えた難問のひとつが、先にあげた諸外国との横浜鎖港交渉であった。

まず、四月一四日付の12の書状で板倉勝静は、三日前の一一日の英国公使オールコックとの応接に先立ち、水戸藩主徳川慶篤が常陸辺に集結した水戸浪士を益々刺激することになるので、応接を見合わせるよう要請してき

たが、

何様一通御尤ニハ候得共、差掛り差留は難出来、折角即日帰港申出居候も、品ニ寄宿寺ニ逗留致シ相待可申候、何日ニ而も面会なとゝ申出候而は尚更不都合、素ゟ余事を談候訳ニ無之、長へ廻り候儀を差留、鎖港之義を談候も、何も子細無之義と申上応接致候得共、水戸殿御不平之御様子ニも何となく聞込も御座候、定而御地水藩例之梅孫なとへ何と歟申参、又ゝ昨年之ことく堂上方ヘ種ゝ説込候而は、甚以御不都合可生哉と弥心痛致候

として、オールコックの側が長州へ赴くのを差し留めて鎖港談議をするつもりで待っているところであるのに、応接を見合わせて無為に過ごすのは現実的ではないとしている。板倉はさらに、前年の小笠原長行卒兵上京一件時において、一橋慶喜が「梅孫」すなわち水戸藩士梅沢孫太郎を上京させて堂上方へ種々報告し周旋を行ったことをあげ、このような事態となっては大変不都合であるとし、また前年に水戸藩が、幕府を介さずたびたび朝廷に周旋を行ったのもはなはだもって不都合であり、慶篤・慶喜ら水戸藩グループに対する抜き難い不信感を顕にしている。さらに、書状の末尾には、詳しい事情は上京する大目付大久保忠恕に申し含めたことも伝えている。

同日付の13の書状では、板倉は四月一一日の牧野忠恭宅におけるオールコックとの対談に至る経緯について、オールコックとの談判を差し止めては、彼の側から暴挙に出る恐れがあり、彼が長州へ赴くことを中止して希望してきたことでもあるので、鎖港の談判を行うべく面会することに、一同で評決したとしている。そこで、鎖港については、

大意ハ彼ゟハ鎖港ハ御不為と申、此方ゟハ是非鎖港不致候而は御国内治り兼候事情精ゝ申諭候、長江参り候義も又ゝ申出候間、是亦差留候、此儀ハ多分留り可申と存候、併長之御処置段ゝ遅緩ニ相成候ハヽ、六ケ敷と存候、今日も外国奉行又ゝ遣、差留方精勤仕居候

とあるように、英国側は鎖港はでき難いと主張するが、幕府は鎖港を行わなければ国内が治まらない事情を申し諭したとする。そこで、オールコックは長州へ赴こうと言い出すが、板倉はこれを留めようとし、長州藩の処分については寛典論も多く寄せられて困難を極めており、幕府としては今回も外国奉行を遣わしてオールコックに長州行きを思い止まらせようと説得しているとする。

四月一五日付の14の書状で板倉は、日光奉行よりの別紙の書状を在京幕閣へ送りたいとし、関東の情勢については大目付大久保忠恕・目付石野民部両名を軍艦で早々に上京させるので、諸事聞き取られたい旨を伝えたうえで、

定而水戸殿初諸藩ゟ種〻申参り、　御所へも入説も可多、右ニ而御動有之候而は不相成候

として、水戸藩はじめ諸藩が朝廷へ国事周旋することへの警戒感を顕にしている。この書状の奥書には「再白、備前守殿不参ニ付除名仕候、以上」とあり、牧野忠恭が不参のため差出人の江戸老中の署名から除外したことを記している。すでに、前日付の11の書状より牧野の名は外されており、この不参については続く井上正直による16の書状に簡単に記されている。

四月一七日付の15の書状で板倉は、天狗党事件について、日光山に集結した浪士は引き取って筑波山へ行き、さらに水戸へ引いた由であるが、これは真の鎮静化ではなくて、あるいは何かの策略を構えていて騒乱が起こることも考えられ、心痛至極であるとしたうえで、続けて次のように記している。

今朝承候得ハ、水戸殿家老岡部某と申者、俄ニ出立上京之趣ニ御座候、定而堂上方へ取入、御所ゟ厳重攘夷之勅諚歟御書付ニても取出候策略ニ無相違と奉存候、万〻一右様之儀ニ候ては、水戸・長州と相端候迄にて、昨年之如く無謀之攘夷ニ可相成、其節ハ最早致方無之、是迄之御苦心も　御上洛も、何も歟も画餅と相成り候のみならす、　皇国之御存亡旦夕と相成り、誠以恐入奉存候、此所是非共御尽力ニて、　御所御揺動無之様

可被成候、誠ニ日夜寝食も忘れ、一同心痛至極仕候、隔地ニて当御地之事情不相分、万ゝ一御油断御座候ては最早御取返ハ難出来候間、二日切以飛脚申達候

事実板倉が記したように、水戸藩主徳川慶篤は四月一一日に奥右筆野村鼎実を、一九日には執政岡部以忠を上京させ、京都の二条斉敬《なりゆき》・将軍家茂・一橋慶喜にそれぞれ書状を送り、速やかに横浜鎖港の英断があらんことを嘆願している。ここで板倉が最も恐れているのは、水戸藩の使者が堂上方に取り入って攘夷の勅諚が降下されれば、水戸・長州両藩が東西で相呼応して無謀な攘夷の挙に出るという最悪のシナリオになりかねないということであり、前年の長州藩の外国船砲撃のような事件が再発したら、朝廷から庶政委任を取り付けようとしていた幕府の目論見が根底から崩壊してしまうということであった。これは、かつて井伊政権時代の安政五年（一八五八）八月に、水戸藩の入説により幕府の通商条約無勅許調印を責める内容の、いわゆる「戊午の密勅」が降下され、幕府が窮地に立たされたという教訓も大いに働いているものと考えられる。

二日後の四月一九日付の井上正直が江戸から滞京老中に書き送った16の書状（四月二四日に京都着）には、水戸浪士が日光山は引き払ったものの、水戸領内へ引き取ったわけではなく、下野国太平山に引き移り、実に心痛であること、大目付大久保忠恕が体調不良につき目付石野民部一人を上京させるので、関東情勢の委細は民部から「能ゝ御聞取可被下候」と伝えている。さらに、老中牧野忠恭については、

備前殿には引続之不快にて、少ゝ云ゝ有之、家来説得等之次第、彼是御用外之困却も有之、苦心仕候

として、具体的な内容はわからないが、内々の事情があって家臣から説得を受けるなど、老中の職務の範囲外での「御用外之困却」を理由に不参であることを記している。(13)

さて、政局は新たな展開を迎える。四月二〇日に前尾張藩主徳川慶勝・政事総裁職松平直克・老中水野忠精・同酒井忠績が参内し、朝廷を代表して関白二条斉敬が幕府に庶政を委任し、横浜鎖港を成功させて無謀な攘夷は

行わず、海岸防備を充実させ、長州藩の処分は幕府に任せ、物価高を抑制することをその内容とする勅旨を下している。いわゆる元治の庶政委任である。

水野忠精はこの庶政委任の三日後に、先の井上正直・板倉勝静連名よる四月一七日付の15の書状に回答するかたちで、四月二三日付の17の書状を江戸の井上正直に書き送っている。ここではまず、江戸老中がたびたび懇願してきた小笠原長行の老中格再任問題については、

先日以来度〻図書頭儀再勤之義被仰越、殊ニ切迫之尊書御差越ニ而、御趣意之所は素より御同意御座候得共、図書頭儀昨年官位被召上候義ハ未ニ当人ニ達ニ不相成、旧臘之御発賀前ニ右之議論有之候処、御上洛之上被仰上復位ニ取計候筈ニ相決シ、当人へ達ハ無之方相決候ニ付、御着坂後ゟ様子見計ひ、是非〳〵取計候心得ニ有之、復位被　仰出候上は、再勤之義ハ無論と存候間、種〻工風仕候所へ同人再職之義被仰下候間、素ゟ御同意に候間、橋公へも申上、一旦ハ至極之模様にて、御所へも右之趣申上候計ニ相成候所、又〻橋公御変動、如何ニ申上候共、中〻御承知無御座候

忠精ら滞京老中は、小笠原が昨年老中格を罷免されたときに官位をも召し上げられたことを当人には知らせておらず、自分たちが上洛したうえで朝廷に願い出て復位をはかりたいとしている。さらに、当面は小笠原には官位のことは達せず、着坂後に様子を見計らい、孝明天皇や朝彦親王に取り計らって老中格に復帰させたい意向を示しているが、一橋慶喜がいったんはこれに同意したものの、また意をひるがえしてなかなか同意しないとある。前述のように、慶喜は前年五月に小笠原が尊攘激派勢力追放のための卒兵上京を行おうとしたときに、いったんはこれに同意したものの、京都の関白鷹司輔熙にこの計画を通報してこれを失敗に追い込んだ経緯があったからか、ここでは小笠原の復帰には難色を示している。また忠精は、この間の事情については上京した佐々木脩輔へ委細申し達してあるので、帰府のうえ聞き取られたい旨を伝えている。

しかし続けて、四月二〇日の庶政委任の実現によって小笠原再任問題も状況が変わったと、次のように記している。

去ル廿日於　御所御委任之御書面殿下より御渡之上ハ、以後ハ宮中ゟ御世話ハ無之筈ニ相成候間、御請相済候上ハ是非〳〵図書之義復位申立候心得に御座候、前文度〻御書通更ニ御請も不申上、実ニ恐怖仕候、小子全憤発不致ゆへと被思召候半と、呉〻も恐謹之至ニ御座候

庶政が幕府に委任された以上は、滞京幕閣が宮中に執り成しを頼むことなく、小笠原の復位を朝廷に申し出たい意向を示している。また、忠精は、これまで江戸老中からたびたびの小笠原復職の要請があったものを、受けることなく決断を渋ったことをくれぐれも謝罪している。

忠精は17の書状の最後に、一橋慶喜の意向についても、

一橋公ゟ癸丑以来慎居候もの之名前取調候様との義被仰聞候、図書之義も申上候処、今度ハ御聞入可相成、最早御委任も有之上に候間、是非〳〵大憤発いたし申上候様可致候

と、小笠原再任に同意したことを記している。小笠原長行は前年に卒兵上京を試みようとしたが、朝意に背くとされて罷免・謹慎処分となっていたので、その復職には何としても朝廷の承認が必要であり、水野忠精ら滞京幕閣は庶政委任を取り付けるまではその嘆願を留保していた。しかし、庶政委任が実現した今は事情も好転したので、ぜひ大奮発して事を進めたい旨を述べている。

しかし、小笠原の復帰を強く主張した板倉勝静が、次節で述べる翌々月の横浜鎖港をめぐる六月政変で罷免され、また京都では八月一八日以前の政治状況に戻そうとする尊攘激派の動きが活発化して禁門の変が発生するなどの混乱があり、その後小笠原はようやく八月二七日に諸大夫に任ぜられて、政界の第一線に復帰する。

五　天狗党の乱の展開と幕閣（『秘翰』の内容をめぐるその後の情勢）

では次に、元治の庶政委任後の政治情勢と水野忠精の情報収集について見てみよう。

まずは、幕府が庶政委任を取り付けるための条件として朝廷に約束した、横浜鎖港をめぐる情勢については、次のような展開があった。

幕命により横浜鎖港交渉のために、文久三年（一八六三）一二月二九日にフランス軍艦ル・モンジュに乗船して神奈川を出航した外国奉行池田長発ら三名の談判使節は、翌元治元年三月一三日（一八六四年四月一八日）にパリに到着し、同年五月七日（西暦）から六月一〇日まで一か月余にわたりフランス政府当局との交渉を行った。しかし、池田らによる鎖港の申し入れはことごとく拒絶され、彼ら使節は日本がもっぱら開国進取の政策をとることの有効性を痛感し、他のヨーロッパ各国訪問の予定を中止して、元治元年七月一七日に横浜に帰還した(14)。

池田らは同月二二日に幕府に上書し、鎖国の不可を論じ、弁理公使の海外派遣、列国との締盟、海外への留学生派遣、欧米新聞社との通信、邦人の海外渡航免許の必要、を求める旨を詳説した。しかし、翌日に幕府は、池田らが当初の使命を果たさなかったことを理由に、池田の知行一、二〇〇石のうち六〇〇石を削減して隠居蟄居に、外国奉行河津祐邦に小普請入逼塞、目付河田熙に小普請入閉門、という処分を行った(15)。

一方、再上洛を終えて江戸城に帰還した将軍家茂は、五月二八日に布衣以上の有司を召し出し、横浜鎖港に関する朝旨を伝え、兵備厳修を心がける旨戒告し、意見のある者は鎖港担当の政事総裁職松平直克に具申すべきことを命じている(16)。

この頃、幕府内部でも鎖港議論が活発に展開されている。六月三日には、政事総裁職松平直克が将軍家茂に面会して横浜鎖港の急を説き、これに同意しない要路を罷免して、速やかに幕議を決すべきことを申し入れている(17)。

家茂再上洛に随行し、帰府後は鎖港担当を命じられた直克としては、去る五月二二日に朝廷が幕府を通じて水戸藩主徳川慶篤に横浜鎖港の断行に尽力する旨を命じていることもあり[18]、天狗党事件の鎮静化をはかるためにも鎖港の決行を急いだものと考えられる。

これに対し、軍艦奉行勝義邦は、同日に板倉勝静・酒井忠績・井上正直の三老中に面会し、「それ鎖を論ぜんとせば、宜しく一戦すべし。戦わずして談ぜんは能わず。豈、我より不信を彼に施さんやと」として、鎖港に強く反対する旨を説いている[19]。横浜商人を退去させて鎖港を断行すれば外国との戦争に発展するというのは、前掲八月一八日の政変直後に水野忠精・板倉勝静両老中が一橋慶喜に対して述べた意見と一致している。積極的な開国政策を主張し、神戸海軍操練所で幕府および諸藩の人材や船を集結させて日本の海軍力の充実をはかろうとしていた勝にとって、朝廷の攘夷論に迎合する幕府の鎖港政策は時代に逆行するものであり、その阻止をはかろうとしたのである。

さて、六月一一日に帰府した水野忠精は、江戸における政務を再開する。同月一九日に忠精は幕府より、来年四月に予定される徳川家康二五〇回忌勅会の惣奉行、西丸普請御用、および西丸へ移徙御用取扱を命じられている[20]。

上洛中の忠精ら老中のもとには、前述の通り江戸老中から天狗党事件や横浜鎖港をめぐる情報が次々ともたらされていたが、別のルートからも天狗党事件に関する情報が寄せられている。水野家文書中には、天狗党事件が発生した直後の元治元年四月二日段階で常陸国那珂湊の水戸藩郷校文武館に集結した浪士一一四名の姓名を書き連ねた冊子「文武館江集会之姓名」[21]（元治元年五月、差出人名なし）がある。すでに那珂湊・小川・潮来の三館に集結した水戸浪士は、過激な攘夷論を主張して暴発しかねない状況があり、筑波山で天狗党が挙兵した直後のこの段階で、那珂湊の郷校に集結した浪士たちの氏名が詳細に報告されたのである。

また、同文書中には、同年四月二二日より天狗党がその集会所や宿所とした下野国太平山連祥院の住職が浪士たちの動静を寺社奉行松平忠恕に書き送った書状の、忠恕による写本「乍恐書付を以御届奉申上候」[22]も存在している。この書状にはまず、連祥院が浪士の宿所・集会所となったきっかけとして、次のような記述がある。

水戸様御家中拙山江止宿屯之儀、去月廿二日山国兵部殿栃木町宿所ゟ拙山別当所江被相越、田丸稲之右（ママ）衛門殿外御壱人集会御談合有之、供人等上下拾五人中飯御所望ニ付差出候処、夕刻被引取候頃茶代金弐百疋被差出候間、御断申上候得共、強而被申聞候間、申請則受取書差出申候、同日夕刻小荷駄方長谷川勝七殿被参、今日諸向役替之儀被申渡候、御本陣江一同相詰申候得共、何分手狭ニ而諸士外ニ立居候間、無拠扣所ニ替之間、御別当所借用被申度申出候間、無拠御用意差免

連祥院の住職は、こうしたいきさつで始まる天狗党浪士との関わりについての詳細をこの書状にまとめて寺社奉行松平忠恕に送り、忠恕の写本の奥書に「右之通届出候間、為心得御勘定奉行江も申達此段申上」とあるように、その内容は勘定奉行へも伝達され、さらに老中へも報告されたのである。

これに加えて、忠精のもとには、同年六月付の本格的な水戸風聞を記した「風聞書」[23]（差出人名なし）がもたらされている。その概要は次の通りである。

① 水戸藩における柳組と天狗組との分立のいきさつ。
② 天狗組浪士が水戸領・磐船領の民家に押し入り、横浜攘夷の軍用金の名目で非道に大金を略奪したこと。
③ 天狗組は、領民からの略奪を故徳川斉昭の遺志に基づくものと位置づけており、領民が藩の役所へ訴え出ても取り上げてはくれないという実態あり。
④ 水戸浪士七名が久貝伊豆之進の従者を殺害して書状を奪い取るという罪状により、武田耕雲斎がこれを取り捌き、伊豆之進に家名断絶を申し渡す。

⑤ 彼ら水戸浪士は、民間よりの強奪によって銀を取り上げ、老分三人により京都をはじめ諸権門に工作し、藩主徳川慶篤を押し込め、一橋慶喜を天下の職掌に立てる企てをもっていること。

⑥ 水戸藩士朝比奈弥太郎・市川主計（三左衛門）・佐藤図書の三名が惣将として、有志の藩士三五〇余人のうち三人に天狗組退治の願書を持たせて中山備中守（信徴）のもとに遣わし、本隊は五月二六日に水戸磐船表を出立し、領民たちが酒肴・弁当・餞別などを携えて見送りをしたとの由。彼らは八幡原に到着後に総勢六〇〇余人にふくれあがったものの、江戸の藩主徳川慶篤よりの使者が書状をもたらし、朝比奈弥太郎他二人が早々に出府して駒込屋敷に来るよう命じられ、二八日に江戸に到着した。朝比奈らは慶篤に面会して武田耕雲斎ら天狗党を退治せよと指令され、耕雲斎への隠居慎み申し渡しや跡役については、追い追い沙汰あるべしとのこと。

⑦ 武田耕雲斎が夜中に紛れて出奔したとの由。

⑧ 武田耕雲斎の指図により、小石川屋敷内に七、〇〇〇両ほどをかけて効道館（弘道館）と名づけた屯所を建てたとの由。

⑨ 将軍上洛中の江戸執事となった老中板倉勝静は、水戸浪士一件を他所事とみなし、藩主徳川慶篤や遠路の村里人民の困迷を顧みなかったこと。

⑩ 水戸天狗連や諸国に馳せ集まりの者共は、表に横浜攘夷を掲げ、裏では攘夷の実現など思いもよらず、強盗による金銀奪取により一己の栄華を極め、高禄の仕官をめざす目的に見える由。

⑪ 五月中に川越藩領の川越町近郊の村方へ水戸浪士六人が来て、横浜攘夷にこと寄せて軍用金三〇〇両を用立てるよう迫り、四、五日中に再びやって来ると申し入れたので、領民が領主役場へ訴え出たところ、領主により押し捕らえることはできないので、領民の勝手次第にせよとの由。領民がいささか嘆息しているとの

風聞。

⑫　一橋慶喜が用掛を立てられ、合力金一八万両を支給したとの由。一方、幕府においては老中板倉勝静の命令で、勝手向改正掛の名目で、目付・勘定組頭など上下役々の手当が追い追い減額となり、今後、旗本・御家人の禄高のうち二割が減るため、人々は一橋慶喜付きになりたい旨を申している由。

⑬　幕府が思慮なく奉勅攘夷を受け入れたことにより、心得違いの不義の臣が出て幕府を軽蔑し、忠勤の本意を失う基となったのは、陪臣武田・大場・岡田らの奸計によるものであり、かつての桜田門外の変も水戸の党によるものであること。彼ら陪臣三名は水戸藩の財政も顧みず、江戸在所へ效道館台場などと称して屯所を補理し、二〇万両余を使ったとの由。

ところで、この風聞書では最後に、次のように伝えている。

忠士共存意ニ者、水戸家弥平穏ニ相成候ハヽ、一橋殿御引戻附〻之奸臣退治、如元部屋住ニ而被差置、京地者諸家屋敷御取払、口〻厳重堅固之関門を建、御家門・御譜代ニ而取囲ミ、天朝之命令を断テ淳和・奨学両院之御別当征夷御職掌ニ復し、水戸家御後見与成、敵対之諸家を退治、御国地一和之上　徳川家之　御徳沢四海ニ光輝たる上者、　御仁沢を以万夷之条〻御処置可然旨、忠士之奥意ニ有之哉之風聞ニ有之候

天狗党一派を鎮圧して水戸が平穏を取り戻した後には、そもそも天狗党の挙兵や彼らのその後の行動に大きな影響力を与えた一橋慶喜を江戸に戻して元のように部屋住みとし、京都においては慶喜に関わる諸屋敷は取り払い、口々には厳重な関門を立てて、家門・譜代大名がこれを警固すべきであるとしている。さらに、幕府は朝命ばかりを重んじる姿勢を改め、本来あった裁量権を取り戻し、水戸藩がその後見となり、敵対する諸家はこれを駆逐し、徳川家の権力を充実させることこそが国地一和のための妙策であり、それこそが忠士の奥意であるとしている。

このように、江戸に伝えられた風聞書には、天狗党が次々と民家に押し入って横浜攘夷の軍資金の名目で略奪を重ねるなど、暴徒と化している現状が続々と報告されており、水野忠精はこうした生々しい水戸風聞を手に取るように知ることができた。また、この風聞書にもある通り、それまで天狗党の鎮圧には消極的で横浜鎖港交渉を最優先させるべきであると主張していた水戸藩主徳川慶篤がこうした事態により考えを改め、一転して天狗党鎮圧に乗り出すことになったことは間違いない。

さらに、この慶篤の変節については次のような見方もある。幕府は、第二回の上洛を終えて将軍家茂が五月二〇日に江戸に帰府すると、早速横浜鎖港に向けて動き出すが、これを天狗党の決起にうながされて行うというのではその威信が立たず、逆に鎖港実行のためにも天狗勢を討つということが不可欠の課題となっていったとする考え方である[24]。

五月二五日には、板倉勝静・井上正直両老中により、水戸の激徒抑制に関する大目付への布達が行われた[25]。この布達は関八州および越後・信濃両国に領分・知行所のある面々への触を行ったもので、まず太平山・筑波等に屯集した浪士たちについては、これまで水戸藩が自力で鎮静化するという主張があったので任せてきたが、天狗勢は追い追い増長し、二〇~三〇人くらいずつ群がって、無宿・悪党共も加わって百姓たちに金銭の押し借り等を行い、少なからぬ難儀をかけているので、天狗勢は速やかに水戸領内へ強制的に引き取らせるべきであるとしている。

さらに、略奪行為を続け、水戸領内へ引き取らない天狗勢については、

其余異形之体ニ而徘徊致し、軍用金抔と唱へ、押而金子為差出候類者勿論之儀、都而旧臘相触候趣を以往来相改、浪人体ニ而怪敷見受候分者、仮令水戸殿御名目相唱候共召捕手向等いたし候類者、切殺候共打殺候共可致旨厳敷相触置候間、右之趣相心得、銘〻領分知行限家来差出時々為見廻、万一不法者等有之候ハヽ、搦取

又者討取、多人数之節者隣領申合相互ニ助合、差懸り候分ハ村々之者共申合搦取候様致し、尤手余り候ハ、是又打殺候とも不苦、御料・寺社領幷小給所等ニ而家来詰合無之分ハ、最寄領主・地頭ニ而別而心付、注進次第早速人数差出、浮浪之者之ため村々難儀不致様厚世話可致候

とあるように、銘々の領分より家来を動員し、往来を検分して浪人体で怪しい者を見かけたら、水戸藩主の名分を唱えたとしても召し捕え、手向かいした者は切り殺してもよいとし、多人数の場合は隣領と相互に助け合い、村々へも連絡して捕えよとする、天狗勢の一網打尽をめざす命令であった。この布達では、最後に「但関東取締出役廻村之節者相互ニ打合候様可致候」と付け加えており、関東取締出役との密接な連携も命じている。幕府は天狗勢の鎮静化は水戸藩に任せるという従来の基本姿勢を改め、関八州および越後・信濃の領主たちにその徹底的な取り締まりを命じたのである。

さらに、同じ五月二五日に老中板倉勝静は水戸藩家老を呼び出して、屯集した天狗勢は臣たる道に背き、公法を犯し、諸家脱藩の徒をも加え、軍用金と称して押し借り同様のことをするのは水戸藩にとって恥辱であり、一刻も早く水戸表へ引き取らせるよう命令している(26)。

こうした老中の強硬姿勢に、前述のようにそれまで天狗勢の鎮静化に消極的であった水戸藩主徳川慶篤も考えを改め、五月二八日には武田耕雲斎ら天狗派吏僚の更迭を決めた。翌二九日には天狗派打倒を唱えた藩校弘道館諸生の面々が南上して江戸に到着し、江戸藩邸は一転して門閥派が主導権を握り、天狗党討伐への動きは一気に加速したのである。

しかし、慶篤はこのような経過で変節をしたものの、政事総裁職松平直克は慶篤と兄弟の一橋慶喜・鳥取藩主池田慶徳・岡山藩主池田茂政らと連携して、あくまでも横浜鎖港を強行しようとする態度を貫いた。六月三日に直克は江戸城に登城し、将軍家茂に横浜鎖港断行が急務であることを説き、これに不同意な老中板倉勝静・同酒

井忠績・同井上正直・若年寄諏訪忠誠・同松平乗謨・大目付大久保忠恕・目付杉浦勝静・勘定奉行木村勝教・大目付菊池隆吉を放逐しなければ、これが実現できないと説いたといわれる。(27)

こうして、それまで共に鎖港の強硬派であった徳川慶篤と松平直克が一転して対立を深めるなかで、老中たちは天狗党追討の命令を次々と下し、六月一七日には水戸藩門閥派の市川三左衛門が率いる諸生の隊や幕府の歩・騎・砲の諸隊が出兵している。

これに直克は不満の意を表し、幕府はこれを配慮してか、六月一七日に板倉への同調派と目された大久保忠恕・菊池隆吉・杉浦勝静・星野千之（目付）を罷免した。それでも収まらない直克は、一八日に再度登城し、横浜鎖港と天狗党鎮撫の件について将軍家茂を説得し、この日に板倉勝静・酒井忠績・諏訪忠誠・松平乗謨・松平忠恕（奏者番兼寺社奉行）らの罷免が行われた。(28)

しかし、それでもなお残った老中たちの天狗党追討論は甚だしく、将軍家茂の面前で議論は決着せず、直克はかえって家茂から一両日引き籠もるようにと内密に言い渡された。慶篤は二一日に登城し、家茂に直克を辞職させるように迫り、翌二二日に直克の罷免が決定した。これと併せて、直克派と目された外国奉行沢幸良・江戸町奉行兼外国奉行佐々木顕発・勘定吟味役小田又蔵・側衆土岐朝昌らの解任も決せられた。(29) このように、天狗党追討を最優先する板倉勝静の一派も、はたまた横浜鎖港を最優先する松平直克の一派も、共倒れするかたちとなった。

この六月政変(30)と呼ばれる対立した二派の共倒れ状況の直後に、積極的開国派の阿部正外・松前崇広の両名が老中に就任し、この二老中を中心に横浜鎖港交渉の見直しと兵庫先期開港を進める開国推進策がはかられ、文久三年（一八六三）の小笠原長行卒兵上京事件で失脚した多くの開国派吏僚が復権する。しかし、一橋慶喜ら水戸藩グループは、引き続き横浜鎖港の推進をめざしていたため、鎖港をめぐる対立軸はなおも残り、政局は混迷を続けることになる。

おわりに

元治元年（一八六五）二月一八日から四月二三日にかけての老中から老中へ交わされた往復書翰である水野家文書『秘翰』は、題名に明らかなように機密性の高いものであり、それだけに老中たちの国策をめぐる赤裸々な意見が交わされた注目すべき史料である。『秘翰』は、往復書翰といってもそのほとんどが江戸老中から滞京老中に書き送ったものであり、全体的にその内容は関東情報が中心となっている。

同じ書翰を筆写したものとして、先にあげた維新史料叢書六『野史台』に収められた史料をあげることができるが、内容を吟味したところ、微細な点ではあるが相違するところが数々見られ、従って両者は同じ書翰を別のところで別の人物が筆写したものと考えられる。

さて、『秘翰』の内容からは、当時の老中体制が抱えた危機的な事態を随所に見ることができるが、ここでこれらの問題点をかいつまんで整理してみたい。

①　将軍上洛という非常事態において老中が関東と京都とに二分するという状況は、老中体制自体に大きなマイナス面をもたらしたことは、『秘翰』の数々の文面を見れば明らかであろう。『秘翰』には、幕府の人事権が従来通りに機能していない点を見ることができる。例えば、将軍家茂の位階昇進につながった宇都宮藩による山陵修復工事においては、文久二年に朝廷が、宇都宮藩家老戸田忠至を幕府の役職たる新設の山陵奉行に任命しており、これは幕府の人事権が侵害された事例といえる。『秘翰』では、板倉勝静がこの事業を戸田忠至の策謀であると強く警戒する旨を滞京幕閣に書き送っている。また、板倉が『秘翰』で小笠原長行の老中格復帰をことあるごとに滞京老中に願い出ているように、幕府の人事権の主体は滞京幕閣にあったわけ

であるが、元治元年四月に板倉ら江戸幕閣は、関東地方取り締まりの緊急の必要性から斉藤三里を勘定奉行に任命しており、これが終始徹底されていたわけではないことも判明する。

② 前述のように、板倉勝静は一貫して小笠原長行の老中格再任を滞京幕閣に打診し続けている。これは、横浜鎖港問題や両都両港開市開港問題で外国側と紛糾し、水戸天狗党の蜂起が鎮静化されない状況のなかで、江戸老中は板倉・井上両名だけでは山積する難題が捌ききれず、宰相としての力量と決断力に恵まれた小笠原の復帰こそ急務であると説いていたのである。この板倉の強い希望に応えて、水野忠精も小笠原復職に向けて積極的に動きだすが、後述する天狗党と横浜鎖港をめぐる政変で元治元年六月一八日に板倉が老中を辞職し、長州尊攘激派が京都での政治的復権をめざして禁門の変を起こすなかで、その人事は先送りとなり、ようやく八月二七日に小笠原は諸大夫に任ぜられてその政治的復権が実現する。

③ 水戸藩主徳川慶篤が天狗党の蜂起を抑えられず、これを鎮めるには彼らが要求する横浜鎖港の実現しかないと主張していることに対し、板倉・井上ら江戸老中はこれを強く非難し、また慶篤と兄弟の一橋慶喜がこれに呼応しないよう警戒する旨を滞京幕閣に伝えている。また、水戸藩による横浜鎖港の嘆願により、朝廷が攘夷の勅諚を降下することになれば、水戸・長州両藩が東西で相呼応して無謀な攘夷の挙に出ることにもなりかねないと、板倉は強く警戒している。ここでは、長州藩擁護派と目される水戸・岡山・鳥取各藩主を兄弟にもち横浜鎖港に固執する一橋慶喜と、横浜鎖港は現実的には不可能と考えて諸外国との紛争の火種になりかねない天狗党の追討こそが急務と考える板倉らとの、考え方の根本的な違いが浮き彫りになっている。

④ しかし、暴徒化した天狗党が各地で民家からの横領・略奪を重ねる実態が次々と風聞書で江戸に報告されたことや、第二回上洛を終えて将軍家茂が江戸に帰府した後は幕府が横浜鎖港を実現するためにも天狗勢を討つことが先決であるとの認識を深めたことにより、慶篤は一転して天狗党討伐論に変節する。この義篤の

変節が、それまで考えを同じくしていた政事総裁職松平直克と慶篤との対立を深めることになり、直克が将軍家茂を説得して板倉勝静ら天狗党討伐優先・鎖港反対論者の罷免が行われ、その直後に慶篤が家茂を動かして直克ら鎖港推進派が罷免されるという、双方共倒れの結果となる六月政変を引き起こす原因となったのである。

（1）水野家文書、A一〇―一三八（元治元年四月二三日付）。この『秘翰』の包紙には「□《(欠字、野カ)》村興之介ゟ差上候　至而御秘書一冊御預　子五月十三日」と記されており、差出人名（筆写した人物か）がいまひとつ判然としないが、元治元年五月一三日に水野忠精のもとにこの筆写本が提出されたものと考えられる。この史料と同じ内容の文面は、維新史料叢書六『野史台』書翰一（東京大学出版会、一九七三年覆刻、以下『野史台』と略す）として、すでに活字化がなされている。双方共に原本である書翰の筆写本であるが、筆写のしかたが微妙に違っている。例えば、水野家文書『秘翰』は、筆者が分類した1～17の書翰が全て年月日順に筆写されているのに対し、『野史台』の方は、15と同内容の書翰が17と同内容の書翰の次、すなわち最後のところに筆写されており、必ずしも年月日順に並んではいない。また、水野家文書の5の文書の末尾には「四月八日　備前守印・河内守印・周防守印　大和守様・雅楽頭様・和泉守様」とあるのに対し、『野史台』中の同文書の末尾には「前同名　前同名」と略記されている。6については、前者は「四月八日　江戸三人　御三人様」、後者は「江戸三人　御三人様」と両方共に略記されている。また、水野家文書の方は各文書の頭に筆記者の名が、板倉勝静は「防」、井上正直は「河」というように記載されているのに対し、『野史台』の方にはその記載はない。おそらくこれは、筆写する際に水野家側であえて原本の筆記者を記しておいたものと考えられる。

（2）『孝明天皇紀』第五（一九六九年、平安神宮）、二一〇～二一一頁。

（3）同右、二二六～二二七頁。

（4）『続再夢紀事』二（日本史籍協会、一九八八年覆刻）、三八三～三八四頁。

（5）芳即正『島津久光と明治維新――久光はなぜ、討幕を決意したか――』（新人物往来社、二〇〇二年）、一三五～

一四〇頁。
(6) すでに、『秘翰』の文面は久住真也氏がその著書において部分的に引用している。久住真也『長州戦争と徳川将軍』(岩田書院、二〇〇五年)。
(7) 川端太平『松平春嶽』(人物叢書、吉川弘文館、一九六七年)、二七九～二八〇頁。
(8) 『維新史』第三巻(明治書院、一九四一年)、六七六～六八四頁。
(9) 本書第四章三節、註(61)。
(10) 『続徳川実紀』第四篇(吉川弘文館、一九六七年)、六三五～六三七頁。
(11) 『水戸市史』中巻(五)(水戸市史編集委員会、一九九〇年)、二三五～二三九頁。
(12) 『福井県史』通史編4、近世二(福井県、一九九六年)には、有馬道純について「文久三年十二月には家茂が再度上洛することになった。道純も軍艦で従い、翌元治元年三月帰府するが、四月十二日老中を罷免されてしまった」とあるだけで、老中罷免の理由については記していない(同書、八七三頁)。また、奈良勝司氏は、有馬道純の罷免には不明な点が多く、その真相ははっきりしないとし、ただいえることは積極的な開国論者で小笠原長行卒兵上京にも同情的であった彼が、「公武一和」の必要条件としての横浜鎖港にひた走る将軍上洛後の政権の状況に不満であったことは間違いなく、実質的には自ら願い出た辞職のようなものであるとしている(奈良勝司「幕末政局と桑名藩――松平定敬の京都所司代就任の政治背景――」〔『京都所司代　松平定敬～幕末の桑名藩』桑名市博物館編・発行、二〇〇八年〕、九九～一〇〇頁)。
(13) なお、この16の書状の末尾には、「四月十九日」とある差出月日の後に「同廿四日到来」とあり、この書状が江戸から京都まで五日間で送られたことがわかる。
(14) ねずまさし「一八六四年のパリ協約をめぐるフランス第二帝制と徳川幕府との交渉」(『歴史学研究』二一〇号、一九五七年)。
(15) 『続再夢記事』三、一八七～一九九頁。
(16) 『肥後藩国事史料』巻四(鳳文書館、一九九〇年覆刻)、八一〇～八一一頁。
(17) 『勝海舟全集』一八「海舟日記Ⅰ」(勁草書房、一九七一年)、一七七頁。

(18)『水戸藩史料』下編全、六二二頁。
(19)註(17)前掲「海舟日記Ⅰ」一七七～一七八頁。
(20)水野家文書、『水野忠精日記』元治元年六月一九日の条。
(21)同右、A一〇一一四一。
(22)同右、A一〇一一四二（元治元年五月）。
(23)同右、A一〇一一四九（元治元年六月、差出人名なし）。
(24)『水戸市史』中巻(五)、二八八～二八九頁。
(25)『肥後藩国事史料』巻四、八〇八～八〇九頁。
(26)『水戸市史』中巻(五)、二八八頁。
(27)註(17)前掲「海舟日記Ⅰ」一七八頁。
(28)『水戸市史』中巻(五)、三〇一頁。
(29)同右、三〇二頁。
(30)この六月政変をめぐる政治過程については、奈良勝司『明治維新と世界認識体系――幕末の徳川政権　信義と征夷のあいだ――』（有志舎、二〇一〇年）第六章「横浜鎖港問題と関東攘夷運動」が詳しい。

第六章　禁門の変に関わる情報収集

はじめに

元治元年（一八六四）の庶政委任が、参予会議諸侯の協力を得られず、また横浜鎖港問題や水戸天狗党の乱を克服できない状況のなかで、朝廷と幕府との間で成立したことにより、その後の幕政運営に多くの困難を残す結果となったことはいうまでもない。

将軍家茂は、同年五月一六日に海路大坂を発して江戸に帰還するが、京都では三月二五日に禁裏守衛総督に任命された一橋慶喜、四月七日に松平慶永に代わり京都守護職に復帰した松平容保、四月一一日に老中に就任した稲葉正邦に代わり京都所司代に任命された桑名藩主松平定敬の三者をトップとする、いわゆる一・会・桑権力が成立し、その後の政局に大きな影響力をもつようになる。

こうしたなか、文久三年（一八六三）八月一八日の政変で京都を追放された長州尊攘派勢力は、京都での政治的立場を奪回すべく、様々な戦略を展開していく。その帰結点として、長州藩が尊攘派公家勢力や尊攘思想に同調する諸藩と連携しようと試み、京都へ出兵して実力行使を行った結果、元治元年七月一九日に発生したのが禁門の変である。禁門の変発生前において、当初は長州藩の朝廷への周旋により、対立する会津藩の孤立状態が目立ったが、その後孝明天皇が会津藩支持の立場を鮮明にし、発生前日の七月一八日に禁裏守衛総督一橋慶喜を呼んで長州藩追討の勅命を下しており、もし長州藩が戦乱を起こせば朝敵となることがすでに確定していた。[1] はたして、長州藩の発砲により戦端が開かれ、会津・薩摩・桑名などの諸藩兵の防戦により長州藩は敗北して勝敗は一日にして決着がつき、文字通り長州藩は朝敵の汚名を着せられる結果となった。

すでに、家茂第一回上洛への随行を終えて江戸に帰っていた老中水野忠精は、長州勢が京都近郊に進軍してきた段階から多くの人脈を駆使してその動静についての情報収集を行い、禁門の変発生やその戦闘の模様、変後の状況などについても、江戸に居ながらにして詳細な情報を得ている。よって、後述する史料の内容は、忠精が江戸にありながら京都で非常事態が発生した場合にどれだけの人脈を駆使した情報収集能力できるかを示し、また今後幕府が長州征討を実行するにあたっての政治的状況を見極めるためにも実に有効であり、またこのような混乱のなかで忠精がどのような政権構想を抱いていたのかを考えるうえで、格好の材料となり得ると考える。

さて、最近では八月一八日の政変から禁門の変にかけての政治過程にスポットを当てた研究がさかんになされており、幕府の長州征討につながる政治状況として大いに注目を集める分野となっている。[2] そこで、本章では先学諸氏の研究を参照しながら、将軍家茂第二回上洛後に江戸に帰った老中水野忠精が、その後、元治元年七月に京都で発生する禁門の変に対し、どのようなルートでどのような内容の情報収集を行ったかを主な問題とし、こうした情報源となった人々と忠精との人的関係についても検討し、併せて忠精が進めようとした政治的な方向性についても考察してみたい。

一　禁門の変発生

文久三年八月一八日の政変により京都から一掃された長州尊攘派勢力は、その後志士たちが密かに次々と上京し、形勢挽回をはかるべく計画を練り始めていた。また、この頃京都でも、横浜鎖港推進派の水戸・岡山・鳥取などの諸藩が長州尊攘派勢力の上京を支持する世論をつくり出していた。

こうしたなか、長州藩内部では、八月一八日の政変後長州に落ち延びた三条実美ら七卿と結束して即時に京都への進発論を唱える来島又兵衛らに対し、藩内の俗論派を排除して藩政の実権を握った周布政之助・桂小五郎・高杉晋作ら正義派の面々は出撃慎重論を唱えてこれを阻止しようとし、藩主の名により勤王の大義を藩全体に説き、親長州的な攘夷派諸侯へ提携を呼びかけ、さらに隠密裏に幕府とも交渉を行って事態打開の道を開こうとしていた。また、親長州的な水戸・鳥取両藩は、岡山藩とも力を合わせて東西呼応して蜂起する約束をし、機が熟すまで待つべきであるとする時期尚早論を唱えたこともあり、結局家老国司信濃ら長州軍の上京はとりあえず延期となった(3)。

しかし、元治元年三月二七日に筑波山で藤田小四郎らが挙兵し、朝廷と幕府に攘夷の方針確立を求め、関東各地に同志を求めるとともに、老中板倉勝静・鳥取藩主池田慶徳・岡山藩主池田茂政にも嘆願書を送り協力を要請するという水戸天狗党の乱が発生するに至り、長州藩内における京都進発論は再び沸騰し始める。

天狗党の乱に刺激された尊攘派志士は次々と京都に潜入し、天狗党に呼応して挙兵の準備を進め、同年五月二七日に鳥取藩士河田左久馬らが中心となり京都東山の料亭桝尾で会合を開き、長州藩を支援する話し合いをしており、こうした動きにより幕府はいっそう警戒を強めることになる(4)。六月五日に新選組が長州藩士吉田稔麿・熊本藩士宮部鼎蔵ら尊攘派志士が集結した京都三条の池田屋を襲撃した事件も、こうした流れのなかで発生したものである。

その後、長州藩は、六月二三日に藩主毛利慶親が家老国司信濃に対し兵を率いて上京するよう命じており、やがて京都近辺の各地に長州勢が屯集するようになった。長州藩は、出兵に先立って長府・徳山・清末・岩国の四支藩に世子毛利定広が上京する旨を伝達し、さらに津和野・浜田・広島・岡山・鳥取・福岡・対馬などの諸藩にも支援を求めている。しかし、長州藩が攘夷の国是を立てようとして、あまりにも性急な出兵をして内乱を誘発しようとすることに対し、津和野などの各藩はいずれも反対を唱えて出兵を拒否している。こうして、長州藩の独走というかたちでの東上が行われた。これに対し、七月六日には、朝廷が一橋慶喜に諸藩と協力して長州藩士らを諭して京都から退去させるよう命じている。

また一方で、米沢藩京都留守居役の堀尾保助が、伏見駅に屯集した長州藩士の代表である家老国司信濃と談判しており、堀尾はこの時の談判の模様を元治元年（一八六四）七月付の長文の書付「元治元年七月　長州藩士所々致屯集　不穏候ニ付　早速引払候様精〻尽力・説得可致旨、御所より被　仰出候ニ付　御老中より蒙　御達　伏見駅長州家老江説得手続書　京都詰　堀尾保助」[5]にまとめて江戸に送っており、この書付が水野家文書中に存在している。

そもそも、米沢藩主上杉斉憲は、文久二年（一八六二）九月に自ら進んで将軍家茂の第一回上洛への供奉を願い出て認められ、翌文久三年二月一〇日に入京し、賀茂上下社・石清水社行幸への供奉・警備も勤めている。しかし、イギリス軍艦が横浜やその近海に来航して生麦事件の賠償を要求するという差し迫った情勢のなかで、幕府は一日も早い将軍の帰府を求めたが、朝廷は家茂一行を京都に釘付けにする方策をとり、その板挟みとなった米沢藩は幕府・朝廷の双方から公武周旋の役割を担わされることになる。ちなみに、この間の米沢藩の動向については友田昌宏氏の研究が詳しい[6]。

さて、こうした状況のなかで米沢藩は、京都留守居役の堀尾保助に朝廷方の極秘情報を探索させて報告させており、その風聞書の内容は老中水野忠精の依頼により江戸にも報告されている。そもそも、堀尾が藩から風聞探索を命じられたいきさつについては、上杉文書・花戸政養『皇都日記』[7]文久三年四月一四日の条に、「御屋敷将堀尾保助　朝庭極秘之模様を探得深更来ル」とあるように、すでに前年から藩命によりその任にあたっていた。

また、当時の水野忠精と米沢藩との関係については、『皇都日記』同年五月一三日の条に、

竹俣美作方御内用被　命、閣老水野和泉守殿旅館江木滑要人同道罷越す

但し此儀ハ先達而　君上和泉守殿より　公武間之儀御聞繕云〻御頼ミを被為得候ツ、キ、右聞繕候趣美作方へ被　仰含、御挨拶旁被差遣候事也

とあるように、忠精が米沢藩主上杉斉憲へ公武間の出来事の情報伝達を依頼しており、斉憲から家老竹俣美作へその任務を遂行するよう命があって後に、竹俣が同藩京都留守居役木滑要人（政愿）と共に上京中の忠精の旅館を訪れて連絡を取り合っていることがわかる。

水野忠精（山形藩）と上杉斉憲（米沢藩）との密接な関係については、今後も充分に検討を加えなければならないが、現時点であげられる点はある。ひとつは、水野忠精の家臣で儒者の塩谷甲蔵がすでに文久元年（一八六一）から翌二年にかけて、上杉家江戸屋敷をたびたび訪問して、藩主斉憲と面談したり世子茂憲への学問教授にあたったり、また支藩の米沢新田藩主上杉勝道を訪問したりしていることがあげられる。これについては、『上杉家御年譜』のこの時期の記録に、「塩谷甲蔵参殿」の文字とその日の行事が散見していることで判明する。(8) ここでも、忠精の参謀としての塩谷の役割がみられる。

また、もうひとつは、前掲の元治元年六月政変で政事総裁職松平直克が罷免された後の人事について、七月一九日に忠精が水戸藩主徳川慶篤と共に、江戸城中で新たに政事総裁職に米沢藩主上杉斉憲を就任させようと推挙したことである。政事総裁職に外様大名を就任させるというのは、全く異例のことであった。横浜鎖港推進派と反対派が共倒れになった六月政変後においても、水戸天狗党は布陣を続け、前年の八月一八日政変で京都を追われた長州尊攘激派勢力もその政治的立場を奪回すべく京都に向かって進軍しており、場合によっては孝明天皇の御所自体にも危険が迫る可能性が生じるという一触即発の情勢があったので、忠精としては上杉斉憲の調停者と

しての能力を期待したものと考えられる。しかし、打診を受けた米沢藩では、首脳部が議論を尽くした後に、八月五日に家老竹俣美作が水野忠精邸を訪れ、政事総裁職就任の件は藩をあげて辞退する旨を伝えている。(9)

ところで、諸大名は江戸・京都・大坂などの要地に留守居役を配置し、留守居役たちは藩の枠を越えて親交のある他の諸大名の同役と留守居組合を構成し、迅速かつ適切な幕命の伝達をはかるとともに、その幕命自体が不都合な場合は協議を重ねて抵抗することがあったが、さらに諸大名はこうした協力関係を通じて情報の共有もはかっていた。(10)従って、前述のように竹俣が同藩京都留守居役の木滑を同道して忠精の旅宿を訪れているのは、以後京都における公武関係の出来事を忠精（山形藩）に伝達するなかで、やはり留守居役の役割が非常に大きかったことを意味するものではないかと考えられる。また、忠精の山形藩としては、日頃京都詰めの家臣が手薄であり、京都情報収集については歩横目田村五百代ら大津詰の家臣に主たる任務を課していたため、こうした弱点を補うためにも、政治的協力関係にある米沢藩の助力を必要としていたことがうかがえる。

さて、前掲堀尾保助の元治元年七月付の書付（註(5)）は、こうした流れで水野忠精に書き送られたものと考えられ、標題にある通り朝幕間の周旋にあたっていた米沢藩が堀尾を使者として長州勢に退去を求める談判を行わせた経過について丹念に記したものである。

では、その内容の概略を時間順に追ってみると、次の通りである。

〔七月七日〕老中稲葉正邦より書付をもって、天龍寺その他に屯集した長州藩士らへ、御所よりの通達により一一日までに引き払うよう命令があったこと。

〔八日〕京都近辺に武器を携えて屯集した長州勢に対し、幕府が引き払うようにいくら説得してもいっこうに承服せず、処置に困っている状況であること。

〔九日〕老中稲葉正邦へ下知を願い出たところ、下知はまず伝奏より出し、一橋慶喜から老中へ回達するのがよいとの返事。そこで、慶喜のところを訪ねたが留守であり、一橋家用人からはまず長州勢を大坂へ引き取らせてから下知を待つように説得すべきであるとの助言があった。

〔一〇日〕一橋家用人より呼び出しがあったので出向いたところ、長州勢が今日になっても引き取らないので、いずれ幕府より断って退散させるべしとのこと。

〔一一日〕屯集した長州勢は引き払うべしとする朝廷からの命令を、彼ら長州勢は承服した旨。

〔一三日〕堀尾保助らが、明日長州藩家老福原越後を訪ねて会見する由。

〔一四日〕福原越後の旅宿を訪ねて対談し、今度の屯集は強訴に等しく、早々に引き取るべしと勧告した旨。また、長州よりイギリスへ渡航した者のその後の消息についての話。

一四日の対談では、幕府と長州藩との間で屯集者の撤収のしかたについて、次のような取り決めがなされたことが記されている。

稍〻天龍寺・光明寺丈ケハ山崎江引取、尤家老国司信濃儀歎願人鎮撫之ため天龍寺へ参り居候へハ、此人数丈ハ兼而旅宿ニいたし居候寺之儀ニ付相残り、外人数ハ不残山崎一所ニ引取申候、然ルニ引取候而も何分御所置早速出申ましき哉と面〻思居、且屯集人之内ニ者長州藩ニ無之列藩之面〻多人数有之、右者宰相父子之浮沈ニ少しも構ひ候者ニ無之、、昨年八月以前之御政体ニ立帰り不申候而者不相成とて、必死ニ成て力ミ居候故、火急ニ今明日中ニ引取れ抔被　仰候共何分六ケ敷、余り火急之儀を申候へハ忽内輪騒動ニ及、一昨年伏水ニ而薩藩同士戦之如きハ直ニ相始り、夫より動乱ニ相成可申哉と案思煩ひ、誠ニ腫物ニ手を附候様大事ニかけて諭し居候事故

このように、屯集した者が長州藩士だけではなく、また彼らが前年の八月一八日の政変以前の京都の政治状況の復活に固執しているので、即座に撤退するとは思い難い状況が示されている。

ところが、京都で堀尾保助らが福原越後らと談判を行っているさなかの七月一三日に、長州藩世子毛利定広は兵を率いて山口を発して三田尻に向かい、翌日三条実美らと海路上坂の途についた。

こうしたなか、七月一九日に京都では長州勢の発砲により禁門の変が発生した。この戦闘は会津・薩摩・桑名など京都守護の諸藩の防戦により長州勢が敗れて一日で終結したが、戦火は広がり京都市中のおおよそ南半分を焼き尽くす結果となった。敗走した長州藩には朝敵の汚名が着せられ、同月二三日には朝廷において長州征討が決定されている。

さて、六月二四日に老中に就任したばかりの阿部正外は、七月一三日に幕府により長州勢が屯集して混迷する京都情勢を探る任務のために上京を命じられ、同月二三日に品川沖を出航し、二五日に大坂の天保山沖に到着し、以後は京都やその近辺における長州勢の動静や禁門の変の模様について、大変入念な情報収集を行っている。これから外交政策で共同歩調をとる水野忠精と新任老中の阿部正外との情報収集活動を通じた協力関係は、実に密接である。また、阿部は自分自身の先発隊として、七月一七日に家臣山田丈右衛門・奈須信太郎両名に江戸を出立させている。両名は同月二二日夕刻に京都に到着して探索を開始しており、同月二五日付の風聞書「覚」[11]を江戸に書き送っている。

この書付では、まず江戸からの旅程と京着後の状況について、次のように記している。

私共儀御先登被　仰付、道中差急キ罷越候処、鳴海之辺ニ而京地不穏趣承り、諸家早追ニ出逢、大津辺迄罷越候処、洛中之町人立退候者夥敷、諸家固メ之御人数甲冑ニ而茶屋等ニ相休居、夫ゟ蹴上ヶ弓屋八郎右衛門方江立寄、旅宿も差支可申候間、様子抔相尋候処、当十九日明方ゟ　御所近辺ニ而戦争有之、洛中七八分通放火焼失之由、右ニ付而者弥旅宿ニ差支候間、不取敢御用達奥田仁左衛門方江夕七時頃罷越候処、矢張致焼失、京地昨廿一日夕刻鎮火ニ相成、未所々ニ火気有之、未形付不申、先同人方ニ而旅宿相尋表御門焼場之中ニ筵を敷、暮六時頃迄相待候之処、漸御池通り大宮西江入、町公事宿桔梗屋伝右衛門方江致案内候処、全宿事貸呉、同人方家内一同立退、亭主・小者居候丈ニ而白米も無之、夜食ニ差支候間、仁右(左カ)衛門江相頼候処、手代田中次郎兵衛白米三升持参呉候間、右を焚き香物四切宛ニ而翌日迄相凌、夜分蚊張焚之体ニ御座候

このように、禁門の変の発生により京都とその周辺は物々しい様子となり、山田・奈須両名は戦火により旅宿の確保にも苦労する状況であったことを生々しく記している。また、両名は、京都より大坂表へ飛脚を頼もうとしても、変直後の物騒な状況により大金を出しても断られてしまったことも記している。

さらに同書付では、阿部正外の家臣森元与大夫・神永八十八両名により、長州勢が上坂・上京してから禁門の変に至るまでの模様が克明にまとめられた風聞書の内容も筆写されている。同じく、家臣の平田治部右衛門・冨賀須庄兵衛両名が、主君が上坂した経過についてまとめた風聞書の内容も筆写されている。

また、山田丈右衛門は同じ風聞書で、七月二五日に大坂谷町に到着して接した風聞として、

京地表内実ニ、十八日夜中川宮様御首を長州勢ニ被奪立退候所を、会津侯・彦根侯御人数ニ而差支へ、双方鉄砲を以打合、死亡夥敷

とあり、中川宮朝彦親王が殺害されてその首を長州勢に奪われたとの内容を記している。これはすぐに誤報と判明するが、禁門の変の混乱のなかでは京坂地域には多くの流言蜚語が飛び交っていたことがうかがえる。

同書付では、治部右衛門・庄兵衛両名が上司である高松左兵衛に宛てた七月二六日付の書状も筆写されており、両名は京都での風聞探索活動について次のように記している。

京都之模様も江戸表江申進候之段申上候処、然者其手紙を如何様見苦敷候而も、私之文通之事有之候而も不苦候之間、其儘和泉守様江書入御内覧候様被　仰出候間、私者認甚以乱書恐縮之次第ニ御座候之間、御写取ニ而も被　仰付、和泉守様江入御内覧候様御取計可被下候、文中ニ有之ら中川之宮様御別条無御座候之由、

殿様御沙汰ニ御座候、乍併誠ニ御危き御事之由、御寝所之下江忍入候者有之候を御遁れ被遊候之由ニ御座候、
殿様御在京も長州之一条関東江御指帰り、速ニ御所置無之候而者不相成候間、四五日之御在京ニ而御引払
可被成与之御噺ニ御座候、御帰路も御軍艦之御積ニ御座候

治部右衛門・庄兵衛両名は、京都における長州勢の不穏な動向を調査して、江戸に報告するために上京した主君阿部正外へ情報を提供する任務についていたことがわかる。また、彼らが京都で得た情報は「私之文通之事有之候而も不苦候間、其儘和泉守様江書入御内覧候様被　仰出候間」とあるように、私的なかたちでもよいから、そのまま江戸の老中水野忠精にも内覧させるよう命じられていたことが判明する。阿部正外と水野忠精との京都風聞探索をめぐる密接な協力関係があったことが明らかであり、老中同士で公的機関とは別に私的な情報伝達を行っていたことがわかる。また、ここでは、先の文面に殺害されたとの風聞があった中川宮朝彦親王が無事であることも記されている。

次に、同書付に筆写された治部右衛門・庄兵衛両名が同じ白河藩士の阿部勘解由ら五名に宛てた七月二六日付の書状では、禁門の変をめぐる同藩士の風聞探索活動の役割分担が次のように明確に示されている。

既ニ真三郎江も明暁上陸、大坂江者一寸小休計ニ而、淀川直ニ入京可致旨申達候間、其通相心得宜敷御取計候様御沙汰御座候間、夫〻申達、今暁者御支度之故御滞船被成候間、面〻夜中ニ支度いたし候様申達候処、頼母ゟ大坂表御探索与大夫・八十八両人江申付、篤右衛門江差添遣候処、夜四半時頃罷帰、両人承り込候次第書取差出、且又御先登り山田丈右衛門・奈須真太郎（信太郎）当廿二日致着京候処、十八・十九両日之取合ニ而、所〻ニ而被討死者之死骸者散乱、首者ごろ〳〵、誠ニ恐怖

このように、着坂後は番頭平岩頼母より森元与大夫・神永八十八両名へ大坂表探索が命じられ、これに白河藩御用達の大坂商人多田屋篤右衛門を助力させ、山田丈右衛門・奈須信太郎両名には禁門の変後の京都市中の状況

を探索させている。

水野忠精の京都風聞探索の中心となったのが山形藩士の田村五百代であったように、老中阿部正外も緊急の京坂地域の風聞探索は自藩の人材に委ねている。また、田村がもう一名の歩横目の応援により二名で上方の探索活動を行ったように、老中阿部の家臣も同様に二名一組による情報収集活動を展開しており、第一章であげた井伊政権が徒目付・小人目付を京都・水戸・江戸三方面に派遣して情報収集を行わせたときにも基本的に二名一組であったことと同じく、複数名による連携が重要視されていたことがわかる。

阿部正外が家臣を派遣して得られた京都情報を速やかに水野忠精に報告している点から、双方が自藩の人材を遠隔地に送って得られた情報は、懇意の関係にある他の老中と共有するという固い協力関係があったことは明らかであるといえよう。

二　禁門の変をめぐる水野忠精の情報収集（その1）

文久三年（一八六三）八月一八日の政変以来、長州藩へは厳しい監視を続けていた幕府であったが、この流れで水野忠精は、禁門の変をめぐる長州勢の動静について、実に多くの人材を駆使して膨大な量の情報収集を行っている。

禁門の変発生の情報が飛脚により江戸の幕府にもたらされたのは元治元年（一八六四）七月二三日の夕刻であった。水野忠精はさっそく米沢藩主上杉斉憲に翌日登城するよう要請し、目付山口直毅を通じて米沢藩へ即刻留守居を西の丸中之口へ出頭させるよう命じた。その結果、二三日中に米沢藩士木滑要人が登城し、閣老より江戸に届いた禁門の変情報の開示を受けた(12)。また、忠精はこの日に急遽朝廷への使者として溜詰格本多忠民（元老中）・使番山口内匠の両名を京都へ向けて出立させている(13)。これに対し、米沢藩京都留守居役堀尾保助が禁門の変に関する情報を江戸の藩屋敷および国元の米沢に書き送ったのが七月二三日であり、この書状が江戸に到着したのが同月晦日であるから、幕府の京都から江戸への第一報としての情報伝達がいかに早急に行われたものであったかがわかる[14]。

さて、次に水野家文書中の写本「巻懐」[15]（元治元年七～八月）の内容を紹介する。これは、禁門の変に臨んで幕府が在京の諸藩や中国地方の諸藩などからの入念な聞き込みを行い、詳細な情報を網羅した書付である。この写本は冊子横帳形式で、実に膨大な情報内容が記され、その筆跡の違いから筆写は複数の人員で行ったものらしい。

まず、この写本に筆写されている情報の内容の概略を列挙すると、次の通りである。

①　京都警衛大名の氏名を列記。
②　長州藩の指揮官・兵卒・武器の詳細。
③　禁門の変直前の長州勢の動向。
④　上京した長州勢とこれに対抗する会津藩の動き（中林生）。
⑤　鳥取藩士土肥謙蔵が藩命により松江藩に遣わされ、諸事を尋ねた内容。
⑥　禁門の変の戦火の模様（会津藩士西郷文吉・内藤之助・一瀬要人・神保内蔵助の四名）。
⑦　禁門の変直前の長州藩の動向。
⑧　上京した長州藩家老福原越後への説得と在京諸大名の軍備。
⑨　幕府より西国諸大名への達書。
⑩　禁門の変による死傷者名。
⑪　長州藩士による松平容保に孝明天皇および鳳輦を奪取する陰謀があるとする説。
⑫　禁門の変における京都各地の戦闘模様。

⑬　禁門の変前後に京都で流布した風聞。
⑭　禁門の変直後に発給された京都周旋関係文書。
⑮　鳥取藩に関する風聞書（井上祐三郎）。
⑯　岡山藩に関する風聞書（多田幾弥）。
⑰　長州藩士による内部告発書（長州藩士村岡伊助）。
⑱　四国艦隊下関砲撃事件に関する風聞書。

では、個々の内容を見ていきたい。

まず、①は禁門の変発生時の京都警衛大名の氏名を列記したものであり、②は京都近辺に屯集した長州勢の指揮官・兵卒・武器を具体的に記したものである。
③は、禁門の変の前段階の六月一六日から七月一五日までの長州勢の動静について、日記風に克明に記した書付である。この書付の筆者の名は特定できないが、京都に接近した長州勢を監視し、彼らに退去するよう説得する任務にあった人物の一人と考えられる。例えば、この書付の中で長州勢が天龍寺・伏見および天王山に屯集していた七月一日の条には、

尚因人抔からハ長州挙動何も悪しき様申来、会抔粗暴者御正し無之而者正論公平ニ無之由申張、其筋者先会を正し候方条理立候与水ナド申候由、何レ明日ハ大小監察下伏・天王・天龍ニ屯合、浪花迄も退候様ノ申分、拙者入京之儀も浪士進退与前後之次第も可有抔候由内〻相聞候、明日之応接振一戦ニ及候勢ニ付、因藩之議も有之、明朝篤与談筈ニ候事

とあるように、気勢をあげる長州勢とその入京を阻止しようとする諸藩軍との間で中立的な立場をとろうとした鳥取藩の面々は、水戸藩と共にまず長州勢に最も戦闘的な会津藩の暴走を抑止することが戦端を開かせないため

の先決事項であると主張し、さらに明日は大目付・目付が長州勢に対し彼らを大坂まで退却させようとする応接を行うとの知らせがあるので、長州勢の出方によっては翌日は一戦に及ぶ可能性があることを示唆している。

また、③の書付の七月七日の条には、近江国大津で情報収集にあたっていた鳥取藩の者からもたらされた風聞書の内容が記されている。その一部を抜粋する。

七月五日大津風聞

一此度長劦上京ニ付、膳所人数両三度ニ上京、当時虚空ニ而、土着郷民留守致し居候由

一秋詰、藤堂・大垣・彦根三侯者上京、其内彦根去月廿五日大津江人数出張、藩邸幷ニ東今下風町本福寺・丸屋町栄順寺等之三所ニ屯居、上下三四百人と申事、当月朔日太守着津、藩邸宿泊ニ付、小松入ゟ西ノ方町宿致し、京江者不参当所ニ扣居候由、尤万一之節ハ　鳳輦を彦城江可奉移之由ニ而、同所ニ而御殿等之尋も有之趣、尤御召船共おほしき朱塗之船弐艘用意入津いたし候趣、然る処、翌二日暁七ツ時出立ニ而、彦侯俄ニ上　京相成、当時ハ取集弐百人計残り居申候由

長州勢の京都近辺への屯集に対して、膳所藩が兵員を両三度上京させて備えをし、津・大垣・彦根三藩主が上京し、そのうち彦根藩は六月二五日に兵員三〇〇～四〇〇人余を大津に駐屯させ、七月一日には彦根藩主井伊直憲が大津に着いて藩邸に宿泊したとある。これは万一の場合には孝明天皇を彦根城へ避難させる計画があるからであるとし、天皇を迎えるためと思われる朱塗の船二艘も用意されており、翌二日に藩主が急遽上京したものの、兵員二〇〇人余が大津に残ったとする旨が記されている。

そもそも彦根遷幸の献策は、上京して当時幕府の海陸備向掛手附を命じられていた松代藩士佐久間象山が、当時京都はあまりにも物騒な地であるから皇居を要害である彦根に遷し、幕兵によりこれを守護することにより、公武合体の実が上がり、開港の国是も自ら定まると説いたことにより本格的に企てられたといわれている。[16]象山

はその実行のために、まず六月二七日に松代藩主真田幸教が大津に宿泊していたことを知り、天皇の護衛に松代藩兵の動員を要請するために藩主の大津滞留を願ったが果たせず、さらに彦根藩の衛士にこの動座計画を談じたが同藩は応じず、かえってその計画は外部に漏れてしまったといわれている。(17)

この彦根遷幸計画の風聞により、当時京都における政治的復権をめざしていた長州尊攘派勢力は、大いに危機感を深めた。勤王を標榜する長州藩が戦時には禁闕に向かって発砲する立場に立つことになるのであるから、何らかの策を講じなければならない。そこで、桂小五郎（木戸孝允）を中心に同じ攘夷論の立場に立つ鳥取・加賀両藩の協力を前提とした次のような腹案が練られる。長州藩としては戦いが始まれば動座説が有力となるので、内応した公卿が鳳輦を奉じて長州軍に投じればこれが最上の策となる。もし、幕府側が鳳輦を動座しようとするならば、鳥取藩が鳳輦を奉じて比叡山に行幸するのが第二策である。また、これとは別に、彦根城に入ろうとする鳳輦を加賀藩が奪い取るという第三策も腹案としてあったらしい。しかし、鳥取藩も加賀藩も藩論は一定せず、長州藩との密約も徹底しなかったといわれる。(18)

しかも、彦根遷都計画の中心的な立案者である佐久間象山は、七月一一日に京都三条木屋町の路上で刺客に斬殺されてしまう。これにより、彦根遷都計画については、禁門の変前後の各所に断片的な風聞の記録を散在させるだけの結果になったものと考えられる。

③にある鳳輦動座の風聞は、長州藩が協力を依頼した鳥取藩によるものであって注目に値するが、ここでは万一の場合は彦根藩が率先して孝明天皇を彦根城に退避させる準備があると解釈しており、彦根藩の動向を大変警戒する見方での記述となっている。

④は、中林生（身分は不明）が六月二九日付でまとめた、伏見・山崎・天龍寺に屯集した長州勢の動向とこれにともなう会津藩など諸大名の動向について調べあげた書状の写である（宛先は「安達様」「千葉様」となってい

る）。ここではまず、長州勢の動きとして家老福原越後が六〇〇人を引き連れて関東へ赴きたい旨を主君に嘆願し、六月二四日に伏見に到着したとある。翌二五日には、久坂義助（玄瑞）・寺島忠三郎・入江九一らが脱走士となって三〇〇人を引率して山崎八幡宮に参籠し、主君と七卿の免罪の嘆願を淀の閣老（老中稲葉正邦）に提出、鳥取・岡山・対馬の三藩へその周旋を依頼し、京都の長州藩邸からも加賀・薩摩・仙台・桑名・熊本・久留米の各藩へ同様の廻達を行ったと説明している。さらに、二七日には長州藩邸の人員が天龍寺へ屯集し、前掲の嘆願の沙汰を待ったとある。そこで、京都守護の会津藩が次のような対応をしたと記している。

会津ハ必死となつて壬生浪士を引率し、竹田道ニ野陣をはり、昼夜無怠相守候模様ハ、丸て狐ニ弄せられ候よふと児童迄笑い申候、且諸藩ニ人数出張を申触候処、桑名・淀ゟ外ニ応ずる者なく、土州ハ本街道ニ出張、右処廿七日引取申候、来嶋又兵衛ハ九西信州か先手として上国之処、此度天竜寺鎮撫として、伏水を発道ニ行軍ニて桂川筋登り、天竜ニ入込候

会津藩が新選組をともなって京都市中南方の竹田街道沿いに陣を張り、その他幕府の命令により軍事動員を行ったのは、桑名・淀両藩に加えて土佐藩が東海道沿いに短期間に出張したのみで手薄な状況にあるためであり、一方京都での失地回復をめざして強硬な進発論を主張していた長州藩士来嶋又兵衛は、家老国司信濃（この文書には「九西信州」と記される）の先手として伏見から桂川を上流に向かって天龍寺に入ったという風聞が記されている。

久坂・寺島・入江らが老中稲葉正邦を通じて朝廷に提出した嘆願書は、一月の天皇宸翰と四月の元治国是を従来の叡慮と異なるものとして批判し、たとえ攘夷に勝算はなくても国体が立つか否かを基準に考えるべきであり、三条実美ら七卿や長州藩主父子の忠誠を訴え、西洋列強が独立富強の国家をつくりあげたのは、かつて攘夷の体験をし、それを乗り越えてきたことによるとしている。また、この論を朝廷が採用し会津・桑名両藩が追放され

て長州藩が入京すれば、会・桑両藩は勅勘の身となり、両藩と同調した諸藩も同じ扱いを受けるので、薩摩・熊本両藩などは禁闕守衛を理由に幕命を断っており、長州勢の活発な動きに対する軍備が手薄なものになったのは、このような事情があったからである。[19] いずれにしても、中林生がもたらした風聞は、入京をめざす長州勢の動きを的確にとらえたリアルタイムの内容となっている。

次に、七月八日付の書状⑤はその前文に、

当七月初旬、因州藩中土肥謙蔵与申者此度内命ニ而山陽・山陰諸藩江為使者被越候由ニ而、雲州ヘ罷出、箇条書ヲ以存寄相尋候ニ付、家来小田佐兵衛・西森謙三郎ヲ以応接為致、毎条左之通相答置候

とあるように、鳥取藩の内命により山陽・山陰地方への使者として派遣された同藩士土肥謙蔵が松江藩へ出張し、時の政情に関わる聞き込みを行ったことが記されている。聞き込みの内容は、攘夷への取り組み方、幕府の奉勅攘夷について、さらに隠岐に異国船が来航した場合の長州藩を含めた隣領からの協力のしかた、といったものである。

例えば、鳥取藩は、長州藩へ外国船が襲来した場合に、同じ日本海に面した松江藩にどのような対応をするのかを問い、松江藩もこれに答えている。

謙蔵問

一由有異船襲来テ長州之説於諸藩は、援兵之儀弊藩亦然、尊藩之廟議如何

此方答

雲州者御承知之通り海岸多、殊ニ隠劦之御預りも有之、既隠州ヘハ尊藩ゟ応援之訳ニも相成候処、余力無之儀ハ乍残念いたし方無御座、長劦江夷人襲来之節人数差遣候儀出来候位ならハ、隠州も一手ニ為守、応援も御断可申上事ニ御座候、殊ニ長劦も此隣接近之国柄、同所ニ而戦争相始り候ヘは持国之固不容易

儀、傍以人数者難差遣候とも、傍観いたし候筋者無之、力之及候丈者合力可致与存候事

松江藩は、自領海岸に加えて隠岐の防備の義務もあって、これも鳥取藩の助力を必要としているほどであり、山陰大名同士の連携は重んじるものの、事実上長州藩へ異国船が襲来した場合の加勢はほとんどでき難い旨を返答している。鳥取藩がこのような聞き込みを行っているのは、前述のように長州藩から軍事的支援を要請されたもののこれを拒絶した鳥取藩が、同じく海側に面して近接する松江藩に、幕長対立のなかでどのような姿勢でいるのか探りを入れる目的があったものと考えられる。また、右の文面には「此方答」とあり、土肥謙蔵から質問を受けた松江藩側の記録であることがわかる。

ちなみに、この⑤の土肥謙蔵の松江藩への聞き込みの内容は、越前藩士中根雪江の『続再夢記事』にもほぼ同じ文面で記載されている。これは、元治元年（一八六四）七月八日付で松江藩主松平定安が前福井藩主松平慶永に書き送った中国地方の情勢と自藩の対応のしかたについて相談を求める書状の、別紙の二として記されている。(20)水野家文書も『続再夢記事』も、文書の日付は同じ七月八日となっており、水野家文書のものは慶永宛の書状が何らかのルートで筆写されたものではないかと考えられる。

⑥は、禁門の変の翌日の七月二〇日付で、在京の会津藩士西郷文吉・内藤之助・一瀬要人・神保内蔵助の四名が在江戸の同藩士高橋外記・横山主膳・田中土佐・一瀬茂右衛門・上田一学の五名に書き送った、禁門の変の戦火と京都市中の動向についてまとめた書状の写であり、この内容も江戸で水野忠精に伝達されたものと考えられる。

前年の八月一八日の政変以降、長州藩尊攘派にとって会津藩は京都で政治的に復権するための最大の攻撃目標となっており、それだけに会津藩の長州藩に対する情報収集は実に入念なものがあった。「尚〻昼八時頃に今洛中鎮火に不相成候、不残焼可致候謀に不得止事ニ候」という前書で始まる⑥の書付は、主に次のような内容とな

っている。

ⓐ 七月一七日に、堂上方一〇人ほどが関白二条斉敬のところへ押しかけ、長州勢への寛大な処置を願い出た。次に、五〇人ほどが二条関白と一橋慶喜が揃ったところへ参内して、再び寛大な処置を願った。慶喜の意見は大小監察が申し諭し、諸藩も説得にあたり、さらに朝命をもって大小監察が申し諭すというものであったが、この方法でも長州藩は応じず、もはや宥免はできない状況であること。

ⓑ 一九日明七ツ半（午前五時）頃、不意に長州勢が蛤御門の固場へ鉄砲を打ちかけ、会津藩は一瀬隊が大小砲を打ちかけて応戦する一方、藩主松平容保は駕籠で参内した。蛤御門の合戦は二時（四時間）余も打ち合いが続いたが、長州勢は退散せず、なおも砲撃戦は続き、「御所内ニも頻りニ砲声轟キ、飛玉も参候ニ付、混雑無申計、堂上方　主上御立退と触廻り、万一御動揺被遊候者一大事成候ニ付、御側廻り之者堂上方引留、主上之御座所案内為致」という混乱模様であったという。

ⓒ 戦闘は静まりかけたが、長州勢が堺町御門内鷹司屋敷より鉄砲を打ち出し、生駒・薩摩・彦根の三手により大砲を打ちかけてこれを焼き討ちにしたので、同所より九条屋敷へ火が移り、洛中一円が火焔となり、長州勢は敗走して、洛中は鎮静化した旨。

ⓓ 禁門の変の模様については、会津へは安藤彦五郎を、江戸へは諏訪常吉をそれぞれ早打の使者として遣わし、伝達を行うこと。

こうして、禁門の変の戦火の模様は、その防戦の主力となった京都の会津勢が国元と江戸への周到な情報伝達を行い、江戸に伝達された書状は即刻水野忠精ら老中が回覧するところとなったものと考えられる。

⑦は、禁門の変の前日の七月一八日に在京の一橋慶喜が大目付永井尚志を呼んで通達した口上の旨が記されている。これは、山崎や天龍寺に集結した長州勢に対し、一度は大目付・目付を派遣して引き取るように勧告した

もののかれこれ延引となり、いつ暴発するか計り難い切迫の状況を迎えたので、各々万端の準備をするように指令した内容である。

⑧は、筆者が記されていないが、文面の内容からおそらくは京都守護の会津藩方の人物と考えられる。その内容は、禁門の変発生の前々日の段階で上京した長州藩家老福原越後らへの撤退の勧告が難航している模様と、彼ら長州勢が暴発した場合の在京諸大名の軍備の詳細が列記されている。

特に、長州勢撤退問題については、

何分只今治定之御請者難申上趣越後申候処、又〻申聞候者、何れニも明日中引取セ候様屹度及談判候様被申聞候儀、尤明日中不引取候得者承服不致段者明白成、於御手元も尽力被致候処、不行届事ニ而、其段者相分候儀故、別段御挨拶ニも不及之趣を以橋公江申上、御同人ゟ　奏聞ニ被及ニ可有之旨被申聞候処、何レ私ゟハ明日中御請申上候形、越後申候得者、夫ハ勝手次第ニ致し候様、両人ニ者別段挨拶承候ニ者不及旨被申聞候而、応接相済申候

とあるように、翌七月一八日段階で長州勢が撤退しない場合は、彼らが撤退勧告拒否の意思表示をしたと判断して間違いないとし、幕・長間の和解がもはや困難な状況にあることを報告している。

⑨は、「西国中国列藩へ御達」と標題を付けた、幕府による西国大名二三藩に対する長州勢への対応についての触書の文面である。ちなみに、真木和泉・久坂玄瑞ら長州勢は六月二四日に大坂を発し、淀川を遡って山崎に達し、藤村幾之進・大谷樸助を淀に遣わして、淀藩主稲葉正邦を介して攘夷の国策樹立と毛利慶親父子および三条実美の入京許可を朝廷および幕府に嘆願している。さらに、伏見にいた長州藩家老福原越後は七月一日に書を勧修寺家に提出し、我らは山崎および天龍寺に屯集した有志に鎮撫を加えているが、ぜひ彼らの願意を聞き届けられたいと請願している。

そこで、幕府は長州勢に対して、

長州藩士等頃日出願有之趣ニ候得とも、多人数兵器等携所々屯集甚不穏ニ付、早々引払、福原越後儀少人数ニ而伏見ニ罷在、出願之儀者穏ニ経、其筋重而之　御沙汰相待候様　朝廷御趣意之趣を以、度々説諭為致候へ共、悔悟不致鎮静与唱へ、国司信濃・益田右衛門介等引続被登、却而人数追々相増、再三願書差出、無勿体も去秋八月已後之御所置ハ真之　叡慮ニ無之抔申立、兵威を仮り、兼而嘆願罷在候条奉劫　朝廷ニ相当、不届至極ニ付、所々屯集罷在候長州人征討之儀　天朝ゟ被仰出候、就而者長防二国之動揺難計候間、備ニ相伺居、以後罷登候者者勿論、聊たり共如何之所為於有之者、區々人数差向、誅伐可致候

とあるように、早々に軍を引き払い、福原越後らには重ねての沙汰を待つように勧告し、朝廷の意向に沿ってたびたび説得を重ねたものの、鎮静のためと唱えて他の家老国司信濃・益田右衛門介らも上京してしまい、その数はかえって増大してたびたび嘆願書を提出する状況となったので、朝命により彼らを討伐せよと命じたいきさつが記されている。

⑩は、禁門の変で鉄砲傷により死亡した中沢鉄之助ら一一名と、負傷した二十数名の名前を列記している。彼らは、長州勢との戦闘で死傷した鎮圧軍の人員であると考えられる。

⑪は、「所司代衆より急便ニ被置候書付」と標題にあるもので、長州藩士川端亀之助が二通の書状――一通は家老福原越後・国司信濃・益田右衛門介の三名が、もう一通は藩士浜田忠五郎他一名がそれぞれ差出人、二通とも日付は示されていない――を京都所司代にもたらしたとしている。

この二通の書状についての説明の記述は、

右書面、松平肥後守　天子を要し奉り、鳳輦移之隠謀罪状不容易儀ニ付、直ニ差戻候得共、右亀之助申聞候者、山崎表を最早踏出し候半与申聞候間、其心得ニ而御警衛御座候様

として、会津藩主松平容保が孝明天皇の遷幸を企てているので誅罰を加えるべしとする内容であり、所司代方はこれらの書状を川端亀之助に差し戻したが、亀之助が言うには、この件により山崎屯集の長州勢が動き出しそうな情勢にあるので、その心得で警衛をするようにという文面である。

そもそもこの遷幸説は、長州勢が洛外に屯集する事態のなかで、朝廷では七月八日を長州勢撤退の期限とすべしとの議があり、次いで同月一一日ではどうかとの議もあったがついに行われず、こうした間に会津藩が孝明天皇の彦根への遷幸を企てているとの流言が広がったものである。また、七月一〇日に何者かが高辻家・錦小路家等の公家に投書して、松平容保が遷幸計画を立て、上京した佐久間象山がこの計画に加担していると告げ、そのためか翌一一日に象山は前述のように京都木屋町の路上で浪士により殺害されている(21)。この彦根遷幸説がどこから発せられたかは判然としないが、長州藩士による京都所司代への二通の書状には、この遷幸説を巧みに利用して会津藩など京都守護方の足並の乱れをはかり、屯集した長州勢の立場を少しでも正当化しようとするねらいがあったものと考えられる。

三　禁門の変をめぐる水野忠精の情報収集（その2）

さて、水野家文書「巻懐」の⑫以降は、禁門の変の戦闘とその後の形勢が記事の主体となっている。

⑫は、標題に「京都表風聞之趣」とあり、元治元年（一八六四）七月一九日の禁門の変の京都各地における戦闘の模様が詳細に記されている。この文書の差出人名と年月日は明記されていないが、禁門の変発生時を「去月十九日明七時頃」と記していることから、種々の風聞を集めたものを翌八月になって筆記したものと考えられる。

まず、禁門の変発生の模様については、次のような具体的な記述がある。

去月十九日明七時頃、長州藩暴発之初者、二条河原町屋敷ゟ出候哉、天龍寺ゟ出張候哉、鷹司殿構江近隣之

公家屋敷乗越、又者非常口押明、鷹司殿構内江打入、同所続松平越前守家来相固候堺町御門勤番所江不意ニ鉄砲打込候ニ付、番士多人数死去有之候得共、鷹司殿構江討入戦争ニおよひ、逆賊を追出し、丸太町通り柳ノ馬場辺ニ而相戦、同所をも追散、尚鷹司殿構内ニ者賊徒潜居可申与大砲打込候ニ付、四半時過より出火ニ相成、鷹司殿ニ者参内路ニ候得共、家中男女并賊徒立入居候様子之処、多分之死亡有之候由、一説ニ者右大砲打込候者松平肥後守人数之趣ニも沙汰仕候

七月一九日の七ッ時頃（朝四時頃）より長州勢が近隣の公家屋敷を乗り越えて鷹司屋敷内へ侵入し、堺町御門番所へ鉄砲を打ち込んだところから、本格的な戦闘に至り、丸太町通り柳ノ馬場付近が戦場となり、さらに鷹司屋敷構内に大砲が打ち込まれたために四ッ半時過ぎ（午前一一時過ぎ）に出火になったとする記述である。また一方で、鷹司屋敷内に大砲を打ち込んで家中男女や長州勢を死亡させたのは、会津勢であるとの風聞も記している。

続いて、⑫では天龍寺屯集の長州勢の京都市中への進撃、中立売御門付近での長州勢と会津勢との攻防、山崎屯集の長州勢が丹波口より松原通堺町へ進撃した旨、伏見屯集の長州勢が町奉行所を包囲したのを彦根勢が打ち払った旨、会津・藤堂・桑名・笹山・郡山などの各勢が山崎屯集の長州勢を焼き討った旨、長州藩家老の消息、長州勢の御所討ち入りの戦術は失敗した旨、京都市中の出火と避難民への米の支給、長州勢へ米・味噌を贈るなど御所警衛の加賀藩（世子前田慶寧）の行動、会津藩はじめ諸藩の軍功、京都町奉行瀧川具知ほか一名が禁門の変時に御所へ逃げ込んだ旨、などの詳細な風聞を記している。

とりわけ、加賀藩の動向については、

松平筑前守〔前田慶寧〕人数者、御所御警衛被　仰付御固者いたし居候得共、手合者無之、一件是迄之所筑前守扱ニ入居、先達而も天龍寺ニ屯集いたし候長防家来江米二千俵・味噌五百樽相贈、何等之趣意ニ候哉、去月十九日

朝長刕暴発いたし候与筑前守者俄ニ国許江出立いたし、家老而已残し置候由、一説ニ者兼而長州之一件無事ニ扱候心組之処、不行届、御所之御処置振等不伏之趣ニ候得共、何れニも御警衛之身分ニ而、御所之御危難ニ望ミ、俄ニ国許江発足者臆し候姿ニも有之、何共如何之儀与風評仕候

加賀藩は、将軍家茂第一回上洛後の攘夷論が沸騰する京都情勢のなかで、朝廷と幕府の双方から協力を要請されていた。そこで、世子前田慶寧《よしやす》（松平筑前守）は、父で藩主の斉泰に代わり元治元年（一八六四）五月一〇日に上洛し、幕命により御所の警備にあたることになった。慶寧は率先して攘夷を決行した長州藩の立場を擁護すると共に、幕府には当時議論の的となっていた横浜鎖港の実行を説いたが、結局その調停は実を結ばなかった。その後、長州藩の三人の家老が率いる軍勢が天龍寺・山崎・伏見にそれぞれ進軍する事態となり、禁門の変が発生する七月一九日に、慶寧は家臣に警備その他の諸事を任せて、自らは急遽京都を脱出して、加賀藩領の近江国海津に引き上げた。これに対し、藩主斉泰は七月二七日に、幕命に背いて御所警備の任を離れたとして、慶寧に謹慎を命じ、その側近である大野木仲三郎らに切腹を命じるなど、断固とした処分を行っている[22]。

前掲史料では、加賀藩に関する風聞内容として、慶寧が天龍寺に駐屯する長州勢に米二、〇〇〇俵・味噌五〇〇樽を贈る支援をし、さらに禁門の変が発生すると急に国元へ出立するという不可解な行動をし、これについては一説によると、慶寧がこの戦闘を発生させるもとになった朝廷の処置に不満を表明したものであるという噂があることを記している。慶寧が長州藩にこのような大量の兵糧の支援を行ったかどうかの実否については、管見の限りでは傍証史料を見出せず、今後の課題としなければならない。しかし、当時慶寧が攘夷の決行を正論ととらえ、積極的に長州藩宥免運動を展開していたという流れからすれば、こうした行為が行われたとしても不思議ではないと考えられる。

⑬は、「於京都流布仕候書付」という標題で、七月一二日より同月一八日まで、すなわち禁門の変前後に京都

で流布した風聞をまとめたもので、筆者の名は記されていない。
まずは、七月一二日付で禁中番所一同より議奏へ提出された、屯集した長州勢への処置に関する意見書の内容が次のように記されている。

屯集之徒士日中可引退旨、且歎願之儀者、福原少人数ニ而可申上之由、越後江　御沙汰之処、集士追〻引退候由、能〻事理弁利之輩意中遠察仕候、右ニ付而者此上御処置誠以御大事与奉存候、去四月横浜鎖港幷長州一件共ニ　大樹江御委任厳重ニ御請有之候得共、鎖港一件彼是混雑之趣於長州一条も御請之通寛大を旨として至当之所置無之より、既ニ此度屯集之一挙も差配候儀ニ候得者、右様之大儀於　朝廷御捨置ニ可相成筋ニ無之、差当長州御返答何卒寛大至当之　勅諚被為　在候様奉願候、就而者於宰相父子者無　思召由、毎〻被　仰出候御事故、先早〻入京被　免許候儀肝要与奉存候、集士一端引退候とて、御因循ニ而速ニ寛大之御所置無之候而者、右之輩再登可仕、其節者如何様之儀可発も難計、縦令其徒取押出来候共、右様相成候而者追〻国乱可増長、万一　皇国正儀之人気夫限ニ滅亡仕、再挽回之期無之、終ニ者蛮夷ニ従服仕候様相成候而者、実以怨歎之至ニ候、多年攘夷御決定確乎不被動、衆人奉感戴候　叡慮御緩怠ニ相成候様ニ而者、臣下之輩誠怨歎仕候、何卒　神州之神妙たる　叡念断然与御主張之御事偏奉希上候

このように、この意見書の筆者は、元治の庶政委任後三か月余を経ても幕府による横浜鎖港政策が進展しないなかでは、屯集した長州勢へは寛大の旨をもって対応し、毛利慶親・定広父子の入京を許可すべきであるとする寛宥論を述べている。また、長州勢をこのままにしておいてはいつ暴発して内乱を引き起こすことにもなりかねず、ひいてはこのことが外国勢力による侵略を招く結果になるであろうことも危惧する内容となっている。

⑬ではさらに続けて、この意見書に対する返答を求めて関白二条斉敬のところへ参向し、引き続き参内した大炊御門大納言（大炊御門家信）ら二一四人の名が列挙されている。これに加えて、幕府の「七月一八日御達」とし

て、朝廷からの説諭を聞き入れずに屯集を続ける長州勢に対しては、山崎屯集の者へは説議をもって引き揚げを要請し、天龍寺・伏見表へは討手を遣わすので、その場所の住民は早々に避難するようにとする触書の文面が記されている。

また、禁門の変の戦闘が終わった直後の幕府の「七月廿二日御達書写」として、

元来長刕人名を勤　王に託し、種〻之手段を設人心を惑候故、信用致居候ものも　禁闕ニ発炮し、逆罪明白ニ而、追討被　仰付候、若信用致居候者も前非を悔改心候者者　御宥免可相成候間、可申出候、且潜伏・落人等見受候者者、早速ニ申出候ハヽ、御褒美可被下候、若隠置他ゟ顕レ候ハヽ、朝敵同罪たるへき事

とあり、御所に発砲した長州勢を朝敵扱いしてその追捕を徹底する一方で、その罪を悔い改めた者に対しては宥免の処置をするようにとの意向も述べられている。

⑬ではさらに、「六月廿九日一橋中納言殿江　賜候御宸翰写」「六月廿九日　賜候御宸翰之写」「七月廿六日御達書写」「七月廿日左之御書付長刕追討諸侯廿三人江御渡相成候由写」と標題を付けた、いずれも長州勢に対する対応のしかたについての朝廷からの達の内容が記されている。

次に、⑭は禁門の変直後に発給された京都周旋関係の文書の写本である。これは発給者が誰であるのか今ひとつ判然としないものであるが、内容を示してみよう。

一つ目は「京都周旋之もの書上」と副題があり、七月二八日付で三重理兵衛なる者が「鷹司様」（鷹司輔煕）・「桂宮様」（桂宮淑子）・「卒宮（帥宮）様」（有栖川宮熾仁）・「勧修寺様」（勧修寺経理）・「石山殿」（石山基文）の各公家に宛てて差し出した書状である。ここではまず、理兵衛が京都に到着してからの手続について、

昨廿一日九時過京着仕、奥向金三郎方江立寄、御旅宿禄御請取相成候趣ニ付、八時前千本御役屋敷江着、以御旨間向角兵衛申談取極下札為仕候而、直ニ角兵衛義者所司代様幷稲葉様江罷出、御着後御手続申談仕候

とあるように、角兵衛なるものを通じて京都所司代松平定敬と老中稲葉正邦への取り次ぎがなされていることがわかる。

この書付では続けて、七月一八日から数日間の禁門の変の戦況と町家の火災の状況が実に克明に記されている。特に、戦端が開かれて激戦に至る経過については、石清水八幡・伏見両陣の長州勢が動き出したのをきっかけに、

彦根之御人数、大柿（垣）・戸田御人数出合取合相成候内、いつれか後江相廻り候旨、不計鉄砲ヲ放掛候故、会津様ゟ同様打掛、中立売御門前悉難戦之処、会津様ニ而大炮小路江打掛、是ニ而放ちかまし候旨、堺御門者鷹司様御館江急而四五十人這入居、不時ニ鉄炮打出し候故、彦根様幷会津様両手ニ而打入候上、放火何者致候哉、御同所様御館焼亡、則同所ニ而長浪四十人程焼死致候旨、小路之死人彼是七八十人与申事ニ御座候

というように、彦根・会津両藩兵などが出動して長州勢との砲撃戦となり、中立売御門前は激戦地となる一方、堺御門付近は長州勢四、五〇人が鷹司邸に入り込んで鉄砲を打ちだしたので、彦根・会津両藩兵がこれを攻撃し、何者かの放火により鷹司邸は焼失し、長州勢四〇人ほどが焼死し、小路の死者も七〇～八〇人余にのぼるなど、凄惨な戦闘が展開されたことを記している。

二つ目は「京都御重役ゟ爰元御重役江文通写外別紙添」という副題があり、高松藩（藩主松平頼聰）の京都詰家臣より紀伊藩（藩主徳川茂承）の家臣に、禁門の変にともなう緊急事態の詳細について伝えた内容となっている。

この書状では、まず禁門の変直後の京都情勢について、

当廿三日朝四半時頃、飛脚屋甚兵衛ゟ爰元戦争之次第申上候ニ付、夫々御手を被立候得共、何分一定之儀も御分被成兼候而、御心配被成候付、再孫四郎・永治・伝次江早御使被　仰付、廿三日夕出立、道中差急罷越候様被　仰付候也、今廿八日昼八時頃道中無滞致着、被　仰含候様申述、呉々致承知召昇、御目見も被

仰付、且又変事相成候上者、兼而之御備之御人数一隊早同様之心得ニ而、爰元被罷登候様被　仰付候由ニ付、右者　上江も申上候処、既ニ当廿五日摂海より申上候連状之通、先爰元ゟ御一左右申上候御人数御差出之儀者、御見合被成候様との御事ニ御座候

とあり、松平頼聰が七月一九日の激戦後の京都とその近辺の状況をさかんに探索させて、同月二八日にその内容を報告させ、その後再び変事が生じた場合は備えの兵員を上京させるつもりであるが、当面は幕命により出兵の必要はないとの方針が伝えられている。頼聰は、七月一九日の戦闘発生直後に公卿や一橋慶喜・松平容保らと共に参内した諸大名の一人であり、激戦終結後もその情報収集に余念がなかったのである。

また、「七月廿八日夕八半時過認」と標題のある追伸には、

尚々長州之儀ニ付、御所ゟ夫〻御固被　仰出候以書付御下ケ被遊、写取御廻し申候様被　仰出候間、則写取御廻し申候、是も先便申遣候通、和泉守様江入御内覧候様被　仰付候間、宜御取計可被下候、御廻越之書類致返却候

とある通り、高松藩主松平頼聰より紀伊藩家老衆へ、長州勢への警備について朝廷から指令された内容は書付をもって回覧し、さらに江戸の老中水野忠精へも送付して内覧させるよう伝達がなされている。これは水野忠精が密接な関係をもつ紀伊藩の人脈を経由しての情報伝達といえよう。京都における朝廷からの指令内容は、こうした紀伊藩の人脈を通じて即刻江戸の老中水野忠精に報告される情報ルートができあがっていたのである。

さらに、「別紙」という副題があり、「紀伊殿家老衆江　紀伊中納言殿」と宛先のある三つ目の文書には、まず長州藩主毛利慶親が家老福原越後らを入京させて朝廷への嘆願に託して強訴を行い、兵端を開いて禁闕に発砲した罪により、防長に押し寄せて速やかに長州藩を追討すべしとする朝命があったとしている。これは、同日に朝廷が長州藩主毛利慶親父子征討の命を一橋慶喜に下し、慶喜が諸大名にこの命を伝えたことを指している。

次に、この朝命による軍事行動の具体的な段取りとして、

　右之通、従　御所被　仰付候ニ付、大坂表御固之儀者是迄之通御心得、只今ゟ堺表江御人数御差出、軍備厳重ニ相立、大膳大夫以下罷登候者有之候者速ニ誅伐可被致候、尤御固之儀者大坂表松平讃岐守（松平頼總）・井伊掃部頭（井伊直憲）・松平土佐守（山内豊範）、西之宮者藤堂和泉守（藤堂高猷）・酒井雅楽頭（酒井忠績）・松平遠江守（松平忠興）、兵庫表者松平兵部少輔（松平慶徳）・松平修理大夫（島津茂久）、堺表者岡部筑前守（岡部長寛）被　仰付、急速人数差出候様相達、并従　御所被　仰出候趣も相達候間、夫〻江御指揮被成候様可被申上候

とあるように、港湾の重要拠点である大坂・西宮・兵庫・堺の四か所を諸大名の警備で固めて、長州勢が再び上京しようとした場合には撃退する手筈となっていることを紀伊藩側に伝える文面となっている。

⑮の「因州ニ而聞取書写」は、元治元年（一八六四）八月二日付の井上祐三郎による鳥取藩への探索報告書である。井上の身分については、日付の下の差出人名のところに「下御目付」とあり、おそらくは幕府目付の下役としての徒目付または小人目付ではないかと考えられる。まず、井上は鳥取藩と長州藩との関係について、この書付の冒頭部分に、

　因州与長州者御間柄之儀ニも有之、誠ニ御懇切俗ニ言舌之根も喰合ふと、ゆふ位なる御様子之由、殊ニ攘夷之儀者御同腹ニ而、乍併不弁是非御同志と申儀ニ而者無之、攘夷之事計ハ何方ニ而も御身方可致与之風聞ニ而、我国同志喧嘩之尻押被成候様なる御同腹ニ而ハ無之よし是迄双方ゟ御使者度〻往来有之、当七月十一日ゟ二度、其前ニも一度参

とあるように、攘夷論という点では同腹ではあるが、無条件に行動を同じくするというものではない関係であるとし、互いに使者の往来がさかんであることが示されている。続けて、その鳥取藩からの返翰の使者として藩士戸井徳蔵が長州へ派遣され、返翰の内容は、攘夷については国力をあげて加勢し、勅勘（朝敵扱い）については藩主池田慶徳が病気回復の後に宥免を頼みに出るので、今は落ち着いて国元で差し控えをするようにとの旨であ

ったと記している。

⑮ではまた、長州藩が前年の文久三年五月に西欧の国情や科学技術などの視察のためにイギリスに派遣した伊藤俊輔（博文）・井上聞多（馨）・野村弥吉（井上勝）・山尾庸三・遠藤謹助ら藩士のうち伊藤と井上（聞多）の両名が、四国連合艦隊が攘夷決行に対する報復として下関に攻撃を加えるとの情報に接して急遽帰国したことについても、井上祐三郎は大きな危惧をもって次のように記している。

然ル処、長侯之間者異国之様子為伺渡夷有之候処、於賊国日本ハ最早手之者ニ候得共、壱人之王一侯之長州掌ニ入兼候間、何卒長州を討取度所存ニ而、大鑑〔艦〕抔作り長州江差向候様子ニ付、間者之内壱人帰国有之、右模様申立候処、一統一人気立、堪忍致兼、上京歎訴ニ及候処、会津侯一円不被取次及大変候、因侯若く者諫言無聞入押而出京之段、因侯江対し申訳有之間敷様子、尚又因侯在京ニ候ハヽ、此度之大変ニ及申間敷抔下説仕候

諸外国が攘夷強硬論を主張する長州藩を討伐すべしという意向を示し、軍艦を長州に差し向けようとしていたために、留学した藩士の一名（実際は二名）が帰国して急を要する事態を伝えたところ、長州藩では議論が沸騰し堪忍しかねる状況であったので、上京し嘆訴に及んだという。しかし、京都所司代松平容保がこれを取り次がなかったので、禁門の変のような大変な事態になったとしている。また、もし鳥取藩主池田慶徳が在京して諫言に及んでいれば今回の変事は起きなかったというような風説も藩内では流れていることも記している。

さらに⑮で、井上祐三郎は鳥取藩から長州藩へ鉄砲百挺・焇三駄・玉三駄・具足を「夷賊攘除」の名目で送ったこと、長州の落武者が鳥取藩領内に落ち延びて岩井の温泉に入湯したのを、藩主池田慶徳が医師を派遣して養生させたとの風聞も報じている。また、六月下旬より鳥取藩勢が追い追い上京し、七月には鵜殿長道・津田元両家老らが頭として上京したことについては、当初は有栖川家の警衛を名目としていたものの、京都警衛の会津・

彦根両藩は鳥取藩が長州方である旨を主張して加勢を拒み敵対する形勢にあったので、鳥取藩勢はただ有栖川家の命令を受けた鵜殿の指揮に従って動いたままでであると釈明したことも報じている。

続けて、井上は長州征討論に対する鳥取藩内の世論として、

因州、長州征伐抔被　仰付候而も御請抔有之間敷、長州ニハ何等之咎有之哉、天下万民之為異国攘除之趣意候ハヽ、誰か承引すへけんや、会津・井伊を討取こそ当然ならん、会津被除候ハ、事納抔、上下之人気町人・小者ニ至迄歯かミをなし、かる〳〵敷評判仕候

とあるように、長州征討への加勢を断固拒絶し、会津・彦根両藩を討つことこそ、藩のとるべき態度であるという考えが主流となっているという風聞を記している。

また、藩主池田茂政が鳥取藩主池田慶徳の実弟である岡山藩の状況については、

備前侯ハ勿論、因劦御同腹ニ有之候処、此頃ニ而者家老之内両三人不承知之方有之、たとへ殿様御不縁有之候而も不苦抔もめ有之よし、風聞御座候

として、長州・鳥取両藩の協力関係に与することに反対する家老が二、三名いて、藩内が紛糾しているとの風聞を記している。

次に⑯は、元治元年八月付の多田幾弥（身分は不明）による「備前ニ而聞取書写」と標題にある、岡山藩の動静についての風聞書である。これは標題にもある通り、多田が岡山藩に詳しい人々に聞き込みを行った結果まとめた書付の写であると考えられる。

この書付には、まず禁門の変をめぐる岡山城下の情勢について、次のように記されている。

岡山城下入口藤井宿より備中板倉宿迄七里、新往来道昨年ゟ普請致居候処、此度京師事変ニ付、七月廿四日ゟ右新往来相開キ、岡山城下江ハ旅人一切通行不為致、藤井宿ニ関所相建、往来人厳敷相改、士分ハ勿論他

国ゟ入込候商人・町人タリ共一切通行不為致、物頭・同添役・郡目付・足軽拾人出張、厳敷相固メ、惣して旅人ハ新往来通行致候様相成候、右往来ハ今以普請最中ニ候様見受申候

このように、山陽道は東の藤井宿に関所を設け、西の板倉宿まで七里の普請中の新往来を開いて、通行人の厳重な検分を行い、岡山城下へは旅人を一切通行させない厳戒態勢がとられていたとしている。

岡山藩がこのような厳戒態勢をとった背景には、まず敗走する長州勢を捕えてその旨を報告させようとする幕府の指令に基づいた対策があったと考えられる。しかし、⑯の書付は「長州人　清水清九郎」が「先達而中ゟ度〻使者被罷越、君侯江直ニ面会有之」という記事や、岡山藩番頭下方数馬が船で長州へ出向き、長州藩役人と禁門の変について情報交換したとする記事など、同藩に長州藩支援の行動がある旨を記している。

さらに⑯では、禁門の変前後に岡山藩が長州勢を支援した旨を次のように記している。

七月廿一二日頃、長刕手負人弐人丹波地ゟ早駕籠にて岡山城下本陣俵屋与右衛門方江罷越、此度ハ残念至極之由相噺療養致居候、備前侯ゟも手厚之介抱有之由、然ル処吉川監物乗船ニて備前下津井迄罷越、夫ゟ上陸致シ、長刕ゟ差送候馬百五拾疋之惣大将として上京之心組ニて、既本陣又ハ人足之用意致候処、京師事変承合、右馬百五拾疋之内八拾三疋者片上宿迄罷越候得共、又候引帰し、城下連浄寺江引入、両三日滞留致シ、夫ゟ右手負人も同船致召連帰候

敗走する長州勢の負傷者に、藩主池田茂政が手を差しのべて救護の支援をしているとする旨に加え、上京した長州勢を支援するために周防国岩国を進発した吉川経幹（岩国藩主）は、備前国下津井で京都における長州勢の敗報を聞き、二、三日の滞留の後に国元に引き返したというのである。

この点については、『吉川経幹周旋記』に次のような符合する史料があるので、あげてみたい。

七月廿一日朝鞆御出帆、夕刻水島灘迄御越被遊候処、御本家所郁太郎・益田肇・神代虎之助、上方ゟ早船ニ

而御本船江罷出、京都表弥大変ニ相成、摂州辺御固メ厳重中々以御上り込出来候体ニ無之候間、何分御引返被成候様申述、御本家方へハ外船御留ニ罷出候段申述引取申候、又御右筆河野順之助・御船手白井長十郎、夫々飛船を以京都大変之趣、安達十郎右衛門ゟ注進申越候、右ニ付御使番桂郁太郎を以　長門様御引取之儀御乞合被仰進、又御在所へ御注進として御側役足助伊三郎・山県源兵衛、飛船ニ而被差帰候事(23)

吉川経幹が禁門の変の風聞に接した月日については、⑯が「七月廿一二日頃」、『周旋記』が「七月廿一日」とほぼ一致し、その時の乗船中の場所についても、⑯が「下津井」、『周旋記』が「水島灘」と、これもほぼ一致し、また長州藩士を引き連れて西方へ引き返している点も同じ内容となっている。

ところで、岡山藩にはすでに前日の七月二〇日に禁門の変の風聞がもたらされ、即座に同藩がその対応をしていることが、⑯の文面にも明らかである。

七月廿日暁七ツ時頃、京都事変之早追備前江着、翌廿一日御分家池田信濃守・池田丹波守様并御用老方惣寄合有之、同廿四日兼而城下ニ永住致候商人并案摩迄穿鑿之上、夫々申渡、翌廿五日早朝領分境迄追払都合五拾人且城下入口処々二重三重ニ固メ、町家ハ夕七ツ時限り戸ヲ為〆、夜中ハ一人も往来不為致、昼ハ領分中之百性・町人タリ共一人ツヽ、姓名相調、帳面へ記候上、通行為致候

七月二〇日に早打で禁門の変の風聞が備前へもたらされると、翌二一日に支藩の鴨方藩主池田政詮（信濃守）・生坂藩主池田政礼（丹後守）を含めた岡山藩の御用老方惣寄合が開かれ、二四、二五日までに城下は百姓・町人に至るまで通行の厳重なチェックが行われていたとある。

しかし、敗走する長州勢の岡山藩領内通行については、⑯の中で、

同廿八日長刕人ト名乗通行致候得ハ、宿々ゟ送人相立、無滞差通候様触書有之、又ハ使者ト申候得ハ、閑道ゟ本陣俵屋与右衛門方江相通由

とあるように、同藩が実に寛大な措置によりこれを許可している旨が報じられている。

その理由について、⑯では続けて、

同日京都ゟ早追相着シ、君侯ニハ長州征伐之命被為蒙候旨申参候得共、兼而長刕トハ一味同心之家候間、右征伐之義ハ如何相運可申哉と風聞有之候、且長州評判ハ藩中大半ハ宜敷申成、此度之義も格別之主意　天朝江相達不申、遂ニ朝敵ニ相成候ハ最以気之毒と申居候由

と、このように藩主池田茂政へ幕府から長州征伐の命が下っても、兼ねて長州藩とは「一味同心」であるとし、岡山藩内には朝敵扱いを受けた長州藩への同情論が大勢を占めていたことをあげている。

さらに⑯では、岡山藩の尊攘激派勢力である正義党の面々が同藩士で他国へ出奔した者に粛清を加えたとして、同藩家老池田伊賀の家来松山金平の倅幾之介の例を、次のように示している。

池田伊賀守家来
松山金平
倅
幾之介

右人、去戌年同藩上坂多仲当時召抱、大坂陣屋詰供致、去亥年六月上京、又候大坂江帰り、同七月陣屋より出奔致シ、壬生新撰組へ相組シ候処、又候出奔、当子七月初旬帰国致候処、正議党五六拾人右党之者ハ高禄人ニも有之候得共、大抵ハ足軽又ハ陪臣中ニ数多有之、三百人余ニも相及候由計、右幾之介自国之密事他国江相洩し候様申立、拾六人ニて岡山入口森下と申処ニて打首ニ致シ、制札相立晒シ置候由

この事件は、岡山藩池田家文書中の「(新選組松山幾之介等岡山ニ潜伏一件)」と仮標題が付けられた記録[24]によれば、次の通りである。すなわち、元治元年(一八六四)五月下旬に京都にあった宮部鼎蔵より岡山藩の岡元太

郎・小原澄太郎両名に、会津藩士および新選組隊士らが密かに岡山に入り、藩情をうかがおうとする動きがあるので、あらかじめこれに備えよとの通報があった。折から、新選組隊士の松山幾之介が岡山に潜伏してきたので、澄太郎の同志安井三寅がこれを偵察し、三寅は岡山藩の井上久馬之介が故あって幾之介と往年より知り合いであるので、久馬之介をして幾之介の図るところを援助せしめてその意図を探らせることになり、その同志も一五人となった。その後、幾之介が語るには、長州・岡山両藩はやがて必ず合従して幕府に抵抗するきざしがあり、過日長州藩を処分するにあたっての妨げになることは必定であり、故に岡山藩の状況を早く明らかにする必要があるとし、もし激徒を高じさせたければ、ますます過激を極めさせよとする挑発的な言もあり、こうした発言から、幾之介に岡山藩の罪状を握ろうとする目的があることは明白である。そこで、久馬之介が七月六日に幾之介を誘って城外の峠と称する所の酒店で飲酒し、その帰途に元太郎らが幾之介を捕えて尋問し、憤怒に耐えかねて幣立山奥一谷において惨殺し、岡山城東方の字三軒寺前の橋畔において誅首してその罪状を榜示したというものである。

谷口澄夫氏による従来のこの事件に関する見解も、当該史料の文面に基づいたものと考えられ、松山幾之介については、新選組の密偵として岡山藩内に潜入し、幕府から同藩が長州藩と合従して幕府に拮抗するものであるとの嫌疑をかけられていたので、その状況を探索するとともに、同藩を挑発して罪状を握ろうとしたために、同藩士岡元太郎らにより謀殺されたと説明し、幾之介は新選組隊士であるという前提で事件の内容を述べている。(25)

しかし、⑯の文面では、元来岡山藩士であった幾之介が同藩士上坂多仲の供を勤めていたさなかに大坂陣屋を出奔したのみならず、新選組に入隊したがここも出奔して帰国し、「自国之密事他国江相洩し候様申立」とあるように、他国へ機密情報を洩らそうとしたので、同藩正議党の面々一六名で打首に及び制札を立てたとあり、少し食い違う内容となっている。

さらに続く⑯の文面では、彼ら一六名の所業は藩から処罰を受ける結果となり、うち四名は因芸両国へ逃れたが捕えられて投獄され、一〇名は預けとなり、残る一名の万右衛門は、正議党の連判状を所持して多くの足軽や陪臣を引き入れ、また幾之介打首の制札を認めたとして投獄され、新選組同腹を申し立てたもう一名の安藤四郎兵衛は、差し控えを藩にうかがったところ、その儀に及ばずというものであったと記されている。岡山藩としては、領内に入った幾之介を殺害した正議党の面々の行為を公的な制裁とは認めず、彼らを処罰したという結末になっている。この幾之介殺害の一件については、⑯の風聞書をもたらした多田幾弥がどのような人物であったかを究明することも含めてさらに検討を加える必要があるが、⑯に記された文面は具体的で従来の説よりもかなり説得力をもつ内容であることも確かである。

さて、多田幾弥は⑯の書付の最後に、長州藩の軍事的動向について次のように結んでいる。

長州藩ニハ、昨年ゟ町人・百姓・坊主ニ至ル迄鉄砲・釼術稽古致候様厳敷申付、町人・百姓ハ前髪細ク、坊主ハザンギリニ致シ、月ニ六才ツ、稽古場へ寄合稽古為致道具類ハ夫々役人ゟ相渡ス七隊ニ組立、町人ハ竒兵隊と相唱、諸国江修行ニ差出、探索為致候由

長州藩による町人・百姓・僧侶に至るまでの領民への軍事調練の強化と、奇兵隊などの諸隊の様子が具体的に報告されている。

次に、⑰は「長州藩士村岡伊助申立候次第書取」と標題のある書付の写で、一連の長州藩の過激な攘夷行動に対して同胞の立場からこの在り方を痛烈に批判した、幕府への内部告発の書である。

まず、村岡はその序文に、

長州之事情を申立候儀者、臣下之身ニ取難忍候得共、始終奸臣之邪計ニ寄異心無之主家父子大逆之罪名を蒙、殊元就以来連綿之家系断絶ニ可至儀を悲歎憂苦之余一分之節義を棄、国内之実情を具ニ申顕、主家のためニ

愁訴致度由ニ而、落涙いたし申聞候条〻、左之通

として、藩主父子が朝敵の汚名を受け家系断絶の危機に立つ主家を救うために、あえて藩内尊攘激派の一連の行動を痛烈に告発した旨を記している。

その具体的内容を要約すると、次の通りである。

Ⓐ 攘夷を主張して藩政を司り、忠直の臣を冤罪にし、暴威をもって言路を塞いだ益田右衛門介らの所為により、八月一八日の政変も禁門の変も発生した旨。

Ⓑ 尊攘激派の主立った臣は、襲撃を恐れて日頃約二〇〇人の護衛を引き連れている由。

Ⓒ 尊攘激派は、奇兵隊により忠直の臣や使者を殺害したとの由。

Ⓓ 長州藩士宍戸備前は三〇〇人余の同志と共に尊攘激派を諫言し、吉川経幹（岩国藩主）とも志を通じていたのに対し、尊攘激派は佞併をもってこれを離間させ、あるいは奇兵隊をもって通路を断ち切り、昨年の八月一八日の政変時に備前が山口の藩主父子の館で益田右衛門介を議論により承服させた後も、激派は父子を説得して備前の諫言を消し去り、奇兵隊を指揮して大銃を携えて備前の邸宅へ押し寄せ、その後の諫言を塞いだとの由。

Ⓔ 村岡伊助が山口で藩主毛利慶親に面会し、一連の長州尊攘激派の行動は五大州を敵に回し、亡国名家断絶の禍を招くものであると諫言した。しかし、激派の陰謀により伊助は藩から閉門の処分を受けて蟄居させられ、その間に京都での乱行の罪名をもって幕府が諸家へ長州征討を命じたとの噂が入った。さらに、激派に反対する伊助ら藩士一同は、藩主父子出陣の風説が立つとともに萩城下の明倫館に集会して談判に及び、激派を討ち藩主の出陣を引き止め、長州征討の総督に藩主父子の異心なきを申し開き、同志一同がその場で切腹して、毛利家の存続を幕府に嘆願するという盟約を交わした旨。しかし、伊助ら約三〇〇人の同志が山口

に到ったところ、激派がこれを察知して藩主邸宅の四方に奇兵隊を配備し、ここで戦闘に至っては逆賊の汚名を受け本意を達せられないので、そのまま萩に退いた旨。

Ⓕ　長州藩支藩の動静。

Ⓖ　元侍従中山忠光が最近長府に潜伏しているとの風聞。

Ⓗ　真木和泉の消息は不明の由。

Ⓘ　村岡伊助ら同志の結束と覚悟の趣。

特に、Ⓐでは八月一八日の政変や禁門の変を引き起こした奸臣として益田右衛門介（弾正）・宍戸九郎兵衛（備前）・浅田孝助（周布政之助）・奈良崎弥八・永峯蔵太・中村九郎・高橋真作・桂小五郎・森登・国司信濃・福原越後・日下義助（久坂玄瑞）・禰村左門・太田市之進の名を列挙したうえで、

益田右衛門介始奸臣共ハ、表ニ正義を飾、攘夷を致主張、主家父子を誠忠正儀と称、愚弄致し、政権を司り、粗暴之臣・浮浪之徒を懐ヶ、攘夷家与唱、国家を憂建言致し候者を俗説・因循家ト嘲、忠直之臣を冤罪ニ当、又ハ暴威を以言路を塞キ、我意を恣ニ致し、去亥八月以来此度之事件とも皆奸臣共之所為ニて、於父子者渠之倭弁ニ被欺、深趣意ハ存申間敷候由

と、彼らが強硬に攘夷を主張し、藩の実権を握って粗暴の臣・浮浪の徒を手なずけ、これを諫める者に弾圧を加え、言路を塞いで一連の事件を引き起こし、彼らの詭弁に欺かれた藩主父子は事の真相を知らないでいる旨を強調している。

八月一八日の政変と禁門の変により、朝敵扱いを受けた長州藩内部では、征長に備えての方針をめぐって、萩の政庁を掌握して征長総督府に恭順を唱えようとする一派と、奇兵隊などの諸隊を主な軍事力として徹底抗戦を主張する一派との対立が激化する。いわゆる長州藩における元治の内乱が発生した。

この対立のなかで、前者に属する村岡伊助の内部告発は、八月一八日の政変後の京都における長州藩の政治的復権をはかろうとして藩主父子を動かして京都に出兵した尊攘激派勢力の実態を暴露し、折からの長州藩への寛宥論の高まりのなかで、激派勢力への処罰と藩の存続を嘆願する目的であえて行ったものと考えられる。伊助は、後に長州藩を脱藩し、京都で新選組に入隊し、佐幕の立場で活動したために、慶応二年（一八六六）に長州藩士品川弥二郎が依頼した十津川郷士で尊攘激派の中川庄五郎・前田力雄両名により殺害されるに至っている。⑰の文面は、伊助が長州藩を離れる以前に何らかのルートにより密かに幕府関係者に書き送った書状の内容と考えられ、注目すべきである。

最後の⑱は、「乍恐口上」という標題のある元治元年（一八六四）八月一八日付の四国艦隊下関砲撃事件に関する風聞書であり、差出人名は記されていない。

この風聞書の情報源は、安芸国広島西本川の妙見丸（六〇石積）に乗組の沖船頭安太郎である。安太郎は、八月一日に約二〇人を乗船させ、豊前国小倉へ向けて広島を出航したところ、四日に防州沖を航行中に姫島沖辺より異国船一八艘が防州沖へ乗り入れたので、安太郎らは通船できずに長州藩領本山沖に碇泊し、ここで四国艦隊下関砲撃事件に遭遇した。ここではこの時の状況を次のように記している。

> 翌五日八ツ時頃、右異国船ゟ本山地方又者長府領地先宮崎与唱候地方江向、炮発およひ候得共、長府ゟ敵対不致由ニ付、同六日同州前田并壇之浦江異船乗り廻し、右二ヶ所ニ築造之台場頻ニ発炮、右台場ゟも炮発及戦争、同七日陸船炮争途切居候間見量り、安太郎儀下之関海上乗り通り抜、豊前小倉江着船、乗組人数上陸為致、同所ニ滞船中、同八日、九日之内、右異船下之関・瀬戸徘徊致し、長府領引嶋之内弟子嶋ニ有之候陣屋焼払、異船拾八艘之内八艘者下之関・瀬戸、拾艘者小倉領豊前田之浦ニ碇泊、長藩人数立向候を待受候体ニ而滞船罷有、同十日者炮争無之ニ付、安太郎儀小倉ゟ寄乗セ駈、同日出帆、昨十七日夜当地土佐堀川江入

船之上、書面之趣口外罷在

このように、五日からの外国艦隊と長州藩との激しい砲撃戦により、安太郎らは下関海峡を通過できずに足止めを食ったが、七日に双方の砲撃が途切れたのを見計らって一気に通り抜けて小倉に着船し、その後の戦闘の模様を見届け、一〇日に砲撃戦が止んだので小倉を出航して一七日に土佐堀川に入船し、これまでの戦闘の経過を口外するに至ったとしている。

また、外国船に砲撃を受けた長州藩の台場のうち、下関辺に築造した台場は土砂が崩れることはなかったものの、前田・壇ノ浦両台場は、

全台場ニ詰合居候長藩及敗走、台場者異人共江乗り取置、据之大炮奪取候儀ニ而も可有之哉与、小倉表ニおゐて風聞仕、且異人共下之関江上陸横行致し、同所町家之者共者外方江逃退キ大騒乱之由、安太郎申之居候由

とあるように、長州勢敗走後は外国人に占領され、外国人は下関へも上陸したので、住民が避難に及んだという風聞が紹介されている。

この船頭安太郎らによる四国艦隊下関砲撃事件の風聞が、どのようなルートで江戸に伝えられたのかは判然としないが、彼らの地元広島は長州藩とは近い距離にあり、幕府と長州藩との緊張関係のなかで、長州藩に有事の場合はすぐに江戸に通報するような態勢ができていたのではないかと推測ができよう。

おわりに

本章でみてきた水野忠精の禁門の変をめぐる情報収集は、多彩な人材を駆使した実に周到なもので、変後の朝廷による長州藩征討命令とともに、今後幕府が長州征討を正当化して決行する道筋をつけるためにも、充分に説

得力をもつ内容を豊富に備えていたといってよい。

江戸で政務をとる水野忠精は、将軍家茂第一回上洛以来公武間の周旋にあたっていた米沢藩主上杉斉憲に公武間で起こった出来事を逐次江戸に伝えるよう依頼をしており、実際には、藩主の命を受け「朝庭極密之模様」の探索にあたっていた同藩京都留守居役堀尾保助が、次々と起こる事件について忠精に報告を行っている。また、一方で米沢藩は、禁門の変発生の第一報を江戸城に届いた幕府の京都風聞から得るなど、水野忠精ら幕閣との頻繁な情報交換を展開していることがわかる。

さらに、本章では禁門の変直前の元治元年（一八六四）六月二四日に老中に就任した阿部正外と水野忠精との、京都風聞探索をめぐる固い協力関係も明らかになった。正外は、老中に就任するとすぐ幕命により江戸から大坂に向かったが、すでに禁門の変直前に先発隊として配下の白河藩士山田丈右衛門・奈須信太郎両名を京都に派遣している。両名は鳴海宿辺で禁門の変の風聞に接し、京都着後は戦火の後の荒れ果てた状況を見聞し、同藩の他の藩士が探索した内容も含めて風聞書を作成し、主君阿部正外に提出している。続いて、森元与大夫・神永八十八両名、平田治部右衛門・冨賀須庄兵衛両名を次々と上京させて、入念な京都探索を行わせている。彼らによる風聞書は水野忠精にも回覧されており、特に治部右衛門・庄兵衛両名の風聞書には「其儘和泉守様江書入御内覧候様被　仰出候間」とあるように、両老中の京都風聞探索をめぐる協力関係は密接である。

次に、水野家文書「巻懐」は、長州勢の京都付近屯集から禁門の変発生とその後の政治状況について、幕府が在京の諸藩や中国地方の諸藩から大々的な聞き込みを行った結果をまとめた、膨大な風聞探索書の写本である。以下、この写本の内容から指摘できる諸点をまとめてみたい。

まず、「巻懐」にまとめられた数々の風聞書の差出人、すなわち禁門の変に関わる風聞探索を行った人物であるが、半数以上については氏名を記していない。これらについては、本来風聞書は差出人の氏名を記さないものが多いことに加え、禁門の変という大きな戦火による混乱時に記されたものであるという性格、あるいはやがて幕閣に回覧されるべき重要な政治問題が主な内容であるという性格もあり、あえて氏名は記載しなかったものと考えられる。また、差出人の氏名を記していても、今のところその人物の身分が特定できないものもある。

では、「巻懐」に記された禁門の変をめぐる老中水野忠精の情報収集ルートの特色をあげてみよう。「巻懐」に記された内容のほとんどは、禁門の変が起こった京都およびその近辺において収集されたものである。これに加えて、長州藩の国元やその近辺の鳥取・岡山・松江といった中国地方の諸藩において収集された風聞内容も記されている。ちなみに、以下の○番号は本章二節で使用したものである。

まずは、前者の京都市中とその近辺における風聞探索のルートについてあげたい。

④の中林生（身分は不詳）、⑥の会津藩士西郷文吉・内藤之助・一瀬要人・神保内蔵助四名の書状は、会津藩に関わる京都風聞である。④は、長州勢が伏見・山崎・天龍寺に続々と入り、朝廷に攘夷強硬論を正当化する旨の嘆願書を提出し、それが諸大名に大きく影響を与え、これが採用されれば会津・桑名両藩が勅勘の身となり得る可能性もあるなかで、会津藩を中心とする長州勢に対する軍備が手薄となっている状況を、中林生が克明に伝えている。⑥は、在京の会津藩士四名が、在江戸の同藩士五名に書き送った禁門の変の模様と、京都市中の動静についてまとめた風聞書であり、差出人も受取人も氏名・身分がはっきり判明し、文字通り在京の会津藩が江戸の同藩関係者に火急を知らせる内容となっており、これを水野忠精ら幕閣が回覧・筆写したものであろう。

⑪は、長州藩士川端亀之助が京都所司代にもたらした二通の書状の写であり、ここに会津藩が孝明天皇を彦根へ連れ去るとの彦根遷幸説が盛り込まれており、いまだにほとんどその情報源を特定できない彦根遷幸説を考えるうえでの一材料となり得るものである。

続く⑫は、加賀藩世子前田慶寧が天龍寺屯集の長州勢へ米二、〇〇〇俵・味噌五〇〇樽を贈るという、幕府にとっては不可解な行動をとった旨の風聞内容が記されている。幕府と長州藩との間の調停を行ったものの、これに失敗し、禁門の変発生時に京都を脱出したために藩から処罰を受けた、慶寧の微妙な立場が浮き彫りになっている。

また、⑭では、この時期に長州勢への警備に関して朝廷から指令された内容は、紀伊藩の人脈を通じて江戸の老中水野忠精に内覧させる情報ルートができあがっていたことが明らかになった。これはいわゆる南紀派と密接な関係をもつ忠精の立場を示すものと考えられる。

次に後者、すなわち「巻懐」に記された長州藩を軸とする中国地方の諸藩における風聞探索のルートについてみていきたい。

まず、⑤は、奉勅攘夷をめぐり幕長関係が緊迫するなかで、鳥取藩士土肥謙蔵が藩により山陰・山陽の諸藩へその対応についての聞き込みを命じられ、松江藩に諸事を尋ねた内容として注目される。積極的な攘夷論を唱えながら八月一八日の政変では長州藩を京都から追放する立場に回った鳥取藩が、時局に臨んで明確な態度を示していない松江藩にこのような聞き込みを行っていること自体に、長州藩が政治的挽回をねらう情勢のなかでの両藩の、今後の姿勢をめぐる暗中模索状態というものがうかがえる。

⑮は、井上祐三郎（「下御目付」と記される）が鳥取藩の動静について詳細な聞き込みを行ったものであり、積極的攘夷論という点では立場を同じくする同藩が、長州藩へ使者を送って協力関係を確認したり、武器類の支援を行ったり、長州藩の落武者を介抱したりする密接な関係を書き上げ、長州征討問題についても同藩がこれを断固拒否し、会津・彦根両藩を討つことこそがとるべき態度であるという考え方が藩の世論の主流となっている実態を報告している。

⑯は、多田幾弥（身分は不明）による岡山藩の動静についての風聞書であり、多田の風聞書によると、禁門の

変の報がもたらされると、同藩は旅人が城下に入らないよう厳戒態勢をとったものの、敗走する長州勢に対しては送人を立てて領内の通行を容認し、同藩の使者は本陣へ通すなどの救済措置をとり、また藩の世論も朝敵扱いを受けた長州藩への同情論が主流であることを報告している。また、岡山藩正議党の面々による出奔者松山幾之介殺害の一件についても詳細な内容を説明している。

岡山・鳥取両藩は、長州藩寛宥論を唱える水戸藩ネットワークの一員として、幕府から非常に警戒されており、井上・多田両名の聞き込み内容は、水野忠精ら幕閣にとっては、これからの長州征討問題に関わる重要な情報となったはずである。

⑰は、尊攘激派勢力が藩政の実権を握り、八月一八日の政変後も禁門の変を引き起こし、これを諫めようとする者に妨害を加えたとする、長州藩士村岡伊助の幕府への内部告発の書である。その告発内容は痛烈であり、八月一八日の政変や禁門の変で朝敵扱いを受けた長州藩においては、これに徹底抗戦を試みようとする激派が実権を握り、劣勢に立った伊助ら幕府に恭順を唱えようとする一派の危機的状況を見て取ることができる。水野忠精ら幕閣は、長州藩の激しい内部抗争のなかで、このようなかたちで具体的な情報を入手することができたのである。

⑱は、安芸国の船頭安太郎が航行中に、四国艦隊下関砲撃事件に遭遇した模様が綴られた風聞書の内容である。

ところで、禁門の変をめぐる京都とその周辺、さらには中国地方を中心とした西国情報について、米沢・会津・紀伊の各藩や老中阿部正外などしっかりとした伝達ルートがあるものはもちろん、長州藩の動静をめぐっては次々と意外なルートから情報がもたらされ、当時長州藩寛典論を唱えていた岡山・鳥取両藩の動静や、長州藩士の内部告発なども含めて、江戸に居ながらにしてこれだけ多岐にわたる詳細かつ正確な内容を知ることができた水野忠精の情報収集能力は、まさに卓越したものであったといえよう。

また、禁門の変をめぐる情報収集の実態を通じて、この時期の水野忠精の政治的な立ち位置と政治構想についても、そのおおよその輪郭が見えてくる。すなわち、横浜鎖港推進派と反対派の多くが共倒れした元治元年（一八六四）六月政変後において、数多くが復職した親外派吏僚や彼らの支持が厚い新任老中の阿部正外との結束を固め、一方で朝幕間の周旋を自ら買って出た上杉斉憲を藩主とする米沢藩との強い連携関係をもちながら、その後の政治課題に取り組もうとしていたことである。

上杉斉憲については、前述したように忠精は、将軍家茂第一回上洛への供奉とその後の朝幕間の周旋を自ら買って出た彼の藩屏としての働きを高く評価している。また、長州藩が下関海峡で外国船を砲撃し、いっこうに攘夷行動をとらない幕府に対抗して、攘夷親征を実現すべく京都で米沢藩首脳部にさかんに入説したときも、米沢藩は、征夷大将軍を擁する幕府に攘夷を任さずに親征を行えば国内政治勢力が分裂することは避けられないとして、これをきっぱりと断っている。この米沢藩の政治的姿勢は、忠精らの攘夷に対する取り組みの方針と合致している。さらに、京都で松平直克が罷免された後の政事総裁職に、忠精は米沢藩主上杉斉憲を抜擢しようとしたほどの信頼を寄せており、禁門の変をめぐる情報収集に関わる協力関係は実に密接である。

一方、阿部正外は、老中就任後同じ老中の本荘宗秀や松前崇広と共に、攘夷激派の勢力が弱まった状況のなかで、幕府の開国政策を容認してもらうべく、朝廷への周旋をさかんに行っており、忠精は江戸にあってこれを背後から支援する立場をとっている。長州藩軍が集結した京都とその近辺における情勢を探索すべく上京した正外は、前述のように先発して京都探索にあたっていた家臣と共に、禁門の変直後の京都の情勢についての克明な情報を江戸の忠精に書き送っている。忠精と阿部正外・松前崇広の三老中を中心とする勢力は、六月政変後に幕府の親外派吏僚の多くが復権し、禁門の変で長州藩が朝敵扱いを受けるに至った政情のなかで、これを政治的な好機とみて幕府主導の開国政策を推進することになる。しかし、忠精が模索した政治構想は、まず上杉斉憲の政事総裁職辞退によりその一郭が成立せず、次の第七章で述べるように、その後の政局のなかで実に様々な障害が立ち塞がり、苦境に立つ結果となった。

(1) 家近良樹『徳川慶喜』(吉川弘文館、二〇〇四年)、七五~七六頁。
(2) 八月一八日の政変についての研究としては、原口清「文久三年八月十八日政変に関する一考察」(原口清著作集1『幕末中央政局の動向』岩田書院、二〇〇七年)、同「禁門の変の一考察」(原口清著作集2『王政復古への道』岩田書院、二〇〇七年)。芳即正「文久三年八月十八日の政変と島津久光」(『明治維新史学会報』三九、二〇〇一年)、佐々木克『幕末政治と薩摩藩』(吉川弘文館、二〇〇四年)などがあげられる。
(3) 原口清註(2)前掲『王政復古への道』、二六~二九頁。
(4) 末松謙澄『防長回天使』上巻(柏書房、一九六七年)、五九二頁。『維新史料綱要』巻五(東京大学出版会、一九六六年覆刻)、二八三~二八四頁。
(5) 水野家文書、A一〇—一五二(元治元年七月)。
(6) 友田昌宏「文久三年京都政局と米沢藩の動向」(家近良樹編『もうひとつの明治維新』有志社、二〇〇六年)、七八~八三頁。
(7) 本稿では、東京大学総合図書館所蔵のマイクロフィルムを使用した。
(8) 『上杉家御年譜』一六・斉憲公(2)(原書房、一九八八年)、五〇八頁、五五一~五五二頁、五五四頁、五六〇頁、五六四頁。
(9) 同右、一七・斉憲公(3)、三六一~三六二頁。ここで竹俣は、藩主上杉斉憲が政事総裁職就任を辞退する理由として、「弾正大弼資質天下之御大政等御相談之器ニ無御座、其上元ヨリ外様之家柄ニ御座候得者」云々と説明している。これをそのまま受け取れば、米沢藩が朝幕間の周旋にあたった経緯があるとはいえ、前例にない外様大名が政事総裁職に就くことに対する諸政治勢力の激しい反発を予想しての辞退と考えられ、忠精の打診から辞退の返答まで十数日を要したことから、藩内で賛否両論の議論を尽くして後の結論であったと考えられる。

(10) 笠谷和比古『近世武家社会の政治構造』(吉川弘文館、一九九三年)、三八四～四〇六頁。
(11) 水野家文書、A一〇―一五三（元治元年七月二五日）。
(12) 『上杉家御年譜』一七・斉憲公(3)、三三一頁。
(13) 水野家文書、『水野忠精日記』元治元年七月二四日の条。この日記は、禁門の変発生と使者派遣については「松平大膳大夫家来多人数入京、乱妨之及所業候ニ付、禁裏江為　御使被　差遣候間、急速出立之心得ニ而、用意可被致候」と記している。
(14) 『上杉家御年譜』一七・斉憲公(3)、三四八～三五二頁。
(15) 水野家文書、A一〇―一五五（元治元年七～八月）。
(16) 大平喜間多『佐久間象山』（人物叢書、吉川弘文館、一九五九年）、一八三～一八八頁。
(17) 菊地明編『京都守護職日誌』第二巻（新人物往来社、二〇〇八年）、一七二～一七三頁。
(18) 尾佐竹猛『維新史叢説』（学而書院、一九三五年）、二八五～二九四頁。
(19) 原口清註(2)前掲『王政復古への道』、八二～八三頁。
(20) 『続再夢記事』三、二四〇～二四六頁。
(21) 『維新史』第四巻（明治書院、一九四一年）、七一～七三頁。
(22) 『石川県史』第二編（石川県図書館協会、一九七四年）、八〇三～八七六頁。ちなみに、慶寧は将軍家茂第二回上洛への随行を終えて江戸へ帰府する直前の老中水野忠精に、横浜鎖港の実行を進言する意見書（元治元年六月五日付）を提出している。その主要な文面は次の通りである。
禁廷之思召を被為遂、急速鎖港之実事天下に相顕れ候様、幾重にも御処置有御座度奉存候。鎖港と申候時は、諸港不残御鎖無御座候而者御国是相立申間敷候得共、何分只今三港一時に御鎖と申事は、容易に難被為成御次第も可有御座に付、指向横浜一港を急速御鎖被遊、長崎・箱館は厳法を以暫く御免被成置候儀、先達而父中納言申上候通に御座候。（同右、八二三～八二四頁、原本は『旧金沢藩事蹟文書類纂』）。
(23) 『吉川経幹周旋記』一、三二一頁。
(24) 岡山大学附属図書館所蔵『池田家文庫』S六―七〇（年代不詳）。この史料の文面内容は明らかに元治元年五月から七月にかけてのものであるが、その用紙と書体の状況から、後世に筆写されたものとも考えられる。

(25)　谷口澄夫『岡山藩』(日本歴史叢書、吉川弘文館、一九六四年)、二七九〜二八〇頁。

第七章　長州藩・天狗党・外交問題に直面する幕閣と情報

はじめに

前章では、老中水野忠精が、江戸にありながら八月一八日の政変以降禁門の変に至るまで、京坂地域とその近辺や長州藩とこれを取り巻く西国諸藩などの情報を、多くの人材を駆使して収集していた実態を明らかにした。また、これらの情報のルートやその内容は、その後忠精が同僚の老中阿部正外らと共に積極的な長州征討論を唱える立場をとり、幕府主導の開国互市を推進する政治的姿勢を示したことの背景となる材料として、誠に説得力をもつものであった。

さて、元治元年（一八六四）七月の禁門の変と翌月の四国艦隊下関砲撃事件は、それまで全国的な展開を見せていた攘夷激派の運動に致命的な打撃を与えた。こうした流れで、二度にわたる将軍家茂上洛を通じて朝廷に攘夷の実行を約束してきた幕府は、ようやくそれまでの横浜鎖港方針を事実上撤回する方向に向かい、積極的な開国推進政策に転じることになる。

そこで、本章ではこうした政治情勢に関連して、禁門の変後朝敵とみなされた長州藩の処分をめぐる問題、次に天狗党の乱に関連して起こった佐原騒動と水戸藩への拝借金をめぐる、幕府がその公安警察能力を問われるに至る問題、さらには将軍家茂第二回上洛後に在江戸老中の要として水野忠精が取り組んだ外交問題などについて、水野忠精の情報活動を主軸に検討していきたい。

一　塩谷甲蔵・中村敬輔両名意見書にみえる長州征討論

前述のように、禁門の変後の元治元年七月二三日、朝廷は禁裏守衛総督一橋慶喜に御所突入をめざす軍事行動を行った長州藩主毛利慶親・広封父子を征討するよう命令を下した。これを受けて、幕府においても長州征討が差し迫った重要な政治的課題となった。

八月一八日の政変から禁門の変に至るまでの長州藩の動静とこれへの対応のしかたについては、水野忠精のブレーンである山形藩儒塩谷甲蔵（宕陰）が、いちはやくその意見書を主君である忠精に提出している。

まず、その手始めとして、元治元年八月付の意見書「乍恐奉申上候」[1]がある。塩谷はここで、

此度ハ長州之暴臣共奉犯　禁闕候者、畢竟御油断ニ而、山崎・伏見・嵯峨辺ニ屯集仕候暴臣共御討伐御延引ニ相成候ゟ、右様之乱妨ニ及候儀ニ御座候へ者、重ゝ恐多御座候へ共、御官位一二等も御辞譲被為在度御儀与奉存候

として、禁門の変発生は畢竟幕府の「御油断」によるもので、山崎・伏見・嵯峨辺に屯集した長州勢に対する討伐が延引した責任をとり、将軍家茂が官位の一、二等を辞すべきであると述べている。塩谷の長州征討への強硬姿勢が示されている。

さらに、長州藩に対する制裁としては次のように記している。

毛利大膳大夫追討之儀、御所ゟ被　仰出候而も、公儀ゟ者未夕矻与被　仰出も無御座候、其内去年八月十八日之如ク因州・備前様ゟ毛利ニ贔屓仕候者共種々彼方ニ道理を附、御寛大之御処置願出、或ハ大膳父子様々手を柵し姦計を曲し、天旌を奉惑乱候時者、終ニ御追討も御因循ニ可被為成、益田右衛門介等誅ニ伏し

候而も、猶又姦計を巧ミ候者余多可有之候間、速ニ大膳父子官位被　召剝、其罪状を御布告ニ相成、西国・中国・南海道之大小名江討手被　仰付候様有御座度儀与奉存候

まず、禁門の変後に朝廷より長州藩追討の命があったのに、幕府からはそれが発令されないことを問題視し、これは前年の八月一八日の政変後、鳥取・岡山両藩が長州藩への宥和論を説き、長州藩主父子も様々な策を弄したため彼らへの追討が因循となった事態を憂慮して、即刻長州藩主父子の官位を剝奪し、西国大名へ長州藩征討の号令を発するべきであると主張している。

また、在京の禁裏守衛総督一橋慶喜については、痛烈な批判を込めて、次のように記している。

一橋様始終京都ニ被為在候而者、自然副将軍之形ニ被為成、御政事二ツニ分レ候様相成、天下大乱之基与奉存候、依而者此度毛利御征伐　御名代被　仰付、御凱還之後者御位階・御賄料を被為増進、元之通一橋屋形ニ被為任、一切御政務ニ御参預不被為在候様、御処置有御座度奉存候

慶喜に長州征討における総督を命じて、凱旋後はその功績を評価して位階・賄料は増進させるものの、その後は江戸に引き戻して、その政治権力を剝奪すべきであると述べている。慶喜は、尊攘激派勢力が京都から駆逐された八月一八日の政変後も、あくまでも奉勅攘夷体制堅持のために、その実行が不可能であることが明瞭となっていた横浜鎖港に固執し続けており、その見直しを主張する老中たちとの対立を深めたという経過から、塩谷は、長州征討を花道に慶喜を国政から放逐して江戸に留め置く考えを強く主張している。

また、塩谷は二か月ほど前に慶喜が一橋家家老酒井忠堅を甲府に遣わし、現地の士を召抱えさせた件も、自儘な性格の端緒であるとし、慶喜が「京都ニ被為入御威権有之候儀、実以天下大乱之兆ニ御座候」と述べているほどである。ここでは、塩谷は、慶喜の動向を警戒するとともに、いずれも徳川斉昭の子息である慶喜・鳥取藩主池田慶徳・岡山藩主池田茂政の三名が血縁的ネットワークを展開し、長州藩への宥和政策を行うのではないかと

する、強い疑念を抱いていたものと考えられる。

次に、塩谷は八月二日、儒者中村敬輔（維新後には明六社の主要なメンバーとなる中村正直〔敬宇〕）の長州征討に関する意見書を取り次いで、水野忠精に提出させている。(2)

ここで塩谷は、「扨此度中村敬輔所存申上度由ニ御座候処、評定所ニ罷出候儀何分不案内ニも有之、私江達而相頼申候、恐懼をも不相顧一同封し候而奉差上候」として、中村が意見書を評定所にではなく、塩谷を通じて直接老中水野忠精に提出した経緯を説明している。

さて、その中村敬輔の意見書「上」(3)の内容の概略は、次の通りである。

① 長州藩主毛利敬親父子(4)は尊王攘夷を唱え、公武間を離間させ、幕府と諸外国との間に争乱を醸成し、滅幕の論を起こして、天下を奪おうとする謀略をもっていること。

② 開港互市は富国強兵の第一道であり、幕府の吏僚にその手続上の不行届はあったものの、長州藩主父子は攘夷拒絶の説をもって公卿を誘惑し、人民を煽動している。迂闊滞愚の徒は父子の説にたぶらかされ、かえって幕府の政策を誹謗しており、幕府が横浜鎖港交渉の使節を外国に派遣することになったのも、元はといえば彼らが起こした重大事件のためであり、人心不居合の原因はあくまでも父子の如き徒にあったこと。

③ 異船を見かけしだい打ち払うような無謀無策の挙動では、列国争雄の世で国土は保たれず、通商和親を経なければ、攘夷といえども不可能であること。

④ 長州藩は、表向きは鎖国を唱えながら内実は藩士を外国へ派遣し、和親互市を開こうとする陰謀をもち、京都へ人数を押し入れて公卿の邸宅に潜伏させており、輦轂の下で乱暴に及んだ条は見逃すことができず、速やかに征伐を加えるべきこと。

⑤ 横浜鎖港のため再び外国へ使節を派遣しても、外国側は容易に聞き入れる見込みはなく、むしろ朝廷と幕府

とにおいて真実に開港互市と一決すれば、諸侯もこれに同心・奮励し、人心不居合の状況もなくなること。特に、④に関連して中村は、開鎖の問題については、朝廷より政務を委任された幕府の裁量を何よりも重視すべきであるとする意見を、次のように述べている。

天下之事務ハ　公辺に御委任の上ハ、開くべくして開き、鎖すべきして鎖し、和すべくして和し、戦ふべくして戦ふ、臨機応変の御所置当然の御事ニ御座候間、諸藩より異論申張り候筋者有之間敷、況んや攘夷拒絶等の万ニ不可行事を申候ものハ、愚にあらされハ奸なる事ハ明白ニ御座候間、此後迚も公辺江奉対強而異論申張り候ものハ、厳重の御沙汰有之度義ト奉存候

攘夷拒絶は奸計に基づく非現実的な策であり、元治の庶政委任を受けた幕府がその主体性と権力を発動して反対者を処罰しなければ、その威光は立たず、天下は安泰とならない点を述べている。

中村がこの意見書を提出したのは、彼自身が幕臣としてイギリスに留学する（慶応二年一〇月二六日に横浜出帆）二年前の段階であった。すでに彼は、弘化四年（一八四七）に桂川国興について蘭学を学び、安政二年（一八五五）には英語にも接しており、蘭学や英学を学ぶなかで積極的に開国論を主張し、また文久二年（一八六二）には将軍家茂の第一回上洛にも随行しており[(5)]、ここでは現実主義者としての立場から長州藩の攘夷論を政治的な策謀ととらえて鋭く批判を加えている。

いずれにしても、中村は、朝廷から庶政委任を受けた幕府が主体性をもって開港互市政策を推進し、禁門の変後は朝敵扱いを受けながらも破約攘夷を主張してこれに立ちはだかろうとする長州藩を即刻征討することこそ、幕府権力安定のための必須の道であると説いている。

さて、前掲の中村敬輔意見書日付の翌日の八月三日には、長州征討進発に際し将軍家茂が、老中阿部正外・同諏訪忠誠・老中格松前崇広・若年寄松平乗謨・同立花種恭に進発への随従を、老中水野忠精・同牧野忠恭・若年

寄酒井忠毗・同本多忠紀・同田沼意尊・同平岡道弘に江戸留守を命じている。

一方、前年より下関海峡で長州藩による砲撃の被害を受けた外国側は、英・仏・米・蘭の四か国が連合して、八月五日に一七隻の軍艦で長州藩の諸砲台を砲撃し、翌六日に上陸して前田・壇ノ浦・弟子待などの砲台を占領している。この四国艦隊下関砲撃事件は、長州藩のみならず、幕府・朝廷や多くの諸大名に武力発動による攘夷が現実的には不可能であることを、あらためて実感させる結果となった。

さて、長州征討を急ぐ幕府は、八月八日に英国特派大使オールコック・仏国全権公使ロッシュ・米国弁理公使プリュイン・蘭国総領事ファン・ポルスブルックに、それぞれ長州藩征討令の布告を通達し、下関に発向した艦隊の帰航を求めている。一方、同日に長州藩は、藩主毛利敬親が高杉晋作を正使に、杉徳輔・渡辺内蔵太を副使に、井上聞多・伊藤俊輔を通弁に立て、連合艦隊旗艦ユーリアラスにおいて外国側に和議を申し込んでいる。その後、八月一四日に英国艦隊司令長官キューパーと長州藩との間に講和条件五か条の協定が取り交わされ、二七日に四国艦隊は大坂天保山沖より横浜に向けて退帆した。

こうして、幕府による長州征討が秒読み段階となるなかで、塩谷甲蔵は八月二六日にその具体的な軍略についての意見書「乍恐奉申上候　塩谷甲蔵」(6)を水野忠精に提出している。その概要は次の通りである。

① 長州征討の先陣は、九州・中国地方の国持大名ではなく、九州においては小笠原忠幹（小倉藩主）・奥平昌服（中津藩主）を、中国においては松平慶倫（津山藩主）・阿部正方（福山藩主）らを抜粋し、総じて譜代・家門の者に軍功を立てさせたいこと。
② 将軍家茂が上洛したうえ、禁闕守護の旗本四万騎のうち、二万騎は長州征討の先陣に加えたいこと。
③ 彦根藩軍が日本海から萩に攻め入り城を占領した節には、同藩に五万石を加増すべしとする案。
④ 本家長州藩と仲の悪い支藩の吉川経幹を、間者を用いて味方に引き入れるべきこと。

⑤　熊本・福岡・佐賀の三藩がもし長州征討への加勢を希望するならば、後陣に加え、総じて力戦は旗本・家門・譜代の家が担当すべきこと。
⑥　昨今の大急務は長州征討であり、鎖港問題は後回しとすべきこと。
⑦　長州征討において、日本海や南海から攻め入る奇兵には家門・譜代をあて、山陽道・山陰道の陸路より攻め入る正兵には国持大名をはじめとする外様大名をあてるべきこと。
⑧　勅令を奉ずと称して、天下の故なくして乱を起こした長州藩の罪は重く、もはや猶予なく急々に長州征討の英断を下されたいこと。

塩谷は、大筋で同じ意見である中村敬輔の意見書を取り次いで水野忠精に提出させるとともに、武力発動による攘夷を決行して外国との紛争に至り、さらには八月一八日の政変で京都を追放された長州藩勢力を即刻追討することにより、幕府への庶政委任の実質的な確立をはかろうとするねらいをもっていたことがわかる。ただし、幕府はこの塩谷の意見書よりも先の八月一三日に、すでに長州征討における諸大名の進軍部署を決定しており、(7)彼の意見書は時間的には後手に回るかたちとなった。

塩谷の軍事面での考え方は、基本的に陸路からの正兵には国持大名を中心に動員し、海路からの奇兵には譜代・家門大名を動員するというものであるが、熊本・福岡・佐賀の三藩など、長州藩に近接し多くの尊攘激派勢力を抱える西国の国持大名は、動員を期待するが後詰に回し、主に旗本・御家人や九州・中国地方の譜代・家門大名を最前線に回して軍功を立てさせようとするものである。実際の八月一三日の幕府の決定では、陸路の二方向・海路の二方向の計四方向共に先陣（一番手・一番手応援）には必ず外様の大藩がひとつ含まれており、塩谷の意見とは異なっているが、一方先陣と後陣（二番手・二番手応援）共に数多くの家門・譜代大名に動員の決定がなされており、全体では動員決定された計三五藩のうち、家門八・譜代一三・外様一四で、家門・譜代が六割を占めており、塩谷の考え方と大筋では一致しているとみてよいであろう。

塩谷がこのような考えをめぐらしたのは、八月一八日の政変や禁門の変において、実質的に長州勢を撃退した主体は幕府ではなく会津・薩摩・桑名など諸大名の勢力であったことから、長州征討においては旗本や譜代・家門大名に優先的に軍功を立てさせることにより、衰退の一途をたどる幕府の軍事的指揮権を立て直そうとするねらいがあったものと考えられる。

さて、これら禁門の変直後に塩谷甲蔵が中村敬輔と共に水野忠精に提出した一連の意見書の内容は、第六章で述べた、禁門の変に関する多方面から江戸にもたらされた情報とともに、以後の忠精の政治的姿勢に多大な影響を与えたことは間違いないと考えられる。すなわち、忠精は塩谷らの意見の流れにほぼ沿って、朝敵扱いとなった長州藩に対し、将軍進発による征討を急ぐべきであるという老中阿部正外らの主張に同調し、阿部正外・松前崇広両老中が兵庫先期開港を掲げて、幕府主導による開国政策推進のために上京して朝廷と交渉にあたった政治的行動に対しても、江戸でこれを支援する動きをとっている。忠精は、自らが率先してオピニオンリーダーとはならなかったものの、兵庫開港よりも条約勅許を何よりも優先した一橋慶喜らとは、明らかに一線を画す政治的意向を示したのである。

二　第一次長州征討の開始

長州征討にあたって、江戸留守方を命じられた水野忠精・牧野忠恭両老中らの幕閣が直面した重要な政治課題のひとつは、横浜鎖港論に反対し条約の勅許を求める英・米・仏・蘭などの諸外国の圧力にどのように対応していくかであった。

元治元年九月四日には、米国弁理公使プリュインが幕府に横浜鎖港の不条理を論じ、速やかに朝廷に条約勅許を奏請すべきことを勧説している。翌々六日には、水野・牧野両老中と酒井忠毗・立花種恭両若年寄は、英国特派全権公使オールコック・仏国全権公使ロッシュ・米国弁理公使プリュイン・蘭国総領事ファン・ポルスブルックと老中牧野宅で会見し、下関事件の償金および同港開港のことを話し合い、償金は幕府が支弁し、開港の諾否は朝廷周旋のために上京する老中阿部正外が帰府した後に決定すべきことを決めている。

阿部正外は、九月一二日に着京し、長州征討への準備にあたっている。一〇月一日には禁裏守衛総督一橋慶喜と老中阿部が参内し、朝廷よりしばらく鎖港を猶予し、速やかに長州藩征討の軍を進めるべき旨の命を受け、さらにここで阿部が将軍家茂上洛督促のために帰東を命じられている。

さて、阿部正外は、参内した一〇月一日の夜、江戸の老中水野忠精に宛てて書状を認めている。水野家文書中の「水野和泉守様御直披　阿部豊後守」(8)がそれである。

ここで阿部は、本文とは別の一紙にこの書状の扱いについて、次のように記している。

別紙壱封差遣申候、篤御一覧之上御指支等も無是候ハヽ、御順回可被下候、万一御不都合之廉も御座候ハヽ、帰府迄御留置可被下候、委細者拝顔ニ方ゝ可申上候、已上

十月朔日夜認

阿部は、本文の主たる内容である将軍進発を強く希望する旨をまず水野忠精に伝えるとともに、これを老中全体に回覧すべきかどうかの判断を忠精に委ねている。当時、江戸の幕閣においては諏訪忠誠・牧野忠恭両老中が中心となり、将軍進発反対派を形成し、言路を統制して復古的な幕府権威の回復をめざしており、阿部ら進発推進派にとって、彼らの勢力は厚い壁となっていたのである。

奈良勝司氏は、この文面について、阿部は自分の将軍進発意見を信頼する水野だけに伝え、意見が真っ向から対立する老中諏訪忠誠・同牧野忠恭にはできれば伝えないよう要請し、予想される諏訪や牧野の反発を防ごうと

したものであったとしている。(9) すでに本書第六章では、阿部自身が上京して、禁門の変をめぐる京都情勢について、先発の家臣らと共に入念な調査にあたり、重要な風聞内容はいちはやく江戸の水野忠精に報告するという、厚い信頼に基づく情報伝達の協力関係ができあがっていたことを指摘したが、ここでも老中内部の対立関係を背景にして、両者の機密事項をめぐる密接なやりとりが展開されている。

では、阿部のこの書状の本文の内容を見てみよう。阿部は一〇月一日の参内の結果、主たる目的である将軍進発の件については「此度之処ニ而者、何分御挽回与申ニ者無是候へ共、先差当り之難事丈者首尾好相済申候」として、朝幕間の交渉の御膳立てはできており、あとは何としても忠精との面談のうえでないと立ち行かない事件ができたとして、明二日に京都を発足して海路で江戸へ帰府する旨を記している。

また、参内した面々の開鎖の議論の推移については、次のように記している。

一橋殿ゟ開国之儀御見込之御建白之事、
　但し拙子迄証書御渡し之事、
関白殿御固絶之事、
肥後守初開国決心之事、
伝議奏ゟ已下、長ゟ恩義請居者共品々申立候由、
禁中・諸藩之形勢近〻だき相生し候事、
関東ゟ切白之事情ニ付、御建白書御差止之事、
　但し意味有之候事、
野生上京ニ付、栄中品〻議論有之候事、
但し参　内之節事情申立候ニ付、五日程惣出仕有之候事、

御返答参　内ニ付、猶又両日深夜迄惣出仕之事、

一橋慶喜・松平容保らは、外国勢力の執拗な要求に応えて、開国政策推進のための周旋を行おうとしたものの、関白二条斉敬がこれを拒絶し、長州藩に協賛する伝奏・議奏以下の者がこれに反発して種々の意見を述べたとする。また、水戸天狗党の屯集により、条約勅許の建白を躊躇しているなかで阿部正外が上京したので、在京の幕府の面々が日夜議論を沸騰させているという状況が説明されている。しかし、前掲の別紙にもある通り、阿部は議論の詳細や本音の部分は帰府しだい忠精に相談するつもりであったことがわかる。

阿部は、禁門の変や翌月の四国艦隊下関砲撃事件で攘夷激派が挫折の状況を迎えるなかで、九月一二日に上京した後に関白二条斉敬と会談し、横浜鎖港の棚上げと将軍進発の優先を取り付けており、外国勢力が強く要求する兵庫先期開港も幕府の専断で行う考えをもち、幕府がイニシアティヴを握るかたちでの、京都における朝廷との融和と有力諸大名の政策決定への参加を画策する新しい政権構想を抱いていた[10]。しかし、前述のように諏訪忠誠・牧野忠恭両老中らは将軍進発反対論を唱えて、江戸での言路の閉塞状況を形成しており、閣老が二分する対立状況があった。

この阿部らの政治構想は、こうした閉塞状況のなかで秘密理に進められ、ごく親しい幕閣に対しても書面でその具体的な内容が示された形跡はないので、いまひとつ判然としないところがある。ただ、彼らは、禁門の変と四国艦隊下関砲撃事件で長州尊攘激派勢力が挫折したこの時期の状況を、幕府の権力回復の好機と見ていた。よって彼らは、早期に朝敵扱いを受けた長州藩の征討のための将軍進発を実現し、外国勢力の抵抗によりその実行が不可能と判断した横浜鎖港政策は棚上げという名のもとに事実上は回避し、朝廷や有力大名を周旋して幕府主導の開国政策実現をめざそうとする、目前の大きな反対や抵抗を充分に予測しての思い切った計画を練っていたことは確かである。

水野忠精は、横浜鎖港推進派と反対派双方の多くの幕閣人員が共倒れした元治元年（一八六四）六月政変後に、多数復職した幕府の親外派吏僚を重用し、新老中の阿部正外・松前崇広と固い連携をもちながら、幕府権力の回復をめざし、兵庫先期開港を骨子とする幕府主導の開国政策を推進しようとしていたことがわかる。しかし、この路線は、政治権力の在り様をめぐって、松平慶永ら諸大名の本格的な国政参画を求める公議政体派の面々と対立することが予想され、また兵庫開港よりも条約勅許を最優先すべきであると考える一橋慶喜らとの衝突は避けられない状況にあった。

このことを物語るような問答の例を、次にあげてみよう。九月二一日に京都において、福井藩士中根雪江・酒井十之丞両名は、外国応接に関わる中根の意見書を持参して老中阿部正外を訪問し、議論に及んだ。[11]ここで、中根は幕府が私政に流れて数々の案件を独断で進めようとする傾向を批判し、「朝廷も幕府も鎖国の遂け得へからさる事は了解せられなから　朝廷は鎖させとあり幕府も鎖しますると仰上られ実ハ御双方とも御心にもなき事を仰出され又仰上られたるものなれと」として、朝幕双方共に突然開国とは言い出し難い状況のなかで、征長が功を奏した後に、諸大名の議をもって開鎖の問題を決定すべきであると具申している。

しかし、その後の両者の議論は、阿部が「開鎖の可否ハ諸侯の議を俟たす幕府限り断然決定してハいかゝ」と主張すると、中根が「さてハ幕府の私となるへししかし其私を咎むるものあらは何人によらす忽ち威力を以て壓倒すへしとの御覚悟ならはそれハ格別の事なりと申しゝに」と返答し、さらに阿部が「天下の大勢を察するに幕府ハ到底永く維持するを得さるへしされハ決定すへき事を決定し夫が為め倒るゝハ却而本懐なるへし尤しか決心して倒れんとする場合ニ至らハ又これを助け起さんとする者あるへし」と答えるという展開となった。[12]あくまでも諸大名の合意を得たうえでの開鎖の決定を進言する中根に対し、阿部はもはや幕府は到底長くは維持できず、決定すべきことは早く決定し、これがために幕府が倒れても本懐であるとする、実に悲壮感に満ちた、あるいは開き直りとも取れる答え方をしている。このような阿部の言説は、攘夷激派の勢力が弱まった今こそが、幕府が外交を通じて衰退が著しいその政治権力を強化させる起死回生の好機ととらえていたことがよくうかがえる。また一方で、これが失敗すれば、幕府自体の倒壊にもつながりかねない危険な要素をはらんでおり、阿部は国政担当者としての幕府の存続問題を超えたところで、最終的には日本列島自体をいかに守っていくかという、究極の危機的意識に立っていたことがわかる。

こうしたなか、九月一六日にようやく謹慎を解かれた元老中格小笠原長行が、長文の意見書「上書」[13]を幕府に提出している。水野家文書中に残存するこの史料は、閏八月一〇日付の上書（ⓐ）、一〇月一四日付の挨拶文（ⓑ）、同日付の上書（ⓒ）、そして同日付の別紙上書（ⓓ）の四通を一括してまとめたもので、それぞれの書付には小笠原の印や花押が施されている。まずⓐでは、二年前の文久二年（一八六二）八月一〇日に幕府に提出した旧弊のはなはだしい奏者番の職制の改革を求める上書の内容を再び書き連ね、ⓑでは水野忠精ら三老中への挨拶文として、謹慎中に考えをめぐらした自らの反省点や持病の容態などを述べている。

さらに、ⓒでは次のような具体的な意見を述べている。

① 朝廷から長州征討の命が下ったものの、幕府がいつまでも将軍進発の期日を決定しないでいることにより、世間では幕府が征討を中止したのではないかなど、種々の風評が起きて人気が動揺するので、一刻も早く将軍進発を決定してほしいこと。

② 中国・西国その他の諸侯の長州藩による暴挙への憤怒は、時と共に衰えてしまうので、進発は早々に行うべきこと。

③ 最近、長州支藩の長府藩主毛利元周が京都へ嘆願書を提出したとする風聞は事実ではないが、こういうことが重なると、いかなる変動が生じるかしれないという点。

④　浪士体の者が跋扈するなかで、幕府は武威更張を急ぐべきであり、禁門の変は幕府権力中興の絶好の機会であること。

⑤　とにかく将軍家茂の江戸進発を急ぐべきこと。急に進発できない場合はその日限だけでも決定すべきこと。

⑥　禁門の変で死力を尽くして働いた者には、手厚い褒美を与えるべきであること。

これらのなかで、特に、将軍進発に関わる⑤については、次のような意見を述べている。

倔強之者先三千人計も相揃候ハヽ、決して御手薄之義者有之間敷、余者無御構　御英断を以断然　御踏出し御座候様奉願上候、既ニ昨春之　御上洛さへ十分ニ御調ヘ無之由、　御踏出し被遊候御義　御英邁之程深感服罷在候、此節者猶更　御奮発可被遊御義と奉存上候、　御踏出し相成候ハヽ、遅〻仕居候者者壱人も有之間敷、平生游惰之者も我を忘れて飛出し、　御跡ゟ馳付可申者必定ニ御座候、駿府辺ニ而御待合可然哉ニ奉存上候、若又　御踏出し之義何様にも急〻御出来被遊兼候ハヽ、　御日限計ニ而も先被　仰出可然奉存上候

文久三年（一八六三）春の将軍家茂第一回上洛の一行が、充分にその手順についての打ち合わせを煮詰めないまま江戸を進発した事態はあったものの、今回に関しては英断のもとに思い切って早々に将軍が進発することは時局にあって「御英邁」の判断であり、屈強の者三、〇〇〇人ばかりを揃えれば決して手薄の状況ではないと主張している。ここで小笠原は、思い切って進発してしまえば日頃遊惰の者も発奮して馳せ参じ、駿府辺で待ち合わせれば人数も調うとの目算を示している。また、周囲への影響を考えた場合に、たとえ進発日を公表して一両度の延期があったとしても、公表しないで躊躇するよりはずっと勝っていると主張する。

また、小笠原はⓓの「別紙上書」[14]で、次の二点を提案して意見書の結びとしている。

①　陪臣が直接関白二条斉敬と面会して交渉している旨の風聞があり、所司代・守護職をもってしても、その規則が立たない状況であるので、将軍家の早々の進発・上洛こそが天下を治める絶好の機会であること。将

軍の進発の目的は、長州征討のみにあらず、京都における政治上の規則を打ち立てることが重要であること。

② 当節、世人の最も難渋することは諸色高値にあり、一刻も早く金銀貨幣制度の改革を望むこと。

①で小笠原は、

御進発者長防御征伐之為のミに無之、実者京都表之御規則御取定之為ニ千〻万〻奉希上候義ニ御座候、尤右御規則之義私勤役中取調候処、聢与仕候書物等者一切無之候得共、前〻仕来之通御取定と申廉ニ而可然哉ニ奉存上候、右等之辺ハ猶篤と　御賢考可被成下奉願上候

と記しているように、将軍進発は長州征討のみを目的としたものではなく、「京都表之御規則」、すなわち朝廷から庶政を委任された幕府が、京都で充分にその主導権を握ることのできる政治体制を構築することにある旨を強調している。

小笠原は、これらの意見書で、禁門の変は幕府の京都における政治的権力挽回の好機となったとし、朝敵となった長州藩征討のために将軍家茂の早期の進発が必要であり、これこそが衰退した幕臣の士風の興起にもつながると、強く主張したのである。このように、小笠原の意見は、前掲の阿部正外の将軍進発推進論・京都における新政権構想と大筋で一致するものであった。

しかし、将軍進発をめぐる閣老内部の対立状況はその後も続き、長州征討は結局、将軍家茂進発が決定されないまま、征長総督に任命された元尾張藩主徳川慶勝を中心に、具体的な軍事行動が開始される。

一〇月二二日には、征長総督慶勝が大坂城に副将以下大目付・軍目付・使番・出征諸藩の重臣らを招集し、長州征討に関する朝旨を伝え、将軍家茂の委任状を示し、軍令状・下知状を頒布し、軍議を行っている。その後、三六藩一五万余の征長軍が広島に集結し、翌月一一日をもって敵境に至り、同一八日を期して進撃すべき指令がなされた。

一方、追い詰められた長州藩は、幕府への恭順の姿勢に転じ、一一月一一日には禁門の変で先導的な役割を果たした元家老益田右衛門介・同福原越後・同国司信濃の三名に自刃を命じている。翌一二日、長州藩家老志道安房らが三名の元家老の首級を広島へ護送し、一八日には幕府の征長総督徳川慶勝・老中稲葉正邦・大目付戸川忠愛らが、督府本営において三名の首級を検分している。また、ここで長州藩は、藩主毛利敬親父子の恭順と征長の進撃猶予を朝廷および幕府に申請している。幕府は、この長州藩の動きを再確認するように、慶勝が家士横井市太郎らを長州藩に遣わし、恭順の実情を探索させている。一一月二八日に横井らは徳山を経て山口に至ったが、やがて長州藩の請願を容れ、領内巡見を止めて帰国している。

こうして、慶勝は、長州藩三家老の首級検分を終えた段階であっさりと撤兵を決定し、一二月二七日に征討に参陣した諸大名に撤兵帰休を命じている。従って、前述した塩谷甲蔵が画策したような、家門・譜代大名や旗本に率先して軍功をあげさせ、幕府の権威の復活をめざす軍事行動は、全く実行されないまま、第一次長州征討は幕切れとなった。

さて、禁門の変後には、京都における幕府権力立て直しのためにも、将軍家茂の江戸進発を推進しようとする老中阿部正外らと、家茂を江戸城に留めおいて幕府旧制の復古をめざそうとする諏訪忠誠・牧野忠恭両老中ら進発反対派との対立が続いていたが、やがて事態は急展開を見せる。慶応元年（一八六五）二月に卒兵上京した阿部正外・本荘宗秀両老中は同月二二日に朝廷の命により参内し、関白二条斉敬よりその卒兵上京の趣旨を詰問され、将軍上洛の遅延を責められ、将軍の即時上京を命じられる。この一見不可解な事件のいきさつは、奈良勝司氏が前掲書で詳しく述べている(15)。

ともかくも、これで、かたちのうえでは将軍進発推進派の意向が実現したことになり、いよいよ京都における朝廷と幕府との政治折衝がますます重要味を帯びてくる。幕府は四月五日に老中本多忠民に江戸留守を、阿部正外・本荘宗秀・松前崇広三老中に将軍進発への随行を命じ、慶応元年五月一六日に将軍家茂一行は江戸城を進発して、西上の途についている。

しかしながら、元治の庶政委任後も幕閣内部が派閥抗争を繰り返し、周囲の反対論や慎重論も多い長州藩への再征をあえて行おうとしたことに対し、これまで佐幕派の立場で政治活動を展開してきた薩摩藩は、ついに幕府の政治的能力を見限り、一転してこれを離脱して雄藩連合をめざす割拠の立場に立つことになった。

このことについては、鹿児島にいた同藩側役西郷隆盛が、五月一六日に将軍家茂が長州征討のために江戸を進発したとの報に接するや、閏五月五日付で同藩家老の小松帯刀に書き送った書状[16]に、象徴的に次のように記している。

弥発足の様子自ら禍を迎え候と申すべく、幕威を張るどころの事にては御座ある間敷、是より天下の動乱と罷り成り、徳川氏の衰運此の時と存じ奉り候。三年も浪花城に罷り居るとは、何と申す迂説にて御座候や、一年も六ケ敷御座候わん。何も扨置き、此の節の進発、天下のため雀踊此事と存じ奉り候

西郷としては、反対の気運が高まるなかでの長州再征を単なる幕府の私戦と位置づけ、幕府から出兵要請があっても薩摩藩は断じてこれを拒否する姿勢を示している。と同時に、世論に背を向ける幕府は自ら動乱を招き、大坂城で覇権を維持するのは三年はおろか一年も難しいかもしれないと、もはや幕府の衰運は明らかであることを力説している。

また、同藩側役兼小納戸頭取大久保利通が同年八月四日付で当時イギリスに留学していた同藩大目付新納久修・町田久成両名に書き送った書状[17]は、当時の国内情勢、とりわけ将軍家茂江戸進発をめぐる政治状況一般が記され、大久保の私見が述べられているが、天下の人心においては征長を支持しない風潮が高まるなかで、幕府の勢威がますます薄れて行く実態を克明に説明している。なかでも、派閥抗争を繰り返す幕閣内部について大久保

は、

一橋ハ譎詐無限趣意隠然、桑藩尊幕不足論、三藩幕ヲ補助スト雖共、閣老辺一同一和トも難申形勢ニ候、反而内輪之動乱も難図機も有之候。

というように、一橋慶喜は権謀術数により相手を謀る習性があり、一・会・桑三藩で幕府を補助するといっても、閣老が一和せずに内部対立を行って一致団結できない状況が続くなかで、かえって内部抗争の方が深刻な問題となりかねない状況を報告している。この大久保の文面こそ、存亡の危機に直面してもなお一枚岩となって団結できない、幕府内部の実態を克明に物語っており、これを痛烈に非難して、もはや国政担当者として支持することはできないという意向をはっきりと示したものであるといえよう。

こうして、これまで幕府政治への有力な協力者であった薩摩藩が幕府を見限り、雄藩連合への道を模索するようになったことは、これから幕府権力が劇的に崩壊していく、何よりも大きなきっかけとなったことは言うまでもない。

三　天狗党の乱終息と佐原騒動をめぐる状況

一方、元治元年（一八六四）三月二七日の筑波山挙兵以来、関東各地で気勢をあげる尊攘激派の水戸天狗党勢力に対し、幕府は諸藩に出兵を命じて、その鎮圧に力を注いだ。その結果、戦況不利の立場に立った天狗党の指導者武田耕雲斎は、一〇月二五日に開いた軍議で、自分たちの心情を在京中の禁裏守衛総督一橋慶喜に訴えてその志を孝明天皇に伝えようと決議し、自らが全軍の統率者となって西上の途についた。しかし、天狗党西上の風聞を京都で聞いた慶喜は、逆にこれを追討するために出陣し、幕命により諸藩も出陣したので、耕雲斎らは一二月一七日に新保駅において加賀藩へ降伏書を提出している。翌慶応元年二月四日に幕府は、敦賀で武田耕雲斎・

藤田小四郎ら二四名を斬罪に処し、水戸天狗党の蜂起は鎮静に至ったのである。

ところで、水野家文書中には、元治二年（慶応元年）二月付で、上総・下総両国をはじめとする農民たちが、天狗党の乱に関連して彼ら水戸浪士によるすさまじい略奪や脅迫や殺戮が行われたとして、その被害の実態や関東取締出役などの役人の不取締や不正などを赤裸々に幕府に訴えた書状の写である「上下総各村総代　公儀へ訴書水戸浪人始末書」[18]が存在する。この訴状は、幕府が慶応元年二月四日に敦賀で天狗党の首領である武田耕雲斎・藤田小四郎らを斬罪に処して、一連の天狗党の乱が落着した直後に、農民たちが連名で提出したものである。

そもそも、天狗党一派は、その軍資金調達のために文久元年（一八六一）頃から水戸城下や領内農村やその周辺各地に頻々と現れて、富家に対する「押借」（金品強奪）を繰り返すようになっており、関東取締出役も水戸藩に対しては容易には手出しできず、農民や商人が困窮する事態が続いていた。[19]こうしたなか、水戸藩では幕府から激派浪士の取り締まりを要請された執政武田耕雲斎が、藩主徳川慶篤を動かして、元治元年四月に潮来鎮台と称する役所を新設した。これは、三館と称された潮来・小川・那珂湊の三郷校に屯集した尊攘激派が過激な行動に出ないように監視し、分派ができて藩庁の統制を離れることを防止するねらいがあったとされていた。これから問題としてとりあげる幕府から水戸藩に下された拝借金三万両も、武田耕雲斎の要請に応えて老中板倉勝静が手配したものであり、その目的は横浜鎖港の決行を強硬に主張して暴発しかねない、尊攘激派浪士の取り締まりにあった。しかし、こうした意向とは裏腹に、激派はますます藩庁の指揮を離れて過激化するというのが実態であった。[20]

さて、この訴状における事の発端は、水戸天狗党に属する郷校潮来文武館の館員が下総国香取郡佐原村の呉服商への金銭支払いの取立役となったことによるトラブルが原因であり、文武館員と村民双方に死傷者を出す刃傷沙汰にまで発展した、いわゆる佐原騒動（佐原騒擾）である。

佐原騒動については、先行研究書として平柳翠『水戸家騒動天狗派余聞　佐原騒擾の真相――南山高橋善左衛門伝』[21]、『佐原市史』の一節[22]、および長谷川伸三「文久元・三年佐原騒動と水戸藩尊攘派」[23]などがある。また、佐原騒動の関係史料としては、『水戸浪士佐原一件』（伊能権之丞編集・発行、一九八五年）、『東金市史』史料編一（東金市役所発行、一九七六年）、『茨城県史料』幕末編Ⅲ（茨城県発行、一九九三年）の所収文書などをあげることができる[24]。前掲各書における事件の説明内容は、微妙に食い違う点も随所に見受けられるが、これらによると、その展開のあらましは次の通りである。

第一回佐原騒動は、文久元年（一八六一）一月から玉造村の文武館を本拠として潮来にも人員を駐在させた、水戸藩尊攘激派のグループがその活動を活発化させ、軍資金調達のために、周辺地域のみならず利根川対岸の佐原や小見川においても押借を繰り返したことから始まった。一月一七日に水戸浪士七名が佐原村に来て、翌日村役人に一、〇〇〇両の押借を求めたが、村側が難色を示したので、浪士たちが鉄扇を振り回すなどして脅迫し、ほかにも破壊行為をしたために、結局村側が八〇〇両を用立てることで合意となった。

続いて、第二回佐原騒動は、潮来の呉服商沢屋忠兵衛が後妻として娶った女性にも呉服商をさせて、佐原に白木屋を出店したことが発端となる。しかし、その後忠兵衛が先妻とよりを戻したために、後妻は忠兵衛を寄せ付けなくなり、忠兵衛はこの問題を奉行所へ訴え出たが敗訴となり、白木屋の身代は後妻と番頭らのものとなった。その後、忠兵衛の養子伴次は、問題の解決を天狗党一派の浪士に頼み、文久三年九月一日に木村孝之助ら四名の浪士が白木屋に踏み込んで店の関係者を縛り上げ、金二〇〇両と物品一〇〇両分を差し出させた。これに対し、佐原村の名主総代で関東取締出役の手先を勤める善左衛門は抗議し、浪士たちと談判して筋を通す主張をしたため、浪士たちはいったんは引き上げた。しかし、九月六日に浪士五名が佐原村に来て、善左衛門を捕えて連行したところ、後ろから大勢の村人が武器をもって浪士たちを追いかけたので大騒動になり、そのすきを見て善左衛門は逃げ出したが、村人のうち組頭庄左衛門が斬られて死亡し、負傷者も何人か出た。これに対して、村人たちはその報復として、仲間を探して佐原に戻ってきた浪士の木村孝之助・貞之助兄弟を殺害する。善左衛門は近在の弟子平左衛門宅に身を潜めていたが、一〇月晦日に浪士たちがここを取り囲み、善左衛門を引き出して斬殺した。さらに、浪士たちは善左衛門の息子大平と手下の石屋新七の二名を捕えて連行し、殺害してその首を晒した。

この二度にわたる佐原騒動において、佐原村役人や領主である旗本津田英次郎は、たびたび幕府へ事態の解決への助力を要請したにもかかわらず、幕府当局は追って役人を派遣するのでしばらくは水戸藩の尊攘激派を穏便に扱うようにと指示するのみで、具体的な対策を講じなかった。そうしているうちに、前掲のように慶応元年二月四日の敦賀における天狗党首謀者の斬罪により、水戸藩尊攘激派の主流である天狗党一派は壊滅し、村人たちの異常な恐怖も一応は取り払われた。しかし、これまでに受けた常軌を逸した残酷な被害と村方に一方的に処罰を下す幕府の裁断の在り方に対して、村々はあらためて訴状を認めたのである。これが、本節で新出史料として紹介する前掲の水野家文書「上下総各村総代　公儀へ訴書　水戸浪人始末書」である。

この訴状の差出人は「嘆願人　下総国・常陸国村々名主・組頭・年寄・惣百姓一同」とあるが、具体的な村名や惣代の人名は記されていない。これは、天狗党の主流はすでに壊滅したとはいえ、なおも各地に散在・潜伏する水戸藩尊攘激派勢力による報復の可能性を恐れてのことであろうと考えられる。また、宛名は「御老中水野和泉守様（忠精）・牧野備前守様（忠恭）・大御目付有馬出雲守様（則篤）・黒川近江守様（盛泰）・御目付山口駿河守様（直毅）・塚原但馬守様（昌義）・内藤壱岐守様（正信）」となっている。この訴状の書誌的な性格については、今後検討を要するが、ここではその内容に着目したい。村々の訴えの内容は長きにわたり、これらは村々の立場からの一方的な主張であることを充分に認識しながら読まなければならないが、おおよそ次の通りである。

①　万延元年（一八六〇）以来、水戸浪人の名目で潮来の最寄へ多人数が集まり、村々へやってきて身元相応の

者へ金子を差し出すよう申しかけ、「断および候得者直ニ打果候ニ付」と脅されたので、やむを得ず銘々が年貢納入後少しずつ蓄えた分を差し出した。ところが、文久三年（一八六三）八月には潮来村館に集まった浪人たち（潮来文武館員）が下総国佐原村へやってきて、呉服屋渡世の者（白木屋）から金子をゆすろうとしたので、手段を尽くして詫びを入れたが、聞き入れずに当惑していた。その折、関東取締出役木村東一郎が廻村し、村方一同が難渋の趣を告白したところ、木村は御触に基づき搦め取り、手に余る節は打ち殺してもよい旨を答えたので、一同は力を得て浪人たちへ厳しく挨拶に及び、このとき一応彼らは引きとった。

②　しかし、一両日後浪人たちは夜中に佐原村名主善左衛門宅に押し込み、「善左衛門者八州御取締様御用向相勤浪人共身分内〻相探不届ニ付」という理由をつけて、打首にする趣で善左衛門に縄をかけて引き立てたので、村中が人気を立てて後を追いかけて勘弁を願い、かれこれ手間取っていたところ、善左衛門はその場より縄付のまま首尾よく逃れ去った。しかし、これによる乱闘で斬られて死亡した者（佐原村組頭庄左衛門）や疵を受けた者もおり、村方は住居もできかねる事態となり、幕府からも厳重に取り締まる旨の触書があったので、村人たちは相手方の浪人二名（木村孝之助・貞之助兄弟）を打ち殺し、もう一名はいずれへか逃れ去り、行方はわからなかった。そこで、佐原村より地頭津田英次郎へ出訴したところ、家来が検使として出張し、水戸藩へ掛け合ったが、二名は水戸家の家来ではない由であり、死骸は佐原村寺院へ仮埋めするよう命じられた。

③　その後、浪人共は多人数で佐原村辺へ押し歩き行き、「同村役人共者不残打首ニいたし、村中焼払一村退癈いたし候趣」を告げて脅したので、村役人共は一同逃げ隠れた。善左衛門は、隣村親類共方に忍んでいたところ、同人留守宅へ浪人共が乱暴に押し寄せて御用書物類を残らず取り上げ、善左衛門の女房を縄でからめて村方地内へ杭木を立てて結びつけた。さらに、五〇名余が抜身を持って親類共宅へ踏み込み、善左衛門を取り押さえてその首を切り、同人の忰で一七歳の大平と下男一名（石屋新七）を縄で縛り、善左衛門の首を大平に背

負わせて、常州潮来辺まで引き廻したうえで、佐原村の橋のうえで大平と新七を殺害し、善左衛門らの首を揃えて札を立てた。村々一同はこうした残酷な所業に、驚き恐れて難渋した。

④その後、評定所留役鈴木兵右衛門・斎藤辰吉両名と関東取締出役馬場俊蔵が佐原村へ到着し、村中の者共を呼び出して、右の事件の取り調べを行ったが、「初メより之始末御吟味も無之、浪人方権威ニ恐被成、只〻佐原村之もの共不筋之趣厳重之御吟味有之」というありさまで、浪人共からは品々勝手儘の虚言を申し述べるのをいちいち聞き取り、難渋至極であった。また、浪人共は関東取締出役の手先を勤める助左衛門が彼らと博奕をして負かした旨を申し述べたが、本人はその覚えがないのに、馬場俊蔵は助左衛門を召し捕えて幕府へ差し出し、吟味中に助左衛門は江戸伝馬町牢内で病死した。

⑤「御勘定御奉行都筑駿河守様・御留役斎藤辰吉様・八州御取締馬場俊蔵様頭取にて御公儀様ゟ金三万両被下候趣にて」とあるように、幕府より水戸藩に拝借金三万両が下された。そのうち、口ふさぎとして二〇〇両を勘定奉行都筑峯暉へ、一〇〇両を斎藤辰吉へ、一〇〇両を鈴木兵右衛門へ、一〇〇両を馬場俊蔵へ、浪人頭水戸天狗組野村常之助が持参してそれぞれ差し上げたとの由である。馬場は、このような不正を行っているのに、代官手代より支配勘定へ新規に抱え入れとなり、右のように浪人共を取り用いたので、佐原村百姓のうちで心得違いの者があり、潮来組浪人へ味方をし、同所浪人檜山小四郎（三之介）が後見となり、上総国片貝村へ無宿の者が寄せ集まり、攘夷の趣を申し成して村々より金子を掠め取り、小四郎はその金子のうち一、〇〇〇両を取り、うち五〇〇両を潮来へ送った。村人たちは、いったいに潮来をはじめ厳重の政事は行われず、片貝村ばかりが御手入れされては難事が起こり、関東中の取り締まりが立たない趣を、吉田信平次・百瀬章蔵・安原寿作の三名の関東取締出役に言上した。しかし、去る正月中には馬場俊蔵が都筑峯暉・斎藤辰吉両名の使の趣で潮来館へ罷り越し、浪人頭林五郎三郎と内談し、三万両を下されたうえは、かれこれ申しては具合が悪く、

それゆえ潮来方では上総筋浪人共へ手を掛けてもかまわないよう挨拶に及んだ。もっとも、頭取檜山小四郎へは内通して同人はその前に逃しおき、その他の者を討ち取らせようとしたが、浪人・中間のうち右の取り計らいはよろしからずと言って小川館に寄せ集まった者が田丸稲之衛門へこの上総一条を申し出たところ、一同立腹し、多人数で太平山へ押し出し、騒動は続いた。

⑥　檜山小四郎が三之助（三之介）と名のり、武田伊賀守（耕雲斎）へ付き添い、浮浪徒の一番手を働いて押し歩き、右の通りに幕府へ苦難を掛けたことは、駿河守ほか三名の取り計らいが不正であったために起こったことである。しかし、彼ら当局者の処断は、「同五月中前書佐原村一件御裁許相済、浪人江少も御察当無之、佐原村江ハ一同過料銭其外御咎メ被仰付」というありさまであった。さらに、浪人たちは、都筑峯暉・斎藤辰吉・鈴木兵右衛門・馬場俊蔵へ訴礼として差し上げる金子が差し支えた趣をもって、佐原村役人へ金三、〇〇〇両を差し出せと申し掛け、両度に三、〇〇〇両を掠め取り、右のうち五〇〇両は都筑峯暉へ、三〇〇両はそれぞれ斎藤辰吉と鈴木兵右衛門の両名へ、二〇〇両は馬場俊蔵へ礼として手渡した。右は、佐原村を調査したところ、巨細にわかったことである。斎藤辰吉は、去る五月中奥州筋へ御用向で向かう途中で太平山に浪人が屯集したところ、日光道中古河宿へ浪人頭林五郎三郎その他を内々に呼び出して密談をした。右様の不正の取り計らいの役人があり、佐原村浪人一件は東照宮（家康）入国以来、これほど法を曲げて取り計らった事例はないことは、愚昧の者共はもちろん幕府役人方まで噂を仰せ聞かされ、そのうえ調べ中に村方を立ち退いた者が帰村も成らず、一同悲嘆している現状である。そこで、右一件は偏に再調査をお願いする次第である。

村人たちはこの訴状の最後に、幕府への申し出がこのように遅くなった理由について次のように記している。

　前段之趣疾より奉申上度候得共、浪人方江聞入相成候上者、亦ゝ何程手荒之取計可請与一同恐入扣居候処、御公儀様御威光にて此節不残片付候趣風聞承り候間、安心仕此段奉申上候、逸ゝ御探索之上正路潔白之御政

事被成下置候様、偏ニ奉願上候

これまでの経緯から、もし村々が直ちに幕府に訴えを起こして浪人たちへその旨が伝わったとしたら、またまたどのような手荒な仕打ちを受けるかわからず、恐怖して訴えを控えていたところ、天狗党は降伏して、元治二年（慶応元）二月四日には首領の武田耕雲斎・藤田小四郎らが斬罪に処せられて、一件が片付いたという風聞を承ったので、安心して今回の訴えに及んだとしており、再調査のうえ正路潔白の政治を願う旨が記されている。

訴状で村人たちは、佐原騒動に関して現地に赴いた評定所留役鈴木兵右衛門・同斎藤辰吉・関東取締出役馬場俊蔵の三名は村々に非ありとして制裁を加える一方で、浪人たちにはほとんどお構いなしという処断を行ったことは不当であると訴え、幕府から天狗党鎮撫の名目で水戸藩に下された拝借金三万両のうち、口ふさぎのために前掲の鈴木・斎藤・馬場に勘定奉行都筑峯暉をも含めた四名にそれぞれ一〇〇～二〇〇両の金子が贈られたとする風聞をあげて、彼らの取締方の在り方を痛烈に批判し、各地で天狗党一派による略奪が止まなかった現状を訴えている。一方で、訴状では村々農民は略奪行為による甚大な被害があったことを主張するとともに、むしろこれらをめぐる評定所留役・関東取締出役などの幕府役人が天狗党一派に懐柔されて、彼らを充分に取り締まらなかったことの非に力点を置く訴えとなっていることが大きな特色である。

ちなみに、幕府が水戸藩に三万両の拝借金を下したいきさつについては、水戸藩士で藩校弘道館の訓導や助教を勤めた石河明善の日記の元治元年一月一六日の条に(25)、次のようにある。水戸浪士の不穏な動きに対しては、幕府においては、まず同藩執事の武田耕雲斎を使って鎮撫せしめれば、後はいかようにもできるとの意見に諸人が一同し、

即板倉閣老武田を呼出、近〻公辺ニ而御取〆有之所、水府近領毎度乱妨人横行穏ならす、兼而御留意、左ニ而御懇之上ニても有之御察ニ而、如此ニ而ハ甚不都合ニも有之、悪敷ハ取〆可被成と被申達候ニ付、武田大ニ

恐レ候処、其跡よりハ勘定出候而御取〆御出来候上ハ、我〻も尽力いたし候而、御金ハ如何様ニも申下し候間、彼らハ尽力可被成候与申たるニより、大ニ安心いたし候而下り候由

とあるように、老中板倉が武田を呼んで水戸近領で浪士たちがたびたび略奪や暴行に及ぶ一連の事態を重くみて、厳しく取り締まるべきことを申し達したので、武田は大いに恐縮し、そのための幕府からの出金も約束されて、大いに安心して退出した旨が記されている。

さらに、『石河明善日記』の慶応二年（一八六六）二月一一日の条に[26]「公辺より三万両出可申と先日沙汰有之処、右ハ不残請取候而、半分江戸半分御国ヘ持来候由、吾家ニ積置候処、近来ハ千両箱一ツのみ見ヘ候由」とある。幕府より三万両の拝借金が下され、水戸藩が残らず受け取ったことを記しており、三万両の拝借金が下された経過については、前掲の村々の訴状やこれから紹介する風聞書「上」の内容とも一致する。ここで「吾家ニ積置候処」とある「吾家」とは、石河明善の自宅かどうかはいまひとつ判然としないが、大変臨場感のある記述である。また、これまでみてきた経緯から、幕府から水戸藩に三万両の拝借金が下された時期は文久三年（一八六三）年末から翌元治元年初頭にかけてと考えられる[27]。

さて、前掲の村々の訴状に関連して、幕府から水戸藩に下された三万両の拝借金とその中から勘定奉行都筑峯暉らに金子が贈られたとする風聞については、あらためて探索が行われ、風聞書が作成されて幕府に報告されている。水野家文書中の元治二年（慶応元年）三月付の風聞書「上」[28]がそれである。この風聞書は、標題に「上」とあるだけで、差出人も宛名も記されていない。従って、探索者を特定することはできないが、その内容から、江戸町奉行三廻役かあるいは目付の下役である徒目付・小人目付が聞き込みを行って幕府に提出した風聞書を、水野忠精が筆写したものではないかと考えられる。

まず、この風聞書では、前掲の水戸藩方から都筑・斎藤・鈴木・馬場ら幕府役人へ贈賄が行われたという風聞

について、次のように記している。

其頃浪士之徒類種〻名目相分レ居候得共、詰り何レも一種之ものニ而、悉く召捕厳密ニ吟味有之候而者、素より水藩関係致し居候事故、不都合之次第ニ付、場所出役之役〻江潮来館ニ罷在候水藩之者より賄賂差贈、右者何レも受納いたし候由

彼らが幕府役人であっても、浪士たちをことごとく召し捕えて厳しく吟味を行ってしまえば、元来水戸藩に関わる事柄だけに、多くの支障が生じることが予想され、そうしているうちに潮来鎮台に集まった水戸藩の者から賄賂が贈られ、彼らは受納したとし、贈賄の事実が確かにあったことを記している。

続いて、そもそも幕府から水戸藩へ三万両の拝借金が下されたいきさつについては、

水戸殿家来之節武田伊賀潮来辺江水府弘道館出張所補理、処々ニ散在暴行いたし候浪士相集、説諭・鎮撫いたし可申旨、御老中勤役中板倉周防守江申立、右ニ付而者水戸殿より三万両御拝借御願之儀伊賀守ゟ周旋いたし、同人懇意之者抔夫〻其筋より申立候由、然ル処　御上洛御留守ニも相成候御処ニ屯集之浪士攘夷を名とし、御府内江乱入をも可致形勢ニ付、周防守ニ者水戸殿御願之通御拝借金御貸渡之上、暴行いたし候浪士之徒伊賀ニ説得為致候ハヽ、鎮静之場合ニも至り可申見込ニ有之候由

というように、家老武田耕雲斎が所々で暴行を繰り返す浪士たちを説諭し鎮撫する名目で周旋し、水戸藩より幕府に三万両の拝借を願い出たものであるとし、一方、老中板倉としては、将軍家茂第二回上洛中に天狗党が攘夷を名目として江戸市中へ乱入しかねない形勢があったために、拝借金を下したうえで武田耕雲斎に浪士への説得を依頼して、鎮撫にこぎつけようとするねらいがあったとある。

しかし、事態は板倉が描いたようなシナリオにはならず、下された三万両は半分は江戸、もう半分は水戸国元に送ったとする前掲の『石河明善日記』の記述とはやや異なり、五、〇〇〇両ほどは水戸藩江戸屋敷に残し、そ

の他は残らず耕雲斎が水戸藩国元へ持ち込んだとする。また、その一部の金子が「都筑駿河守其外之者江も水戸殿より御挨拶として金子被相贈、右者何れも受納いたし候由噂仕」とあるように、水戸藩から拝借金を取り扱った勘定奉行都筑峯暉、勘定評定所留役斎藤辰吉・同鈴木兵右衛門、代官手代関東取締出役馬場俊蔵らへ水戸藩から挨拶として贈られ、彼らはいずれも受納したという噂があったとし、さらに次のように記している。

武田伊賀水戸表江持参いたし候弐万両余者、浪士共江夫〻配分等いたし候ニ付、素より浮浪之徒類故水戸殿家来相成候心得ニ而、正義組抔与相唱公然与暴行いたし、弥土民難渋いたし候者も不少、諸方之浪士次第ニ相集、終ニ水府之騒擾与相成候由、前文ニも申上候通、周防守見込ニ者武田伊賀ニ説得為致浪士鎮静いたし可申策略ニ可有之、右等之辺ニ而畢竟三万両御貸渡相成候儀ニも可有之候得共、却而彼か術中ニ陥り、御貸渡之三万両終ニ大害之基与相成候由、風評仕候

このように、水戸藩国元へ持ち込まれた二万両余は浪士たちに配分されてその軍資金となり、ついに天狗党の大騒擾に発展し、板倉が期待したような、耕雲斎が浪士を説得して決起を鎮静化させるという思惑は裏切られ、大害のもととなる結果になったという風評を報告している。

拝借金三万両を幕府に願い出て、その下賜を認められた武田耕雲斎は、元治元年三月に藤田小四郎ら天狗党による筑波山での挙兵が起こると、五月には領内取り締まりの不行届の責任をとらされて執事を罷免され、六月には水戸に入城しようとしたが、対立派諸生党の市川三左衛門らにこれを阻止され、一〇月には藤田小四郎らの筑波勢と合流し、一転して天狗党の首領となるに至った。天狗党の押借などの一連の乱暴行為を取り締まる名目で幕府から下された三万両の拝借金は、逆に天狗党の軍資金として使用される結果となったのである。

さて、拝借金に関わるこの事件は、前掲風聞書「上」に「却而彼が術中ニ陥り」とあるように、江戸留守老中の板倉勝静としては結果的に耕雲斎ら水戸藩関係者の動向を見誤る失策となったというべきであろう[29]。また、こ

のような事態を招いてしまったことは、天狗党自体を勢いづかせ、その鎮静化をいっそう難しくしたことは間違いない。

以上、佐原騒動をはじめとする天狗党一派の一連の略奪行為と、これに関連して水戸藩に下された拝借金問題をめぐる水野家文書の訴状と風聞書の二つの文書を中心に検討してきたが、これらの事件は、はたしてその後どのような展開を見せたのであろうか。幕府は一連の事件を制することができなかった佐原村支配の旗本津田英次郎を地頭から外し、佐原村は天狗党事件解決を応援した佐倉藩の支配下に入っている(30)。しかし、訴状で村々から天狗党一派を充分に取り締まることをせず、むしろ天狗派から賄賂を受け取ったと訴えられ、風聞書においても賄賂受納が事実と認められるような記述がなされた都筑峯暉ら幕府役人は、そもそも水戸藩へ拝借金を下す手配をした老中板倉勝静と共に、その後この問題で処分を受けた形跡はない(31)。幕府としては、一度下した拝借金が相手方によりどのような使われ方をしたのかという点にまで追及して、その責任を問うということは普通はあり得ないことではあるが、一方で村人たちの幕府や水戸藩への抜き難い不信感というものが残ったことは、前掲の村々の訴状で当然考えられることである。

重要な点は、村人たちがこのような処断ではたして充分に承伏し、気持をおさめることができたのかという問題である。彼らの訴状は、村々にだけ多大な制裁を加え、一方で天狗党一派の行状を充分に取り締まれず、むしろ彼らから懐柔され献金を受けたとして、幕府役人たちの失政の責任を赤裸々に訴えたものであり、ひいては老中水野忠精・板倉勝静ら幕閣の政治的能力を問うような内容であった。彼ら村人たちは、天狗党一派の略奪行為や暴力的行為を充分に取り締まることができなかった幕府や水戸藩の警察能力の脆弱さに失望し、見切りをつけなければならなかったとしても、当然であると思われるような事態の推移であった。

天狗派勢力による幾多の略奪行為にさらされ、何人もの人命を失い、さらに彼らがいつまた襲来するかという恐怖に脅えていた農民たちが負ったトラウマは、天狗党鎮圧後も依然として深かったはずである。水野忠精をはじめとする幕閣が、この問題に対して公明正大な対応をせずに、農民たちが訴状で訴えた内容が結局は却下されたり、あるいはうやむやにされたとしたならば、幕府に対する強い不信感と反感が残り続けたであろう。よって、江戸幕府崩壊と維新の変革を間近に控えたこの段階のこうした状況に関わる問題は、今後も検討を要する重要な研究課題である。

四　江戸幕閣と外交問題

さて、慶応元年（一八六五）五月一六日の将軍家茂進発後、江戸で中心的な政務を担当していた老中水野忠精が直面した課題のひとつは、一連の長州藩の外国船砲撃行動に対して、日本政府としての幕府がどのように責任を果たし、その保障をしていくかという切迫した問題であった。

そもそも、四国艦隊下関砲撃事件後の四か国（英・仏・米・蘭）と長州藩（高杉晋作ら談判使節）による講和のための覚書で、外国側より賠償金条項が発題された。これにより、四か国代表の英国公使オールコックは、幕府との交渉において、長州征討への障害となることを理由に、下関海峡から外国艦隊の退去を要求する幕府に対して、これに応じる条件として賠償金の支払いか下関開港かという二者択一を迫り、この案件が幕府にとって重大な外交問題となった。その結果、元治元年九月二二日に四か国と幕府との間に下関取極書が調印され、賠償金額は三〇〇万ドルと規定され、これを六分割して幕府が三か月ごとに五〇万ドルずつ支払うこととし、そうでなければ幕府が下関あるいは瀬戸内海の適宜な港を開港することという、二者択一の選択肢がここに明記されている。(32)

諸外国との貿易独占体制を維持していきたい幕府は、長州藩の領内にある下関の開港は諸大名の貿易参加をなし崩し的に認めることになり、何としても許可するわけにはいかず、苦渋の選択として二者択一のうち賠償金支払いを選択した。しかし、合計三〇〇万ドルという巨額の賠償金は、慢性的な財政窮乏にあった幕府には到底支払える金額ではなかった。一方、外国側においても、当初下関開港を希望するイギリス・アメリカ両国駐日代表と、賠償金支払いを希望するフランス・オランダ両国駐日代表とに意見が分かれていた。

また、下関開港・賠償金支払い問題と並行して、外国側からは自由貿易推進のための関税軽減の提案が幕府になされていた。これは、安政五か国条約（一八五八）に貿易規則や税目等については神奈川開港五か年の後に実地に即してなお審議すべき旨が明記されてあり、すでにその期限が満ちたこの段階での重要な外交課題となっていた。

こうしたなか、慶応元年八月には神奈川奉行の早川久丈・小笠原長常両名が、横浜貿易をめぐる意見書「神奈川表貿易其外御取締筋之儀ニ付見込之趣申上候書付」(33)を水野忠精に提出している。

この書付では、まず冒頭に「外国貿易御開後未ダ差たる年間も無之、外国之振合等未タ巨細ニ不相心得辺ゟ税銀又者過料取立方等細密ニ不行届義可有之哉も難計」と記している。ここでは、開港により商法は鎖国時代とは一変したものの、国内にはいまだ世界の税銀や罰則としての過料の取り立て方について熟知した者がほとんどおらず、海外諸港の様子に熟達した多くの者が日本に出入りして商業を営んでいるのに、こちらは相変わらず座して待つ応接をしており、利害得失を充分に把握できないでいるとしている。これに加え、諸浪士による外国人殺傷事件や英国軍艦渡来、あるいは横浜鎖港談判など、横浜一港のみならず全国へ響くような混雑が重なり、今もって折り合いがつかない案件がたくさんあるという問題提起がなされている。

そこで、早川・小笠原両名は、すでに文久元年（一八六一）に幕府において提起された、運上所にオランダ人を雇用する案については、「一体之気配ニ可拘」として用いたくないとする一方、運上所は日本人の手のみによる運営を行ってはいるものの、外国人が申し立てる内容は理義にかなうことが多いという現実があり、また密売買が発覚して増税・過料に至るケースは年々増加する現実があるので、もはや場当たり的な対応では立ち行かない状況であるとする。

よって、両名は続けて次のような意見を述べている。

海軍伝習を初、何事与なく彼方之法則御採用可相成廉者、外国人御頼御演習相成候義故、当所収税筋之義も外国人御雇揚相成候義、先年之御趣意御尤ニ候得共、左候而ハ追而切揚ケ方見据無之、遂ニ者主客地を替候御場合ニ至り、其他前書申上候廉〻之不都合も御座候間、夫レハ先ツ見合、唯〻右之趣意を取、支配向之内役〻階級を追ひ、両三人程ツヽ、急速唐国上海・香港之両港江被差遣、四五ケ月之間彼地西洋人ニ便り居留為仕、窃ニ海外之諸規則探索、随而追〻折合候ハヽ、当丑二月中英・蘭両公使連名ニ而、御国商民等をして各国盛大之埔頭江居留為致、并ニ商売之児輩を商法伝習之為、右埔頭江御遣相成候ハヽ、可然趣申上候処

税務については、横浜の運上所で外国人を官吏として雇用しては主客が転倒することになってしまうので、この案は見合わせ、幕府役人のうち二、三名を四〜五か月上海・香港に派遣して、これらの地に居留する西洋人に依頼して、「窃ニ海外ニ諸規則探索」という方法で海外の諸規則を学ばせ、ある程度習得したら国内の外国人居留地に商法伝習のために派遣してはどうか、とする案を述べている。

この神奈川奉行両名の意見書は、横浜開港から七年目を迎えたこの段階においても、外交の当事者である幕府役人が貿易規則や税目に関する学習度があまりにも未熟であることを明らかにするとともに、これから国益を確保していくうえでも、早急に幕吏を海外で研修させるべきであることを主張したものである。このような諸外国の待ったなしの関税率改正の要求を提示されたこの段階に至っても、幕府役人たちの学習不足による実務能力の低さだけが暴露されてしまうというのがその実態であった。

さて、将軍家茂進発・西上後の江戸では、老中水野忠精を中心に、下関取極書に基づく賠償金支払い問題に直

面しながら、幕府主導による開国政策を推進しようとしたのであるが、これに猛烈に反発する諸大名勢力の情報活動も活発となる。慶応元年（一八六五）九月五日付で江戸詰の岡山藩士井上千太郎が国元の木田太郎兵衛・半田彦左衛門両名に書き送った書状（封書の裏表紙に「乙丑九月五日　江戸」と記される）[34]には、忠精を中心とする幕府の外交政策への痛烈な非難の内容が記されている。

此元ニて蛮夷館ヲ盛ニ造築仕候勢ニて、迚も鎖港之模様無御座候、水野泉州閣老勢甚盛ニて、英国アールコツク之建議ヲ基トシ、益懇親之手段ニ御座候由、尤浪華閣老方ト通シ居候得共、浪華之方ハ表ニ正議ラシクシテ正家ヲ術中ニ陥り候策ニテ、唐津公子長州事件相済候後ニ鎖港使節ニ致シ、外洋へ遣リ、於途中英夷ヲ頼ミ抑留之密策ニ御座候由、尤公子へハ幕臣某ヨリ内〻申上置候由ニ御座候、羽州上山藩金子与三郎公子ゟ親しく聞候由とて相話し申候

当時、岡山藩は水戸藩から婿に入った藩主池田茂政が奉勅攘夷の貫徹を唱えて藩論を誘導しており、幕府諸有司が推し進めていた幕府主導の開港政策には猛反発する方向で動いていた。とりわけ井上千太郎のこの書状で、忠精ら江戸幕閣は外人館の建築を行うなどして、一度は確約した横浜鎖港を進める様子は到底ないとし、英国公使オールコックの建議を重んじて外国勢力といっそう懇親を深めていると伝えている。また、忠精と連携する老中阿部正外ら在坂幕閣は正家を術中に陥れるべく、長州征討が済んだ後に小笠原長行（九月四日に大坂で老中格に復帰）を鎖港使節として外洋に派遣し、途中で英国に頼んで彼を抑留する密策をめぐらしているとしている。

ここに記された「正家」とは、阿部正外・松前崇広・水野忠精らが推し進めている幕府主導の兵庫先期開港政策に反対し、奉勅攘夷の体制を崩さずに朝意を重んじる姿勢をとり続けていた禁裏守衛総督一橋慶喜らとこれに同調する一派を指していると考えられる。忠精らが長州征討後「正家」に与する側の小笠原長行を鎖港談判使節として海外に派遣し、途中でイギリスに頼んで彼を抑留しようとする密策があるとする文面は、井上の極度の勘

繰りによるものといえようが、それだけ忠精らに対する敵意の大きさが示されているとみることができる。

さて、英・仏・蘭三か国代表は、慶応元年九月七日に横浜で会談し（一一日の会談には米国代表も加わる）、幕府に下関償金の三分の二（二〇〇万ドル）を免除する代償として、条約勅許・兵庫先期開港・関税率改正を要求する覚書を作成し、連合艦隊を大坂湾に進出させて、在坂の将軍家茂にその履行を要求することを決議した。

江戸の留守老中であった水野忠精は、四か国がこのような覚書を作成したことを聞いて大いに驚き、慶応元年九月七日に若年寄酒井忠毗・外国奉行菊池隆吉・軍艦奉行並栗本鯤を横浜に遣わし、英・仏・米・蘭四か国の使臣と会合させ、大坂湾廻航の中止を要請している。さらに、翌々九日には水野忠精自身が若年寄酒井と共に横浜に赴き、栗本らと打ち合わせたうえで翌一〇日に同様の交渉にあたったが、結局、外国側の了承は得られなかった。[35]

外国側はついに実力行使に出る。九月一三日に英国特派大使パークス、仏国全権公使ロッシュ、米国代理公使ポートマン、蘭国総領事ファン・ポルスブルックが、条約勅許および兵庫先期開港を要求するため、軍艦九隻を率いて横浜を出航し、一六日に兵庫沖に至り、示威行動を行ったのである。これにより、京都・大坂とその周辺は騒然とする。九月一八日にはあらためて京都所司代松平定敬が、外国軍艦が兵庫および大坂に来泊したことを朝廷に報告している。

ここで、ロッシュが九月一九日付で在坂の老中に送った、摂海に進んだ四か国の要望内容を示した書状[36]の内容を紹介したい。

① 長州征討を猶予する幕府の事情は理解できず。そもそも、幕府は朝廷より国政を委任された立場にあり、世界情勢をみて各国と通商条約を結んだわけであり、すでに幕府に背いて内乱を起こした長州藩を幕府が鎮静化しないならば、諸外国より長州藩を討伐すべしと議定した旨。

② 薩長両藩は、イギリスに密に使者を遣わして開港の存意をあらわにし、かえって諸大名が外国と睦まじく交わり、幕府のみが鎖港の意向ありと、イギリス政府は深く疑っている旨。
③ 日本はその発明した武器が少ないのに対し、西洋の大国においては兵士は実戦経験が豊かで、新しく発明した武器も多く、従って幕府が西洋に敵対する意志のないことは必定の理であること。また、幕府がしばしば鎖港の談判を行ってはいるものの、諸外国政府がこれを承諾する見込みはないこと。
④ 英国公使は上坂しての外交交渉を望んでいるが、イギリス一国が上坂した場合はいかなる言動や所業に至るかは計り難く、もし幕府に格別の配慮も尽力もない場合は、自分は英国公使と同意して不日京都へも推参すること。もし、条約について将軍家と同意なき場合は、追って英・仏・米・蘭四か国の公使が上京したうえで天皇に謁するという点で、すでに四か国の話し合いが決していること。
⑤ 条約勅許なき場合は、日本は堅固強武の策は立てられないので、幕府は天皇から勅許が得られるよう尽力することが肝要であること。
⑥ 薩長両藩のごときは、表に鎖港の議論を立てて朝廷に奏聞し、裏では開港の志を抱いて英国へ使者を遣わし、英国政府と熟談して薩長二か国の中間海辺に港を開くつもりである。そこで、兵庫を速やかに開港して英国政府の疑念を解かしめ、諸侯の邪謀を挫折させたいので、速やかに兵庫開港の決定をしてほしいこと。

ロッシュがつとめて警戒したのは、生麦事件後にかえって親睦を深めた薩摩藩とイギリスとの関係、さらには長州藩士高杉晋作・伊藤俊輔・井上聞多らが英国特派全権公使オールコック・同パークスと談判し、一時は下関開港を提唱するに至った事実であり、彼はこうした動きを牽制するうえで、四か国への兵庫先期開港を強く望んでいたのである。

さて、これを受けた幕府は、急ぎこの条約勅許・兵庫先期開港問題についての内部の議論と外国側との折衝を進めている。九月二三日には、老中阿部正外・外国奉行山口直毅らが海路大坂を発し、兵庫沖で英・仏・米・蘭四か国の使臣と会見し、ここで使臣らは前掲のロッシュの書状と同じく、兵庫開港および条約勅許を要求し、速やかに回答しない場合は上京して朝廷に意向を打診すると迫っている。これに対し、正外らは二六日を期して確答すべきことを約束して帰坂した。正外は、もはや兵庫先期開港要求に応じる以外に対処の方法はないと判断した。二五日に大坂城で将軍家茂列席のもとで開かれた会議において、正外は各国公使が上京する事態を恐れて兵庫の即時開港を主張し、老中松前崇広もこれに同意したので、幕議はいったんは兵庫先期開港を受け入れることに決定した。

ところが、翌二六日に大坂城に入った禁裏守衛総督一橋慶喜は、この幕議に強く反対し、あらためて将軍家茂が上洛して勅許を奏請したうえでの開港でなければ、事態は収拾できないと主張した。これにより、前日に若年寄立花種恭・大目付田沢政路らが兵庫で四か国の使臣から回答の一〇日間の猶予を取り付けたことと相まって、幕議は一度白紙撤回された。

こうした経過から、慶喜は九月二九日の朝議で阿部正外・松前崇広両老中の所業を非難し、これにより朝廷が両名の官位を剝奪して国元で謹慎させるよう幕府に命じ、一〇月一日に両名が老中を罷免されるという前代未聞の事態となった。一方、将軍家茂は、同日に前尾張藩主徳川茂栄（茂徳）を上京させ、朝廷に自らの辞表および兵庫開港に関する意見を上表した。これにより、家茂は一〇月三日に大坂を発して帰東の途についたが、この日の夜に慶喜と松平容保・所司代松平定敬が伏見でこれを出迎えて、家茂の東帰を諫止し、翌四日に家茂は二条城に戻っている（一〇月政変）。

こうした情勢のなかで、ロッシュは九月二八日に幕府に対して、一〇日以内に条約勅許が得られなければ自ら卒兵上京することを告げ、一〇月一日と四日にも同じ督促を行っている。

さて、一〇月四日に朝議が開かれ、朝廷側から朝彦親王・関白二条斉敬・常陸太守晃親王・右大臣徳大寺公純・内大臣近衛忠房らが、幕府側からは一橋慶喜・松平容保・松平定敬・老中格小笠原長行らが参内した。幕府側は慶喜が前面に出て、条約および兵庫先期開港の勅許を請う説得を行ったが、この日には議は決せず、翌五日に入っても朝議が継続され、夜に入りようやく孝明天皇より幕府に、条約は許可し、兵庫開港は不許可であるとする勅旨が下っている。朝廷は、ずっと拒絶し続けてきた欧米列国との通商条約をここに追認することになった。

一〇月七日には、老中本荘宗秀・外国奉行山口直毅・大坂町奉行井上義斐らが兵庫に赴き、英・仏・米・蘭四か国使臣と会合し、条約勅許および兵庫先期開港不許可の朝裁を告げ、兵庫は別の期日に開き、下関事件の償金はその金額を支払い、税則改訂の談判は江戸において行う旨を約束したので、諸外国の艦隊は兵庫を退去することになった。同日付で、本荘宗秀・松平康直・小笠原長行三老中(小笠原は老中格)は、同日付のロッシュへの書翰で、

一税政方之儀委細承諾せり、其段急速水野和泉守幷酒井飛騨守へ申遣し、於江戸表精〻談判候様為取計可申候、[37]

と記し、税則改訂のための江戸での交渉を、老中水野忠精・若年寄酒井忠毗の両名に委任する旨を伝えた。その一か月余の後の一一月一七日に、酒井は若年寄を罷免されているので、以後の江戸での諸外国との税則交渉の窓口は水野忠精に一本化されることになる。

このように、阿部正外・松前崇広両老中の外交交渉を江戸にあって支援していた水野忠精が、彼らと連座せずにその後も八か月余老中職を続行したことの理由として、まず忠精に課せられた諸外国との税則交渉があったことが明らかであろう。この問題については次の第八章二節であらためて述べてみたい。

おわりに

本章で水野忠精の情報活動を通して浮かび上がった三つの大きな問題、すなわち長州征討をめぐる問題、天狗党鎮静化と佐原騒動に関わる問題、そして条約勅許をめぐる外交問題は、いずれも解決が極めて困難な問題であり、国政担当者としての幕閣の政治的手腕が厳しく試される場面であった。それだけに、幕府が主体性をもってこれらの問題の解決に向かって充分な指導力を発揮できたならば、衰退の一途をたどっていた幕府権力の再生のきっかけをつかむこともあるいは可能であったかに思われた。

第一次長州征討については、結果的には長州藩を降伏させはしたものの、塩谷甲蔵が構想した譜代大名や旗本らが次々と軍功をあげるような戦闘の場面を実現することはなく、征長総督徳川慶勝は長州三家老の首級を検分するとあっさりと征長軍を解兵してしまい、幕府の武威を示すまたとない機会を逃してしまった。その後、長州再征推進派の阿部正外・本荘宗秀両老中が朝廷と折衝して、将軍家茂の即時上京命令を取り付け、幕府は再び長州再征へ向けて動き出すことになる。

しかし、この執拗な長州征討の軍事計画に反発して、島津久光卒兵上京・江戸出府以来幕府政治を支え続けてきた薩摩藩がついに幕府から離れて、雄藩連合を模索するという、新たな事態が生じることになる。西郷隆盛は、長州再征を幕府の単なる私戦と位置づけて、このような在り方では幕府は短期間のうちに倒壊するであろうと予測した。一方、大久保利通は、一橋慶喜が権謀術数をめぐらすなかで、徳川政権を支えるべき一・会・桑勢力の結束も決して固いわけではなく、閣老が派閥抗争を繰り返すような幕府政治を、もはや見限るという姿勢を示している。ここでは、長州再征に権力復活のための活路を見出そうとする幕府の再征推進派と、片や、それこそが内乱を生み出す深刻な危機ととらえ、このような幕府に国政担当能力はないとする薩摩藩首脳部との、意識の大きな乖離が浮き彫りとなっている。

一方、水戸天狗党の乱は、その首領である武田耕雲斎らの処刑により軍団自体は壊滅したが、佐原騒動に代表される天狗党一派による略奪行動の犠牲となった地域の村人たちが悲痛な訴えをしたにもかかわらず、幕府当局の役人が天狗党の横暴をほとんど放置状態とし、かえって村々の方がその過失を問われて不利な処断を下されている。さらに、天狗党一派を鎮静化する名目で水戸藩に下された拝借金三万両が、逆に天狗党の軍資金となり、その一部が幕府当局の役人たちに口止め料として手渡されたことなどの問題に対して、水野忠精ら幕閣は結局真摯な対応をしなかったようである。この一連の騒動は、その発生源となった水戸藩に対してはもちろん、長い間略奪や殺戮を繰り返してきた天狗党勢力に断固たる処断を行わなかった幕府に対しても、多くの人々が抜き難い不信感や反感を抱くことにつながったことは、論を待たないであろう。さらに、外国側が実力行使に出て強く要求した条約勅許の問題に対しては、フランス公使ロッシュの意向を受けた阿部正外・松前崇広両老中が、兵庫を開港したうえで条約勅許を得るという筋道で朝廷との折衝を行い、在江戸老中の水野忠精もこれを背後から支援したが、条約勅許を優先する一橋慶喜らがこれを阻止するという内紛が発生し、朝命により両老中は罷免され、ただただ幕閣の足並みの乱れをさらけ出す結果となった。

このように、幕府が国政担当能力を問われる重要な政治課題に臨んで、一致団結して事に当たる結束力や果断な処置による問題解決能力を欠き、次々と失態を繰り返したことにより、幕府権力自体が著しく衰退した姿をむざむざとさらけ出す結果となった。とりわけ、将軍を直接補佐する老中ら幕閣が派閥抗争を繰り返し、国政上の重要案件に対して進んで充分なリーダーシップを発揮できない実態が世に示されたことにより、幕府はその権力の立て直しが不能であることを多くの人たちに実感させたことが充分に想像できよう。いよいよ、幕府滅亡への警鐘が各所から鳴り始めたといえる。薩摩藩はこれにいち早く反応して、幕府の政治的能力を見限り、佐幕的立場から脱退して雄藩連合をめざす動きを示した。この薩摩藩の動きこそが、これから維新に向けて諸大名の幕府離れの現象を生み出すきっかけとなったことは言うまでもない。

（1）水野家文書、A一〇―一五八（元治元年八月）。
（2）同右、A一〇―一五九「中村敬輔上書取継候儀ニ付奉申上候　塩谷甲蔵」（元治元年八月二日）。中村は、文久元年（一八六一）二月一二日に学問所勤番組頭勤方・儒者勤方見習より儒者見習となり、同二年三月一一日に儒者、同三年二月一日に御膳奉行次席となっている（大日本維新史料『柳営補任』）。
（3）水野家文書、A一〇―一六〇（元治元年八月）。
（4）天保八年（一八三七）四月に家督を継いだ毛利敬親は、一二代将軍家慶から慶の字を与えられて「慶親」と改名したが、禁門の変後の元治元年（一八六四）八月二四日に朝敵の扱いを受けて無位無官となり、幕府から慶の字を剝奪されて「敬親」に戻した。同じく、一三代将軍家定より定の字を与えられた世子定広も、禁門の変後に官位を剝奪され、幕府に定の字を召し上げられて、元の「広封」の名に戻した。
（5）高橋昌郎『中村敬宇』（人物叢書、吉川弘文館、一九六六年）。
（6）水野家文書、A一〇―一六一（元治元年八月二六日）。
（7）『維新史』第四巻、（明治書院、一九四一年）、一二四～一二五頁。
（8）水野家文書、A一〇―一六六（元治元年一〇月一日）。
（9）奈良勝司『明治維新と世界認識体系――幕末の徳川政権　信義と征夷のあいだ――』（有志舎、二〇一〇年）、二五七～二五八頁。
（10）同右、二五五～二六〇頁。
（11）『続再夢紀事』三（日本史籍協会叢書、一九八八年覆刻）、三一六～三二四頁。
（12）同右、三一七～三一八頁。
（13）水野家文書、A一〇―一六五（元治元年一〇月一四日）。

(14) 同右。

(15) 奈良氏は、註(9)前掲書（二五五～二七六頁）で、そもそも阿部・本荘両老中の卒兵上京は将軍進発反対派の諏訪・牧野両老中の命による他律的なもので、参内した両名が一橋慶喜の江戸召還を要請したものの却下され、逆に将軍家茂の即時上洛を命じられた事件について、阿部らの一連の折衝は関白二条斉敬と共に将軍進発を実現するために巧みに演出されたものであるとする。しかし、阿部らは将軍の西上を諏訪・牧野らにも受け入れやすい「上坂」として布告したが、その後二条は征長総督徳川慶勝の一方的な解兵方針を受け入れ、短期間に将軍西上の名義を「上坂」から「進発」さらには「再征」へと変更して大きく変節し、畿内で実現する可能性があった徳川政権・朝廷・有志大名らによる協調態勢のための協力関係が瓦解する結果になったとしている。

(16) 『西郷隆盛全集』第二巻（大和書房、一九七七年）、五〇～五二頁。

(17) 『大久保利通文書』一（日本史籍協会叢書、一九八三年覆刻）、二九一～三〇三頁。

(18) 水野家文書、A一〇―一七二（元治二年二月）。訴人については、表紙には「上下総各村総代」とあるが、奥書には「下総国・常陸国村〻名主・組頭・年寄・惣百姓一同」と記されている。

(19) 関東取締出役は、文化二年（一八〇五）に設置されて以来、領地が錯綜する関八州における統一的な警察権確立のために、天領・私領を問わずに廻村と取り締まりをすることが認められていた。しかし、彼らの取り締まりのエリアの例外として、徳川御三家のひとつである水戸藩の領内に許可なしに立ち入ることは、その手先の者でも憚られていた。佐原騒動が起こった佐原村は、水戸藩領ではなく旗本領ではあったが、関東取締出役が天狗党を充分に取り締まれないことの背景として、彼ら天狗党が元来水戸藩中枢部につながる一大勢力であり、想定されるトラブルを恐れて、容易に手出しができないという事情があった（滝本誠一編『日本経済叢書』九〈日本経済叢書刊行会、一九一五年〉、「地方落穂集」追加五、五四〇～五四二頁）。

(20) 『水戸市史』中巻・五（水戸市役所、一九九〇年）、一九六～二二〇頁。

(21) 佐原興業合資会社発行、一九六二年。

(22) 佐原市役所発行、一九六六年、四五八～四六四頁。

(23) 田中彰編『幕末維新の社会と思想』（吉川弘文館、一九九九年）所収。

(24) 長谷川伸三前掲論文では、佐原騒動についての関係史料を計一四項目にわたって紹介している。
(25) 水戸市立博物館所蔵『石河明善日記』二五。
(26) 同右。
(27) これについては、出金の元となった幕府財政に関わる史料的な裏付けとして、まず幕府勘定所帳簿「金銀納払御勘定帳」（水野家文書）には、支出項目に諸大名への拝借金について「金三拾六万七千四百七拾八両弐分　諸拝借」と、一括して記されている。また、元治元年（一八六四）一二月に幕府勘定所が作成した帳簿「元治元子年金銀納払御勘定帳」の写本（東京大学史料編纂所・維新史料引継本）にも「金拾五万千四百四拾八両弐分　諸拝借」として、これも一括して記されている。水戸藩へ下された拝借金三万両は、おそらくはこれらのどちらかに含まれているものであろう。村上直・大野瑞男「史料紹介・幕末における幕府勘定所史料――文久三年『金銀納払御勘定帳』『米大豆納払御勘定帳』について――」（『史学雑誌』第八一編第四号、一九七二年）六五頁。東京大学史料編纂所所蔵「元治元年金銀米大豆納払御勘定帳　全」（請求記号、維新史料引継本――Ⅱほ――三三〇）。
(28) 水野家文書、A一〇―一七四（元治二年三月）。
(29) 『岡山県史』第九巻・近世Ⅳ（三〇九頁）では、この事件を評して「二万両が天狗党の軍資金となってしまった上、水戸藩は天狗党を鎮撫もできないありさまであったから、勝静にしてみれば、まんまと騙されたわけである」とし、正義・実直な反面「人を見損じ、人に欺かれ給ふ事まま多し」とする勝静の人となりを評している。
(30) 『佐原市史』（佐原市、一九六六年）、一三二頁。
(31) 板倉勝静は、慶応元年一〇月二二日に老中に再任され、大政奉還後の同四年一月二九日まで同役を勤めている。都筑峯暉は、文久二年一〇月二四日に勘定奉行となり、元治元年三月一四日に江戸町奉行、同七月六日には清水附支配、同月二五日に勤仕並寄合、慶応二年六月一五日には勘定奉行に再任され、同四年二月二七日（同日に一橋家家老となる）まで同役を勤めている。斎藤辰吉は、文久三年五月二四日に評定所留役となり、慶応三年一月には勘定組頭格、同年一一月六日には勘定組頭、同四年一月一八日に評定所組頭となり、同年四月一五日まで同役を勤めている。馬場俊蔵は、安政三年より慶応四年一月まで関東取締出役に名を連ねており、途中慶応三年六月より同四年二月までは勘定組頭も勤め、慶応三年一月と同四年一月には関東取締頭取にも名を連ねている。なお、鈴木兵右衛門についてはデータが揃わず、今のところは不詳である（『柳營補任』〔大日本近世史料、東京大学史料編纂所、一九六三年〕、『関東取締出役――シンポジウムの記録』〔関東取締出役研究会編、岩田書院、二〇〇五年〕一五〇～一五八頁）。

(32) 鵜飼政志『幕末維新期の外交と貿易』（校倉書房、二〇〇二年）、九一～九二頁。

(33) 水野家文書、A一〇―一八二（慶応元年八月）。

(34) 岡山大学附属図書館所蔵「池田家文庫」、S六―八三八―六〇（慶応元年九月五日）。

(35) 『維新史』第四巻、二七一～二七三頁。『水野忠精日記』慶応元年九月九日・一〇日の条。

(36) 水野家文書、A一〇―一八三（慶応元年九月一八日）。

(37) 『続通信全覧』編年之部九（雄松堂出版、一九八四年）、一四二頁。

第八章　水野忠精老中罷免をめぐる諸問題

はじめに

さて、水野忠精の老中政治も、いよいよ最終段階を迎える。

前述のように、慶応元年（一八六五）九月の英・仏・米・蘭四か国艦隊による兵庫沖での強硬な示威行動に対して、上洛中の阿部正外・松前崇広両老中は、その打開策として幕府の裁量により兵庫先期開港を優先させて外交交渉にあたるという幕議決定をした。これに対し、勅許奏請を最優先させる一橋慶喜らはこれを阻止し、朝廷の処断により両老中が罷免されるという、異例の一〇月政変が起こった。しかしながら、江戸にあって両老中を背後から支援していた水野忠精はなおも罷免されることなく、以後八か月余にわたり老中職にあった。

そこで、本章はまず水野忠精の老中としての最後の大きな任務となった江戸協約が結ばれるまでの経過について、外交折衝を軸に検証し、第二次長州征討中の慶応二年（一八六六）六月一九日に老中を罷免されるに至った事情についても、できる限り史料を駆使して、国内の政治状況および外交問題から検討してみたい。さらに、水野氏の山形藩が戊辰戦争において奥羽越列藩同盟と朝廷との間で微妙な立場に立たされるに至る、忠精老中罷免後の状況についてもふれてみたい。

一　江戸協約に関する外交折衝

明けて、慶応二年は正月より政局が大きく変動し、混乱の度合を深めていく。一月二二日には、土佐脱藩士坂本龍馬・中岡慎太郎両名が京都で長州藩士桂小五郎・薩摩藩家老小松帯刀・同藩側役西郷隆盛らと会談し、両藩の間に薩長盟約六か条が結ばれている。西郷・大久保らが主導する薩摩藩は、幕府からの第二次長州征討への出兵要請を拒否し、雄藩連合による国家の安泰をはかろうとして、坂本・中岡両名を使者に立てて長州藩に接近し、盟約の締結にこぎつけた。

さて、幕府は、薩長盟約締結と同日に、同じく京都で一橋慶喜・守護職松平容保・所司代松平定敬・老中板倉勝静・老中格小笠原長行が参朝し、朝議により長州藩への処分が決定されている。ここで、幕府側の奏請により、藩主毛利敬親の朝敵の汚名を除き、封地のうち一〇万石を削り、敬親を永蟄居・隠居に、世子広封を永蟄居に処し、別の者を選んで家督を継がせ、故家老益田右衛門介・同福原越後・同国司信濃三名の家名を永世断絶せしめるという内容が許可されている。

いよいよ、幕府対薩長という対立の構図がはっきりとできあがっていくが、京都で長州処分についての話し合いが行われる一方で、江戸では幕府と諸外国との間で関税率改正を中心とする外交問題についての折衝が次々と進められている。

前述のように、慶応元年（一八六五）一〇月五日に朝廷より条約勅許は下されたものの、外国側が強く要望した兵庫先期開港と関税率軽減のうち、前者は今後も勅許を得るという政治的手続きが必要であるのに対し、後者は将軍の裁量の範囲で改正することが可能であり、外国側の次の折衝課題は関税率引き下げ問題が中心となっていった。

前章四節で述べたように、当時幕府の役人にあっては、海外の貿易規則や税務についての学習度が極めて低い状況にあった。しかし、列国公使らは、兵庫先期開港の案件を猶予する代わりに、関税率引き下げの要求を前面に押し出して幕府に交渉を迫ってきており、もしこれを容れないならば、彼らは幕府を見限って朝廷に対して交渉に臨むか、それとも薩長両藩などの有力大名を仲介者として朝廷に奏請するかというような威嚇を行ったので、幕府はその不利を知りつつもこれを受け入れざるを得なかったという経緯があった(1)。

関税率改正の予備交渉は、慶応元年一一月二〇日より英国公使パークスと勘定奉行小栗忠順ら幕府側の交渉委員との間で進められ、正式会議は一一月四日よりパークスと松平康直・水野忠精両老中らを含めた幕閣との間で、江戸および横浜を交渉地として開始されている。関税率改正の具体的な案としては、フランスは公使ロッシュを中心に輸出入共に無税とする横浜の自由港化を幕府に提言したが、英国公使パークスは従量税制度の有利さを幕府に説き、横浜商業会議所も公式見解として従量税を支持したため、一一月二三日に、幕府は税則改訂を従量税方式と決定している(2)。

ところが、当時幕府の人材のなかで外国人との税則改訂への具体的な交渉を担当する実質的な能力を備えていたのは、小栗忠順ただ一人であり、小栗が折衝の場に立たない限り税則交渉は進まないというのが現状であった(3)。例えば、三月二二日にパークスは江戸老中に宛てた書翰で、税則交渉のため四日後に小栗を横浜へ派遣するよう要請し、その旨が外国奉行を通じて小栗に伝えられた。しかし、小栗は「御用多端」を理由に出張できかねる旨を申し出たので、翌々二四日に水野忠精・松平康直両老中によりパークスへその旨が伝えられている(4)。

五月に入ると、税則改訂はいよいよ詰めの段階に入っている。五月三日には、本荘宗秀・水野忠精・松平康直の三老中と松平乗謨・立花種恭両若年寄が仏国公使ロッシュと本荘宅で会合して議論を行い、税則改訂については在坂の幕閣にうかがいを立てて遅延するよりも、即座に調印に至る方が望ましいという点で意見が一致している。その後の具体的な交渉は、小栗忠順と仏国公使館書記官メルメ・カションとの間で進められている。

翌五月四日には、パークスは幕府に宛てた書翰で、前日の幕閣とロッシュとの会談の決定内容に同意した。これについてパークスは、仏・米・蘭三か国代表とも商議をして承認を得たとし、このことは「日本政府に緊要にして、又四ケ国の為に利益ある事なれは」として、来たる五月一二日（西暦七月一日）に約定書および運上目録を施行したい旨を述べている。(5) これに対し、同日水野・松平両老中はパークスへの書翰で、新規約定については三、四日中に調印したいので、念のため明日、明後日のうちに英文の約定書を送ってほしい旨を通達している。

さらに、両老中は五月九日にもパークスへ書翰を送り、交渉中の貸蔵・税則などの取り扱いのため外国人を雇用する件については、

当方不案内にも有之候間、其許見込通り外国人之内可然ものも有之候ハヽ、相雇候儀ニ決定いたし候、就而者其許幷外公使にも可然と被存候人物に有之候ハヽ、雇入方之儀周旋有之様いたし度

として、外国側の裁量に任せる旨を伝えている。(6)

一方、パークスは同日に幕府に対して、約定調印への調整のため貸納屋取り扱いと海軍伝習などの問題についての商議を、翌一〇日の午後三時に行いたい旨を申し込んでいる。(7) これに対して水野忠精は、都合により一一日の午前九時に本荘宗秀の自宅ならばよい旨を伝えた。(8)

また、江戸協約の調印を翌日にひかえた五月一二日、パークスは幕府に、日本人が外国へ出航する際の免許について、すでに四月一三日に水野・松平両老中がパークスに伝えた書翰の内容、すなわち日本人が外国へ渡航する際は幕府より免許の印章を与え、事前に相手国政府にも印章を送っておいて現地で照合を行う旨の写を、(9) 本日か明朝までに送ってほしいことを伝えている。(10) 翌一三日、両老中は写を即刻送る旨をパークスに返答している。(11)

さて、この五月一三日に、水野忠精は英国公使ポートマン・蘭国総領事ファン・ポルスブルックと老中本荘宗

秀宅で会合し、江戸協約一二箇条および運上目録に調印している。

この江戸協約で定められた内容は、おおよそ次の通りである。

①　新税則は、神奈川では七月一日より、長崎・箱館では八月一日より実施すること。

②　茶・生糸の輸出税額は、協約調印より二年後に、両者いずれからでも六か月以前に予告すれば、前三か年平均価格の五パーセントに基づいて改め得ること。

③　荷物が陸揚げまたは船積みされるたびに、税関で取られる免状に対し、従来課せられていた一ドル半の手数料の廃止を規定。

④　保税倉庫制度の規定。これにより、外国の輸入者は販売するまで無税でその品物を保管しておくことができ、またそれを再輸出しようとする時は関税を支払うことを必要としない。

⑤　開港場の市場への輸送の途上にある全ての日本の産物を、内地関税により保護する。

⑥　造幣局を拡張し、日本人または外国人から随時提供される全ての外国金銀貨または金銀は、改鋳費用を差し引いて、それと同等の価値をもつ日本貨幣と、指定された場所で引き換えること。これは一八六八年一月一日より実施すること。

⑦　各開港場の奉行は、各国領事と協議のうえ、税関の事務、荷物の陸揚げ・船積みおよび船人足・小使の雇庸について、今までに訴えられている弊害と不便を除去するような規定を設け、貿易および各人の仕事をなるべく容易かつ安全にしようとはかることを規定。

⑧　全ての日本人に外国船を購入することを許可し、汽船は一トンにつき一分銀三箇、帆船は一トンにつき一分銀一箇の税を支払えば、日本政府はそれを日本の船として登録できることを規定。

⑨　あらゆる階級の日本商人および貿易業者は、日本の開港場におけるのみならず、次の⑩に規定された方法

で海外渡航の許可を得れば、外国においても外国商人と直接かつ官憲の干渉なく貿易する自由を有し、通常相互の取引で日本の貿易業者に課せられる以上の租税を日本政府より課せられないこと。かつ諸大名ならびにその使用人は、現在の取引規則を守り規定の租税を納める時は、日本の官憲の干渉なく外国または日本の開港場に赴いて、その欲する外国人と貿易する自由を有することを日本政府が宣言すべきことを規定。

⑩ 日本人は日本の開港場から外国の諸港に向け、日本人所有の船舶または締約国人所有の船舶で荷物を積み入れることができる。また、慶応二年四月九日（一八六六年五月二三日）に日本政府布告の方法で政府の旅券を得れば、全ての日本人は海外に旅行できること。

⑪ 日本政府は開港所の最寄に、船の出入安全のために灯明台・浮木・瀬印などを備えること。

⑫ この協約書の内容は慶応二年五月一九日（一八六六年七月一日）より施行すべし。

この江戸協約は、幕末・明治期の日本の外交・貿易上の重要な画期となった約定であることは言うまでもない。また、この協約締結までの外交交渉の中心となった老中は水野忠精であり、彼が幕末期としては違例の四年間以上も老中職にあった理由のひとつに数えられる仕事となったと考えられるが、このことについては次節においても考察を進めてみたい。

二　水野忠精老中罷免をめぐる状況

さて、この江戸協約締結の約一か月後の慶応二年六月一九日、水野忠精は老中職を罷免されている。『続徳川実紀』の同年六月二七日の条には、このことが次のように記されている。[12]

一　大目付
　　御目付　江

於江戸表去ル十九日松平縫殿頭(乗謨)事、老中格被　仰付、老中之通可相勤旨被　仰付、外国御用、陸軍御用取扱候様被　仰付、周防守(松平康直)事、奥州白川江所替被　仰付、水野和泉守(忠精)事　思召有之候ニ付、御役　御免、如前々鴈之間詰被　仰付候間、此段御供之面々江可被達候

この文面では、忠精は「思召有之候ニ付、御役御免」という事情で老中を罷免されたと説明されている。罷免された忠精の後任には、老中格として松平乗謨が就いている。また、忠精と共に条約国との間に幕府の専断により兵庫開港を推進しようとしてすでに前年一〇月一日に老中を罷免されていた阿部正外と松前崇広が、この日にあらためて幕府より隠居・蟄居を命じられ、阿部は奥州棚倉へ所替を命じられ、老中松平康直が阿部の領地であった奥州白河への所替を命じられている。

忠精罷免の状況については、まず次のような経緯がある。前述したように、慶応元年九月一六日の英・仏・米・蘭四か国艦隊の摂海での示威行動に対して、大坂にあった阿部正外・松前崇広両老中は幕府の専権事項として外国側に兵庫開港を認める方針を固めたが、一橋慶喜の奔走によりその方針は取り止めとなり、朝廷は阿部・松前両老中の罷免を命じ、幕府はその命令に従って両名を免職にするという違例の事態となった。しかし、阿部らの外交政策を江戸にあって強力に後押ししていた水野忠精は、阿部・松前らにつながる幕府の人材が続々と更迭されたいわゆる一〇月政変においてもなぜか罷免されることがなく、そのまま職務を続行したのである。

さて、忠精罷免の事情については、すでに久住真也氏がその著書で見解を述べている[13]。まず、忠精が一〇月政変が起こっても老中を罷免されなかった理由については、「水野老中が留任した理由は、外交問題への対処および将軍家茂の意向など諸説あるが判然としない」とし、また一方で、一〇月政変後に老中に復帰した板倉勝静・小笠原長行両名が一橋慶喜や一・会・桑勢力と歩調を合わせる政策をとるなかで、忠精排除の動きも幕府内には見られるが、結局これは実現しなかったとしている。また久住氏は、慶応二年六月一九日に水野忠精が罷免・差

控を命じられ、阿部正外・松前崇広両名が隠居・蟄居という追罰を受けたことについては、大坂の旧文久改革派が「復古」派勢力に加えた最終的な打撃であるとし、ただ、この措置がなぜ長州藩との戦端が開かれたこの時期にとられたのかは判然としないところがあるとしている(14)。

そこで本節では、一〇月政変において阿部・松前両老中につながる多くの幕府役人が罷免され、人事の大幅な入れ替えが行われているのに、水野忠精はなぜここで罷免されなかったのかという問題について、従来あまり検討されることのなかった忠精の外交政治家としての活動を軸に考察を進めてみたい。

水野忠精は、老中に就任して間もない文久二年（一八六二）四月一一日に、老中板倉勝静と共に外国御用取扱を命じられ、この両老中が主軸となって幕府外交を展開していくが、将軍家茂第二回上洛随行後に勝静が老中職を辞してからは、専ら忠精が外交の中心としての重責を担っていくことになる。

幕府専権による兵庫先期開港推進外交を展開して朝廷から官位を剝奪された阿部・松前両老中と、これを支持する多くの幕府役人が一〇月政変で罷免されたのに、彼らに連なるとみられた水野忠精が罷免されなかったことについては、在京の熊本藩京都留守居役上田久兵衛の日記に次のような記述がある。

大老並飛驒様御免、防州復職、井上河内様御挙用、扨其後ニ水野泉州ヲ斃ス筈との機密伺取(15)

阿部・松前両老中罷免の流れで大老酒井忠績・若年寄酒井忠毗両名が罷免され、新たに板倉勝静・井上正直両名が老中に再任されるという状況のなかで、その後に水野忠精も追い落とされるはずであるという機密の風聞を得たとしている。こうして、兵庫先期開港をめざす閣僚が次々と罷免されるなかで、水野忠精の退役も当然の運びとなっていたようであるが、とうとうこれは見送られ、忠精はその後も老中職を続行することになった。

このことについては、在江戸の岡山藩士井上千太郎が慶応元年一一月二〇日付で国元の隼田太郎兵衛・荒木三介・新庄作右衛門の三名に書き送った書状「乙丑十一月廿日　江戸　御国局へ(16)」の内容が大変興味深い。この書状ではまず、英・仏・米・蘭四か国の艦隊が九月一六日に兵庫沖で示威行動を行ったことについて、次のように記している。

> 其故は此度又ゝ兵庫之再挙姦計之趣ニ御座候、此度之事ハ必しも夷人ゟ申出候ニは無之、全く酒井飛州・水野泉州等之大賊物窮鼠之勢ニ相成候間、自個之身計を為し候訳ニ奉存候、右ニ付飛州・栗下〔本〕瀬兵衛二人横浜へ罷越、人払ひニて英吏と密談ニ御座候由、外国奉行等は一向ニ其席へ出候義叶ひ不申

第七章四節で述べたように、四か国は、下関償金の三分の二を放棄する代償として、条約勅許・兵庫先期開港・関税率軽減を要求する覚書を作成し、連合艦隊を兵庫沖に進出させて、在坂の将軍家茂にその履行を迫ろうとした。これに対して、大いに驚いた水野忠精は、酒井忠毗・栗本鯤らを横浜に遣わし、さらに自らも出向いて艦隊の大坂廻航の中止を要請したが、聞き入れられることなく列国の艦隊は兵庫沖へと繰り出し示威行動に出た。しかし、岡山藩士井上千太郎は、この国元への書状で、四か国の示威行動はむしろ酒井忠毗・水野忠精両名が追い詰められた状況のなかで仕組んだものであり、酒井・栗本両名を横浜に派遣して外国奉行らを出席させずに、英国役人と密談のうえで行ったものであると伝えている。忠精らが横浜で交渉を行った内容と、井上が岡山藩国元に伝えた内容とでは、事実関係に大きなずれが生じている。江戸で事実とは異なるこのような風説が発進されているということからは、岡山藩をはじめとする諸大名のなかに、当時幕府外交の窓口となっていた忠精らに対して激しい反感を抱いていた者が多数あったことがうかがえる。

また、この書状で井上は、幕府主導の兵庫先期開港を主張する一派が敗北した一〇月政変において、上洛して直接朝廷との交渉を行った阿部正外・松前崇広両老中に加えて、これを江戸にあって支援していた若年寄酒井忠毗・大老酒井忠績も罷免されるという状況のなかで、主張を同じくする水野忠精が罷免されないことについて、次のように記述している。

一酒井飛州・酒井雅楽頭御役御免ニ御座候、扨も御同喜ニは御座候得共、此天下挽回之目計は無之と奉存候、江城之正家ハ誠ニ喜ひ居申候、水野泉州も近日ニは自分ゟ退き候都合ニ御座候趣、登城之閣老泉州一人故ニ退き候訳ニも相成兼候義ニ御座候由、乱世之態扨も笑止千万ニ奉存候

大老・若年寄両名罷免という状況のなかで、忠精は近日中に自ら辞任する流れになっていたとしているが、閣老としてただ一人登城して江戸の政務を取り仕切っていた忠精を現段階で外すわけにはいかないという、人材が枯渇した幕府の事情がここに報じられており、これを「乱世之態扨も笑止千万」と評している。よって、朝意を重んじる江戸城の「正家」は喜んでいるものの、このままの政情ではなおも「天下挽回之目計」は立たないとしている。従って、幕閣における水野忠精追い落としの状況はできてはいたものの、人材枯渇の面から今ここで彼を罷免することができなかったという見方があったことがわかる。

次に、具体的な外交政策の面から忠精退任問題を考えてみたい。

ここでは、『続通信全覧』を基本史料に用いて、忠精が将軍家茂第二回上洛への随行を終えて江戸に帰着した元治元年（一八六四）六月から、老中を罷免される慶応二年（一八六六）六月にかけて、幕府と英・仏・米・蘭四か国との間で交わされた外交文書を通して考察する。

忠精が将軍上洛随行から帰府した直後の元治元年六月から七月にかけては、老中の外国事務取扱係が多く入れ替わっている時期であり、七月八日には井上正直・牧野忠恭両名の外国事務取扱を免じ、同役に阿部正外を加えている。しかし、阿部は同月一三日には幕府から朝廷周旋のための上京を命じられており、阿部が帰府する一〇月までは、ほとんど忠精が単独で英国公使への書翰を送っている。一〇月一一日に阿部が帰府した後は、一三日に諏訪忠誠が外国事務取扱を命じられ、諏訪が牧野忠恭と共に老中を罷免される翌慶応元年四月一九日までは、途中で阿部の上京や忠精の日光社参の時期はあるものの、基本的に水野・阿部・諏訪の三老中が外交事務を取り

仕切っている。

ところが、四月一二日に幕府は将軍家茂が長州征討のために江戸を進発する旨を発し、阿部正外・松平康直両老中にこれへの随行を命じると、江戸における老中の外交事務は水野忠精に一本化されることになる。表6を見ると、対英外交においては将軍家茂一行が江戸城を進発した（五月一六日）直後の閏五月二日から、いわゆる一〇月政変を経て松平康直・井上正直が老中に復帰し（松平康直は一〇月一六日にいったん罷免された後に約一か月を経て一一月二〇日に老中に再任される）、本荘宗秀も大坂で外国事務取扱を命じられて四人体制ができあがる一一月までの約七か月間は、水野忠精が一人で老中として英国公使との外交事務を取り仕切っていることがわかる。

同じ時期の幕府と仏・米・蘭三か国との往復文書においても、同様のことがいえる。フランスに対しては、イギリスと同じ慶応元年閏五月二日から一一月二〇日までは、老中文書の差出人は全て水野忠精一人の署名となっており、アメリカに対しては同年五月二九日から一一月二〇日まで、オランダに対しては同年五月一九日から一一月二〇日までは、それぞれ基本的に忠精一人の署名となっている[17]。

（一）幕府と諸外国との主たる外交問題

ちなみに、水野忠精が将軍家茂第二回上洛随行を終えて、在江戸老中として政務を取り仕切った元治元年六月から慶応二年六月までの二年間に展開された、老中と諸外国との外交の共通項をなす主な問題は、次の二点であると思われる。

① 賠償金問題…長州藩による外国船砲撃事件に関連し、英・仏・米・蘭四か国の代表は、その賠償を幕府に負わせることにより、その後の外交関係を有利に導くべく、元治元年九月二二日に幕府（全権は若年寄酒井忠毗）との間で下関取極書に調印した。これによると、賠償請求額は総額三〇〇万ドルという莫大な金額となり、こ

れを六分割して三か月ごとに五〇万ドルずつ支払わせるというものであり、支払いを免除する条件として、自由貿易政策に基づいて下関を開港するという高圧的な条件が外国側から提示された。貿易の主導権を維持したい幕府としては、長州藩領内にある下関の開港を認めることはできず、一方で長州藩に賠償金を支払わせることは庶政委任を受けた幕府の外交権力にも支障を生じさせかねないことになるので、同年九月六日、水野忠精・牧野忠恭両老中と酒井忠毗・立花種恭両若年寄が牧野忠恭宅において、オールコック（英）・ロッシュ（仏）・プリュイン（米）・ポルスブルック（蘭）と会合し、この事件の償金は幕府がこれを支払う旨を通達している。しかし、その後英国側が、兵庫・大坂の開港・開市、条約勅許、そして日本での輸出入関税を五パーセントに減額することを条件に、賠償金総額の三分の二を減じることを提案している。この流れで、阿部正外・松前崇広両老中は幕府専権による兵庫先期開港を主張して朝廷との交渉を行ったが、結果的には朝廷による両老中罷免という前代未聞の事態に至った。一方で、一橋慶喜らは条約勅許を最優先すべきであるとして朝廷と交渉を重ねた結果、慶応元年一〇月五日に条約勅許が実現した。また、そもそも賠償金三〇〇万ドルについて、長州藩はもともと外国船砲撃は幕府の命令により行ったものであると主張し、この事件の代償として下関か瀬戸内海の一港を開くかあるいは幕府に償金を支払わせるかという選択肢を外国側に示した結果、外国側は賠償金を支払わせることを幕府に承諾させる結果となった。表6においては、元治元年九月七日の老中牧野忠恭が英国公使オールコックに書き送った書状（№31）に、幕府がこの償金を支払う旨が示されている。以後、この賠償金は財政逼迫の幕府を苦しめ続けるものとなるが、計三〇〇万ドルのうち、現に幕府は五〇万ドルずつ二回にわたって支払いを行っている。しかし、翌慶応二年二月二八日には、水野忠精・板倉勝静・井上正直・本荘宗秀・松平康直・小笠原長行という当時の老中全員が連名で、英国公使パークスに対し、方今幕府は長州征討の軍事費が莫大にかかり財政上困難が生じているので、償金残高については支払いを猶予してほしい旨を要請している。

②　洋銀引替問題…開港場における洋銀の相場が一定しないため、幕府は英仏両国公使に対し、公使館・領事館および一時渡来した士官の入用のために洋銀と一分銀との交換許可をなし崩し的に延長している。具体的には、元治元年九月三〇日に水野忠精がパークスとロッシュに、慶応元年四月二六日には水野忠精・阿部正外連名でウィンチェスターとロッシュに、同年九月四日には水野忠精がパークスとロッシュに、慶応二年三月二五日には水野忠精・松平康直連名でパークスとロッシュに、そのたびごとに洋銀引替期限を向こう六か月延長する旨を申し渡している。この洋銀引替問題は、日本金貨の海外流出を食い止めるために幕府が万延元年（一八六〇）に一両小判を海外相場に合わせて大幅に縮小して（万延小判鋳造）以来発生し続け、ここまで緒を引いてきた問題である。というのも、日本の開港地においては洋銀相場が不安定で、元治元年九月三〇日に老中水野忠精は、英国公使オールコックに対し、公使館および領事館における士官の入用のための洋銀引替については期限切れとなったものの、なお六か月延長したい旨を通達している。しかし、翌慶応元年四月二六日に水野忠精・阿部正外が連名で英国公使ウィンチェスターに、同年九月四日に水野忠精が英国公使パークスに、翌慶応二年三月二五日には水野忠精・松平康直が連名でパークスに、それぞれさらに六か月の延長をしたい旨の書翰を送っており、この問題は根本的には解決せず、幕府が英国側に済し崩し的な延長を通達している。

(2)対英外交交渉

次に、同時期（元治元年六月から慶応二年六月まで）における、幕府と英国との間で交渉が進められた外交問題の主なものをあげてみたい。

①　幕府より英国公使オールコックへ。諸侯へ長州征討の命を下したので、長州表へ発帆した軍艦はひとまず引

き上げさせてほしい旨を要請（元治元年九月一日水野忠精書翰）。

② オールコックより将軍家茂へ。安政五か国条約の破棄を希望する大名に対し、幕府は中途半端な処置に出て諸外国は不快感を抱いており、この難事を解決するために条約勅許を望む旨（同年九月五日・六日書翰）。

③ オールコックより老中へ。英国側は横浜へ生糸が集荷されない現状に不満を抱いており、幕府が実意を示すまでは下関に英艦を止め置くこと（同年九月八日・九日書翰）。

④ オールコックより老中へ。オールコックは、幕府の鎖港政策の影響により昨今は横浜港に生糸荷が集まらない状況のなかで、神奈川奉行が二艘の小船を生糸密売の容疑で取り押さえた事件は条約の自由貿易の原則に反するとして、厳重に抗議した。ここで、オールコックは老中に対し、「大君政府にて横浜へ絹の運送を妨くるは容易なることなれば、亦外国に而も内海の廻米及商売を妨るは正当のことにて、又之を行ふも甚容易なり」として、一度は回避した前掲の海上封鎖作戦の手の内を示して、その報復措置があり得ると威嚇している（同年九月一〇日書翰〔34〕[18]）。これに対して水野忠精は、幕府が横浜への生糸運搬を禁止したことはなく、このほど若干の荷を輸送しており、また神奈川奉行による一件も日英両国商人の生糸取引方法の違いからいったん取り上げたまでであり、事情が判明したので返還するように命を下したと専らその釈明に努めている（同年九月一三日書翰〔35〕）。

⑤ オールコックより老中へ。鎌倉英人殺害事件発生（元治元年一〇月二二日、二名死亡）につき、英国側が犯人逮捕を要請（同年一〇月二四日書翰）。探索の後に犯人は逮捕され（一一月一七日）、処刑される（一一月三〇日）。

⑥ 英国公使ウィンチェスターより老中へ。東禅寺事件・御殿山公使館焼失の後、英国側は江戸の泉岳寺に仮公使館を置きたい旨を要請（慶応元年二月一四日書翰）。老中水野忠精は、この泉岳寺境内で了承する旨を次の英国公使パークスに伝える（同年六月一五日書翰）。これは、英国が二度にわたる東禅寺事件と御殿山公使館焼失

により、江戸に仮の公使館を建設したい旨を要望した問題につき、慶応元年二月一四日にウィンチェスターが水野忠精・諏訪忠誠両老中に泉岳寺が最もふさわしいと希望する旨の書翰を書き送ったことから、本格的な折衝が始まる。その後、ウィンチェスターと交替したパークスは、同年六月七日に老中水野忠精に対し、浜御殿を英国公使館としたい旨を要望する。しかし、忠精はパークスに対し、浜御殿は将軍家の別園であり、海岸防備の要所でもあり、この要望は思いとどまってほしい旨を通達し、六月一五日にはあらためて泉岳寺境内にしてほしい旨を打診する。こうして、泉岳寺内空地とその周辺の土地を合わせて英国接遇所とすべき旨が日英間で決定する。

⑦　水野忠精・諏訪忠誠両老中よりウィンチェスターへ。条約締結国以外のデンマーク・中国・ドイツ・イタリアその他の国々の者が、開港場で商業を営んでいるとの風聞があり、これらの者は全て退去させたい旨（同年二月一八日書翰）。

⑧　英国公使パークスは、長崎奉行所が英国領事館士官ボートルの召使泰蔵・伝吉両名を捕えた件につき、パークスがその罪状を明らかにせよと老中に要求（同年六月二三日書翰）。以後、水野忠精とパークスとの間でたび書翰の往復あり。忠精はパークスへ、両名の罪状は箱館奉行勝田充（伊賀守）の配下にあるとき数々の悪行を働き出奔したことである旨を伝える（同年七月二一日書翰）。その後、忠精は泰蔵の罪状は明らかであるとしたが、伝吉については人違いであり、英国側に引き渡してもよいと説明（同年九月一二日、パークスへの書翰）。これは、長崎で召使の日本人二名が逮捕されたことに対して、公使パークスが執拗に抗議したもので、当初江戸の水野忠精はこの事件に対する充分な情報をもっておらず、英国側が幕府に対する不信感を深める場面もあり、日英間で数多くの書翰の往復が行われた事件である。この問題は、後に水野忠精が泰蔵についての罪状を説明し、伝吉については人違いであることが判明し、彼を英国側に引き渡すことを了承している。

⑨　パークスより老中へ。箱館の英国役人から、海産物・硫黄・銅などの自由取引を妨げるものがあるとの申し出があり、このような貿易上の障害を取り除いてほしい旨の要請あり（同年七月二九日書翰）。水野忠精は、箱館における煎海鼠・干鮑の自由取引は承知、銅は自由取引の対象とはせず、硫黄・材木は箱館奉行が取り糺しのうえ返答する旨を伝える（同年八月一一日書翰）。

⑩　パークスより老中へ。パークス一行が沼田藩主の子息土岐頼知（隼人正）の行列と往来で出逢ったが、行列は四列に並んで狭い道をふさいでしまったので、このような礼儀作法を知らない行為を糺し、外国役人をもっと尊敬するよう命じてほしい旨を伝える（慶応二年三月一七日書翰）。水野忠精・松平康直両老中はパークスへ、今後往来の輩は貴賤にかかわらず互いに道を譲り合うよう、万石以下へ触を出した旨を伝える（同年三月書翰）。

（3）対仏外交交渉

さて次に、同時期の老中とフランスとの主な外交折衝の内容を列挙してみたい。

①　使節を派遣しての横浜鎖港談判交渉は仏国側の拒絶にあい、幕府としては再度交渉を望む旨を打診したが、仏国側はパリで調印した内容を幕府が承認しないのは条約違反である旨を主張（元治元年七月二四日以来、水野忠精と仏国公使ロッシュとの間でたびたび書翰の往復あり）。

②　仏国通訳官メルメ・カションより老中へ、仏国本国の養蚕に大きな損失があり、蚕を取り寄せたいので、蚕卵紙一万枚を世話してほしい旨の要請あり（同年八月一二日付書翰）。また、翌年ロッシュより老中へ、蚕卵紙の自由売買を認めてほしい旨を要請（慶応元年七月二日付書翰）。これに対し、水野忠精はロッシュへ、自由売買を許可する旨を神奈川奉行に命じたことを伝え（同年七月一六日書翰）、さらに蚕卵紙一万五、〇〇〇枚を幕府から仏国へ贈る旨を約束（七月一七日書翰）。

③　横須賀製鉄所築造につき、幕府が仏国に技術的支援を要請。これについては、水野忠精・阿部正外・諏訪忠誠三老中よりロッシュへの書翰（元治元年一一月一〇日より）など、たびたび関連する書翰の往復あり。

④　幕府が練兵術伝習のため、外国奉行柴田剛中を仏国に派遣する旨。水野忠精・阿部正外・松平康直三老中よりロッシュへの書翰（慶応元年五月五日付）に始まり、その日程や仏国での折衝や購入品についてのたびたびの往復書翰あり。

⑤　パリ万国博覧会開催（一八六七年五月一日）のため、幕府も出品してほしい旨を要請するよう仏国王がロッシュに命じ、ロッシュは、その旨を山口直毅・栗本瀬兵衛に伝えたいきさつを、あらためて幕府に伝達（慶応元年六月二四日）。水野忠精は七月二日付のロッシュ宛の書翰で、幕府がパリ万国博覧会に出品する旨を了解。以後、忠精とパリ万博の仏国側の関係者ジュレー＝デ＝レセブらとの間でたびたび出品に関する書翰の往復あり。

⑥　水野忠精よりロッシュへ、文久三年に外国奉行池田長発らを仏国に派遣したときの幕府の費用の残金一万三、二八三ドル七セントが、仏国通弁官ブレッキマン（オランダ人）の預かりとなっており、返金されていないので、査紀を要請（慶応元年九月二〇日付書翰）。これに対しロッシュは老中へ、ブレッキマンはオランダ領事館附属の者であり、同所へ問い合わせたところ、彼についてはオランダ本国で罪科を糺明するとの回答であった旨を伝える（慶応二年一月一四日付書翰）。

これら英仏両国との外交交渉においては、対英②の条約勅許や同⑤の鎌倉英人殺害事件、対仏②の蚕卵紙の自由売買などのように、一応の解決をみたものはあったが、外交問題の根幹をなす下関取極書に基づく賠償金支払い問題や、開港場における一分銀と洋銀との引き換え問題は未解決のまま持ち越しとなっている。これに関しては、将軍家茂が江戸を進発して多くの幕閣がこれに随行し、事実上水野忠精が留守老中として江戸における外交を取り仕切っていた慶応元年（一八六五）閏五月から一一月にかけての時期は、外交交渉が容易に進展しなかったという見方は確かにある。[19]

しかし、水野忠精が一〇月政変後も罷免されずに江戸協約締結直後の慶応二年六月まで約八か月間老中職を継続した理由を外交問題からみた場合、次のことが考えられる。前掲の対英③④の横浜への生糸不集荷問題は、専ら忠精が交渉の窓口となっており、元治元年八月の四国艦隊下関砲撃事件で長州藩を軍事的に屈服させ、さらに条約勅許を迫るイギリスが、この問題で海上封鎖作戦という強硬手段に出ることもあり得ると幕府を威嚇しており、場合によってはイギリスによる軍事的な蹂躙も受けかねない、危機的な場面を迎えている。対仏③の横須賀製鉄所築造問題は、仏国公使ロッシュと勘定奉行小栗忠順との面談が発端となり計画されたものであるが、トップ会談としてのフランス側との応対は水野忠精が中心となっている。対仏⑤のパリ万国博覧会については、慶応元年七月二日に水野忠精がロッシュに出品する旨を伝えた案件であり、以後も忠精が窓口となって具体的な交渉が行われている。その後も、パリ万博出品に関する書状はフランス側の担当者と水野忠精との間で往復されており（慶応二年一月一八日、三月二九日、四月一五日、七月一一日）、幕府のパリ万博参加の立ち上げに関わった忠精の役割は重要である。

さて、これらに加えて、忠精老中職続行の主たる理由と考えられるのが、前章四節と本章一節で述べた阿部・松前両老中罷免直後に若年寄酒井忠毗と共に、忠精が諸外国との江戸協約に関する交渉を命じられたことである。これは、幕府専権による兵庫開港交渉を先頭に立って進めていた阿部・松前両老中が、その計画が挫折して罷免されても、幕府が両老中と同調していた忠精の職務を続行させる意思表示をしたことを意味する。幕府としては、少なくとも税則改訂交渉が決着するまでは、それまで江戸にあって外交交渉の窓口となっていた忠精を罷免するわけにはいかない事情があったものと考えられる。二老中が朝廷により罷免された一〇月政変により、幕府の老中体制の実務的な運営は、いっそうの危機的状況を迎えるに至ったといえるであろう。

前掲のように、慶応二年（一八六六）五月一三日に江戸協約が調印された約一か月後の六月一三日に忠精は老中を罷免され、同日にすでに老中を罷免されていた阿部正外・松前崇広両名があらためて幕府から隠居・蟄居を命じられ、阿部は奥州白河から奥州棚倉へ所替を命じられている。ここで、幕府専断による兵庫開港に基づいて開国政策を推し進めようとした幕閣の一派は、政治の表舞台から姿を消すことになる。時に、幕府が第二次長州征討の遠征軍を派遣して各地で激しい戦闘が繰り広げられていたなかでの出来事であった。何故、このような火急の時期に江戸における幕閣の人事の入れ替えが行われたのかという疑問は、依然としてついてまわるが、やはり幕府においては、江戸協約調印という外交上の案件を忠精の老中としての最後の仕事とする認識が以前からあったものと解釈するのが、妥当な見方ではないかと考えられる。

(4)老中と英・仏両国公使との往復書翰一覧表

さて、左にあげるのは、水野忠精が主体となって外交を展開した、老中後半期と罷免直後（元治元年六月から慶応二年七・八月）における、老中と英・仏両国公使（将軍家茂や公使以外の外国人も若干は含む）との往復書翰の内容の概略を一覧表にした、表6と表7である。

なお、書翰の年月日は、ほとんどのものが発送した日付を記載しているが、公使ら外国人が発送した書翰のなかには、老中ら日本人側がこれを受け取った日付を記載したものもあり、必ずしも発送した日付でないものも含まれていることを、あらかじめお断りしたい。

表6　老中と英国公使との往復書翰（『続通信全覧』編年之部〔雄松堂出版〕より作成）

№.	年月日	差出人	受取人	内容
1	元治元・6・15	板倉勝静・井上正直・牧野忠恭	オールコック	老中水野忠精が六月一一日に京都より帰府した旨。
2	〃　6・21	水野忠精・井上正直・牧野忠恭	オールコック	老中酒井忠績・同板倉勝静が退任した旨。
3	〃　6・21	水野忠精・板倉勝静・井上正直・牧野忠恭	オールコック	幕府が、イギリスに兵庫上陸のため貸与した横浜山手の地のうち、イギリスが神奈川奉行に依頼した小屋建て増しは承諾した旨。
4	〃　6・22	オールコック	日本事務宰相	病人がいるので、横浜山手の小屋を早く備えてほしい旨。
5	〃　6・26	水野忠精・井上正直・牧野忠恭	ニール	政事総裁職松平直克が罷免された旨。
6	〃　7・2	水野忠精・井上正直・牧野忠恭	オールコック	横浜山手仮屯所と調練場設営の件は、さっそく神奈川奉行へ申し付ける旨。
7	〃　7・3	水野忠精・井上正直・牧野忠恭	ニール	今般、阿部正外が老中に、諏訪忠誠が老中格に任命された旨。
8	〃　7・8	オールコック	大日本事務宰相	約三〇日前に外国奉行竹本正雅に応接した件につき、再び交渉したい旨。
9	〃　7・15	水野忠精	オールコック	井上正直が老中職を免ぜられ、牧野忠恭が外国事務取扱を免ぜられ、阿部正外が外国事務取扱を命じられた旨。
10	〃　7・16	オールコック	大日本事務宰相	書翰で申し入れた件（一八六四年八月一六日）につき、老中・若年寄のうち一名を至急横浜へ派遣してほしい旨。
11	〃　7・19	オールコック	外国事務執政	ヨーロッパより帰国した日本使節が六月二〇日にフランス政府と談判し、三か月以内に下関・瀬戸通路を開くことを幕府が企てている旨を聞き及んだので、官吏一名を横浜に派遣し、各国名代と談判してほしい旨。

12	〃 7・21	水野忠精	オールコック	イギリス側の書翰（西暦八月一九日付）にあった日本使節がフランス政府と談判した下関・瀬戸通航の件は、七月二三日（和暦）までに商議一定のうえ、外国奉行により申し入れを行いたい旨。
13	〃 7・24	水野忠精	オールコック	日本使節とフランス政府との約定（下関・瀬戸内通航）は廃棄したい旨。
14	〃 7・29	オールコック	外国事務執政	六月三〇日付の幕府の書翰は了承。幕府が長州への行軍を延引するといっても、長州藩処罰は幕府のみの任にあらず。諸外国勢力が駐在する開港地の安全確保を望む旨。
15	〃 7・晦日	水野忠精	オールコック	阿部正外が七月二三日（和暦）に海路上京した旨。
16	〃 8・5	水野忠精	オールコック	英国側の八月二九日付（西暦）の書翰(14)について、長州藩の外国船砲撃行動に対しては、将軍上洛のうえ長州征伐の命を数家の諸侯に下したので、不日討伐する旨。
17	〃 8・7	水野忠精	オールコック	昨年一二月の遣欧使節に続き、なおまた外国奉行星野千之・目付塚原昌義に使節の後任を命じた旨。
18	〃 8・8	水野忠精・阿部正外	オールコック	すでに、長州征伐については数名の諸侯に命じてあり、数多の日数を費やさずとも実行に移されるので、長州表へ発帆した軍艦はひとまず引き上げてほしい旨。
19	〃 8・12	オールコック	外国事務執政	水野老中の書翰(18)に対し、船隊を呼び戻すことについては、同僚と議して速やかに幕府にその対応のしかたを報ずる旨。
20	〃 8・18	オールコック	外国事務執政	安政五か国条約（一八五八）より五か年の間、使臣館および公使館からの報告は蘭訳文と日本文を添付すべしと条約にあったが、すでに年限を過ぎたので、全ての報告は英語で行い、幕府からの書翰も日本文に英訳を添えてほしい旨。
21	〃 8・25	水野忠精・阿部正外	オールコック	本荘宗秀が老中に就任した旨。
22	〃 9・1	水野忠精・阿部正外	オールコック	英国側の九月一七日付（西暦）の書翰(20)を落手。日本人の英語学習がいまだ熟達とはいえないので、往復書翰にはなお

				しばらくの間、蘭文訳を添付するようにしたい旨。
23	元治元・9・1	水野忠精	オールコック	英国側の九月二八日付（西暦）の書翰を落手。英国軍卒居住所建造は承諾したが、英国軍艦が下関海峡へ碇泊していては不都合を生じるので、早々に引き上げてほしい旨。
24	〃　9・2	オールコック	外国事務執政	次の一週間、老中列座のもとで幕府と談判を行いたい旨。
25	〃　9・2	オールコック	外国事務執政	幕府が条約内容に背いて生糸貿易を差し止めたことについては、早急に改めるべきであり、そうでないと大いなる危害を加えるべし。
26	〃　9・3	水野忠精	オールコック	英国側の一〇月一日（西暦）付書翰を落手。来たる九月六日（和暦）一〇時に牧野忠恭宅で面会したい旨。→『忠精日記』九月六日の条には「於備前殿宅英・仏・亜・蘭人江応接有之ニ付、五時共揃申付平服備前殿宅江相越、直右間江相通リ、注進ニ而表出席、応接いたし候」とあり。
27	〃　9・3	水野忠精	オールコック	阿部正外が先月二九日品川沖を発船し、上京したことを報告する旨。
28	〃　9・5	オールコック	外国事務宰相	九月一日付（和暦）の書翰(22)の趣旨に従い、公書にはなおしばらくは蘭訳を添えることを承諾するが、日本の通訳官が充分に英語に通じるにはどれだけ時間がかかるかを知らせてほしい旨。
29	〃　9・6	オールコック	大君殿下（将軍家茂）	安政五か国条約の破棄を希望する大名に対し、将軍家は中途半端な処置に出て、大名も外国も共に不快を抱いている。この難事を解決するには、条約勅許を得ることが最も大事である旨。
30	〃　9・5	オールコック	大日本大君殿下（将軍家茂）	外国和親について、朝廷は幕府の方針に反して条約を破ろうとしており、このままでは戦争に至るよりしかたなし。重ねて条約勅許を望む旨。
31	〃　9・7	牧野忠恭	オールコック	英軍の長州表における戦争一条につき、長州藩よりの賠償金は幕府が引き受ける旨。

32	〃 9・9	オールコック	外国事務宰相	下関にある英艦を呼び戻す件については、このたびは見合わせ、幕府の実意を見て満足するまでは船を同所に止め置くこと。
33	〃 9・8	オールコック	大日本国務事務宰相	老中と約束を交わしたにもかかわらず、横浜へは絹糸が少しも入津しないので、幕府が実意を見せるまでは、下関に英艦を止め置く旨。
34	〃 9・10	オールコック	外国事務宰相	神奈川奉行が二艘の小船を絹糸密売の容疑で取り押さえたことにより、幕府が絹の商売を妨げるならば、条約締結済の外国側も江戸への廻米を妨げて、都下の人民を飢餓に追い込むことは容易である旨。
35	〃 9・13	水野忠精	オールコック	英国側の一〇月九日付（西暦）の書翰(32)を落手。横浜への生糸運搬を幕府が禁止したとする疑惑については、このほど若干の荷品を輸送したので解消されたことと思う旨。
36	〃 9・14	水野忠精	オールコック	英国側の一〇月八日付（西暦）の書翰(33)を落手。生糸荷物の横浜廻送については、途中人馬遅滞により遅れているが、もうすぐ問題は解消するので安心ありたしとの旨。
37	〃 9・15	水野忠精	オールコック	日英両国が公書に英文を用いる件については、通訳官が英語に熟達するまで、もう少し猶予をいただきたい旨。
38	〃 9・20	水野忠精	オールコック	将軍家茂より英国女王への贈答品の受け取りを、英国側は幕府が条約面での親睦を行うまでは拒否している件につき、国内平定も近いと思われるので、ぜひ受納してほしい旨。
39	〃 9・27	水野忠精	オールコック	洋銀引替については、依然として均一の価格を得ることはないが、其許（オールコック）が一度帰国して再度来日してから、篤と協議をしたいこと。
40	〃 9・27	水野忠精	オールコック	其許はほどなく帰国するにつき、英国事務大臣へ申し入れたい旨があるので、周旋をお願いしたいこと。
				日英両国の親交にとって、オールコックは欠くべからざる人

41	元治元・9・27	水野忠精	外国事務大臣	材につき、同人は帰国後の庶務が終われば、再び速やかに来日して公使の職に就いてほしい旨。
42	〃 9・30	水野忠精	オールコック	公使館ならびに領事館での士官の入用のための洋銀引替については、その期限に至ったものの、日本国内で洋銀はいまだ平一の価格とならないことから、なお六か月間延期としたい旨。
43	〃 10・2	水野忠精・阿部正外	オールコック	九月二二日（和暦）に若年寄酒井忠毗らが其許（オールコック）と取り交わした約書の内容は、幕府において承知した旨。
44	〃 10・3	オールコック	外国事務執政	幕府よりの、ドルラルの引換は当面そのままに差し置くこととしたい旨は了承。しかし、自由貿易を推進するためにも、自由貨幣局の設立を望む旨。
45	〃 10・7	オールコック	外国事務執政	下関事件の賠償金（六、五〇〇ドルラル）は自分の帰国に合わせて、神奈川で受け取りたい旨。
46	〃 10・10	オールコック	外国事務執政	四国艦隊下関砲撃事件に際して、長崎奉行所が大浦の外国人居留地に作った垣籬（えんり）は、事件が終わったので撤去してほしいこと。長崎においては、商館と市中との間に佐賀藩が外国人居留地に向けて砲台をつくったことに対し、これを止めさせるよう求める旨。
47	〃 10・19	水野忠精	オールコック	英国書翰(45)を閲覧し、其許（オールコック）から提案された賠償金洋銀六、五〇〇ドルラルの受け取り場所を長崎表から神奈川に変更したい旨は了承したこと。
48	〃 10・21	水野忠精・諏訪忠誠	オールコック	日本の貨幣制度改革については、いまだに内外貨幣の平均を得ない状況にあり。加えて水戸天狗党の乱や京都禁門の変等が起こり、何分貨幣改制の時機を得ない実情であることを諒察していただきたい旨。
49	〃 10・22	水野忠精	オールコック	今般、老中諏訪忠誠が外国事務を命じられた旨。
50	〃 10・24	オールコック	外国事務執政	最近、イギリス人士官二名が鎌倉社の近傍で襲撃され、一名は殺害され、一名は重傷を負った（間もなく死亡）事件につ

				いて、一刻も早く犯人を捕えて刑罰に処すべきこと。
51	〃 10・25	水野忠精・阿部正外・諏訪忠誠	オールコック	鎌倉で英人が殺害された事件につき、若年寄酒井忠毗の指揮により探索を進めている旨。
52	〃 10・27	水野忠精・諏訪忠誠	オールコック	一一月八日（西暦）付の英国書翰(46)を落手。居留地の垣籬と付近の砲台については、蘭国公使より軍艦アムステルダムを差し廻し、巨細の事情を取り調べる旨。
53	〃 11・1	水野忠精・阿部正外・諏訪忠誠	オールコック	定番役頭取取締窪田泉太郎とその付属の衛士らが、英国繰軍規範伝習を受けることを希望している旨。
54	〃 11・3	水野忠精・諏訪忠誠	オールコック	異国船打払令（文政八年）・薪水給与令（天保一三年）発令の経過。
55	〃 11・3	水野忠精・阿部正外・諏訪忠誠	オールコック	鎖港談判使節星野千之（外国奉行）・塚原昌義（目付）の派遣を取り止める旨。
56	〃 11・4	オールコック	外国事務執政	鎌倉英人殺害事件につき、告知したい旨あり。若年寄酒井忠毗を直ちに横浜に派遣してほしい旨。
57	〃 11・8	オールコック	外国事務執政	英・仏・米・蘭四か国の代表が、横浜その他の開港地の外国人居留地の配分について、一定の法則を設けることを決定した旨。後ろにその内容の訳文あり。
58	〃 11・13	水野忠精・阿部正外・諏訪忠誠	オールコック	本牧辺の道路の切り広げ・競馬調練場・沼地埋立・屠牛場についての了解事項。
59	〃 11・16	水野忠精・阿部正外・諏訪忠誠	オールコック	勘定奉行小栗忠順を其許（オールコック）へ差し向けたときに、洋銀通用方が差し支えている旨を訴えられたが、今後不便のないように当地奉行へ申し付けること。
60	〃 11・16	水野忠精・阿部正外・諏訪忠誠	オールコック	英国商船が箱館港において入津の式を怠った件につき、熟考してほしい旨。
61	〃 11・17	水野忠精・阿部正外・諏訪忠誠	オールコック	鎌倉英人殺害事件については、その党与の者は召し捕えたものの、犯人はいまだ捕えることができず、これからも探索に努める旨。

62	元治元・11・18	水野忠精・阿部正外・諏訪忠誠	オールコック	外国人遊歩地の在や町に、鎌倉英人殺害事件の犯人や同様の事件を起こした者を見つけたら召し捕えるよう、厳重な触を出した旨。
63	〃 11・18	水野忠精・阿部正外・諏訪忠誠	オールコック	外国船渡来の際の取り扱いについて、文化三年薪水令・文政八年異国船打払令の文面を添付して送る旨。
64	〃 11・20	水野忠精・阿部正外・諏訪忠誠	オールコック	横浜・長崎・箱館三港の西洋各国人民居留地規則については、各港奉行の見解も聞いたうえで決定したい旨。
65	〃 11・21	水野忠精・阿部正外・諏訪忠誠	オールコック	鎌倉英人殺害事件について、犯人と党与の者二名（無宿人源八・丑次郎）に、このたび死罪を申しつけた旨。
66	〃 11・22	水野忠精・阿部正外・諏訪忠誠	オールコック	居留地規則について、今般調印・交換した内容に同意する旨を確認。
67	〃 11・25	オールコック	外国事務執政	窪田泉太郎および付属衛士に繰軍伝習を受けさせることを承諾した旨。
68	〃 11・25	オールコック	外国事務執政	外国人と日本人が入札により配分すべき地所に、すでにフランス公使館の役人が土地を与えられているのは会議規則違反であり、別の場所に配分すべき旨。
69	〃 11・26	オールコック	外国事務執政	自分は近日出立するにつき、公使の後任にはウィンチェスターが就き、領事にはフロウルスが着任する旨。
70	〃 11・29	ウィンチェスター	外国事務執政	オールコックの出立後、自分が公使に着任する旨。
71	〃 12・4	水野忠精・阿部正外・諏訪忠誠	ウィンチェスター	公使着任へのあいさつ。
72	〃 12・5	水野忠精・阿部正外・諏訪忠誠	ウィンチェスター	公使職就任につき諸事了解の旨。
73	〃 12・5	水野忠精・阿部正外・諏訪忠誠	ウィンチェスター	讃州小豆島で英国軍艦乗組員が小銃で地元の者一名を殺害した由、領主松平慶倫の家来より届出があり、この始末書を添付するので、早々回答ありたい旨。

74	〃12・7	ウィンチェスター	外国事務執政	公使就任祝い状に対する礼状。
75	〃12・8	ウィンチェスター	外国事務執政	長崎において、新ドルラルを運上所へ納めたところ、難事が発生したので、至急対応を要請する旨。
76	〃12・11	水野忠精・阿部正外・諏訪忠誠	ウィンチェスター	横浜において、日本人の賤民が仏国水夫を撲殺した事件につき、罪人を召し捕えしだい相当の罪科に処する旨。
77	〃12・11	ウィンチェスター	外国事務執政	箱館において、条約書の税則を破った英国クイツキ船に請求された過料を支払わなかった件について、自分はミストル岡士ワイスに金高を支払うように命じた旨。
78	〃12・14	ウィンチェスター	外国事務執政	長崎在留の英国代理領事が示した、長崎奉行運上所へ集荷される品物の価格を定めるしかたを変革しようとする案を、支持する旨。
79	〃12・20	水野忠精・阿部正外・諏訪忠誠	ウィンチェスター	日英両国往復の書翰はなおしばらくの間蘭文訳を付けるとの申し合わせがあったが(20、22、28)、このほどイギリス側から出された書翰は英文のみであり、文意が通じない恐れがあるので、なおしばらくは蘭文を添えてほしい旨。
80	〃12・21	水野忠精・阿部正外・諏訪忠誠	ウィンチェスター	新製ドルラルが長崎で通用しない件について、一見のため新製ドルラルを神奈川奉行まで送ってほしい旨。
81	〃12・26	水野忠精・阿部正外・諏訪忠誠	ウィンチェスター	豊後国田野浦沖の外国船へ長州藩士が小船で往返した旨、地元領主から届出があったが、長州藩は逆臣であり、今後同藩の者と私に交際しないよう英国船々に触れ流してほしい旨。
82	慶応元・1・6	水野忠精・阿部正外・諏訪忠誠	ウィンチェスター	長崎税関における輸入・輸出の物品買い上げの貨幣相場については、長崎奉行に巨細回答させる旨。
83	〃1・12	水野忠精・阿部正外・諏訪忠誠	ウィンチェスター	新年の祝詞に対する礼状。
84	〃1・25	水野忠精・阿部正外・諏訪忠誠	ウィンチェスター	長崎で引替銀が遅滞する事態について、このほど差し廻しの銀幣が到着したので、引替が充分可能である旨。
85	〃1・25	水野忠精・諏訪忠誠	ウィンチェスター	一月二〇日（和暦）に老中阿部正外が上京の途についた旨。

86	慶応元・2・1	水野忠精・諏訪忠誠	ウィンチェスター	松前領内海岸で英国パルクエゲリア船が難破し、松前藩士が乗組の英国人を救助した件につき、英国政府から贈られるという謝礼の品は神奈川奉行に差し出されたし（神奈川奉行より松前藩主へ）。
87	〃 2・7	水野忠精・諏訪忠誠	ウィンチェスター	今般、酒井忠績が大老に任命された旨。
88	〃 2・14	ウィンチェスター	外国事務執政	東禅寺事件・御殿山公使館焼失事件の後、江戸に仮の英国公使館を置く件につき、泉岳寺が最もふさわしいと希望する旨。
89	〃 2・18	水野忠精・諏訪忠誠	ウィンチェスター	条約国以外のデンマーク・中国・ドイツ・イタリアその他の国々の者が、開港場で商業を営んでいるとの風聞があり、これらの者は全て退去させたい旨。
90	〃 2月	水野忠精・諏訪忠誠	ウィンチェスター	日英両国間の書翰になおしばらくの間蘭訳文をつけてほしい旨を申し入れたが(79)、英学生徒の学習がようやく進んだので、今後蘭訳は省いても差し支えない旨。
91	〃 3・3	水野忠精・諏訪忠誠	ウィンチェスター	幕府が外国より兵器を買い入れる件については、すでに伝習のオランダ人教師に銅その他の物品で支払った前例もあるので、国内各地から取り立てた年貢品その他官庫に属する物品をもって支払っていきたい旨。
92	〃 3・7	ウィンチェスター	外国事務執政	オランダ・フランス等が貿易上イギリスに対し抱いている誤解についての釈明を、箇条書に記す…自由貿易原則の確認、輸出入にかける税の増額の不当性、日本から一か国のみに輸出するのは不平等である点など。
93	〃 3月	水野忠精・阿部正外・諏訪忠誠	ウィンチェスター	三月三日付（和暦）の老中よりの書翰(91)に対するウィンチェスターの回答の中で、老中たちの主意が理解されていない点について説明…幕府が外国から器械を購入する場合は、官庫に属する物品で支払いたい旨など。
94	〃 3・9	水野忠精・諏訪忠誠	ウィンチェスター	御殿山に英国公使館を建てる件は、幕府方において不都合があり、今しばらく猶予がほしい旨。

95	〃 3・10	水野忠精・諏訪忠誠	ウィンチェスター	昨年、長州藩が各国公使と談判のうえ、攘夷決行の代償として下関または内海の一港を開くか、あるいは償金を支払うかどちらかを選ぶと約束したことは、幕府にとっては誠に不都合である旨。
96	〃 3・12	水野忠精・諏訪忠誠	ウィンチェスター	ライフル砲試発の場所確保については了解につき、諸事神奈川奉行と談判してほしい旨。
97	〃 3・13	ウィンチェスター	外国事務執政	老中からの二月一八日（和暦）の書翰(89)について、条約国以外の外国人を国外退去させるには、自分たちも本国政府の許可がおりるまではできない旨。
98	〃 3・16	水野忠精・諏訪忠誠	ウィンチェスター	老中阿部正外が三月八日（和暦）に京都より帰府した旨。
99	〃 3・20	水野忠精・阿部正外・諏訪忠誠	ウィンチェスター	このたび米国公使に達した書翰の返簡は書き損じがあるため、書き直させる旨。
100	〃 3・26	ウィンチェスター	水野忠精・阿部正外・諏訪忠誠	老中からの三月一〇日付（和暦）の書翰(95)の内容について、幕府が下関償金の支払いを延期するならば、他国の政府の意向もよく見極め、かつ英国本国政府の意向を待ったうえで、その対応をしたい旨。
101	〃 3・26	ウィンチェスター	水野忠精・阿部正外・諏訪忠誠	幕府が下関または内海の一港は開かずに償金を支払う旨を約束した件につき、二度目の支払い期限が延期される場合は、それに代わる両国友好のための有利な筋を談判したい旨。
102	〃 3・28	水野忠精・阿部正外・諏訪忠誠	ウィンチェスター	新製ドルラルの長崎での通用に支障があった件につき、長崎奉行より問題解決との報告があった旨。
103	〃 4・2	阿部正外・諏訪忠誠	ウィンチェスター	老中水野忠精が日光山へ参った旨。
104	〃 4・16	阿部正外・諏訪忠誠	ウィンチェスター	このたび稲葉正邦が病気につき老中を免ぜられ、代わりに松平康直が老中職に就いた旨。
105	〃 4・22	阿部正外	ウィンチェスター	牧野忠恭・諏訪忠誠が病気につき老中を罷免された旨。
106	〃 4・22	阿部正外	ウィンチェスター	長崎表外国人居留地税については、横浜の振合をもって処置したい旨は了解。この件については長崎奉行に回答させる旨。

107	慶応元・4・25	阿部正外	ウィンチェスター	老中水野忠精が四月二二日（和暦）に日光山より帰府した旨。
108	〃 4・26	水野忠精・阿部正外	ウィンチェスター	領事館および士官入用のため、期日を設けて洋銀引替を認めたものの、洋銀相場は均一とならず、さらに六か月の延長をしたい旨。
109	〃 4・28	水野忠精・阿部正外	ウィンチェスター	老中松平康直が外国事務取扱を命じられた旨。
110	〃 4月	阿部正外・諏訪忠誠	ウィンチェスター	外国船が長州藩方と私通することは誠に不都合であり、思量してもらいたい旨。
111	〃 5・5	水野忠精・阿部正外・松平康直	ウィンチェスター	外国奉行柴田剛中を周旋方として英国へ派遣するので、諸事よろしくとの旨。
112	〃 5・14	水野忠精・阿部正外・松平康直	ウィンチェスター	外国奉行柴田剛中の英国派遣において、練兵術・新兵器の見聞をさせたいこと。随行の士官は一〇人ほどである旨。
113	〃 5・15	水野忠精・阿部正外・松平康直	ウィンチェスター	長州藩征討のため、将軍家茂が五月一六日（和暦）に江戸を進発する旨（阿部正外・松平康直らも随行）。
114	〃 閏5・2	水野忠精	イギリス外国事務大臣	練兵術伝習のため、このたび柴田剛中を英国に遣わすので、諸事よろしくとの旨。
115	〃 閏5月	水野忠精	ウィンチェスター	英国船が下関海峡通過の折に、諸大名へ自由貿易の免許を授けてもよい旨を触れた件は容易ならざることにつき、再考を願いたい旨。
116	〃 閏5・9	水野忠精	ウィンチェスター	米国人水夫撲殺事件につき、犯人の日本人を召し捕えて吟味中である旨。
117	〃 閏5・12	水野忠精	ウィンチェスター	大麦輸出の件は、今回買い取ったか買い取りを約束した分についてはこれを許可し、評議中は大麦の輸出を禁ずべき旨。
118	〃 閏5・17	ウィンチェスター	外国事務執政	パークスが駐日公使として着任するために到着し、自分は上海領事に転任するため、暇乞いのあいさつ。
119	〃 閏5・19	パークス	外国事務執政	駐日公使就任のあいさつ。
120	〃 閏5・22	水野忠精	パークス	公使就任へのあいさつ、および五月二五日（和暦）に松平康直宅で会合をもちたい旨。

121	〃閏5・24	水野忠精	ウィンチェスター	公使退任・上海へ転任に向けてのあいさつ。
122	〃閏5・27	パークス	外国事務執政	長崎の外国人居留地に長刀を帯びた日本人が来て、多くの外国人を傷付けた事件につき、長崎奉行をはじめ幕府に犯人逮捕のための徹底的な探索を望む旨。
123	〃閏5・晦日	水野忠精	パークス	昨年一二月（西暦）に先任公使オールコックが長崎奉行に要請した競馬場設置の件につき、幕府としてもその準備があるので、長崎駐在の英国領事にその趣を通達してほしい旨。
124	〃6・1	水野忠精	パークス	浜御殿の一見を希望されていることにつき、将軍留守中によりお断りする旨。
125	〃6・7	パークス	老中	英国公使館とすべき建物の件につき、明日午後四時に面会ありたしとの旨。
126	〃6・7	水野忠精	パークス	浜御殿は将軍家の別園であり、海岸守衛の要所でもあり、ここを英国公使館としたい希望は思いとどまられたしとの旨。
127	〃6・12	水野忠精	パークス	昨日、英国仮公使館場所について話し合うべきところ、門外で待たせてしまったのは全く行き違いであり、悪しからずとの旨。
128	〃6・14	水野忠精	パークス	下関における外国船のうち、密売買の件については、翔鶴・黒龍の二隻の軍艦を差し遣わして取り締まる旨、在坂の老中より申し越しがあったこと。
129	〃6・15	水野忠精	パークス	英国仮公使館設営の地については、泉岳寺境内待遇所と呼ぶ一戸の家作を貸し渡したい旨。
130	〃6・17	パークス	外国事務執政	英国仮公使館設営の地については、閣下（水野忠精）が書翰(129)で示された泉岳寺境内で、とりあえず承諾する旨。しかし、永続すべき公使館を建てるには、一二か月ないし一八か月を要するので、これから配慮ありたしとの旨。
131	〃6・19	パークス	外国事務執政	閣下（水野忠精）が書翰(128)で示した下関近傍における外国船密売買の件については、英船を補助に用いるなどして、全

				面的に協力したい旨。
132	慶応元・6・23	パークス	外国事務執政	長崎英国領事館の士官ボートルの召使泰蔵・伝吉両名を長崎奉行所が密かに召し捕えた件につき、その赦免を求めても、これは老中の命によるものとの回答があり、大いに不信感を抱くものである旨。
133	〃 6・26	水野忠精	パークス	召使泰蔵・伝吉両名召し捕えの件につき、六月九日（和暦）に両名を長崎より江戸に護送し、吟味をしている旨。
134	〃 6・27	水野忠精	パークス	長州藩の砲撃事件に関わる英国ほか三か国への償金について、その期限が来たので、この節五〇万ドルラルを外国奉行に命じて支払わせる旨。
135	〃 7・2	水野忠精	パークス	泉岳寺内空地とその周辺の土地を合わせて英国接遇所とすべき旨が決定し、さっそく造営のための手配をすべきこと。
136	〃 7・7	水野忠精	パークス	神奈川滞留の外国人による違法商行為を取り締まるべき件につき(89)、本国政府へも通告された旨は了解のこと。
137	〃 7・8	パークス	外国事務執政	上海における英国の支那・日本に関わる最高裁判所について。これは、支那・日本において英国人が犯した罪を英国の法律に従って処罰する機関であり、その運営のしかたについて委細説明。
138	〃 7・8	パークス	外国事務執政	泰蔵・伝吉を召し捕えたこと。海産物の一国へのみの売買。英船一艘が五日のうちに長崎に赴くので、二月以来長崎奉行が英国役人へ一分銀引替を行っていないこと。以上三件につき急速なる返書を願う旨。
139	〃 7・9	水野忠精	パークス	前日の書翰(138)への回答。泰蔵・伝吉は英国側の要望通りにはいかず、海産物の一国のみへの輸出を廃止する件はまだ期日が定まらず、一分銀引替は輸送が間に合わない旨。
140	〃 7・11	水野忠精	パークス	召し捕えた泰蔵・伝吉両名は確かに罪を犯しており、江戸へ護送し再び取り調べをしたうえで、その内容を伝えたい旨。

141	〃 7・12	水野忠精	パークス	リニー船コンケートル号が横浜を出帆し、香港にいる英国陸軍兵士がほどなく横浜に到着するにつき、海軍兵士の小屋に住居させたいとの希望は了解の旨。
142	〃 7・13	パークス	水野忠精	件の泰蔵・伝吉両名赦免の請求に対し幕府がこれに応じない旨は承知し、嘆息したこと。また、両名を捕えた理由についての十分な説明がない点も注意したい旨。両三日のうちに、江戸に出府してこの件を決したい旨。
143	〃 7・14	水野忠精	パークス	泰蔵・伝吉両名はいまだ護送の途中にあり、江戸に着いていないので、始末の委曲は申し入れ難い旨。
144	〃 7・15	パークス	外国事務執政	(143)への返翰。長崎奉行はその理由を知ることなく、老中の命令により泰蔵・伝吉両名を捕えたと言っていること。長崎奉行朝比奈昌広は、両名の罪は昨年中、日本国の中央で騒動を起こした浪人の姓名表に泰蔵の名があっただけと言っていること。故に、江戸に赴いて閣下（水野忠精）と論議したい旨。
145	〃 7・16	水野忠精	パークス	蚕卵紙買入方については、今後ほかの品と同様自由に商売すべきことを神奈川奉行に命じた旨。
146	〃 7・16	パークス	外国事務執政	翌七月一七日に江戸に赴くので、午後三時に閣下（水野忠精）に面会したい旨。
147	〃 7・16	水野忠精	パークス	(146)への返翰。面会についてはいまだ泰蔵・伝吉両名が大坂表より江戸に到着していないので、徒労に終わる旨。両名が到着しだい、こちらから面会を申し入れる旨。
148	〃 7・17	パークス	外国事務執政	閣下（水野忠精）が泰蔵・伝吉両名の罪状を明らかにしないとのことに対しては、歎かわしく思うのみ。この事件その他につき、明朝一〇時に面会したい旨。
149	〃 7・18	水野忠精	パークス	かつて鎌倉において英人士官二名を殺害した清水清次の党与の間宮一という者を、このたび逮捕した旨。

※	慶応元・7・18			松平康直宅における水野忠精とパークスとの面会対話書の内容。このたび逮捕した清水清次の党与の者など。
150	〃 7・21	水野忠精	パークス	一昨一九日に面会した折、横浜へ公使館を建てる件につき、来る二二日に外国奉行・神奈川奉行らを英国公使館へ派遣してほしい旨を申し出られたが、彼らは取り調べ方が行き届かない旨を申し立てているので、二二日に派遣はできない旨。
151	〃 7・21	水野忠精	パークス	泰蔵・伝吉両名の罪状について。勝田伊賀守（充）が箱館奉行に在職中両名はその家来であり、種々悪行を行ってその発覚を恐れて同所を出奔し、奥州仙台辺を立ち廻り、再び箱館表に立ち戻り、密かに関所を通行したとの風聞があったため、主人の伊賀守より召し捕えるよう申し立てがあり、探索方により彼らがその後長崎表へ赴いたとの風聞を得たものである旨。
152	〃 7・23	水野忠精	パークス	支那・日本の各港にある英国人民の裁判のため、上海港に最高裁判所を建てる旨、ならびに裁判役人が私たち（水野忠精ら）と面会したいとする旨は了承のこと。
153	〃 7・27	水野忠精	パークス	蚕卵紙商売について申し越された趣は了解のこと。ただし、仏国公使からも申し立てがあるにより、神奈川奉行が臨席のうえでの交渉が必要である旨。
154	〃 7・27	水野忠精	パークス	高輪八ツ山下において英人（パークスら）に無礼に及んだ者については、取り糺しを行う旨。
155	〃 7・27	水野忠精	パークス	泉岳寺地内へ英国人の建物を造築する件は承知の旨。
156	〃 7・27	水野忠精	パークス	英国人の待遇所を泉岳寺地内に造築する件については、西洋風の建物にする場合は二万八、〇〇〇～九、〇〇〇両もかかってしまうので、財政難の折、勘弁を願いたい旨。
157	〃 7・29	パークス	外国事務執政	箱館の英国役人から、海産物・硫黄・銅などの自由な取引を妨げる者があり、また箱館の日本人役人が木材切り出しと売り捌きも妨げているとの告知があり、このような貿易上の障

				害を取り除いてほしい旨。
158	〃 7・29	パークス	外国事務執政	オールコック英公使時代の幕府との約束を紐解いたうえで、幕府には条約内容を保証することと、諸大名を外国貿易に参加させてその悪心を去らしめることについて、その処置がいかほどはかどっているかを親しく告知してほしい旨。
159	〃 8・2	水野忠精	パークス	海産物の勝手売買を差し許すことにつき、九月二〇日（和暦）よりこれを施行すべき旨を、三港奉行に命じた旨。
160	〃 8・8	パークス	外国事務執政	長崎港に関係する諸事件につき長崎奉行朝比奈昌広と談判したいので、朝比奈に横浜に来るように取り計らいを願う旨。
161	〃 8・11	水野忠精	パークス	箱館表における煎海鼠・干鮑・硫黄・銅などの自由取引に関連して、同所英国領事より申し立てがあったことについて、煎海鼠・干鮑は承知、銅は自由取引の対象とはならず、硫黄・材木は箱館奉行が取り糺しのうえ返答する旨。
162	〃 8・13	水野忠精	パークス	横浜山手へ英国兵士の屯所を建造したのは、英国軍が下関海峡へ軍艦を差し向けるのを見合わせるよう幕府が請求したからであり、この場所はもともと公使館であり、兵士引き揚げの節は返却することを先任の英国全権公使と約定したことである旨。しかし、其許（パークス）の書翰には日本の形勢不穏により防禦のため兵士を駐留するとの趣があり、これは先任全権公使の申し立てとは矛盾する旨。
163	〃 8・14	パークス	外国事務執政	自分（パークス）は今朝箱館へ向けて出立するにつき、泉岳寺の建物についてはユウスデンに任せ、諸事外国奉行を助けるよう命じたこと。
164	〃 8月	水野忠精	パークス	条約蘭文の和文訳字に麦（大麦・小麦両方）を小麦と訳して輸出を禁じたことは、通訳官の誤訳であり、大麦については輸出をしても差し支えない旨。次の(165)の文書内容を受けたもの。
165	〃 7月	水野忠精	仏・英・米・蘭各国公	条約書蘭文で、大麦についての解釈の誤りがあり、同品は窮

			使	民第一の食料につき、当面輸出は控える旨。
166	慶応元・9・4	水野忠精	パークス	英国公使館・領事館・一時渡来の士官のための洋銀引替を、なお六か月延長する旨。
167	〃 9・12	パークス	外国事務執政	昨年一〇月二二日（西暦）の会議の結果取り決めた、下関事件の償金第二の支払いを一か年延期してほしいとの幕府の意向については、仏・米・蘭の名代人と共に執政（水野忠精）と談判したい旨。
168	〃 9・12	水野忠精	パークス	召使泰蔵・伝吉両名召捕方の件につき、泰蔵は元主人の命に叛き関所を偽って通行し、また名前も偽って帯刀して所々を徘徊しており、明らかに犯罪人であり、いずれ江戸か横浜で係り合いの者と共に吟味をしたい旨。もっとも、伝吉については人違いで箱館関係の者ではなく、一度吟味はするものの、英国側に引き渡しても差し支えない旨。
169	〃 10・5	水野忠精	パークス	過日其許（パークス）が帰港する途中、高輪八ツ山下において無礼な言行をする者があった旨、付添の伊丹欽二郎から申し出があったが、これは別紙の通り偽言であったので、処罰したこと（手組出役御免）。
170	〃 10・17	水野忠精	パークス	箱館の英国領事館再建について、其許（パークス）は当地へ赴いて奉行へ地税を支払うことを承知しなかった由だが、家税・地税を支払うのは規則であり、支払いに応じてこそ初めて普請に取りかかる旨。
171	〃 10・17	水野忠精	パークス	阿部正外・松前崇広両名が老中を罷免となった旨。
172	〃 10・17	水野忠精	パークス	一〇月一四日（和暦）に条約勅許（一〇月五日に下る）が諸大名その他に触れ示された旨。
173	〃 10・22	水野忠精	パークス	箱館表における硫黄・材木の売買については、箱館奉行より取引勝手にできる旨の申し立てがあった旨。
174	〃 10・28	水野忠精	パークス	条約勅許降下により、攘夷派勢力がますます過激な行動に出て、日英両国関係に妨害を与える可能性があるので、くれぐ

				れも注意を払ってほしい旨。
175	〃 10・28	水野忠精	パークス	下関外国船砲撃事件の英・仏・米・蘭四か国への償金残高については、このたび長州征伐のため幕府に出費が多く、民衆への年貢取り立ても多分であり、兵庫開港まで支払いを延期してほしい旨。
176	〃 11・10	パークス	水野忠精	自分は昨夜横浜へ帰着したが、閣下（水野忠精）よりの二通の書翰を見て歎息した。一つは三度目償金支払方の延期願いであり、もう一つは条約勅許降下による攘夷派への警戒勧告であり、今後これらについて速やかに横浜で談判したい旨。
177	〃 11・15	水野忠精	パークス	今日が西暦の新年に当たり、祝いのあいさつ。
178	〃 11・17	水野忠精	パークス	板倉勝静が老中に再任された旨が大坂表より申し越しがあったこと。
179	〃 11・19	水野忠精	パークス	兵学伝習のため、幕府から約二〇名の留学生を英国に派遣したい旨を依頼。
180	〃 11・19	水野忠精	パークス	酒井忠績が大老職を罷免された（一一月一五日）旨。
181	〃 11・19	水野忠精	パークス	万国公法三部を自分（水野忠精）・若年寄酒井忠毗（飛彈守）・田沼意尊（玄蕃頭）に贈られたことに対する礼状。
182	〃 11・20	水野忠精	パークス	松平康直が老中に再任された（一一月二〇日）旨。
183	〃 11・23	パークス	外国事務執政	英国首相パーマストンが一〇月一六日（西暦）に死去し、ラッセルが新しく首相に就任した旨。※
184	〃 11・23	パークス	外国事務執政	重要事件の商議のため、明日江戸に赴いて三時に外国奉行と面会したいので、大中寺に奉行を派遣してほしい旨。
185	〃 11・23	パークス	外国事務執政	英国本国政府より、日英両国の親睦を保護すべき旨の命があったことを報告。
186	〃 11・26	水野忠精・松平康直	パークス	英国首相パーマストンの訃報に対するお悔やみのあいさつ。
187	〃 11・29	本荘宗秀（老中）	パークス	過日横浜出張英館訪問の際のもてなしに対する礼状。

188	慶応元・12・1	水野忠精・松平康直	パークス	井上正直が老中に復帰し（一一月二六日）、外国事務取扱を命じられ、本荘宗秀もまた外国事務取扱を大坂表で命じられた旨。
189	〃 12・3	パークス	本荘宗秀	いずれ横浜において外国名代と談判をしてほしい旨の確認。
190	〃 12・8	パークス	外国事務執政	横浜における英国仮公使館建造問題につき、明日（一二月九日）江戸に赴き、閣下（水野忠精）と午前一一時に面会したい旨。
191	〃 12・8	水野忠精・井上正直・本荘宗秀・松平康直	パークス	一二月九日の面談は承諾。午前一一時に本荘宗秀宅で行いたい旨。
192	〃 12・8	パークス	外国事務執政	昨年春火災のため焼失した箱館の英国領事館建て直しのため、本国政府が一万四、四四七元を支払うことを取り決めたが、この金を一分銀に引き替えることを許可してほしい旨。
193	〃 12・8	水野忠精・井上正直・本荘宗秀・松平康直	パークス	外国奉行栗本鯤と其許（パークス）が面会して以来、幕府から差し遣わす書翰に蘭文訳を省くことを承諾いただいたので、今後は和文のみを差し遣わす旨。
194	〃 12・8	水野忠精・松平康直	パークス	先年英・仏・米・蘭各国公使と外国奉行柴田剛中・神奈川奉行白石嶋岡と取り交わした横浜居留地規則について、このほどブルガリア（孛）・スウェーデン（瑞）両国領事が異存を申し立てているので、改正方は神奈川奉行に委任する旨。
195	〃 12・11	パークス	本荘宗秀	昨日の本荘宗秀宅での会合ともてなしに対する礼状。
196	〃 12・12	水野忠精・井上正直・本荘宗秀・松平康直	パークス	過日箱館表において、英国商人ホール宅へ立ち入り不作法に及んだ者については、箱館奉行に命じて、以後このような不都合のないよう取り締まらせる旨。
197	〃 12・12	パークス	外国事務執政	江戸で永久なる英国公使館を建てる件は、これを妨げるような諸事件が起こるなかで、公使ならびに士官の住居を建築することについて、幕府と交わした約定を確認し、熟談することを望む。

198	〃 12・16	水野忠精・井上正直・松平康直	パークス	(192)の書翰について、箱館英国領事館建て直しのため、英国政府が支払うことを提示した一万四、四四七元を一分銀に引き替えることを了承する旨。
199	〃 12・19	水野忠精・井上正直・松平康直	パークス	泰蔵・伝吉両名の処分につき、英国側から対応に懇親・不懇親が顕れているとの申し出があったので、其許（パークス）の存意も承り、参考折衷のうえ双方に不快のない処置を行いたい旨。
200	〃 12・20	水野忠精・松平康直	パークス	本多忠民が病気のため老中職を免ぜられた旨。
201	〃 12・20	水野忠精・松平康直	パークス	井上正直が本日上坂の途についた旨。
202	〃 12・21	水野忠精・松平康直	パークス	日本から生徒三〇~四〇名を選んで政事・兵制その他を学ばせるために、英国に留学させることを頼みたい旨。
203	〃 12・22	水野忠精・松平康直	パークス	横浜山手における英国公使館建築についての、英国書翰中の六か条の扱いについて。
204	〃 12・28	水野忠精・松平康直	パークス	各国への三度目の償金五〇万ドルは勘定奉行に命じて、来年三月晦日（和暦）までに支払うつもりである旨。
205	慶応2・1・3	パークス	老中方	新年のあいさつ。
206	〃 1・7	水野忠精・松平康直	パークス	(205)の祝詞に対する礼状。
207	〃 1・8	パークス	水野忠精	英国へ派遣した外国奉行柴田剛中に持参させた幕府の書状に対する回答（外国事務大臣クラレンドンの書状）。
208	〃 1・8	パークス	外国事務執政	明日（一月九日）江戸へ出府し、会合をもちたい旨。
209	〃 1・8	水野忠精・松平康直	パークス	面談は翌々一月一〇日松平康直宅で行いたい旨。
210	〃 1・8	クラレンドン（英国外国事務大臣）	水野忠精	派遣された外国奉行柴田剛中の使命は、英国政府も満足するところであり、自分も柴田の周旋に協力したい旨。
211	〃 1・23	水野忠精・松平康直	パークス	(207)、(210)の書翰に対する礼状。
212	〃 1・29	水野忠精・松平康直	パークス	英国書翰により、当春中にデンマーク政府より日本へ条約締結のための使節が来訪するとの旨、通達があったが、日本は

				開国以来国産減耗に及び、また長州征討の最中でもあるので、其許（パークス）より使節の来日を断ってほしい旨。
213	慶応2・2・10	水野忠精・松平康直	パークス	技術伝習のため英国へ士官を派遣する件については、外国奉行が申し入れた通り、士官一〇名を派遣したい旨。
214	〃 2・12	水野忠精・松平康直	パークス	外国奉行柴田剛中を英国に派遣した際、将軍家よりの贈り物を持参させるはずであったが、急務のためできなかったので、今般差し贈る旨。
215	〃 3月	水野忠精・松平康直	パークス	英国において柴田剛中がその使命を果たせているのは、外国事務執政クラレンドンの周旋とエスクワイルの誘導によるもので、謝意を表したいこと。
216	〃 2・16	水野忠精・松平康直	パークス	長崎外国人居留地の税については、前公使ウィンチェスターが同所岡士（領事）の書翰を添えて、地税のうち二割を差し引いて支払いを行いたい旨を申し立ててきたが、長崎には地税で生計を営む小民が多く、その意には応じ難いこと。
217	〃 2・25	パークス	外国事務執政	鎌倉で二名の英国人を殺害した犯人のひとり、間宮一が昨年九月に死刑に処された報告を自分から本国政府にしたところ、政府は満足しているとの旨。
218	〃 2・25	パークス	外国事務執政	自分は明日江戸に赴き、翌々日に閣下（老中）と面会したい旨。談判内容を知らせるため、明日四時に外国奉行を大中寺に遣わしてほしい旨。
219	〃 2・28	水野忠精・板倉勝静・井上正直・本荘宗秀・松平康直・小笠原長行	パークス	下関事件償金残高については、方今、幕府が長州征伐の軍費が莫大にかかり、財政上困難が生じているので、こうした実情にかんがみて支払いを猶予してほしい旨。
220	〃 2・28	水野忠精・松平康直	パークス	万石以上以下へ、神奈川・長崎・箱館三港での領分産品を売り捌くことは勝手であり、身元確かな者を差し出して商売を営むべき旨を通達したこと。
				英国人が知音の日本人をその宿寺へ招き入れることについては、その者の姓名・郷里など委細を報告してくれればよいが、

221	〃 3・1	水野忠精・松平康直	パークス	これには反対意見があるので、今後は館外では弁理公使保護のために日本人士官を付き添わせ、一方、館内に知音の者を招き入れる場合にその差し止めはしない旨。
222	〃 3・2	水野忠精・松平康直	パークス	英国人が横浜近郊において遊猟による発砲を行うことは、先年神奈川奉行を通して禁止令が出されているにもかかわらず違反者がおり、農夫が流れ弾に恐怖しているので、普く禁止の諭達をしてほしい旨。
223	〃 3・7	水野忠精・松平康直	パークス	(217)の書翰の趣は了解し、我々も安堵した旨。
224	〃 3・10	水野忠精・松平康直	パークス	昨年五月中（和暦）長崎において外国人数名に傷害に及んだ常太郎については、いまだ逮捕に及ばず遺憾であり、なおもその捕縛に努めたい旨。
225	〃 3・11	水野忠精・松平康直	パークス	英国人がその宿寺へ日本人を招き入れるときは、初めての場合はその者の名前を聞いてその筋々へ届けて、身元確かなことが判明してから宿寺へ入れるよう取り計らってほしい旨。
226	〃 3・14	水野忠精・松平康直	パークス	昨日其許（パークス）と対話のみぎり、英船が淡路国以西の瀬戸内海の浅深を測量したい旨を申請したが、その場合、日本人士官を長崎表に待機させて乗り組ませたい旨。
227	〃 3・17	パークス	外国事務執政	一昨日（西暦四月二七日）午後に閣下（老中）と面会した帰りに、我らは大名土岐伊予守の行列と出逢ったが、行列は四列に並んで狭い道をふさいでしまった。このような礼儀作法を守らない行為を糺し、外国役人をもっと尊敬するよう命じてほしい旨。
228	〃 3月	水野忠精・松平康直	パークス	(227)の書翰に対し、其許（パークス）が帰途に出逢ったのは土岐伊予守ではなく、土岐隼人正である旨。ついては、今後は往来の輩は貴賤にかかわらず互いに道を譲り合うよう、万石以上以下へ触を出した旨。
229	〃 3・20	水野忠精・松平康直	パークス	英国が淡路海辺の測量のため船隻の派遣を希望している件については、訛説が飛び交っており、英船が大坂へ回るとの風

				聞もあり人心が動揺している折から、測量についてはしばらく延期を願いたい旨。
230	慶応2・3・22	水野忠精・松平康直	外国事務大臣(英本国)	外国奉行柴田剛中を英国へ派遣した折に持参できなかった将軍家からの贈り物については、今般、駐日公使へ周旋を頼んだ旨。
231	〃　3・22	水野忠精・松平康直	外国事務大臣(英本国)	柴田剛中が今般帰国した旨、御礼のあいさつ。
232	〃　3・22	パークス	外国事務執政	箱館在の落部村にて、アイヌ人の墳墓を暴いたイギリス人は罪人であるが、この事件で箱館奉行に召し捕えられた日本人庄太郎は無罪であるので、赦免を願いたい旨。
233	〃　3・22	パークス	外国事務執政	税則交渉のため、四日後の五月九日（西暦）に小栗忠順に横浜に来るよう命を下してほしい旨。
234	〃　3・24	水野忠精・松平康直	パークス	(233)の書翰で、小栗忠順を三月二五日（和暦）に横浜へ出張させてほしい旨の申し越しがあったが、同人が不快により出張できない旨。
235	〃　3・25	水野忠精・松平康直	パークス	公使館・各港領事館および一時渡来の士官入用のための洋銀引替の期限に至ったが、洋銀が今なお日本で平一の価とならないため、引替をさらに六か月延期する旨。
236	〃　4・5	水野忠精・松平康直	パークス	税則改訂交渉につき、小栗忠順の不快が快気に及んできたので、四月七日（和暦）に押して出張したい旨を申し出ていること。
237	〃　4・13	水野忠精・松平康直	パークス	日本人を外国へ派遣するときは、幕府の免許の印章を持参させたいので、印章をあらかじめ英本国政府へも送り、渡英の際は照合をしてほしい旨。
238	〃　4・13	パークス	外国事務執政	横浜に備える英国兵士交代の内容。
239	〃　4・13	パークス	外国事務執政	老中松平康直不快につき、閣下（水野忠精）ひとりでは自分と面会できない旨を承ったが、ならば二〜三日のうちに閣下より書翰を持参するひとりの士官を横浜に派遣してほしい旨。

240	〃 4・13	水野忠精・松平康直	パークス	箱館在の落部村・森村において、英国人によりアイヌ人の墳墓が暴かれた事件について、掘り取った骸骨を欧州より戻し、なお疑わしき者への取り調べを行う旨。
241	〃 4・15	水野忠精・松平康直	パークス	（水野忠精が）面会のうえ頼み入りたいことがあるので、両三日中に出府されたい旨。
242	〃 4・17	パークス	外国事務執政	(241)の書翰に対し、六月一日（西暦）午後二時に江戸で閣下（水野忠精）と面談したい旨。
243	〃 4・21	パークス	外国事務執政	大名土岐山城守の地所および薩摩藩に属すると思われるダイエン寺の地所を見学する機会を得たい旨。片桐肥前守（主膳正）の地所についての願を出した返書を待つ旨。
244	〃 4・21	パークス	外国事務執政	(219)の書翰（和暦二月二八日）に対し、長州征伐に莫大な費用がかかるために下関事件償金支払いを延期してほしい旨は承諾のこと。しかし、一方で幕府は横須賀でドック鋳造所建設を始めており、これがどの程度の規模か、またこれが外国政府にとっても益になるものか、あるいは幕府の自己の利益のみのためのものか、返書にて答えてほしい旨。
245	〃 4・21	パークス	外国事務執政	自分が外様大名片桐主膳正（貞篤）屋敷を見学するにつき、一応老中へ連絡する旨。
246	〃 4・22	水野忠精・松平康直	パークス	今般、大坂表で稲葉正邦が老中に任命された旨。
247	〃 5・4	パークス	外国事務執政	新約定書の第九条・十条・十一条については、大坂の幕閣にうかがいを立てることなく速やかに調印すべしとする閣下（老中）の意向には、仏・蘭と共に賛同する旨。
248	〃 5・4	水野忠精・松平康直	パークス	新約定書の第九条・十条・十一条については、三、四日中に調印の運びとなるので、日本文の方は明日か明後日の発送となり、英文の方はできしだいこちらへ発送してほしい旨。
249	〃 5・9	水野忠精・松平康直	パークス	英国側から申し越しのあった、貸蔵・税則等の取り扱いのため外国人を雇い入れることについて、周旋をしてほしい旨。

				特に税則については、当方は不案内であるので。
250	慶応2・5・9	水野忠精・松平康直	パークス	神奈川・長崎・箱館における貸庫の規則取り決め方については、三港奉行の取り扱いとしたい旨。
251	〃 5・9	パークス	外国事務執政	自分は明日江戸に赴き、貸納屋取扱・海軍伝習等について午後三時に面会して商議を行いたい旨。また、次回に約書および税則書に閣下（老中）の署名をもらえるものと信じる旨。
252	〃 5・10	水野忠精	パークス	(251)の書翰に対し、其許（パークス）との面会は明日（和暦五月一一日）九時に本荘宗秀宅において行いたい旨。
253	〃 5・10	パークス	外国事務執政	暑い天候なので、本日昼後の会合を三時から四時に延引してほしい旨。また、ここで江戸の英国公使館書記官としてこのほど来日したロコックを同行させたい旨。
254	〃 5・12	水野忠精・松平康直	パークス	老中井上正直が大坂表より帰府した旨。
255	〃 5・12	パークス	外国事務執政	江戸の英国公使館の溝ならびに門の普請を普請掛役人に命じてあるのに、閣下（老中）の許容がいまだにないのは、安全のためはなはだ不都合である旨。
256	〃 5・12	パークス	外国事務執政	日本人の外国渡航免許についての布告書の写を、今日か明朝までに私へ送ってほしい旨。これは、明日調印すべき約書（江戸協約）一〇か条の別段に付記する旨。
257	〃 5・13	水野忠精・松平康直	パークス	(256)の書翰に対し、日本人外国渡航免許についての書面をさっそく発送する旨。
258	〃 5・17	パークス	外国事務執政	自分が明晩長崎に赴くのに、閣下（水野忠精）からは会見後一書も到来しないので、できれば閣下から長崎奉行へ送るべき公書を自分に託してくれたら幸甚である旨。海軍伝習所および横須賀製鉄所についての公書を今もって落手できないのは残念であり、これでは下関償金一条のことは取り計らい難い旨。商人たちがよんどころなく生糸を安値で幕府へ差し出しているとの風聞があるが、これは自由貿易の原則に反する旨。

259	〃 5・18	井上正直	パークス	(258)の書翰に対し、これらの問題に関しては、帰浜の後に面談を行いたい旨。従って、このほど取り交わした約書税目(江戸協約)については、別封をもって長崎奉行に差し送る旨。また、末段にある海軍伝習所・横須賀製鉄所あるいは生糸については、浮説の域である旨。
260	〃 5・19	水野忠精・松平康直	パークス	元治元年一一月に老中が英国公使オールコックに依頼し、承諾を受けた日本人の陸軍軌範伝習について(53、67の書翰)、その後何らの回答がなく、柴田剛中が英国を訪ねた折に、英国政府からはその件は日本在留の英国公使に相談するようにとの旨であったので、そこで陸軍伝習については仏国に頼み、海軍伝習については英国に依頼したい旨。
261	〃 5・21	水野忠精・井上正直・松平康直	パークス	(244)の書翰に関して、長州征伐の軍備惣高を知らせてほしいとの申し出については、いまだに凱旋の期に至らないので算出し難く、横須賀製鉄所の建築については、自国日本のためのみならず、時誼しだい和親国のためにその要用に応ずべきつもりである旨。
262	〃 5・22	パークス	外国事務執政	自分の長崎への出立が遅延して今夕となり、受け取った長崎へ送るべき幕府の書翰を送り届ける旨。近頃、生糸に高額の税がかけられている由について、小栗忠順に説明を求めたが、幕府の美名のためにもこうした税を廃止してほしい旨。
263	〃 5・23	水野忠精・井上正直・松平康直	パークス	(255)の書翰に対し、英国接遇所の建増あるいは溝を造ること等については、差し急ぐ場合は英国側で建造してほしい旨。
264	〃 5・23	パークス	外国事務執政	幕府の四月一一日(和暦)付書翰に対し、幕府が英国より語学その他の教師を雇用したい旨を外国奉行川勝広道と相談してほしいことは了承したので、さっそく本国へ問い合わせる旨。
265	〃 5・25	英国公使館書記官	外国事務執政	(263)の書翰の旨は了解。ただし、江戸の英国公使館の借宅の少しの模様替えおよび増築を、西日本に向かったパークスが

		ロコック		帰るまでに済ませたいので、閣下（老中）の要用なる命令を望む旨。
266	慶応2・6・2	水野忠精・井上正直・松平康直	ロコック	(265)の書翰に対し、接遇所内増築・模様替えなどについては、前に述べたように英国側の取り賄いにより行ってほしい旨。
267	〃 6・11	ロコック	外国事務執政	江戸に英国公使館を建築する件については、閣下（老中）の請求に応じ、英国公使自らが適材の人物を選ぶことに同意する旨。
268	〃 6・20	井上正直・松平康直・松平乗謨	ロコック	横浜地所規則書については、神奈川奉行へ問い合わせてほしい旨。
269	〃 6・20	井上正直・松平康直	ロコック	下関海峡へ英国船が碇泊しないよう達しをしてほしい旨。現在長州征討中であり、どのような行き違いが生ずるかもしれないので。
270	〃 6・22	井上正直・松平康直	ロコック	水野忠精が老中職を免ぜられた旨。
271	〃 6・22	ロコック	外国事務執政	(269)の書翰に対し、長州・防州両国海岸へ英国船が碇泊するのを禁止することにつき、そもそも幕府は、今回長州藩を仇敵とするに至った事情を公正に条約締結国に説明すべきであること。
272	〃 6・22	ロコック	外国事務執政	パークスが薩摩藩主を訪ねるために長崎を発せんとする旨の書翰を自分にもたらしたが、これは条約にある女王名代たる者は日本の各港へ自由に至るべしとの規則に従ったものである旨。
273	〃 6・24	井上正直・松平康直	ロコック	(271)の書翰に対し、長防二州征伐の理由は、藩主毛利敬親が幕府に対しこれまで種々不埒の次第があったためと、将軍家茂進発の沙汰があったにもかかわらず、なおその旨に違背したためである旨。
274	〃 6・24	井上正直・松平康直	ロコック	長防二国が戦地になったため、英国船を当地海岸へ繋泊しないよう布告ありたい旨を申し入れた件は、定めて承諾されたものと了解した旨。

275	〃　6・27	井上正直・松平康直	ロコック	このたび、松平乗謨が老中格に任ぜられ、外国事務取扱を命じられた旨。
276	〃　6・27	水野忠精・井上正直・松平康直	ロコック	(262)の書翰に対し、生糸収税については、生産地の土民が領主・地頭へ価格の一〇〇分の三を冥加として差し出すまでのことで、過当の租税を取り立てるものではない旨。
277	〃　7・3	ロコック	外国事務執政	長州征伐中は英国船舶の内海通航を禁制すべき触書を出すことを請いたる書翰に対し、その返答は公使パークスが帰着しだい行う旨。
278	〃　7・11	パークス	外国事務執政	自分は明日午後江戸に到着し、その翌日台下（老中）と面会したい旨。
279	〃　7・12	井上正直・松平康直・松平乗謨	パークス	英国の八月一三日付（西暦）書翰を受け取り、其許（パークス）が無事横浜に帰帆し、近日出都のうえ我らと面会したい旨了解した。
280	〃　7・14	パークス	外国事務執政	自分は将軍家茂の墳墓に赴こうとしたところ、門のところで墳墓掛の役人に足止めをされ、半時ほども待たされたあげくに、とうとう境内に入れてもらえなかったという無礼なるふるまいに対し、抗議する旨。
281	〃　7・15	井上正直・松平康直・松平乗謨	パークス	(280)の書翰に対し、パークス一行が増上寺境内に入れなかった件について、その不行届を詫び、明一六日（和暦）にあらためて同寺にお越しあり、赤門より入られたい旨。
282	〃　7・15	パークス	外国事務執政	(281)の書翰に対し、増上寺への将軍家茂の墓参に外国奉行両人を役目違いで同行させないことには納得できず、自分はすでに寺の役人より辱めを受けているので、外国奉行が英国公使館に迎えに来たうえで、墓参をしたい旨。
283	〃　7・22	井上正直・松平康直・松平乗謨	パークス	下関海峡の英船通航について、下関碇泊は差し止められ、通航も戦争時は差し止められるが、ふだんの通航は差し止めることができない旨を外国奉行へ申し聞かされた旨は了解。つ

				いては、海峡通航の船に欠乏の品等があった場合は、小倉で積み入れをしてほしい旨。
284	慶応2・7・24	パークス	外国事務執政	英国政府が外国事務大臣クラレンドンの退役願を承諾し、英国外国局一等書記官役所調印の件をステンリーに任せる旨。
285	〃 7・25	井上正直・松平康直・松平乗謨	パークス	水野忠誠が大坂において老中職に任ぜられた旨（和暦七月一三日）。
286	〃 7・29	パークス	外国事務執政	八月一二日（西暦）に英蒸気船ケストレル号が小倉の台場の傍を通航中に発砲を受けた事件については強く抗議し、急速なる対応を望む旨。
287	〃 8月	井上正直・松平康直・松平乗謨	パークス	英国側が船舶より兵卒・武器を下関海峡に送り、あるいは叛賊（長州藩）を助け、不開港場において貿易する等々が厳禁であることを布告されたが、英国船舶がこの規則を遵奉するかどうかを見届けるために軍艦を差しおき、かつ英国政府が条約に従い、幕府を助けようとする志願があることを申し越された旨を了解したこと。
288	〃 8・3	井上正直・松平康直・松平乗謨	パークス	(286)の書翰に対し、小倉の台場近傍で英船ケストレル号が砲撃を受けた事件については、急速小倉表へ申し遣わし詮議して確報を得たうえで、説明する旨。
289	〃 8・5	井上正直・松平康直・松平乗謨	パークス	本荘宗秀が老中職を免ぜられた旨（和暦七月二五日）、大坂表より申し越されたこと。
290	〃 8・5	井上正直・松平康直・松平乗謨	パークス	幕府が横須賀に造船場を建設する趣意について、このたび別紙を差し送るので、委細承知されたい旨。
291	〃 8・6	井上正直・松平康直・松平乗謨	パークス	(284)の書翰に対し、クラレンドンが退役し、役所調印の件を外国局一等書記官ステンリーに任せる旨を承知したこと。
292	〃 8・7	井上正直・松平康直・松平乗謨	パークス	薩摩・宇和島両藩主が英国公使に懇親の取扱をしたとの旨を英国側からうかがい、安心をしたこと。
293	〃 8・8	井上正直・松平康直・	パークス	将軍家相続の儀は一橋慶喜となった旨。

		松平乗謨		
294	〃 8・16	パークス	外国事務執政	昨日、品川・川崎間の往還にて、大名溝口主膳正（直溥）の従者が出会った自分の護衛の指揮士カピチン、エプリン両名を押し除けた事件があり、外国人を自国人同様恭敬するよう諭してほしい旨。
295	〃 8月	井上正直・松平康直・松平乗謨	パークス	(294)の書翰に対し、品川・川崎間の往還にて溝口主膳正従者が英人に無礼を働いた件につき、万石以上以下へ別紙のごとく諭達し、礼譲を守るよう取り計らいたい旨。
296	〃 8・27	井上正直・松平康直・松平乗謨	パークス	将軍家茂が大坂表にて死去の旨。
297	〃 8・29	井上正直・松平康直・松平乗謨	パークス	(221)の書翰について、本年三月一日付の宿寺立ち入りに関するこの書翰は、文意行き違いの廉もあるので、このたび差し戻したい旨。

※(183)書翰について、英国史研究書のデータには、パーマストン首相の死亡日は一八六五年一〇月一八日とある。

表7　老中と仏国公使との往復書簡（『続通信全覧』編年之部（雄松堂出版）より作成）

No.	年月日	差出人	受取人	内容
1	元治元6・15	板倉勝静・井上正直・牧野忠恭	ロッシュ	仏国役人が増し、住居等取立方の入費のため、洋銀引替の額はこれまで一か月三、五〇〇ドルだったものを四、〇〇〇ドルに増額する旨。
2	〃 6・15	板倉勝静・井上正直・牧野忠恭	ロッシュ	老中水野忠精が六月一一日（和暦）に京都より帰府した旨。
3	〃 6・18	ロッシュ・カション	御老中方	(1)の書翰に対し、一か月四、〇〇〇ドルずつの洋銀引替では不足であり、改善が難しい場合は本国政府へ申し達する旨。
4	〃 6・21	水野忠精・井上正直・牧野忠恭	ロッシュ	酒井忠績・板倉勝静両老中が罷免された旨。

5	元治元・6・26	水野忠精・井上正直・牧野忠恭	ロッシュ	政事総裁職松平直克が罷免された旨。
6	〃 7・3	水野忠精・井上正直・牧野忠恭	ロッシュ	今般、阿部正外が老中に、諏訪忠誠が老中格に任命された旨。
7	〃 7・19	ロッシュ	御老中	幕府の遣仏使節が帰国するにつき、申し上げたき儀あり。明日・明後日のうちに、外国奉行を我方に遣わされたい旨。
8	〃 7・24	水野忠精	ロッシュ	遣仏使節に対するフランス本国政府の横浜鎖港は成らずとの約書は、国内がいっそうの危難を増すことになるので、受け取ることはできない旨。再度本国政府へ日本の国情を伝えてほしい旨。
9	〃 7・29	ロッシュ	御老中	長州藩を攻め問うべき命があらば、軍艦を差し向け、横浜の固め方はもとより、もし騒ぎが起これば京都・江戸・大坂を伐ち平らげることも考えている旨。
10	〃 8・6	水野忠精	ロッシュ	長門・周防両国征討の儀を、数多の諸侯へ命令したことにより、同方面への軍艦差し廻しは見合わされたい旨。
11	〃 8・7	水野忠精	ロッシュ	幕府の鎖港談判使節がこのたびパリより帰帆したので、後任の遣欧使節として外国奉行星野千之と目付塚原昌義を任命した旨。
12	〃 8・8	水野忠精・阿部正外	ロッシュ	諸侯へ長州征討の命を下した折から、フランスが長州表へ出帆した軍艦はひとまず引き上げられたしとの要請。
13	〃 8・12	ロッシュ	御老中	(8)の書翰に対し、鎖港談判使節と仏国外国事務宰相とがパリで調印した内容を幕府が肯定しないのは、そもそも条約内容に相反する旨。
14	〃 8・12	ロッシュ	外国方御老中	鎖港談判使節と仏国政府との間で定めた条約を幕府が承知しないのは不都合であり、なお熟考されたい旨。
15	〃 8・12	ロッシュ	外国事務御老中	長防へ向けて発帆した仏国船を呼び戻してほしいとの幕府の要請については、熟考したい旨。

16	〃 8・12	ロッシュ	外国方御老中	長防へ向けて発帆した軍艦を引き上げる件については、明日か明後日にアテミラル方より音信があるはずの旨。
17	〃 8・12	カション	外国方御老中	仏国養蚕に大きな損失があり、蚕を取り寄せたいので、蚕卵紙一万枚を世話してほしい旨。
18	〃 8・25	水野忠精・阿部正外	ロッシュ	今般、本荘宗秀が老中に任ぜられた旨。
19	〃 9・3	水野忠精	ロッシュ	来意の趣了承し、来る九月六日（和暦）に牧野忠恭宅で面会したい旨。
20	〃 9・3	水野忠精	ロッシュ	老中阿部正外が八月二九日（和暦）に品川沖を発船し、上京の途についた旨。
21	〃 9・6	ロッシュ	大君殿下（将軍家茂）	朝廷と幕府との外国への考え方がそれぞれ違う状況のなかで、長州藩が横浜鎖港を白すに至り、切に条約勅許を願うため天皇に周旋ありたい旨。
22	〃 9・7	水野忠精	ロッシュ	長州藩による外国船砲撃事件の賠償金は幕府が支払う旨。
23	〃 9・9	ロッシュ	御老中	(22)の書翰に対する礼状。生糸が横浜に廻送されない状況に対し、吟味を願う旨。
24	〃 9・11	ロッシュ	御老中	今般帰港した仏・英・蘭国軍艦へ長州人（八人）が乗り込み、当港へ来たので、彼らに船便を貸与しないよう申し付けた旨。
25	〃 9・11	水野忠精	ロッシュ	外国船に乗り込んだ長州人八人は、その地の奉行に引き渡すよう要請。
26	〃 9・14	水野忠精	ロッシュ	(23)の書翰に対し、横浜に生糸が廻送されるよう、なおその筋に命じる旨。
27	〃 9・15	水野忠精	ロッシュ	井上正直が老中を罷免され、牧野忠恭が外国事務取扱を免ぜられ、阿部正外が外国事務取扱を命じられた旨。
28	〃 9・18	ロッシュ	御老中	絹糸が追い追い横浜へ廻送されるようになり、安堵した旨。
29	〃 9・晦日	水野忠精	ロッシュ	仏国公使館・各港領事館・一時渡来の士官のための洋銀引替を、期限後もさらに六か月延長する旨。

30	元治元・10・3	水野忠精・阿部正外	ロッシュ	九月二二日（和暦）に若年寄酒井忠毗が出張のみぎりに、其許（ロッシュ）と取り交わした約書の趣は承知した旨。
31	〃 10・16	ロッシュ	御老中	酒井忠毗と各国公使との間で取り定めた条約を、幕府が承知したことを了解した旨。
32	〃 10・16	ロッシュ	御老中	この頃、長崎奉行がしきりに砲台を築き兵士を構えるのは、各国領事が眉をひそめることであるので、吟味を願いたい旨。また、長崎奉行（服部常純）は幕府の深意を了解していないので、別の人物と交替させてほしい旨。
33	〃 10・22	水野忠精	ロッシュ	今般、老中諏訪忠誠が外国事務取扱を命じられ、本多忠民が老中に、遠山友詳が若年寄に任ぜられた旨。
34	〃 10・25	水野忠精・阿部正外・諏訪忠誠	ロッシュ	相州大町で英国士官が殺害された事件につき、若年寄酒井忠毗に尋問を命じ、カションが報告した各国公使の存意も諒察し、オールコック帰国までには探索を遂げて報告に及びたい旨。
35	〃 10・27	水野忠精・諏訪忠誠	ロッシュ	長崎表新規砲台築造については、英蘭公使より申し立てがあり、蘭国公使より不日長崎表へ同国軍艦アムステルダム号を差し廻すので、長崎奉行の申し立てしだいで巨細の回答がある旨。
36	〃 10・28	ロッシュ	御老中	横浜に居宅を構え、附属士官の手船をつなぐ船置場をつくりたいため、場所を拡張して貸し渡してほしい旨。
37	〃 11・3	水野忠精・阿部正外・諏訪忠誠	ロッシュ	外国奉行星野千之・目付塚原昌義の両名をヨーロッパに派遣する件（11の書翰）は取り止める旨。
38	〃 11・10	水野忠精・阿部正外・諏訪忠誠	ロッシュ	勘定奉行小栗忠順が其許（ロッシュ）と面談の時に話題にした製鉄所取建と器械製造の件につき、在留のフランス人士官に技術的な支援をしてくれるよう周旋をしてほしい旨。
39	〃 11・13	水野忠精・阿部正外・諏訪忠誠	ロッシュ	横浜表において、仏国水夫が市中下賤の者と論争に及び打ち殺された事件について、探索により犯人を召し捕えて相当の刑に処し、処役人も取鎮方不行届につき相当の咎とするよう、

				神奈川奉行に命令した旨。
40	〃 11・14	水野忠精・阿部正外・諏訪忠誠	ロッシュ	横浜市街箱天社近傍に公使館建造のため地所を借り受けたい旨は了諾のこと（36の書翰に答える）。
41	〃 11・17	水野忠精・阿部正外・諏訪忠誠	ロッシュ	相州大町村において英国士官二名が殺傷された事件で、罪人党与の者は召し捕えたものの、本人の足跡は得られず、なお探索を尽くす旨。
42	〃 11・22	水野忠精・阿部正外・諏訪忠誠	ロッシュ	相州大町村での英人殺傷事件につき、罪人党与の者二名を捕えたほか、足跡の疑わしき者二名を一一月一九日（和暦）に召し捕えた旨。
43	〃 11・23	水野忠精・阿部正外・諏訪忠誠	ロッシュ	居留地所については、外国奉行柴田剛中・神奈川奉行白石嶋岡と其許（ロッシュ）との談判により治定した旨に、我らも同意のこと。
44	〃 12・1	ロッシュ	御老中	鎌倉の事件については、罪人が召し捕えられて、ひとまず安心の旨。
45	〃 12・4	水野忠精・阿部正外・諏訪忠誠	ロッシュ	新年（西暦）のあいさつ。
46	〃 12・8	水野忠精・阿部正外・諏訪忠誠	ロッシュ	すでに栗本瀬兵衛（鯤）を通じて申し入れたカノン砲一六挺をフランスに注文したいので、斡旋をお願いしたい旨。
47	〃 12・11	水野忠精・阿部正外・諏訪忠誠	ロッシュ	製鉄所建設について、ジョーライスの周旋をしてもらい、大業であるので、なお其許（ロッシュ）より同人へ取りなしを願いたい旨。
48	〃 12・24	水野忠精・阿部正外・諏訪忠誠	ロッシュ	豊前国田野浦沖碇泊の外国船に長州藩士が小船で往返した件につき、今後長州藩の者共へ私に引合等をしないよう、フランス船舶へ触れ流してほしい旨。
49	慶応元・1・1	ロッシュ	御老中	新年（和暦）のあいさつ。
50	〃 1・9	ロッシュ	御老中	外国船が私に長州の地へ出向いて、同国の人と往来するのは、不都合である旨は了解のこと。

51	慶応元・1・12	水野忠精・阿部正外・諏訪忠誠	ロッシュ	新年のあいさつに対する礼状。
52	〃 1・12	水野忠精・阿部正外・諏訪忠誠	ロッシュ	昨年一〇月二二日（和暦）に鎌倉鶴岡八幡宮門前において、外国人二名が殺害された事件について、一一月に外国人遊歩地内に探索向の触書を達した旨。
53	〃 1・24	水野忠精・諏訪忠誠	ロッシュ	昨日英・蘭両国公使が出府し我らと面談したとき、ヨーロッパのうちある一国に軍器を注文する代わりに、日本産の生糸を幕府が買い上げてその国へ送るという案の風説を聞き、その実否やいかにと承りたい旨。
54	〃 1・25	水野忠精・諏訪忠誠	ロッシュ	老中阿部正外が一月二〇日（和暦）に陸路上京の途についた旨。
55	〃 1・29	水野忠精・酒井忠毗（若年寄）	ロッシュ	横須賀製鉄所建設についての約定書を添えるので、落手されたい旨。
56	〃 2・7	水野忠精・諏訪忠誠	ロッシュ	今般、酒井忠績が大老に任ぜられた旨。
57	〃 2・18	水野忠精・諏訪忠誠	ロッシュ	条約締結国以外の外国の者が日本の開港場に来て商業を営むならば、厳しく取締を行ってほしい旨。
58	〃 2・23	ロッシュ	御老中	仏国外務大臣トレンテルイスより、駐日公使ロッシュへ送られた日本の蚕卵紙一、五〇〇枚をフランスへ回してくれたことに対する、老中への礼状。
59	〃 3・2	水野忠精・諏訪忠誠	ロッシュ	今般、海陸器械製造掛浅野氏祐をフランスへ使節として派遣することになったので、周旋を願いたい旨。
60	〃 3・9	水野忠精・諏訪忠誠	ロッシュ	仏国公使館を江戸御殿山へ建てたいとの要望について、幕府に不都合な点があり、治定しだい申し入れる旨。
61	〃 3・10	水野忠精・諏訪忠誠	ロッシュ	長州藩外国船砲撃事件の処理のため、下関または内海の一港を開くか、それとも償金を支払うかの件については、幕府は償金を支払うことにしたいが、六度の支払いのうち一度目は六月中に支払い、次は来年六月の支払いにしてほしい旨。

62	〃 3・12	水野忠精・諏訪忠誠	ロッシュ	(58)の書翰に対し、蚕卵紙の件は了解の旨。
63	〃 3・16	水野忠精・諏訪忠誠	ロッシュ	老中阿部正外が三月八日（和暦）に京都より帰府した旨。
64	〃 3・19	ロッシュ	御老中	老中から各国公使に送られた書翰に、江戸在留のことについて記載上の誤りがある旨。
65	〃 3・20	水野忠精・阿部正外・諏訪忠誠	ロッシュ	過日依頼した貨幣鋳造の機械につき周旋を願いたいことと、仏国滞在中に池田長発が頼み入れた銕船は見合わせる旨を栗本瀬兵衛より申し入れたので、本国政府へ申し越されたいこと。
66	〃 3・20	ロッシュ	外国事務御老中	(57)の書翰に対し、条約外の外国人を退去させる件については、我らの行うべき筋ではなく、幕府が神奈川奉行に命じて仏国領事らと会合し、同意決定をなすべきである旨。
67	〃 3・26	水野忠精・阿部正外・諏訪忠誠	ロッシュ	(64)の書翰に対し、米国に送った書翰については、文中に書き損じがあるので、返却するよう書翰で申し送った旨。
68	〃 3・26	ロッシュ	閣老中	(61)の書翰の旨は了承。償金の渡し方については、来年六月の後は三か月ごとに支払うという心得でいる旨。
69	〃 3・29	ロッシュ	御老中	(65)の書翰の旨は了解。今度、和炳器械を取り立てるについては、自分も申したいことがあるので、小栗忠順を我方によこしてほしい旨。
70	〃 4・2	阿部正外・諏訪忠誠	ロッシュ	老中水野忠精が日光山へ赴く旨。
71	〃 4・10	ロッシュ	御老中	日本人をフランスに派遣する件について、浅野氏祐が病気につき、願わくは柴田剛中を派遣されたい旨（59の書翰に関連）。
72	〃 4・16	阿部正外・諏訪忠誠	ロッシュ	今般、稲葉正邦が病気につき老中を免ぜられ、松平康直が老中職に任ぜられた旨。
73	〃 4・17	阿部正外・諏訪忠誠	ロッシュ	外国船が長防州海峡へ行き、武器その他を売り渡しているとの風聞があり、将軍の長州への親征が決まった折、深く注意されたい旨。

74	慶応元・4・22	阿部正外	ロッシュ	今般、牧野忠恭・諏訪忠誠両名が病気につき、老中職を免ぜられた旨。
75	〃 4・25	阿部正外	ロッシュ	老中水野忠精が、四月二二日（和暦）に日光山より江戸に帰府した旨。
76	〃 4・26	水野忠精・阿部正外	ロッシュ	公使館・領事館および一時渡来の士官入用のための洋銀引替は、洋銀相場が一定しない状況により、期限となった今からさらに六か月延長する旨。
77	〃 4・28	水野忠精・阿部正外	ロッシュ	老中松平康直が外国事務を命じられた旨。
78	〃 5・5	水野忠精・阿部正外・松平康直	ロッシュ	仏国への使節について、浅野氏祐が病気のため、代わりに外国奉行柴田剛中を派遣したい旨。
79	〃 5・7	ロッシュ	御老中	(78)の書翰の旨は了承。ついては、柴田剛中の役名と出帆日限等を知らせてほしい旨。
80	〃 5・14	水野忠精・阿部正外・松平康直	ロッシュ	(79)の書翰の旨は承諾。柴田剛中は練兵術伝習および駐日フランス人の厚意への謝詞を述べるための全権であり、出帆日は本日より一〇日前後を過ぎない日程にしたい旨。
81	〃 5・15	水野忠精・阿部正外・松平康直	ロッシュ	将軍家茂は、長防追討のために明一六日に東海道筋に向け出発する旨。
82	〃 閏5・2	水野忠精	仏国外務大臣	仏国への使節として柴田剛中を派遣するので、諸事周旋ありたしとの旨。
83	〃 閏5・2	水野忠精	仏国外務大臣	仏国へ注文したカノン砲一六挺が発送されたことへの礼状。
84	〃 6・13	水野忠精	ロッシュ	外国船の内密売買を取り締まるため、大坂湾碇泊の翔鶴・黒龍の二隻の軍艦を下関に派遣し、瀬戸内海を見廻らせる旨。
85	〃 6・14	水野忠精	ロッシュ	仏国側から幕府へ忠告ありたいとの書翰の旨は了承し、外国奉行山口直毅と栗本瀬兵衛を豆州熱海まで派遣したい旨。
86	〃 6・24	仏国ミニストル（ロッシュ）	なし（幕府）	一八六七年五月一日にパリで万国博覧会が催されるため、幕府にも出品してほしい旨を国王より命じられ、これを山口直毅・栗本瀬兵衛両名に伝えたので、速やかにご返答ありたい

				こと。
87	〃 6・27	水野忠精	ロッシュ	長州藩下関砲撃事件の償金として、この節フランスほか三か国へ、幕府より五〇万ドルラルを外国奉行に命じて支払わせる旨。
88	〃 7・2	水野忠精	ロッシュ	(86)の書翰に対し、パリ万国博覧会に幕府より出品ありたいとの旨は了解すること。
89	〃 7・2	ミニストル(ロッシュ)	外国掛老中	蚕卵紙の自由売買を幕府に求める旨。
90	〃 7・7	水野忠精	ロッシュ	横浜在留の外国人取締について、神奈川奉行へフランスおよび各国公使に相談するよう命じた旨。
91	〃 7・16	水野忠精	ロッシュ	外国商人より買入方に不都合の訴えのあった蚕卵紙の自由売買を許可することを、神奈川奉行に命じた旨。
92	〃 7・17	水野忠精	ロッシュ	蚕卵紙一万五、〇〇〇葉を幕府よりフランス政府へ贈る旨。
93	〃 7・19	ロッシュ	水野忠精	(92)の書翰について、蚕卵紙を送られることへの礼状。幕府がアラビア馬を育てたい希望に対しては、外国方仏国公使へ飛脚船で伝達したい旨。
94	〃 8・2	水野忠精	ロッシュ	煎海鼠・干鮑・鱶鰭売買については、九月二〇日(和暦)より他品同様自由売買を許可することを三港奉行に命じた旨。
95	〃 8・6	水野忠精	ロッシュ	七年前に仏国人ロレロの召使の中国人を殺害した浪士小林忠雄を、横浜表において死刑に処する旨。日限については神奈川奉行より其許(ロッシュ)へ報告がある旨。
96	〃 8・27	阿部正外・松平康直	ロッシュ	山口直毅・栗本瀬兵衛を熱海に派遣して仏国側に幕府の国情を説明したいきさつは、大目付黒川盛泰が瀬兵衛と同行し、将軍家茂に言上した旨。長州処罰が決着するまで、貴国政府(フランス)に切迫の挙のないよう周旋ありたいこと。
97	〃 9・1	ミニストル(ロッシュ)	御老中	英・米・蘭三か国政府より横浜在留の三公使へ、下関一件についての書翰が届き、自分も三公使と談判したいので、その前に外国方役人を一名横浜へ派遣してほしい旨。

98	慶応元・9・1	ミニストル（ロッシュ）	御老中	幕府より贈られた蚕卵紙一万五、〇〇〇葉は、一昨日船で積み送った旨。幕府がアラビア馬の畜殖を希望する旨は、本国政府に申し送ること。
99	〃 9・1	ミニストル（ロッシュ）	御老中	幕府が仏国より購入したカノン砲一六挺および砲台火薬の代銀は、仏国士官フリヘラルが立て替えて本国政府へ納めたので、その手形を送りたい旨。また、柴田剛中が買い求めている製鉄所器械も、本国政府より速やかに調達する旨。
100	〃 9・3	水野忠精	ロッシュ	(97)の書翰に対し、本日、山口直毅・栗本瀬兵衛両名を横浜に派遣する旨。
101	〃 9・4	水野忠精	ロッシュ	公使館・各港領事館・一時渡来の仕官の入用のための洋銀引替が期限を過ぎたが、洋銀相場が平一とならないため、さらに六か月延長する旨。
102	〃 9・5	水野忠精	ロッシュ	(99)の書翰に対し、フリヘラル氏が立て替えたカノン砲および砲台火薬の代金手形が同封されていなかった旨。また、柴田剛中を通じて仏国に注文した製鉄器械も、速やかに調達してほしい旨。
103	〃 9・6	水野忠精	ロッシュ	(98)の書翰に対する返礼。仏国政府に依頼したアラビア馬の件はよろしくとの旨。
104	〃 9・16	ミニストル（ロッシュ）	在坂の老中	条約勅許の談判のため、仏・英・米・蘭四か国公使が上坂したい旨。その日限については、カションに談判するよう命じてある旨。
105	〃 9・19	ロッシュ	御老中（在坂）	このたびカションを大坂に派遣し、議すべき大事件についての所信を述べさせる旨。また、申し落としがあってはまずいので、別紙に口達書を付ける旨。
106	〃 9・20	水野忠精	ロッシュ	文久三年に池田長発らを仏国に派遣したときの使節入費が一万三、二八三ドル七セント余り、仏国通訳官ブレッキマンの預かりになっているので、このたびの使節柴田剛中に受け取

				りを命じた旨。ただし、蘭国公使報告の趣もあるので、ブレッキマンの査糺を要請する旨。
107	〃 9・28	ロッシュ	御老中(在坂)	天子（孝明天皇）が今より一〇日のうちに条約勅許を下さなければ、四か国公使は待つことに堪えず、日本と外国との戦争に至るべし。得と天子を諭し上げるよう周旋してほしい旨。
108	〃 10・4	ロッシュ	御老中	長州藩砲撃事件の償金の三分の二を減額する代償として、①兵庫または大坂港を一八六六年一月一日に開港すること、②条約勅許、③輸入品の関税を五パーセントに定め、例外の品も一割以内とすること、を提案。
109	〃 10・7	本荘宗秀・松平康直・小笠原長行	ロッシュ	条約勅許が下った旨。兵庫開港は許可されなかったこと。税改方については委細承諾したこと。
110	〃 10・11	ロッシュ	御老中	条約勅許が下ったことへの礼状。
111	〃 10・15	水野忠精	ロッシュ	(110)の書翰に対し、在坂老中と各国公使との談判の旨了解。
112	〃 10・17	水野忠精	ロッシュ	条約勅許の儀は、一〇月一四日（和暦）に諸大名その他へも触れ示した旨。
113	〃 10・17	水野忠精	ロッシュ	今般、阿部正外・松前崇広両名が老中を罷免された旨が、大坂表より申し越されたこと。
114	〃 10・21	ドロワイン＝デリュイス	水野忠精	柴田剛中を仏国へ派遣するにあたり、海軍および軍旅ミニストルへすでに引き合わせた旨。
115	〃 10・28	水野忠精	ロッシュ	条約勅許が下ったことで、攘夷派勢力がますます過激な行動に出ることも考えられるので、用心ありたしとの旨。
116	〃 10・28	水野忠精	ロッシュ	長州藩砲撃事件の償金支払いについては、このたび長州征伐のための出費が多く、兵庫開港を取り決めた年月まで支払いを猶予してほしい旨。
117	〃 11・9	ロッシュ	御老中	急用で談話をもちたいので、明一〇日に外国奉行のうち一人を自分の居館まで派遣してほしい旨。

118	慶応元・11・15	水野忠精	ロッシュ	西暦での新年を祝う言葉。
119	〃 11・17	水野忠精	ロッシュ	板倉勝静が老中職に任ぜられた旨が大坂表より連絡があったこと。
120	〃 11・19	水野忠精	ロッシュ	今般、酒井忠績が大老職を罷免された旨。
121	〃 11・20	水野忠精	ロッシュ	今般、松平康直が老中職に復任され、外国事務を命じられた旨。
122	〃 11・29	水野忠精・松平康直	ロッシュ	パリへ派遣した柴田剛中へ申し付けた製造器械は、オランダへ派遣した肥田浜五郎が買い入れる由であるので、早々パリへ申し達しを願いたい旨。
123	〃 11・29	本荘宗秀	ロッシュ	過日横浜の館へ赴いたときの接待に対する礼状。
124	〃 12・1	水野忠精・松平康直	ロッシュ	今般、井上正直が老中に復職して外国事務を命じられ、本荘宗秀は外国事務を大坂表において命じられた旨。
125	〃 12・2	水野忠精・井上正直・本荘宗秀・松平康直	ロッシュ	米国で製造された軍艦富士山が近日渡来するので、横浜へ廻送させ、仏国の船将に乗船してもらい、幕府の仕官と共に仏国海軍の規律を施行・教導してもらうことを希望する旨。
126	〃 12・7	ロッシュ	なし	箱館表にある立広作という者を横浜表の通弁官としたいこと。幕府軍艦富士山へ乗り込ませる船将も決定していること。パリ万国博へ出品する品物および用意を、なるべく早く取り計らってほしいこと。老中・若年寄その他重き役人の叙任転遷の知らせが遅延ぎみなので、速やかに通達ありたいこと。
127	〃 12・20	水野忠精・松平康直	ロッシュ	今般、本多忠民が病気により老中を罷免された旨（和暦一〇月二五日）。
128	〃 12・20	水野忠精・松平康直	ロッシュ	本日（一二月二〇日）、井上正直が上坂の途についた旨。
129	〃 12・21	水野忠精・松平康直	ロッシュ	三兵伝習については、すでに生徒は人選してあり、仏国から教師が渡航ししだい開くことができること。教師については各自持論を主張する者がいては居り合いが悪くなるので、総括できる教師を一人派遣してくれるよう、本国政府に依頼し

				てほしい旨。
130	〃 12・23	水野忠精・井上正直・松平康直	ロッシュ	(126)の書翰に対し、立広作の件は承知。軍艦富士山へ乗り込ませる船将の件も承知。パリ万博への出品も準備中である旨。老中・若年寄等人事は速やかに知らせるように努めたい旨。
131	〃 12・26	水野忠精・松平康直	ロッシュ	先年、英・仏・米・蘭各国公使と外国奉行柴田剛中・神奈川奉行白石嶋岡が取り交わした横浜居留地規則について、このほどブルガリア（孛）・スウェーデン（瑞）両国領事が異存を申し立てているので、改正方は神奈川奉行に委任する旨。
132	〃 12・28	水野忠精・井上正直・松平康直	ロッシュ	パリへ預けておいた幕府の残金につき、柴田剛中の附属仕官より当地において問答したところ、ブレッキマンより金子を預かった者はいないとの回答であったので、その模様によっては追ってこちらから申し入れる場合もある旨。
133	〃 12・28	水野忠精・松平康直	ロッシュ	下関砲撃事件償金の三度目の五〇万ドルの支払いを、別紙の通り勘定奉行へ命じた旨。
134	慶応2・1・1	ロッシュ	御老中	新年（和暦）のあいさつ。
135	〃 1・7	水野忠精・松平康直	ロッシュ	(134)の書翰に対する礼状。
136	〃 1・14	ロッシュ	御老中	(106)、(133)の書翰に対し、パリへの幕府使節に随行したオランダ人通弁官ブレッキマンが起こした会計上の不法について、ブレッキマンはオランダ領事館附属の者であり、同領事館へ問い合わせたところ、ブレッキマンへはオランダ本国で罪科を糺明するとの回答であった旨。
137	〃 3月※	水野忠精・松平康直	ロッシュ	(136)の書翰に対し、会計上不正のあったブレッキマンへの金銭の取り立て方については、なお其許（ロッシュ）にも注意していただくよう頼み入ること。このほど、オランダ領事へも別紙書翰を送ったので、其許よりもオランダ領事へ然るべき伝説をしてほしい旨。
				パリ万博に幕府が出品することについて、派遣する人々へは

138	慶応2・1・18	仏国の評議役兼惣括の委任　ロンブレイ	水野忠精	適切なる指揮を与えてほしいこと。博覧会の節、幕府の名代としてバロン＝ジュレー＝デ＝レセブらを選んでくれたことは、大いに悦ぶところである旨。
139	〃　1・18	一八六七年博物会の惣督　バロン＝ジュレー＝デ＝レセブ	水野忠精	パリ万博の惣督に自分が任命されたので、諸件尽力すべしとの内容。
140	〃　1・19	水野忠精・松平康直	ロッシュ	仏国人フロリヘラルトに、日本人渡航の際の難破船取扱方や武器・器械等取扱方を申し渡すので、其許（ロッシュ）より本国外国事務大臣へ周旋を頼みたい旨。
141	〃　2・12	水野忠精・松平康直	ロッシュ	将軍家より仏国政府へ贈る品は、延引ながら今般発送する旨。
142	〃　2・12	水野忠精・松平康直	仏国外国事務大臣	将軍家より仏国政府へ贈る品は、在留仏国公使（ロッシュ）へ届方周旋を依頼した旨。
143	〃　2・12	水野忠精・松平康直	仏国外国事務大臣	外国奉行柴田剛中がフランスより帰国した旨。
144	〃　2・25	水野忠精・松平康直	ロッシュ	公使館・領事館および一時渡来の士官入用のための洋銀引替は、洋銀相場が一定しない状況により、期限となった今からさらに六か月延長する旨。
145	〃　2・28	水野忠精・板倉勝静・井上正直・本荘宗秀・松平康直・小笠原長行	ロッシュ	下関砲撃事件の償金の四度目・五度目・六度目の支払いについては、方今、長州征伐につき軍費が莫大に嵩むので、期限を猶予してほしい旨。
146	〃　2・28	水野忠精・松平康直	ロッシュ	日本の諸侯・領民とも、開港場において勝手売買を認めることは、別紙の通りに国内に達した旨。
147	〃　3・2	水野忠精・松平康直	ロッシュ	横浜表近郊における遊猟発砲の外国人は、神奈川奉行より通告があったにもかかわらず、いまだ廃絶に至っていないので、普く布告ありたしとの旨。
148	〃　3・12	水野忠精・松平康直	ロッシュ	横須賀製鉄所築造のために招聘した仏国二等士官レノーエスクワイルは、横浜表に赴いたみぎりにわかに病気になり、三月二日（和暦）に死亡してしまった旨。

149	〃 3・25	水野忠精・松平康直	ロッシュ	期限に至った公使館・領事館・一時渡来の仕官入用のための洋銀引替を、なお六か月延長する旨。
150	〃 3・29	バロン=ジュレー=デ=レセブ	水野忠精	パリ万博への幕府出品の諸手配については、仏国総領事もよく知るシエウリオンを推挙する旨。
151	〃 4・5	水野忠精・松平康直	ロッシュ	神奈川港内で海軍伝習に用いている軍艦富士山をこのたび大坂表へ廻送したいので、伝習方教師も乗り組んだまま廻送してもよいかどうか、回答をいただきたい旨。
152	〃 4・7	ロッシュ	御老中	(151)の書翰に対し、軍艦富士山に乗船の教師バリーほかの三等士官を他港へ差し遣わす権限はこちらにないので、大坂表へ派遣することはお断りする旨。
153	〃 4・13	水野忠精・松平康直	ロッシュ	今後、日本人が海外へ渡航する場合は幕府より免許の印章を与え、あらかじめその印章を仏国政府へ送るので、日本人渡航の際は照合ありたしとの旨。
154	〃 4・15	水野忠精	モツシユール=フロリヘラルト	パリ万博に関して、仏国人ゼレプレイおよびバロン=ジュレー=デ=レセブより自分に書翰が送られてきたので、両名へ返翰を差し遣わしたく、届方を頼みたい旨。
155	〃 4・15	水野忠精	ゼレプレイ	(138)の書翰に対し、パリ万博へ幕府が出品する際の周旋方としてレセブを惣督に、フロリヘラルトを補佐役に任じられたことは了解のこと。すなわち報告の趣もあるので、自分から両氏へ返翰を送りたい旨。
156	〃 4・15	水野忠精	仏国博覧会惣督レセブ	(139)の書翰に対し、博覧会への出品方は幕府の士官は不慣れなため、然るべき周旋方を頼みたい旨。
157	〃 4・22	水野忠精・松平康直	ロッシュ	今般、稲葉正邦が大坂表において老中に任ぜられた旨。
158	〃 5・1	ロッシュ	御老中	改税条約の余事に煩わしい内容があり、これらを論ずることは条約への妨害となるのみならず、各国との争端が起こることも防ぎたいので、迅速に条約を確定し諸般の整理を望む旨。
				今日午前九時と定めた会合を、午後三時に遅らせてほしい旨。

159	慶応2・5・3	ロッシュ	外国事務老中	メルメ＝カションが不快につき、小栗忠順または朝比奈昌広を訳官塩田三郎同道のうえ、自分の方へ遣わしてほしい旨。
160	〃 5・9	水野忠精・松平康直	ロッシュ	今般、神奈川・長崎・箱館三港に建築すべきエントレホット規則取り扱いは、三港奉行へ引き受けさせる旨。
161	〃 5・12	水野忠精・松平康直	ロッシュ	老中井上正直が大坂表より江戸に帰府した旨。
162	〃 5・27	水野忠精・井上正直・松平康直	ロッシュ	かねて依頼した陸軍伝習の教師が和暦六、七月に来着する由であったが、いつ来着するのか期限をうかがいたい旨。
163	〃 6・4	ロッシュ	閣下	イタリア国使節が在留中に幕府と同国との条約を結ぶ談判のために、メルメ＝カションに出府を命じたこと。イタリア国とは、孛漏生（プロシヤ）と同一の条約を承諾すれば、速やかに条約を取り結ぶことを勧める旨。
164	〃 6・13	ロッシュ	御老中	今度、イタリア軍艦が自分と共に長崎表へ出向くにつき、留守中この件について難しい事件を発しないために、メルメ＝カションを横浜に残し置く旨。
165	〃 6・27	井上正直・松平康直・松平乗謨	ロッシュ	仏国より派遣される三兵調練教師の給料は、一か月に付、上等の者三七五両、中等の者一五〇両、下等の者三七両とし、出立支度代として、上等の物へ六、〇〇〇フラン、中等の者へ四、〇〇〇フラン、下等の者へ二、〇〇〇フランずつを支給する旨。
166	〃 7・2	井上正直・松平康直・松平乗謨	ロッシュ	これまで其許（ロッシュ）が我国のために種々周旋してくれたお礼に、具足一領を贈る旨。
167	〃 7・6	水野忠精・松平康直	ロッシュ	伯耆守（本荘宗秀）上坂の折、其許（ロッシュ）より将軍家茂へ小銃を献上された返納としての品を贈る旨。
168	〃 7・10	ロッシュ	宰相御老中	西海寺の脇地所へ仏国公使館を建てることは、莫大の不都合があると聞き、取り止める代わりに、去年横浜に仏国政府の入用で公使館幷びに運上向の領事館を建て、また弁天公使館も建て継ぎをしたので、その合計費用四万八、〇四五ドルを

				幕府より仏国政府へ戻せば、これらは幕府の附属となるべし。
169	〃7・11	ジョルヂ=ヲーモント	水野忠精	パリ万博会場の囿園の装飾は、一切お任せ願いたい旨。
170	〃7・13	井上正直・松平康直・松平乗謨	ロッシュ	メルメ=カション氏は日本の事情を熟知し、語学伝習にも優れているので、今般の帰国は見合わせてほしい旨。
171	〃7・16	井上正直・松平康直・松平乗謨	ロッシュ	(168)の書翰に対し、仏国公使館入費・公使館増築の入費・西海寺修復共に貴意に応じ、幕府が引き受ける旨。
172	〃7・25	井上正直・松平康直・松平乗謨	ロッシュ	今般、水野忠誠が大坂表において老中職に任ぜられた旨。

※(137)の書翰について、慶応二年三月付の老中書翰がこの位置に来ているのは、ブレッキマンの会計上の不正について記した(136)の書状に直接対応する内容であり、特別に一月・二月付の書翰よりも前に配列されたものと考えられる。

三　老中罷免後の水野忠精

最後に、老中罷免後の水野忠精および山形藩の動向についてふれておきたい。

慶応元年（一八六五）一〇月政変後は、朝廷より条約勅許を得た一橋慶喜、板倉勝静・小笠原長行両老中とこれを支えた一・会・桑勢力が、幕府政治のイニシアティヴを握るようになっていた。しかし、第二次長州征討において、幕府は薩摩藩をはじめとして相次いで諸大名の出兵拒否にあってその戦力は充実せず、各地で長州軍に敗北を喫するという思わぬ展開となった。こうしたなか、慶応二年七月二〇日に大坂城で将軍家茂が病死し、幕府政治は新たな局面を迎えるに至った。幕府の威信はいよいよ失墜し、すでに盟約を結んでいた薩長両藩を中心に本格的な倒幕運動が展開されるようになり、幕府はいよいよ追い詰められることになる。

一方、老中を罷免された水野忠精は元の雁ノ間詰となったが、九月二九日には健康状態が優れないことを理由に、世子忠弘に家督を譲って隠居し、翌慶応三年三月一一日には国元山形の赤湯温泉での療養を幕府に願い出て許可され、四月一六日に山形に到着している。[20]

この年一〇月一四日に、幕府は大政奉還の上表文を朝廷に提出し、ここで全国支配権力者としての地位を放棄した。これに追い討ちをかけるように、倒幕派は一二月九日に王政復古の大号令を発令して、新政府を樹立する一方で幕府を廃止し、旧幕府勢力への挑発行為を繰り返した結果、翌明治元（慶応四）年一月には鳥羽伏見の戦いが起こり、一連の戊辰戦争が始まる。

鳥羽伏見の戦いは、新政府軍の劇的な勝利に終わり、旧幕府軍総大将の徳川慶喜は江戸で朝廷に恭順する意向を示したが、慶喜と行動を共にしていた会津藩主松平容保はなおも抗戦する姿勢を崩さず、同年二月二二日に国元会津に帰り軍隊の洋式化を断行した。この会津藩の動向に出羽庄内藩も同調して、四月一〇日に奥羽越列藩同盟の伏線となる会庄同盟が結ばれた。

こうしたなか、新政府は山形藩主水野忠弘と父忠精に上京を命じ、父子は四月二一日に江戸を発ち、閏四月一二日に京都に到着、同月二八日に参内したが、その後長らく京都に軟禁状態にされてしまった。[21]忠精父子が軟禁された理由については、今後検討を加えなければならないが、何といっても忠精は二年前まで老中職にあって幕府政治の中枢を担っていた人物であり、またその情報収集において明らかになったように、列藩同盟の中心となった米沢藩（上杉氏）とは密接な連携関係をもっており、新政府が、忠精が国元にいることで発揮されかねない政治的影響力を恐れたことがまず考えられる。

一方、藩主不在となった山形藩は、新政府から派遣された奥羽鎮撫使軍とこれに敵対する庄内藩との狭間で、はっきりとした態度を決めかねて、右往左往することになった。閏四月四日に庄内藩が新政府側に加担した天童藩を最上川を渡河して攻撃した際、山形藩は新政府軍の先鋒となって庄内藩と戦い、大久保伝平以下二〇余名の戦死者を出したといわれる。しかし、翌五月に奥羽越列藩同盟が結成されると、今度は一転してこれに参加している。藩主不在のなか、国元では弱冠二六歳の家老水野元宣（三郎右衛門）が藩の命運を背負って苦悩していた。[22]

しかも、六月になり列藩同盟の結束に不安が生じてくると、同盟各藩がお互いに疑い合うようになり、特に山形藩と天童藩は疑われた。そこで、水野元宣は山形藩士志賀浅右衛門を京都に潜行させ、密かに藩主父子の命令を受けようとした。志賀は六月末に忠精・忠弘父子の親書を持って山形に戻った。この親書によると、藩主父子は国元の形勢が切迫して朝廷に反抗するような事態になったとはいえ、その不敬の罪は逃れることができないのだから、時機を見て朝廷尊奉の道が立つように取り計らうべきである。詳しくは浅右衛門に申し含めておく、という内容の文書であった。しかし、実際に浅右衛門が水野元宣に報告したのは、この上はいかようにも奔走して大藩に依頼し、山形城邑を保全するよう努力されたい。これを文書に書き表しては万一新政府軍に発見されないとも限らないから、文面は朝廷尊奉を記すように、というものであった。これにより、元宣はいよいよ新政府軍と一戦を交える決意をし、戦費と武器の準備にとりかかったといわれる。[23]

山形藩は、同盟側として主に近隣の米沢藩や庄内藩に協力するかたちで、早くから同盟を離脱して新政府側についた秋田藩をはじめとする新政府軍と各地で戦闘を行った。しかし、近隣の新庄藩が同盟を離脱して新政府側についたことなどにより、同盟軍はいよいよ不利な状況に追い込まれた。一方、新政府軍は東北戦争が冬まで続けば雪の中での作戦は困難になり、また日本全国には佐幕派大名も多くあるので、冬を迎える前に奥羽・北越の平定をすべく兵力を増強し、六月上旬に陸奥白河城を奪取、同月二四日に棚倉城を落城させ、二六日には三春藩を降伏させ、二九日には二本松城を落城させている。[24] 九月一一日に米沢藩が新政府軍に正式に降伏を申し入れたことにより、山形藩も降伏の決意を固め、同月二〇日に家老水野元宣は上の山・天童両藩の使者と共に二本松の新政府軍本営に出向いて降伏嘆願書を提出した。[25]

こうして山形藩は新政府軍に降伏し、その処罰を待つことになった。同年一〇月には、忠弘と隠居の忠精は謹慎を命じられている。翌明治二年（一八六九）一月一二日に忠精父子の謹慎は解かれたが、五月には新政府の軍務局から戊辰戦争における各藩の首謀者への処分が発令された。山形藩においては、実質的に藩軍を指揮した家老水野元宣が同月二〇日に刎首の刑に処せられている。(26)藩主父子不在のなかで、新政府と列藩同盟との狭間にあって若年ながら藩の舵取りをしなければならなかった元宣は、その罪を一身に負わされる結果となった。

明治三年五月九日、山形藩水野家は山形の領地を没収され、近江国朝日山五万石に移封となり、忠弘は一一月晦日に朝日山藩知事に任ぜられ、同藩は翌四年七月一四日に廃藩となっている。

忠精は明治期に入ると、前掲のように新政府に命じられて息子忠弘と共に上京した一時期と、病気療養のために地方に赴くことがあったほかは、ほとんど東京での生活を続けている。山形赤湯温泉での療養後の明治元年三月二九日には東京青山に仮住居し、一〇月八日には三田邸に移っている。明治七年（一八七四）三月五日には三田とほど近いところにある芝田町三丁目邸に引っ越している。同年六月一〇日には新政府より教導職を命じられて中講義に補せられ、同月には神宮仮事務所総裁を命じられている。ところが、明治一七年（一八八四）に忠精はコレラに罹り、五月八日に死亡し、五三歳の生涯を閉じたのである。(27)

おわりに

本章では、慶応元年（一八六五）の一〇月政変により、政治路線を同じくする阿部正外・松前崇広両老中が罷免されても、水野忠精はなおもその後約八か月にわたり老中職を続行した理由として、激動の政治情勢のなかで閣老が次々と短期間に辞職していくなかでの人材枯渇の事態があったこと、そして実務面では特に、差し迫った外国側との間の関税などの重要な内容を取り決める江戸協約の調印をはじめとする外交面の諸政策の遂行の任務を、その最たる適任者として忠精が任されたことなどを指摘した。

ここでいう人材枯渇の状況については、忠精の老中在職期間の二度にわたる将軍家茂上洛と、これに関わる庶政委任問題や朝廷に攘夷決行を約束したうえでの横浜鎖港問題、外国側の示威行動に対応する条約勅許や兵庫開港問題など、困難な問題が山積し、幕閣内のたび重なる派閥抗争により老中・若年寄が短期間に激しく入れ替わる現象が起きていることによるものであることは、第一章一節の表1・表2を参照しても一目瞭然であろう。こうしたなかで、水野忠精が四年三か月という比較的長期にわたって老中職を存続したのは、ひとつには将軍家茂の信任の厚い彼が、この時代の人材枯渇の現象をある程度埋め合わせる重要な役割を負っていたということが指摘できる。

また、忠精が担った外交問題については、幕府において慶応元年四月一一日に将軍家茂が長州征討のために江戸を進発する旨が伝えられ、阿部正外・松平康直両老中がこれへの随行を命じられると、江戸における外交事務は、同年一一月までの約七か月間は忠精にその窓口がほぼ一本化されるかたちで展開したことがまずあげられる。外交上の案件については、慶応元年の一〇月政変後、忠精は若年寄酒井忠毗と共に諸外国との税則改訂交渉を任され、同年一一月に忠毗が罷免されると忠精に一本化されるかたちで翌年五月の江戸協約調印にまでこぎつけている。その他、忠精が中心となって取り組んだ外交問題としては、イギリスから強く問題提起された、横浜に国産生糸が充分に集荷されずに対英輸出が滞っている状況、フランスに技術的支援を要請しての横須賀製鉄所築造問題、フランスよりの要請に応えて幕府が出品することになったパリ万国博覧会について、忠精が幕府の窓口となって交渉を進めたことなど、多くの案件があげられる。

忠精が老中を罷免された約一年半後の明治元年（慶応四年）二月には、老中制度そのものが終焉する。

（1）　田辺太一『幕末外交談』、四五三～四五四頁。

（2）鵜飼政志『幕末維新期の外交と貿易』、一三三～一三七頁。

（3）前掲註（1）『幕末外交談』には、「幕府これ《(税則改訂の交渉)》を勘定奉行兼外国奉行小栗上野介《(忠順)》に任じて其応接にあたらしめたり、（中略）小栗の為人は、曽て聞し所なりしが、今親しく其外人に接するの状を目睹して、其才の敏なると其胆の壮なると、又我国産茶業繭糸の製造より、其市場に聚散するの情況等に諳熟なるには、実に感服の外なかりき」とあり、この時期に小栗の部下として働いていた筆者の田辺太一が直に接した印象が述べられている（同書、四五五頁）。

（4）『続通信全覧』編年之部一〇（雄松堂、一九八四年）、五八八～五八九頁。

（5）同右、六一七頁。

（6）同右、六一九頁。

（7）同右、六二一頁。

（8）同右、六二三頁。

（9）同右、六〇一頁。

（10）同右、六二五頁。

（11）同右、同頁。

（12）『続徳川実紀』第四篇（吉川弘文館、一九六七年）、九三八頁。

（13）久住真也『長州戦争と徳川将軍』（岩田書院、二〇〇五年）。

（14）同右、二五二頁・二八二～二八五頁・三三七～三三八頁・三四六頁。

（15）宮地正人編『幕末京都の政局と朝廷』（名著刊行会、二〇〇二年）、三二六～三二七頁。

（16）岡山大学附属図書館所蔵『池田家文庫』S六―八三八―四七（慶応元年一一月二〇日）。

（17）『続通信全覧』編年之部七、五二〇～五二一頁・七二三頁。同八、九三頁・二六一頁。同九、六九頁・一七一頁。
ちなみに、ロシアに対する老中文書に関しては、管見の限りでは史料が見当たらず、ここでは割愛した。

（18）オールコックが表6の（34）の老中宛書翰で明らかにした、イギリスの海上封鎖作戦の内容の全文を紹介すると、次の通りである（『続通信全覧』編年之部六、六五六～六五七頁）。

大君政府にて、目今条約に戻りて絹の商売を妨る如く、条約済各国に而江戸への廻米を妨け、或は之に限を立て、都下の人民を饑餓せしむハ甚易容なり〇若し両国間の条約交際に信を致さす、之を重せずんば、目今当国近海にある軍勢を以て、前段の処置を施すとき、何に由て之を防ぐべきや、条約済各国をして、此の如き頂上の相場に至らしめ、不得止此の如き復讎の処置をなさしむるは、御老中の趣意なるや〇大君政府にて、横浜へ絹の運送を妨くるは容易なることなれば、亦外国に而も内海の廻米及商売を妨るは正当のことにて、又之を行ふも甚容易なり

(19) 鵜飼政志『幕末維新期の外交と貿易』、一〇一頁。
(20) 塩谷宕陰『丕揚録・公徳弁・藩秘録』(北島正元校訂、近藤出版社、一九七一年)、三二六～三二七頁。児玉幸多監修・新田完三編『内閣文庫蔵・諸侯年表』(東京堂出版、一九八四年)、三六頁。
(21) 塩谷宕陰註(20)前掲『丕揚録・公徳弁・藩秘録』、三二七頁。
(22) 後藤嘉一『やまがた明治零年・山形商業史話』(郁文堂、一九六七年)、一五七頁。佐々木克『戊辰戦争』(中公新書、一九七七年)、九三～九四頁。
(23) 後藤嘉一註(22)前掲書、一五七～一五八頁。
(24) 同右、一六三～一九三頁。
(25) 同右、二二三～二三一頁。
(26) 塩谷宕陰註(20)前掲『丕揚録・公徳弁・藩秘録』、三二七頁、四〇〇頁。
(27) 同右、三二七～三二九頁。

《付編》

第九章　彦根・土浦両藩とオランダ風説書

はじめに

本書ではこれまで、老中水野忠精が中心となり展開した探索活動による風聞書を基本史料に、幕末期の情報問題について考察を続けてきたが、この章では水野家の題材を離れ、海外情報としての幕末期のオランダ（阿蘭陀）風説書の回覧ルートについて、具体例をあげて検討してみたい。

そもそも幕末期におけるオランダ風説書は、アヘン戦争を契機とする対外的危機の深化にともない、政策決定のためのニュースソースとしての重要性を増し、幕府は天保一三年（一八四二）より、従来の風説書に加えて、より詳細な世界情報を記した別段オランダ風説書の提出を、オランダ商館長に義務づけたのである。

従来、オランダ風説書については、板沢武雄・岩生成一・佐藤昌介・片桐一男ら先学諸氏の研究があり(1)、別段風説書以前の通常の風説書を編纂したものとして、日蘭学会・法政蘭学研究会編『和蘭風説書集成』上下巻があげられる(2)。

こうしたなかで別段風説書についての先駆をなすものに、安岡昭男「和蘭別段風説書とその内容」をあげることができる(3)。これは、従来のオランダ風説書に対するアヘン戦争情報伝来以降の別段風説書の定義づけを行い、弘化元年（一八四四）から安政五年（一八五八）に至る各年度の別段風説書の特徴と記事内容の概略を示し、さらに全国的な写本と刊本の一覧表を示した画期的な論文であった。安岡氏論文に続くこの問題についての課題としては、まず別段風説書がどのような経過で翻訳・作成され、これがどのような経路で回覧され、どこまでの範囲で筆写されたかの実態について解明していくことであろう。また、安岡氏論文以後も別段風説書の写本の新出のものが次々と発見されているのが現状である。

さて、最近はこうした課題を埋めるべく、新しい研究が登場している。岩下哲典『幕末日本の情報活動』[4]は、嘉永五年（一八五二）のペリー来航予告情報としてのオランダ風説書の回達経路を丹念に実証し、幕府内部や諸大名への政策面での影響について論及し、幕府・諸藩・庶民の情報活動の実態を示して、風説書研究の歩を大きく進めた。また、松方冬子氏は、近世におけるオランダ人による日本への情報提供のしかたを、風説書確立以前、通常の風説書、別段風説書、風説書の終局という段階を追って歴史的に究明し、特に通常の風説書と幕末期の別段風説書との作成のしかたの違いを明示し、風説書の作成過程についての実証的な研究成果を示した。[5]さらに、松方氏は江戸時代当時の通詞や蘭学者が訳出した従来の別段風説書とは別に、一八四〇〜五七年にバタヴィアのオランダ政庁から日本の江戸幕府に送られた別段風説書のオランダ語原文を現代の日本語に翻訳して編集し、新しいかたちでの史料紹介を行った。[6]

本章はこうした先学諸氏の研究[7]を参考に、従来研究材料として使われることのなかった彦根藩井伊家文書と土浦藩大久保・土屋両家文書のなかに残存するオランダ風説書を基本史料に、考察を進めていきたい。

彦根・土浦両藩は、幕末期においては通商条約勅許問題や将軍継嗣問題をめぐり、彦根藩は井伊政権の要として、土浦藩は水戸家との血縁関係により一橋派の立場をとって、互いに政治的に対立した一時期があった。また、本章でとりあげるオランダ風説書に大きく関わる土浦藩家老大久保要は、徳川斉昭の雪冤運動や水戸藩への密勅降下運動に参加したために、井伊政権による安政の大獄で捕えられ、安政五年（一八五八）一二月に獄中で病死したという経緯もあった。

しかし、現在両家文書をめぐっては奇妙な関係が生じている。後述するように、彦根藩井伊家文書中に土浦藩家老大久保要の関係文書が多数存在しているのである。本章で基本史料とする井伊家文書のオランダ風説書のなかにも、元来は土浦藩大久保家の所蔵であったとみられるものが存在している。

そこで本章では、まず書誌的な面から両家文書の関係および各風説書の性格やその伝達経路について可能な限り明らかにし、各風説書の主要な情報内容を整理してその特色をあげ、さらに幕末期におけるオランダ風説書を研究するうえでの今後の課題についても、若干の展望をしてみたい。

一　彦根藩文書オランダ風説書の書誌的考察

今日に至るまで、膨大かつ良質な史料が残存する彦根藩井伊家文書(8)のなかには、幕末期における同藩あるいは井伊政権による情報収集に関わるものが多く含まれていることが、その大きな特色といえる。

その主たるものは、井伊政権期における京都・水戸・江戸方面を主とした国内情報を収集した風聞書である(9)。しかし、他に海外情報に関わるものも多く見られ、本章で基本史料とするオランダ風説書もその類である。

これらをリストアップすれば、左の通りである。

Ⓐ「弘化四　六　和蘭陀船風説書」（弘化四年六月、一八四七）

Ⓑ「和蘭人風説書」（嘉永二年六月、一八四九）

Ⓒ「江戸堀田原翻訳　土浦巨凹　嘉永二年己酉　御内密別段風説書」（嘉永二年、一八四九）

Ⓓ「嘉永三庚戌年六月　阿蘭陀別段風説書」（嘉永三年六月、一八五〇）

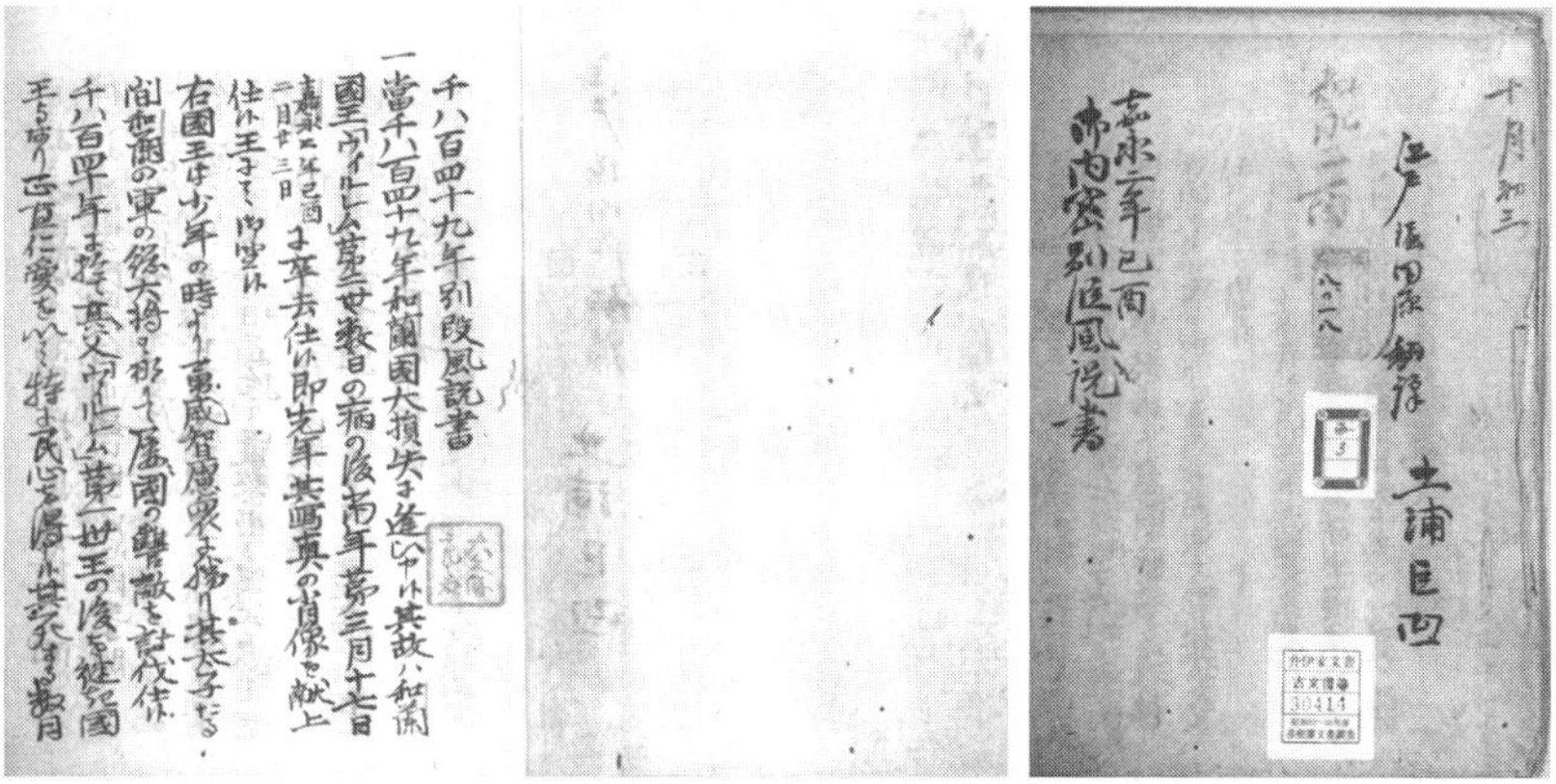

写真１　Ⓒの風説書（彦根城博物館所蔵、彦根藩井伊家文書）
左面の題字「別段風説書」下の部分に「大久保亮」の押印が見える。

Ⓔ「嘉永癸丑五月和蘭入津一条　持渡品記」（嘉永六年五月、一八五三）

Ⓕ「嘉永六丑年六月廿九日長崎着岸阿蘭陀船より差出候別段風説書」（嘉永六年六月二九日、一八五三）

Ⓖ「別段風説書和解」（安政元年七月、一八五四）

Ⓗ「千八百五十六年風説書」（安政三年七月、一八五六）

これらの風説書は全八冊を数え、時期的には弘化四年（一八四七）から安政三年（一八五六）までの、いわゆる開国期に当たるものである。

Ⓐの風説書は、弘化四年における通常の風説書と別段風説書の両方の内容が一冊に筆写された写本である。

Ⓑの風説書は、表紙に「桃廼舎」（もものや）の印が押してある。桃廼舎とは、井伊直弼の家臣長野義言が彦根近郊の近江国坂田郡志賀谷に構えた国学塾のことである。そこで、今後はこの風説書が長野自身によって筆写されたものかどうか、他の文書との関連で検討しなければならない。また、内容的には嘉永二年（一八四九）から同五年（一八五二）までの四か年間のアメリカ合衆国関係記事のみを抜粋して筆写したものである。おそらくは、ペリー来航直後から高まったアメリカへの関心にともなって作成されたものであると考

えられ、オランダ商館長が提出した蘭文をそのまま翻訳・筆写したと思われる本章における他の風説書とは、明らかに様式が異なっている。

Ⓒは、書誌的には極めて興味深いものである。表紙に「江戸堀田原翻訳」とある堀田原とは、山形藩主（後の佐倉藩主）堀田氏の屋敷のあった浅草の南富坂町・福富町・新福富町・須賀町・猿屋町などの広大な地域を指しており、享保一七年（一七三二）の大火で焼失後に一円が幕府に上地を命じられて空地となり、堀田原という俗称が付けられたところである。[10] 天明二年（一七八二）に、江戸牛込藁店にあった幕府の天文台（司天台）が浅草福富町に移転し、ここで天体観測と共にオランダ風説書の江戸訳が行われていた。よって、表紙に記された「堀田原」とは、浅草の幕府天文台を指すものと考えられる（写真1参照）。

次に、表紙に「土浦巨凹」とある署名は明らかに宛字を用いたものであるが、これは当時の土浦藩家老大久保要のことを指しているものと考えられる。この時代の手紙や風聞書にはよく変名や宛字名が用いられることがあるが、この文書もこうした類のひとつであると考えられる。要の事蹟についてまとめられた青木光行『贈従四位土浦藩士・大久保要』では、要は「一時、大窪・泰・泰陽・鯛陽・泰用・親貞・享・巨凹享・巨凹・凹某・凹枢等の仮名を使用している」と述べられている。[11]

また、現在彦根藩井伊家文書中には、オランダ風説書を含めて八〇点以上の土浦藩大久保要関係文書が存在するが、これらのなかで水戸藩士平沢又七郎が大久保要に宛てた手紙の表紙[12]にも、

碩果 巨凹賢兄 几下

とあるように、巨凹の宛字名が使われている。

さらに注目すべき点は、このⒸの風説書を含めたⒶ・Ⓒ・Ⓖ・Ⓗの四点の風説書の、表紙の次の二枚目の巻頭部分に「大久保亮之記」と読める印が押してあることである。この大久保亮とは誰のことを指すのか、今のところ完全に確定はできないが、各風説書にみえる共通点や大久保要の文人としての傾向などから、おそらくは大久保要が数多く用いた別称のひとつではないかと考えられる。(13)

次に、「記」とは何を意味するのであろうか。これら四点のなかで、Ⓖを除くⒶ・Ⓒ・Ⓗの風説書には、頻繁に地名や人名等に朱書の線や括弧が施してある。

例えば、Ⓐの風説書の文面のなかで、

一千八百四十六年第七月弘化三年午閏五月ニ当ル、エゲレス人共数多の海軍を以ボルネヲブロバル国の内フルナイ地名のシュルタン爵名攻伐申候、其所以ハ右シュルタン爵名フルナイの海辺に災害いたし候海賊共荷担いたし候故に有之候

とあるように、朱書で元号には右側に二重線、地名には右側に一重線、爵名には左側に一重線が、それぞれ引いてある。

また、Ⓗの風説書の文面では、

千八百五十五年第六月六日去夘年四月廿二日　払朗西人「セバストボル」地名に於て再ひボム丸を打掛申候、翌第七月(六カ)七日去夘年四月二十三日　烈敷戦候上ニ而「クルーン」緑国之義とも言へる「マルメンフェルト」地名弁カルファートファーフエン港内之両砦を横領致し、英吉利人ハ此時他所ニ而敵営を討取り、同盟方之滅已此闘争中三千人者有之候、右岡者本ノマヽ「マラコートーレン」塔名之東方ニ当り御座候、此塔ハ「ゼハストホル」地名之咽口ニ有之、同月十八日去夘年五月五日　同盟方より却襲致し候得共、魯西亜人討散し申候

というように、地名・建物名には括弧を付したうえで、右側に一重線を、国名には右側に二重線を付している。

さらに、「右岡者」とある右横に「本ノマ、」という朱書がされていることから、この風説書を筆写した本人が朱書を入れた可能性が高いと考えられる。

以上の点から、「大久保亮之記」とは、おそらくは大久保要が風説書の写本に自ら朱書を入れた証拠として、自らの別称を用いた印を押した跡であると考えられる。また、朱書の記述内容から、Ⓗの風説書は大久保要自らが風説書を筆写し、さらに朱書を入れた可能性が高いことがわかる。

次に、Ⓓの風説書の表紙の次の二枚目の巻頭部分には、「嘉永三年庚戌別段風説書崎陽和解　上書　当戌六月十一日入津之阿蘭陀船より御内密申上候風説書写」とあり、長崎訳の別段風説書の写本であることが明示されている。

Ⓔ・Ⓕの二点の風説書は、ペリー艦隊が最初の来日をした嘉永六年（一八五三）のものである。まず、Ⓔの風説書は標題に「口上書」とある通常の風説書と、ペリー来航を直前に控えた段階でオランダ人が収集した、アメリカとの関係を主とする海外情報を記した別段風説書の、両方の内容を筆写したものである。

一方、Ⓕの風説書はⒺの風説書とは内容が異なるものであり、二枚目の巻頭部分には、

阿蘭陀船より持渡候別段風説書和解出来ニ付差上候義申上候書付

大沢豊後守

当年入津仕候阿蘭陀船持渡候別段風説書一冊カヒタン指出候方和解為仕出来ニ付、右横文字和解差上申候、

以上

大沢豊後守

嘉永六丑七月阿部伊勢守殿為心得見置候様被仰付、三奉行江御渡別段風説書

とあるように、長崎でオランダ人が提出した別段風説書を通詞が日本語訳し、和文・蘭文両方の風説書が長崎奉

行大沢定宅を通じて江戸の老中阿部正弘に提出され、さらに阿部から三奉行（寺社・勘定・江戸町）に回覧されたものの写本が、この風説書であることがわかる。

Ⓖの風説書は、後述する土浦藩土屋家文書のⓂの風説書と同じ内容となっている。ただし、Ⓖには回覧・筆写に至る経過が記されていないのに対し、Ⓜにはそれが克明に記されている。

さて、これまで述べてきたことから、彦根藩井伊家文書の八点のオランダ風説書のうち、Ⓐ・Ⓒ・Ⓓ・Ⓕ・Ⓖ・Ⓗの六点は別段風説書であることがわかり、Ⓑはアメリカ関係記事のみを筆写するという特殊な写本であり、Ⓔは一七世紀中頃より受け継がれた書式の通常の風説書を含む写本であることが判明した。また、「大久保亮之記」の印が押してあるⒶ・Ⓒ・Ⓖ・Ⓗの四点の風説書は、元来が土浦藩側が所蔵していたものと判断でき、その後何らかの理由で彦根藩井伊家文書中に移入されたものであると考えられる。

二　土浦藩文書オランダ風説書の書誌的考察

そこで次に、土浦藩大久保・土屋両家文書中に残存するオランダ風説書の書誌的考察を行ってみたい。両家文書の大半は、国文学研究資料館に寄贈されており、本稿では同館に寄贈された八点のオランダ風説書をとりあげる。(15)

これらの標題と年代は次の通りである。

《大久保家文書》

Ⓘ「嘉永元戊申（千八百四十八年　別段風説書）」（嘉永元年、一八四八）

《土屋家文書》

Ⓙ「天保九戌（紅夷内風説和解）」（天保九年、一八三八）

Ⓚ「此度渡来之蒸気船主役より風聞之儀ニ付かひたん承申立候横文字和解」（安政元年七月晦日、一八五四）

Ⓛ「風説書」（安政元年七月、一八五四）

Ⓜ「寅八月十八日宿次ニ被仰越候　阿蘭陀船ヨリ差出候風説書和解写」（安政元年八月一八日、一八五四）

Ⓝ「和蘭かひたんより差出候別段風説書写」（安政二年七月、一八五五）

Ⓞ「安政三年丙辰十月十三日出之宿次廿日到来之節相渡候写　別段風説書」（安政三年一〇月、一八五六）

Ⓟ「阿蘭陀ヨリ差出候別段風説書写」（安政五年一月一〇日、一八五八）

まず、Ⓘの風説書は表紙に朱書で「嘉永元戊申」と記されているだけで、筆写のいきさつを示す記述はなく、二枚目からすぐに別段風説書の記述が始まっている。前掲の彦根藩文書のⒶ・Ⓒ・Ⓖ・Ⓗの風説書に押してあった「大久保亮之記」の印は、この風説書には押されていない。

Ⓙの風説書の二枚目の巻頭部分には、

紅夷内風説和解

　於唐国阿片停止ニ付エケレス人と出入一件紅毛人内風説和解差出候書写

　和蘭暦数一千八百三十八年　天保九戌年ニあたるよし　四十年迄唐国ニおいてエケレス等の阿片商法を

　　停止せんかために起こりたる著しき事を爰ニ記す

と記されている。これは、天保一一年に日本に来航したオランダ船コルネリア・エン・ニューローデ号からもたらされた情報をもとに、オランダ商館長が同年七月に幕府に提出した、アヘン戦争情報に関する詳細な内容の風説書である。(16)

Ⓚの風説書は、標題にもある通り、この年（一八五四）に日本に来航したオランダ船スムービング号が来日前に八日間ほど香港に滞船し、ここで同号の船将次官ファビウスが聞き込んだ情報（明年イギリス政府の使節が来日

する予定など）を商館長ドンケル・クルチウスが幕府に報告した内容が和訳され、短文の書付にまとめられたものである。

Ⓛの風説書は、Ⓚと同じ安政元年のもので、バタヴィアを出帆したオランダ船が来日するまでの出来事に加え、同船が積み込んできた本方荷物と脇荷物のリストを和訳した簡潔な内容の写本である。

Ⓜの風説書は、前掲の彦根藩文書のⒼの風説書と同じ情報内容であり、原本は同じものと考えられる。ただし、Ⓜには回覧・筆写の経過が明記されており、安政元年にオランダ人が幕府に提出した別段風説書を通詞が翻訳し、老中五名を経由して当時大坂城代であった土浦藩主土屋寅直に回覧され、ここで筆写された写本であると考えられる。

表紙の次の二枚目には、この風説書の回覧の経路が明記されている。

八月十八日宿次到来

土屋采女正様

阿部伊勢守（阿部正弘、老中）
牧野備前守（牧野忠雅、老中）
松平和泉守（松平乗全、老中）
久世大和守（久世広周、老中）
内藤紀伊守（内藤信親、老中）

封

当秋阿蘭陀船より差出候別段風説書和解二冊差遣候間、為心得見置候様可被致候、此段申遣候、以上

八月十二日

内藤紀伊守
久世大和守

松平和泉守
牧野備前守
阿部伊勢守

土屋采女正様

これは、老中から大坂城代へという公的なルートで回覧された二冊の別段風説書を、土浦藩で一冊にまとめて筆写した写本であるといえる。そのうち一冊目は、前掲Ⓚの風説書の内容をそっくり筆写したものであり、二冊目はアジア・アメリカ・ヨーロッパなどの豊富な世界情報を集めた長文の風説書となっている。Ⓝの風説書は、安政二年のもので、Ⓜと同じく老中から大坂城代土屋寅直へという公的な回覧ルートで筆写されたものであることがわかる。表紙の次の二枚目の巻頭には、次のように記されている。

土屋采女正様 阿部伊勢守 牧野備前守 久世大和守 内藤紀伊守

封

当秋阿蘭陀船より差出候別段風説書和解差遣候間、為心得見置候様可被致候、此段申遣候、以上

十月十九日

内藤紀伊守
久世大和守
牧野備前守

阿部伊勢守

土屋采女正様

この年の別段風説書の回覧に関連して、大坂城代時代の土屋寅直の記録である大阪市立中央図書館所蔵『大坂城代土屋氏　御用留』[17]には、「当秋」以下の文面が筆写されており、これに続けて、

「別段風説書一冊」（貼紙）

別紙覚書の通承附致し可被相返候、以上

十月十九日

内藤紀伊守
久世大和守
牧野備前守
阿部伊勢守

土屋采女正様

とあるように、回覧された別段風説書は、目を通した後は老中に返却するよう指示されている。この御用留では、さらに続けて、

去九日之御別紙拝見仕候、当秋阿蘭陀船より差出候別段風説書和解壱冊被遣之、為心得見置候様可仕旨被仰下奉得其意候、以上

十月十九日　　土屋采女正

御老中四人様

とあり、風説書回覧についての土屋寅直の老中宛の返書の内容が記されている。

Ⓞの風説書は、回覧経路が明示されていないものの、表紙に「安政三年丙辰十月十三日出之宿次同廿日到来之

節相渡候写」とあるように、やはり老中から大坂城代土屋寅直に回覧されたものの写本であると考えられる。

Ⓟの風説書は、表紙の次の二枚目に、

午二月十六日宿次ニ申来

去巳年阿蘭陀船より差出候別段風説書和解為御心得差遣候、尤其地之面〻江も被相達候様ニ被存候、以上

二月九日

脇坂中務大輔
内藤紀伊守
久世大和守

土屋采女正様

とあるように、老中から土屋寅直への公的な回覧経路が示され、さらに土屋へは「其地之面〻」にも回覧するように通達されている。ここでは「面々」が具体的に誰を指すものか示されていないが、おそらくは大坂定番・大坂町奉行・堺奉行といった当地の重職にある者を指していると考えられる(18)。これは老中の裁量により風説書の回覧の範囲が指示されている一例といえる。

この風説書では、さらに続けて、次のように記されている。

別段風説書
千八百五十七年第十二月当巳十二月十五日出島に於て此の別段風説書を長崎鎮台江捧之
此の書は当夏落手せし故に猶早く捧くへきなり、然るに事務甚多忙なるを以て大に遅滞せり
日本にて和蘭の全権

ドングルキュルシュス
手塚律蔵
市川斎宮
浅井雄三郎　謹訳
西周助
山内六三郎
木村宗三

安政五戊午年正月

この時の風説書は、前年の安政四年分のものがオランダ側の事情によって長崎奉行への提出が遅れ、老中から土屋寅直への回覧が翌安政五年二月に持ち越されてしまったいきさつが示されている。手塚律蔵ら六名の訳者はいずれも蕃書調所の教授であり、この風説書は江戸訳のものであることがわかる。

Ⓟの風説書に見られる、このような蕃書調所の翻訳と公的ルートの回覧との大幅な遅れという事態は、事実上最後の別段風説書の作成・回覧となったこの年度（安政五年）の日蘭両国の関係をよく物語っているといえよう。(19)すなわち、安政五か国条約締結と共に日本の外交は新しい局面を迎え、海外情報も風説書から海外新聞記事の直接翻訳が主体となる節目の状況であったといえる。

三　彦根・土浦両藩文書オランダ風説書をめぐる諸問題

さて、本章において浮かび上がった主な問題は、①彦根藩井伊家文書と土浦藩大久保・土屋両家文書との関連、②幕末期におけるオランダ風説書の回覧ルート、③オランダ風説書の情報内容の三点であり、次にこれらについて若干のまとめと展望をしてみたい。特に③については、後ろにそれぞれの風説書の主要な情報内容を示した表

8を作成したので、参照されたい。

まず①については、一、二節でみてきたように、現在は彦根藩文書となっているⒶ・Ⓒ・Ⓖ・Ⓗの四点の風説書は、元来、土浦藩家老大久保要が筆写または朱書を入れたと思われる土浦藩方のものであったと考えられる。ちなみに、現在彦根藩井伊家文書中には、八二点の大久保要関係文書（オランダ風説書を除く）が存在している。(20)井伊政権期には謹慎処分となった水戸斉昭の雪冤運動や水戸藩への密勅降下運動に加わり、安政の大獄で捕えられた大久保要の関係文書が多数井伊家文書中に存在するのは、何とも奇妙なことである。これについては、明治維新後に旧彦根藩側がこれらを買得収集によって手に入れたことがまず考えられるが、今のところ手がかりはなく、残念ながらその理由は解明できていない。これは、維新後の旧彦根藩による保存すべき史料の取捨選択、流出史料や新史料の収集と関わる大きな問題のひとつであるといえる。

次に、②の幕末期におけるオランダ風説書の回覧ルートは、その全体像を解明することが今後の大きな問題であるが、本章では扱っている史料の範囲内からいくつかの事例をとりあげて考えてみたい。

井伊家文書Ⓕの風説書（一八五三）は、「オランダ商館長→長崎奉行→老中→三奉行」という公的なルートで回覧されたものを、彦根藩が筆写したものであると考えられる。また、土屋家文書Ⓜの風説書（一八五四）は、「オランダ商館長→長崎奉行→老中→大坂城代（土屋寅直）」という、やはり公的なルートが示されている。よって、同一の情報内容を記した井伊家文書Ⓖの風説書は、おそらくは大久保要が、その主君土屋寅直が公的に入手したⓂの風説書を筆写して、自らの印を押したものであると考えられる。さらに、土屋家文書Ⓞの風説書（一八五六）も、老中から土屋寅直に回覧され、これと同一内容の井伊家文書Ⓗの風説書も、大久保要が同様に筆写して印を押したものと考えられる。

いずれにしても、幕末期におけるオランダ風説書は、「オランダ商館長→長崎奉行→老中」という手順で上がってきたものを、老中一座がその裁量により、情報伝達が必要と思われる幕府諸有司や諸大名などに回覧させるという公的ルートが存在する一方、老中の命令系統以外のところで筆写される、無数の私的ルートによる情報伝達も行われたのである。

ちなみに、老中の裁量による公的ルートでの回覧という点では、土屋家文書Ⓟの風説書（一八五八）の前文で、老中三名が大坂城代土屋寅直に「其地之面〻江も被相達候様ニ」と通達して、大坂方の要職者にも回覧するよう命じているのは、その典型的な例といえる。

さて、③のオランダ風説書の情報内容は、本章でとりあげるにはあまりにも大きな問題であり、ここでは今回基本史料とした一六点の風説書について、筆者が気づいた点のみを整理してみたい。

まず、ほとんどの風説書がオランダ王室の近況やバタヴィア総督の動向、他の欧米諸国との条約締結やオランダ人の通商内容等、オランダ自体の主要なニュースを巻頭部分に記している。これに加え、イギリス・フランス・ポルトガルなどのヨーロッパ諸国のアジアにおける植民地支配の実態も克明に報じられている。

次に、アヘン戦争（一八四〇～四二）〔Ⓙ〕、太平天国の乱（一八五〇～六四）〔Ⓕ・Ⓖ・Ⓜ・Ⓝ〕、フランスの二月革命（一八四八）などヨーロッパにおけるウィーン体制崩壊の模様〔Ⓒ・Ⓓ・Ⓔ・Ⓕ・Ⓘ〕、クリミア戦争（一八五三～五六）〔Ⓖ・Ⓗ・Ⓜ・Ⓝ・Ⓞ・Ⓟ〕、インド大反乱（一八五七～五九）〔Ⓟ〕など、世界的なトピックスについても克明な記述が見られる。特に、ウィーン体制崩壊とクリミア戦争について実に詳細な報道がなされているのは、これがオランダ人にとって直接国家の存亡や利害関係につながりかねない問題であるからと考えられ、世界情勢を著しく変化させる事件として、風説書にも大きくとりあげたものとみられる。

また、カリフォルニアやオーストラリアにおける金鉱発見とゴールドラッシュの模様〔Ⓑ・Ⓒ・Ⓖ・Ⓜ・Ⓝ・Ⓟ〕についても、克明な報道がなされている。別段風説書にカリフォルニアにおける金鉱発見記事が報道されたのは、嘉永二年（一八四九）〔Ⓒを参照〕からであり、以後の風説書ではオーストラリアも含めて続々とゴールドラッシュ関係記事が記されている。やがて世界が銀中心の経済から金重視の経済へと移行する端緒となった、これらの地域の現象が大きくとりあげられている。

オランダをはじめ、イギリス・フランス・アメリカ・スペイン・ポルトガルなど欧米諸国海軍のアジアにおける船数・砲数などの陣容〔Ⓒ・Ⓓ・Ⓔ・Ⓕ・Ⓖ・Ⓗ・Ⓘ・Ⓜ・Ⓝ・Ⓞ・Ⓟ〕についても、嘉永・安政期を通じて実に詳細な記述が見られる。これは、対外的危機の深化にともなう幕府側の要請があったことが当然考えられるが、オランダ人にとっても、アメリカやイギリスの国力の大きさから、日本の開国・開港はやがて迎えるべきやむを得ない事態であると受けとめられ、その後の対日関係を有利に導くために、事前に詳細な海外情報を送っていたものと考えられる。

弘化・嘉永・安政期を通じて、別段風説書にはアメリカ合衆国関係記事〔Ⓐ・Ⓑ・Ⓒ・Ⓓ・Ⓔ・Ⓖ・Ⓘ・Ⓛ・Ⓝ・Ⓟ〕も実に克明に記載されている。別段風説書にアメリカ関係記事が本格的に記されるようになったのは、弘化三年（一八四六）からである。[21] 主要な記事内容は、アメリカ・メキシコ戦争の模様や前掲のカリフォルニアのゴールドラッシュの様子に加えて、アメリカのアジア進出の状況と、この流れで日本との交易を希望している旨も、嘉永三年（一八五〇）より報じられている。また、一八八一年にフランスのレセップスを中心に工事が開始されるパナマ運河開削計画の関係記事も、アメリカ関係記事としてたびたび登場している。これらのなかで、彦根藩文書Ⓑの風説書は、ペリー来航以前の嘉永二〜五年（一八四九〜五二）のアメリカ関係記事のみを筆写したものとして注目される。

おわりに

本章は、幕末期におけるオランダ風説書の一例を紹介し、書誌的・内容的な分析を行ってみたが、一、二節における実証的成果と三節で示した風説書をめぐる諸問題が明確化した。

そこで、今後はあらためて全国的な風説書の写本の所在調査を行い、風説書の回覧経路の全体像について究明していくことが重要な課題である。また、これらの風説書の情報内容も検討し、幕末期における対外政策の展開のなかで風説書がどのような情報的価値をもちえたか、あるいは国内情報を集めた風聞書とも関連して、幕府や諸大名はこれらの情報をどのように受容し政策決定に反映させていったのか、さらにペリー来航後は日本に海外新聞が導入されるなかで、数年間提出され続けた風説書はどのような情報的・外交的価値をもち得たかなど、これからの研究課題は山積している。

表8　彦根・土浦両藩文書オランダ風説書の主要な情報内容

《彦根藩井伊家文書》

A	「弘化四、六　和蘭陀風説書」（弘化四年六月、一八四七） ①一八四五年にインドネシアより一六〇艘の船で、オランダ本国へコーヒー豆・砂糖・青黛・瓜哇産茶を運送したこと。 ②広東で現地人が外国人入り込みに抵抗し、イギリスと戦闘になったこと。 ③一八四七年四月六日に英・清間で調印した七か条の約条。 ④ベトナムで現地人とフランス人による海戦発生。 ⑤一八四六年一二月にイギリス人がボルネオ北方のラホアン島を占領し、ここに炭鉱を開いたこと。 ⑥アメリカ・メキシコ戦争（一八四六年発生）の詳細な模様。
B	「和蘭人風説書」（嘉永二～五年、一八四九～五二） ①カリフォルニアで金鉱が発見され、ゴールドラッシュで繁昌する当地の模様（一八四九）。 ②アメリカ合衆国の人々が日本との交易を望んでいるという噂（一八五〇）。 ③パナマ運河開削の計画ありとの風説（一八五〇）。 ④アメリカ大統領タイロル死去の報（一八五一）。 ⑤アメリカが大統領の国書を送り、漂流民を護送し、交易のために日本の港を開港させようとする動きがある旨（一八五二）。

C

「江戸堀田原翻訳　土浦巨凹　嘉永二年己酉　御内密別段風説書」

（嘉永二年、一八四九）

①オランダ国王ウイルレム二世が病死。
②バリ島の侯伯が約条をめぐりオランダ人と対立。オランダ軍が派遣され、一、〇〇〇人余の戦死者を出す戦闘となる。
③清国に着岸する英・米・仏各国海軍の船数。
④カリフォルニアで金鉱発見。
⑤フランスで二月革命が発生し（一八四八）、鎮圧された後、ナポレオン三世が大統領に選出される。

D

「嘉永三庚戌年六月　阿蘭陀別段風説書」

（嘉永三年六月、一八五〇）

①アムステルダムでオランダ新国王の祝典あり。
②アジアにおけるイギリス海軍の陣容。
③マカオのポルトガル人奉行が当地の唐方運上所を移転させ、ここをポルトガル領としたことで騒動発生。
④海賊サップブンクチェイが清国官府に屈服。
⑤フランスで人民の闘争が続く（二月革命の影響）。
⑥ドイツで人民の共和国建国の動きに呼応して、各地で騒動が発生するが、結局彼らは敗北。
⑦シュレスヴィヒ・ホルシュタイン両地域をめぐり、ドイツとデンマークで騒動発生。
⑧ヨーロッパやインドでコレラが流行。
⑨アメリカ合衆国が日本と交易を希望しているという噂。

E

「嘉永癸丑五月和蘭入津一条　持渡品物記」

（嘉永六年五月、一八五三）

①イタリアでオーストリアの支配に対する反乱が発生。
②トルコ帝国とモンテネグロとの争論。
③パナマ運河開削計画。
④アメリカ合衆国の人口のデータ（一七九一～一八五〇）。例えば、一八五〇年度は総人口二、三二六万二、〇〇〇人余。
⑤ペリー艦隊が四月に香港を出航し、琉球経由で日本に向かう予定。
⑥バタヴィアにおけるオランダ海軍の陣容。
⑦ペリー艦隊の陣容。

F

「嘉永六丑年六月廿九日長崎着岸阿蘭陀船より指出候別段風説書」

（嘉永六年五月、一八五三）

①当年、バタヴィアにおいてオランダ人によるインドネシア産物の博覧会開催。
②パレンバンで数人の現地人がオランダの支配に反抗。
③モルッカ諸島で大地震発生。
④太平天国の乱の模様。
⑤フランスでナポレオン三世が帝位につく。
⑥イギリス海軍の陣容。
⑦長崎入津のオランダ船の積荷目録。

G

「別段風説書和解」

（安政元年七月、一八五四）

①オランダ皇太子ヘンドリックの婚儀がととのう。
②オランダとコスタリカが、ワシントンにて通商条約調印（一八五二）。
③インドネシアは当年は気候不順、コレラ・麻疹などが流行。
④パレンバンで、昨年同様現地人がオランダの支配に反抗。
⑤シンガポールにおいて唐人一揆発生。
⑥イギリス人とビルマ人が戦争、ビルマで飢饉発生。
⑦オーストラリアでゴールドラッシュ。
⑧太平天国と清国軍との攻防。
⑨中国人のうち、インド西方・カリフォルニア・オーストラリア・東インド方面へ出奔の者多し。

⑩クリミア戦争の影響により、オスマン帝国のギリシャで一揆発生。
⑪昨年(一八五三)一〇月の戦闘で、トルコ海軍がロシア海軍に大敗。
⑫英・仏両軍がトルコ軍を支援し、ロシア軍に敵対。
⑬英・仏両軍とロシア軍の軍備の内容。
⑭ロシアの貿易港オデッサが英・仏両軍により焼き打ちにあう。
⑮メキシコとアメリカ合衆国との国境を画定。
⑯カリフォルニアのゴールドラッシュにより、サンフランシスコの人口急増。
⑰アジアにおけるイギリス・フランス・ポルトガル・オランダ・アメリカの各国海軍の陣容。

H
「千八百五十六年風説書」　(安政三年七月、一八五六)
①オランダがアメリカ・フランス・ベルギーと条約締結。その内容は、オランダ所属の主要な港に各国の領事を置く取り決め(一八五五)。
②バタヴィアのオランダ総督が交代。
③当年ジャワ島でコレラや麻疹が流行。アンボイナとその近辺で天然痘が流行。
④イギリスがシャム国とバウリング条約を締結(一八五五)。
⑤インドのカルカッタにおいて、イギリスの支配に対する現地人の一揆が発生。
⑥中国東方海岸や香港近辺に海賊が横行。
⑦ポルトガル国王・イギリス女王・サルジニア国王らが、相次いでフランス皇帝の妻(間もなく男子を出産)を見舞う。
⑧トルコで大地震発生(一八五五)。
⑨クリミア戦争の攻防とその終結への経過。

⑩中国および東インド海岸に備えられた各国の海軍の陣容。

《土浦藩大久保家文書》

I
「嘉永元戊申(千八百四十八年　別段風説書)」　(嘉永元年、一八四八)
①中国より欧米への茶の輸出量。
②イギリスの香港総督が交代。
③中国海岸に配備されたイギリス船の陣容。
④ベトナム国王が死去し、王子が跡を継ぐ(一八四八)。
⑤イギリスの東インド総督が交代。
⑥アメリカ・メキシコ戦争の模様。
⑦シュレスヴィヒ・ホルシュタイン両地域の人民の間にデンマークの支配を離れようとする動きあり。
⑧フランスにおける二月革命の模様。

《土浦藩土屋家文書》

J
「天保九戌(紅夷内風説和解)」　(天保一一年、一八四〇)
①中国においてアヘン密売禁止への動きあり。
②イギリス人のアヘン商法の概要。
③マカオと広東におけるアヘン密輸の実態。
④アヘン密売買の者は清国役所が厳罰に処する旨。
⑤清国皇帝が広東へアヘン禁止のための調役兼奉行として林則徐を派遣(一八三九年九月)。
⑥林則徐が外国商人へ、積荷のアヘンを清国役所へ渡すよう命令。
⑦イギリスが海軍を派遣し、清国軍と海戦。

K
「此度渡来之蒸気船主役より風聞之儀ニ付かひたん承申立候横文字和解」　(安政元年七月晦日、一八五四)

①明年イギリス政府が日本に向けて使節を派遣する旨。

L
「風説書」　(安政元年七月、一八五四)

	①長崎入港のオランダ船積荷目録。
M	「寅八月十八日宿次ニ被仰越候　阿蘭陀船ヨリ差出候風説書和解写」（安政元年八月一八日、一八五四） ※内容は彦根藩井伊家文書「G」の風説書と同じ。
N	「和蘭かひたんより差出候別段風説書写」（安政二年七月、一八五五） ①インドネシアで当年気候不順。コレラ・麻疹・熱病が流行。 ②パレンバンの一揆は沈静化。 ③メルボルンの金鉱の盛況。 ④太平天国に分裂の様子あり。 ⑤上海における清国軍と太平天国との攻防。 ⑥スペインで一揆発生（一八五四）。 ⑦フランス軍がギリシャに進攻し、アテネの都府を占領（一八五四）。 ⑧ロシア皇帝ニコライ一世が死去（一八五五）。 ⑨クリミア戦争の詳細な攻防の模様。ロシア軍と同盟軍（土・英・仏）の陣容と戦闘の状況。 ⑩ゴールドラッシュに沸くカリフォルニアに、中国・ヨーロッパからの移住者が増加。 ⑪中国および東インドにおけるヨーロッパ各国の海軍の陣容。
O	「安政三年丙辰十月十三日出之宿次同廿日到来之節相渡候写別段風説書」（安政三年一〇月、一八五六） ※内容は彦根藩井伊家文書「H」の風説書と同じ。
P	「阿蘭陀ヨリ差出候別段風説書写」（安政五年一月一〇日、一八五八） ①オランダとオーストラリアが通商条約に調印（一八五五）。一八一七年以来の両国の対等な関係も確認。 ②オランダがジャワに伝信機（電信機）を設置（一八五六）。 ③インド大反乱の発生（一八五七年五月）。 ④オーストラリアのゴールドラッシュは依然として盛況。 ⑤アロー戦争の模様。 ⑥クリミア戦争終結後のパリ講和条約（一八五六）の内容。 ⑦スエズ運河開削計画。 ⑧中国および東インド沿岸に備えられたヨーロッパ各国海軍の陣容。

（1）板沢武雄『阿蘭陀風説書の研究』（古文化研究所、一九三七年）。同『日蘭文化交渉史の研究』（吉川弘文館、一九五九年）。岩生成一「和蘭風説書の研究と現存状態について」（『日本歴史』一八一号、一九六三年）。佐藤昌介『洋学史の研究』（中央公論社、一九八〇年）。片桐一男「阿蘭陀風説書についての一考察」上下（『日本歴史』二二六・二二七号、一九六七年）。同「鎖国時代にもたらされた海外情報」（『日本歴史』二四九号、一九六九年）。同『阿蘭陀通詞の研究』（吉川弘文館、一九八五年）。

（2）吉川弘文館、一九七六・一九七九年。

（3）『法政大学文学部紀要』一六号、一九七一年。

（4）二〇〇〇年、雄山閣。
（5）松方冬子『オランダ風説書と近世日本』（東京大学出版会、二〇〇七年）。
（6）松方冬子『別段風説書が語る一九世紀――翻訳と研究』（東京大学出版会、二〇一二年）。
（7）幕末期のオランダ風説書を扱った研究としてはほかに、藤田彰一「阿蘭陀別段風説書の漏洩」（『洋学史研究』四号、一九八七年）、金井圓「嘉永五年の和蘭別段風説書について」（『日蘭学会会誌』一六号、一九八九年）、沼倉延幸「関白鷹司政通とペリー来航予告情報」（『青山史学』一三号、一九九二年）、嶋村元宏「阿部家旧蔵『別段風説書』について――ペリー来航前夜の世界情勢――」（『神奈川県立博物館研究報告――人文科学――』二一号、一九九五年）などをあげることができる。
（8）井伊家伝来資料である彦根藩資料は、一九九四年に井伊家より彦根市に寄贈された。そのうち桃山時代から廃藩置県までの彦根藩政時代を中心とする彦根藩井伊家文書は、一九九六年に重要文化財に指定され、彦根城博物館による編纂事業とテーマ別研究が進められている。
（9）井伊家史料『幕末風聞探索書』上中下（一九六七・一九六八年、雄山閣）として、活字化がなされている。
（10）『台東区史』上巻（一九五五年、東京都台東区役所編）、八一六頁・八一八頁・八三〇頁。
（11）一九七六年、いなもと印刷。引用箇所は同書、一一頁。
（12）彦根藩井伊家文書、目録番号二六七九三（九月二八日、年代不詳）。
（13）「大久保亮之記」の印の「亮」の字については、「充」と読むことも可能ではないかと考えたこともあった。ちなみに、土浦藩家老大久保要は二〇歳代後半に江戸渋谷羽沢の儒者松崎慊堂の塾に学んでいたことが知られているが、要の名は慊堂の日記『慊堂日暦』（静嘉堂文庫）にもたびたび登場する。例えば『慊堂日暦』文政八年二月二八日の条には、

終陰、晩渋老を問い酔帰す。一覧し、作送候ハ窪子充詩。

とあるように、要の別称として「充」の名が記されている。しかし、非常に似通った字ではあるものの、印字のつくりからこの文字の読みは「亮」と判断し、大久保要の数多い別称のひとつと考えた。
（14）板沢武雄氏はオランダ風説書の作成手続として、蘭文で認め文書として差し出したと思われる場合と、商館長が

口頭で述べたものを通詞が日本文で筆記したと思われる場合と、二通りあると述べている（板沢武雄『日蘭文化交渉史の研究』、一九〇〜一九一頁）。また、松方冬子氏は通常のオランダ風説書は商館長（あるいは船長）が原則として口頭で語った内容を通詞等の意見を加えて加筆・訂正し、通詞が和文の文書に仕立てて商館長がこれに署名、通詞が連印するという手順で作成されたとし、よって原本としての蘭文が舶載されてくることはなかったとし、これに対し別段風説書は、一八四〇年のアヘン戦争発生以降自らが選定した情報を日本へ送る努力を始めたオランダが、バタヴィアでその内容を調製して書面にして送ってくるものであるとの明確な区別をしている（松方冬子前掲『オランダ風説書と近世日本』一三一〜一七三頁）。従って、嘉永六年のⒺの風説書中の通常の風説書部分の標題に「口上書」とあるのは、こうした作成過程によるものであると考えられる。

(15) 大久保・土屋両家文書は、昭和三〇年代から四〇年代にかけて両家から国立国文学資料館（現在の国文学研究資料館）に寄贈され、同館で『土浦藩土屋・大久保家文書目録』が作成され、閲覧に供されている。

(16) 岩下哲典前掲『幕末日本の情報活動』（註(4)）、二四〜二五頁。安岡昭男前掲「和蘭別段風説書とその内容」（註(3)）、一〇二〜一〇三頁。

(17) これは、嘉永三年（一八五〇）一〇月から安政四年（一八五七）一二月に至るまでの、土屋寅直大坂城代在任期間中の側日記であり、全一二冊をなしている。

(18) 同右（『大坂城代土屋氏御用留』）嘉永六年（一八五三）一一月五日の条には、

今度長崎表江渡来之魯西亜船より差出候書翰之和解二冊為心得差遣候間、被得其意、米倉丹後守（米倉昌寿・大坂定番）・米津越中守（米津政路・大坂定番）・其地町奉行・堺奉行江も及通達候様ニと存候、以上

十一月五日

内藤紀伊守
松平伊賀守
松平和泉守
牧野備前守
阿部伊勢守

土屋采女正様

とあるように、老中一座が大坂城代土屋寅直にロシア使節プチャーチン一行からの書翰の和訳を遣わすので、大坂定番・大坂町奉行・堺奉行にも回覧するよう通達しているのである。従って、安政五年の風説書で老中が示した「其地之面〻」とは、このような役職の人々を指しているものと考えられる。

(19) 安政五か国条約締結後の安政五年一二月には、オランダ商館側から風説書の提出を取り止めたいとの申し出があったことを、長崎奉行が老中に報告している。オランダ側にとっては、条約締結が済んだうえは自国のみが風説書を提出することは嫌疑を招きやすいというのが、その理由であった。しかし、翌安政六年三月に老中は、なおもオランダ風説書を必要視し、よくよくオランダ人を説得してこれまで通り提出させるよう長崎奉行へ指示している。片桐一男前掲註(1)「阿蘭陀風説書についての一考察」上、一四~二一頁。

(20) これらのなかには、水戸藩士会沢安・平沢又七郎・秋山弥九郎らが大久保要に宛てた書状が多く、水戸学を通じた大久保と水戸天狗派とのさかんな交流の様子がうかがえる。

(21) 国立国会図書館古典籍室所蔵『弊函一掃9』中の「別段風説書」(弘化三年七月)。

終章――まとめにかえて――

本書は、序章と付編とを交えて全一〇章にわたり、激動の幕末期における幕府政治の中枢にあった老中水野忠精の情報収集活動を軸に、様々な問題について検討を重ねてきた。そこで、最後にこれまで考察してきた内容をまとめ、今後の研究に向けての展望をしてみたい。

(一)「風聞」「風説」の性格

まず、序章では従来試みられることがなかった「言葉としての『情報』と『風聞』『風説』」の問題を掲げた。これは、筆者が日頃「風聞書」や「風説書」など情報収集に関わる近世史料を読み込んでいくなかで、その比較材料としての現代の「情報」という言葉の意味を頭に浮かべながら、当時の言葉の在り様について考えてみた内容である。

明治初期に軍事用語として登場し、実に広範な意味をもつ現代を象徴する標準用語に進化した「情報」という言葉に対し、いまだ「情報」という言葉が存在しなかった幕末期においては、「風聞」「風説」「風評」「噂」などの言葉がこれに代わる役割を果たしていた。とりわけ、「風聞」と「風説」は幕府や諸大名などの為政者が政治情報を収集するときにさかんに用いた言葉であり、今日の「情報」に匹敵するような信憑性の高い報知内容を示す骨太の意味を持ち合わせていた。

当時、すでに「風聞」と「風説」は多くの場合同義語として用いられていたが、「聞く」と「説く」という双方の語源の違いからその使い分けが行われる場合があった。これについては、基本的に「風聞」は、老中ら為政者が目付や町方役人などの探索方を目的地に派遣した結果報告された内容など、主に聞き込みを行うことにより得られた内容を指すのに対し、「風説」は、相手方が話して報告した口上の内容やすでに報告された既成の書付類を筆写してまとめた内容を指すことが多いことを指摘できる。例えば、幕府や諸大名により国内（域内）の一定の地域に派遣された探索方が聞き込みを行い提出したものの多くに「風聞書」という標題が記され、一方で、来日したオランダ人が長崎で日本人の通詞を交えて口頭での海外情報の報告を行い、書状として作成して幕府に提出したものに一般に「風説書」という標題が記されているのは、その典型的な例といえよう。また、特定の人物がその意図により、リアルタイムの情報を認めた政治関係文書などの書類を筆写してまとめた書付も、多くの場合は「風説書」と呼んでいることが明らかである。よって、概して「風聞」は「風説」に比べてより能動的な意味をもつ語として使用される場合が多いことが、本書における数々の例から指摘できる点である。

ところで、本書で主題となった老中水野忠精の情報収集は、探索方による聞き込みが主体となったものであり、諸方面から提出された書状の標題には「風聞書」と記されるものが多く（あるいは「聞書」「上」「上書」と記したり、標題の無いものもある）、「風説書」と標題に記されたものは皆無であった。このことは、井伊政権に提出された京都・水戸・江戸三方面からの探索方による書状にも同じことがいえる。しかし、薩摩藩の南部弥八郎の情報収集活動の例にあるように、特定の人物が既成の書付類を筆写する一方で、自らの聞き込みによる内容も含めてまとめた文書に「風説書」と標題を付したものも実際にはあり、ここにはっきりとした一線を引いてしまうことは困難であることがわかる。また、文書中に使用される「風聞」「風説」「風評」「噂」といった用語についても、ほぼ同義語として使用されている事例が多くあり、これらの用語には明確に異なる意味としてそれぞれ使用される場合と、同じ意味の枠内で使用される場合とがある。

また、水野忠精の情報収集活動において頻繁に使用されている「風聞」という語は、第一に信憑性のある正確な情報という意味を基本に置いていることは明白である。しかし一方で、これらのなかにも流言蜚語や作為的に流されたものも多く含まれており、水野家文書においてこれらは特に「噂」「虚説」「巷説」「下説」などと記されており、探索者により正確な情報とそうでない不確かな情報とを分別する努力がさかんになされていることが明白である。

本節ではこのような諸点を整理したが、「風聞」「風説」をはじめとする用語の性格については、今後も主に歴史学的な視点と国語学的な視点の両方から検証していく必要があると考える。

(2)老中の情報活動

さて、筆者が本書執筆を通じて最も大きな関心を抱いたのは、水野忠精を具体的な研究材料とした、老中の情報収集の実態であった。

まず、関係史料を読み進めていくなかで切実に感じたことは、この時代の国政の中枢にあった老中水野忠精が多くの人材を用いて実に密な情報収集活動を展開した背景として、江戸幕府が、外からは待ったなしに迫り来る欧米先進国による圧力、内にあっては尊王攘夷激派勢力や雄藩の台頭などの事態により、自らの政権崩壊への危機感を実に深刻に受け止めていたという点である。従って、忠精が周到な探索活動を展開した第一の理由は、山積する政治・外交上の難題に正面から取り組まなければならなかった老中の、常に追い詰められた状況があったことである。

ここで、本書の主題である老中水野忠精の情報収集の実態についてまとめをしてみたい。そもそも、本書は、水野家文書中に多数残存する風聞書を検討することにより、基本的な老中の情報収集の在り様とその枠組を解明し、併せて幕末期という変革・動乱の時期にはどのような情報収集が展開されていたかについての事例を検討することを目的としていた。

そこで、水野忠精の老中時代、すなわち文久二年（一八六二）三月より慶応二年（一八六六）六月までの四年半近くの情報収集の実態についてまとめてみたい。ここでは、当該時期における水野忠精が展開した情報収集ルートの系列を次の三つに分類し、水野家文書の風聞書（あるいはこれに準ずるもの）中に差出人名が記された、情報提供者の主なものを分類して列挙したい。

1　幕府の公的機関

①　老中（相互の連携）

②　関東取締出役（勘定奉行を通じて）

③　江戸町奉行三廻役（定廻・臨時廻・隠密廻）（江戸町奉行を通じて）

④　寺社奉行

⑤　目付

⑥　長崎地役人

2　自藩の人材

①　田村五百代（歩横目）

②　塩谷甲蔵（宕陰、儒者）

③　朝生清左衛門（御取次頭取）

3　大名間の連携

① 岡藩（藩主中川久昭）
② 米沢藩（藩主上杉斉憲）
③ 白河藩（藩主阿部正外）
④ 会津藩（藩主松平容保）
⑤ 高松藩（藩主松平頼聰）

そもそも、これらは残存する水野家文書の風聞書にその名前が記された者のみを抜粋したものであり、必ずしも完璧に全体像をとらえているとは言い難いものではあろう。また、水野家文書の風聞書のなかには、差出人名が記されていない探索者不明のものが数多くあることも事実である。さらには、緊急の場合の口頭による通報など、1〜3の分類には含まれない人物からの水野忠精への情報提供もあり得ることである。しかし、この分類により、全体としての趨勢はつかめるはずであり、ここにあげた1から3までの分け方は、老中の情報収集ルートの分類の基本形として重要であると考えている。

まず、1の「幕府の公的機関」については、すでに井伊政権時代に徒目付・小人目付、関東取締出役、隠密廻等を駆使しての風聞探索活動が行われていたことは前述したが、老中水野忠精もこうした公的機関を積極的に利用しての風聞探索活動を展開している。公的な機関を使って探索をするのであるから、基本的には提出された風聞書は老中一座で回覧し、さらに老中の裁量により必要とみなした幕府の部署や特定の大名らへも回覧させ、これらの人々のなかで情報を共有するのが、基本的な運用のしかたであったものと考えられる。

まず、①の老中相互の連携であるが、「権力は情報を吸い寄せる」とよくいわれるように、江戸時代において老中はふだんから公的な情報を集中的に得られる立場にあったと考えられ、こうした情報を互いに共有しながら政策決定を行うのが基本的な在り方であった。従って、彼らは重要な書類は回覧するのが基本であり、また口頭による情報交換も日頃から頻繁に行っていたものと思われる。第五章でとりあげた老中書翰の『秘翰』からは、将軍家茂第二回上洛中の元治元年（一八六四）二月一八日から四月二三日までに、板倉勝静・井上正直ら江戸留守老中と水野忠精・松平直克・酒井忠績ら在京老中との間で、計一七通の政治的に極めて重要な内容を記した書状の交換を行っていたことが明らかであり、こうした老中が江戸・上方に分かれる場合においては、書類の回覧や口頭での連絡ができない代わりに、頻繁な書状の往復が行われていた。ここでの『秘翰』に記された内容は、老中同士の脚色のない本音の情報交換が行われた文面として注目に値する。

次に、鹿児島を出発して卒兵上京した島津久光一行が勅使大原重徳に随行して文久二年（一八六二）四月一六日に京都を発ち、一路東海道を江戸に向かい駿府に到達した頃から、②の関東取締出役と③の江戸町奉行三廻役が出動し、品川宿を境に東海道各宿場は関東取締出役が、江戸市中は江戸町奉行三廻役が、それぞれ探索を担当するという、基本的な役割分担を展開している。また、久光卒兵上京・江戸出府の動きに触発されて長州藩士が在府の藩主毛利慶親を周旋すべく続々と東海道を通って江戸に入ろうとした動きに対しても、両者は同様な分担により厳重な探索を行っている。②の関東取締出役と③の江戸町奉行三廻役は、非常事態に対して極めて迅速に動き出して高い組織力を発揮しており、主に今日の公安警察にあたる情報収集活動を担っていることがわかる。

特に、関東取締出役の場合は、柏崎忠次郎・清水清十郎両名が品川宿に常駐し、渡辺慎次郎は保土ヶ谷宿に常駐、さらに喜多村解輔は三嶋・小田原・大磯・戸塚の各宿場を巡回するという役割分担であった。喜多村は三嶋宿に止宿していた京都所司代酒井忠義の家臣二名から、宿主の梅屋佐助を通じて、久光卒兵上京にともなう緊迫した京都情勢について詳細に聞き出し、また梅屋に宿泊する備前飛脚にも西国の情勢についての聞き込みを行っている。宿場で探索を行う関東取締出役にとって、顔見知りの宿屋から聞き出した情報は信憑性の高いものとして扱われ、出役たちが巡回あるいは分散して常駐することで、より広域な情報収集の展開が可能となった。

一方、同時期には江戸町奉行三廻役は江戸市中を探索し、品川宿では藩主毛利慶親上京の迎えのために江戸入りする長州藩士についてのチェックを行うとともに、他藩の動静についても同宿での聞き込みを行った。また、諸大名の江戸屋敷の周辺においても積極的な探索を行っている。この時期に、福岡藩主黒田長溥が島津久光と京都で落ち合うための東上途中に播州明石宿で上方混雑の風聞を聞いて国元へ引き返した事件や、土佐藩参政吉田東洋が国元の城下で勤王党の者に殺害された事件などが風聞書を通じて老中に報告されているのは、三廻役が各藩の江戸屋敷とその周辺を探索した結果得られた風聞をもとにしたものであったと考えられる。また、三廻役五名が水戸藩国元へ出向いて情報収集に当たっていることは、彼らの探索が江戸市中以外の遠方にも及んでいた一例とすることができよう。

こうした探索の結果書き付けられた風聞書は、②の関東取締出役は勘定奉行を通じて、③の三廻役は江戸町奉行を通じて、それぞれ老中（水野忠精）に提出されている。これら公的機関による探索は、老中が勘定奉行と町奉行に指令してそれぞれの役に行わせたものか、それとも両役が自主的に出動して展開したものなのか、史料上の裏づけがないので判然としないが、両役の地域的な役割分担が明確であることから、両奉行の申し合わせは一応はあったものと推量する。

④の寺社奉行を通じて提出された風聞書としては、第五章で紹介した元治元年五月付で下野国太平山連祥院の住職が、当院へ立ち寄って談合を開いた天狗党の水戸浪士たちの動静について、寺社奉行松平忠恕に書き送った書状の内容を、忠恕が老中に報告し、さらに勘定奉行へも同じ内容を伝えた例があげられる。寺社奉行は、全国の寺院・神社の統制と寺社領の訴訟の処理に当たるのが主な任務であるが、一方で寺社に関わる出来事や宗教上の案件などを老中に報告することも、重要な仕事であったといえる(1)。

⑤の目付も、幕政上の重要な情報収集・伝達や意見書の提出等を行う役割を果たしている。文久二年五月に目

付大井十太郎は、京都・大坂方面の風聞内容に基づいた意見書を幕府に提出し、島津久光が京都で政治的主導権を握るなかで、老中の上京による幕府権力の回復をはかることを進言し、京都所司代も酒井忠義に代わる果断な人物に交替させるべきであるという意見を述べている。また、将軍家茂第二回上洛中の元治元年四月六日には、江戸留守老中の板倉勝静は水野忠精ら三名の在京老中に書状を送り、目付佐々木脩輔を上京させて、両都両港開市開港問題・横浜鎖港問題や水戸天狗党の乱発生などで混迷する関東の情勢を報告させる旨を伝えている。続いて、四月一九日には江戸留守老中井上正直が目付石野民部を上京させて、同じく関東の情勢について説明させる旨を伝えている。重要な政局にあっては、目付が江戸・京都間を行き来して諸事連絡役となったのである。次に、禁門の変をめぐる鳥取藩の動静を探索した井上祐三郎の身分は「下御目付」とあり、おそらくは目付の下役としての徒目付あるいは小人目付ではないかと考えられる。よって、水野家文書中には、無記名の風聞書のなかに目付あるいはその配下の徒目付・小人目付の探索によるものもかなり含まれているものと考えられる。しかし、京都・水戸・江戸の三方面で徒目付・小人目付による頻繁な探索活動が展開され、実名入りで多くの風聞書が提出された井伊政権時代の情報収集とは、明らかに様相が異なっていることも確かである。

⑥の長崎地役人四名による風聞書は、文久二年六月七日付で二通江戸にもたらされているが、これらは彼らによる自主的な探索によるものか、あるいは長崎奉行の命令によるものか、それとも老中水野忠精が直接命じたものなのか、今のところは判然としていない。内容的には、島津久光卒兵上京後の岡・熊本・久留米・柳河・福岡・佐賀・大村・島原・小倉など、広く九州諸藩の個々の動静について記述するとともに、大橋訥庵の息子寿次、宮部鼎蔵、真木志摩・和泉兄弟ら尊攘激派の志士らの消息についても、その人的関係や各地の風聞をふまえて報告しており、その報告時期は遅いものの、幕府にとっては当時の九州地方の全体的な形勢を知るうえで有益なものとなったと考えられる。

なお、ここに掲げた①～⑥以外に、幕府の公的機関を使用したルートとして考えられるものに、大目付や、上方における政治上の要職である京都所司代・京都守護職・大坂城代、また神奈川奉行・浦賀奉行・長崎奉行などの遠国奉行による情報提供、さらには外国新聞等の海外情報の翻訳書といったものがあげられる。幕府による諸大名への触は老中から大目付を通して行われるのが慣例であり、大目付は諸大名や役職についている旗本を監察することが本務であった。大目付の例をあげれば、井伊家史料『幕末風聞探索書』のなかの安政五年一一月付の風聞書は、老中の命により大目付池田頼方が奏者番となった大名の様々な交際の状態について克明に調べあげて報告したものである(2)。

また、海外情報については第七章・第八章にあるように、水野忠精ら老中は諸外国の公使らとの往復文書でさかんに情報交換を展開しているが、日常の海外情報収集の手段としてはほかに、この時代に風説書に代わる重要な海外情報源となった江戸の蕃書調所（後に洋書調所・開成所と改称）における外国新聞の和訳文が主要なものとなったと考えられる。現に、水野家文書中には文久三年（一八六三）八月から翌元治元年七月にかけての横浜貿易や海外情報などに関する英字新聞を和訳した「日本貿易新聞」(3)や、元治元年八月の四国艦隊下関砲撃事件を報道した外国新聞の内容を和訳した「別段新聞」(4)が残存している。第九章でとりあげたオランダ風説書と同じく、外国新聞の和訳本もまた老中一座で回覧して、情報を共有するしくみができあがっていたものと考えられる。

ともかくも、1の公的機関による情報収集は、幕府が長年にわたり培ってきた圧倒的に大規模で精密な組織に基づく行政機構がその背景にあり、必要な時に適切な機関を駆使しての抜群の機動力が発揮できるという優越性を指摘できる。また、これらの機関を縦横に駆使できる最大の権力者は幕府政治の中枢にある老中であることも間違いなく、公的機関を使用しての探索活動は、文字通り老中の情報収集の中核をなすものであったといえよう。

このことは、朝廷や諸大名などに比べて幕府が圧倒的な情報収集能力の高さを保持していたことを物語るものである。全国津々浦々での重要な出来事についての情報は、まず幕府、とりわけ老中の耳にいち早く入るものであるということがよく理解できる。

次に2の「自藩の人材」、すなわち水野忠精が自らの山形藩の人材を使って展開した情報収集をみたい。これについては、忠精が信頼できる自藩の人材を用いてより質の高い情報を得ようとしたものであったから、私的な情報収集とみなすことができ、得られた情報はまずは忠精自身が管理するか、あるいは藩内部で管理・共有するものという基本的な姿勢があったと考えられる。しかし、次の3で見られるように、自己の藩の人材が収集した重要な情報は、信頼できる他の大名にも知らせて、相互の協力関係を強め、情報収集能力を高めていこうとする動きがあり、ここでも信頼関係を構築した広い人脈のなかで情報を共有するという面があったことがうかがえる。

まず、①の歩横目田村五百代は、島津久光卒兵上京と勅使大原重徳の江戸下向という非常事態に直面し、山形藩の国元から急遽近江国大津に派遣され、さらに一名の歩横目が協力して、ここを拠点に京都を中心とする上方風聞を継続的に江戸の主君水野忠精に送り続けている。田村のさしあたっての重要な任務は、将軍家茂第一回上洛を控えての京都情勢の探索と、得られた情報の江戸への伝達であった。上洛前の水野忠精は田村の風聞書を通じて、久光と勅使大原の動向、久光上京をめぐる朝廷・諸大名の動静、京都所司代酒井忠義の動向、京都における尊攘激派浪士による島田左近殺害などの一連のテロ事件、東海道中宿々の疲弊の状況などのリアルタイムの情報内容を知ることができた。田村は忠精が随行した将軍家茂第一回上洛後も大津に詰め続け、忠精が老中を罷免され息子忠弘に家督を譲った後の慶応三、四年にも、京都風聞書を江戸に書き送っている(5)。従って、田村は島津久光卒兵上京から戊辰戦争までの長い期間にわたり上方の情勢に目を光らせ、必要に応じて風聞書を江戸に書き送る役目を果たしていたことがわかる。

②の塩谷甲蔵は、かつて水野忠邦の政治的ブレーンであり、世子忠精の養育係を勤めていた経歴もあり、老中

を勤める忠精の幕僚として重要な役割を果たしており、その発言権は絶大なものがあったことがうかがえる。塩谷は、一流の儒者として各地に広い人的ネットワークをもち、重大事件発生時には卓越した情報収集能力を発揮することができた。文久二年の島津久光卒兵上京とこれにともなう九州各地の尊攘激派勢力の活発化についての詳細な内容を記した風聞書「熊本ニ而聞書」は、塩谷に関わる儒者がネットワークを駆使して情報収集が行い、江戸に書き送ったものであると考えられる。また、久光と勅使大原重徳一行の江戸到着に先立ち、薩摩藩側頭堀小太郎（伊地知貞馨）が塩谷の自宅を訪問して久光江戸出府の趣旨を話し、塩谷がこれを即座に水野忠精に報告したのも、塩谷の人的ネットワークの広さを物語るものである。塩谷は主君忠精に対し、京都所司代職に酒井忠義に代えて土屋寅直を登用することを主張し、唐津藩世子小笠原長行を老中に登用することを具申し、将軍家茂上洛に向けては海路による上洛を進言し、また禁門の変後は幕府の権威回復のために即刻長州征討を行うことを、同じ儒者中村敬輔（正直）と共に忠精に進言している。塩谷は幕政の重要案件の数々について大変現実的で説得力のある意見を次々と具申し、その多くは結果において、あるいは経過において実現させており、水野忠精の老中政治に一定の方向性を示した人物であるといえよう。

③の朝生清左衛門は、老中となった主君忠精についての世評やその政治課題に関わる風聞を報告し、自らも数々の率直な意見を具申している。朝生については、藩の情報活動の窓口となり、忠精へ諸事を取り次ぐとともに、一方で忠精へ種々助言も行う、御意見番としての役割をもつ人物であったと考えられる。

その他、表面には出てこないが、①〜③以外にも忠精は自藩の多くの人材を駆使して、絶えず周到な情報収集を行っていたことが、当然ながら想像できる。

次に3の「大名間の連携」についてみてみよう。すでに、先学諸氏の研究により、幕藩体制にあっては諸大名が留守居役組合を構成して、幕命伝達における協力関係と情報の共有をはかっていたことが指摘されているが[(6)]、水野忠精も親交のある大名から様々な重要な情報の伝達を受けており、そこに緊密な協力関係が結ばれていたといってよい。そして、こうした関係こそが忠精を取り巻く信頼関係に基づく人的ネットワークを背景にしており、相互に恒常的な協力関係をもつとともに、緊急事態発生の場合は至急の伝達を行うことができ、重要な情報は相互に共有する関係にあった。

まず、①の豊後岡藩主中川久昭であるが、前述したように水野忠精との個人的な関係についてはいまだに明らかでない点が多い。しかし、久昭の臣下である岡藩士が、八月一八日の政変で山口に逃走した三条実美ら七卿が各地の有志の者に形勢挽回を呼びかける内容の「密書」（文久三年八月）の写を忠精に届けたり、西国郡代屋代忠良が同年一一月二一日付で久昭に送った書状の内容、すなわち三条実美ら逃走した公卿や真木和泉らに加わる尊攘激派分子の動静についても、その内容は江戸の忠精のもとに伝えられたりしており、両者の関係は密接である。水野忠精は、九州大名の一人である中川久昭を通じて多くの重要な西国情報を得ることができた。

②の米沢藩主上杉斉憲については、斉憲は将軍家茂第一回上洛に自ら進んで供奉して文久三年（一八六三）二月に入京し、その後幕府と朝廷の双方から公武周旋の役割を担わされたという事情がまずある。さらに、忠精は水戸藩主徳川慶篤と共に、元治元年六月政変により政事総裁職松平直克が罷免された後釜に上杉斉憲を推挙しようとしたこともあった。これは結局実現はしなかったが、忠精と斉憲との厚い信頼関係を物語るものといえる。また、斉憲は藩の京都留守居役堀尾保助に朝廷方の極秘情報を探索させ、水野忠精の依頼によりこれらの京都風聞の内容は続々と江戸の忠精のもとに伝えられた。堀尾は藩命により京都近郊に屯集した福原越後ら長州勢との談判を担当しており、忠精は堀尾から送信された書付により屯集から禁門の変に至るまでの、日を追っての経過を知ることができた。これは忠精が老中職にあったことが大きく関わっていようが、前述のように忠精の山形藩と米沢藩とは後の戊辰戦争においても奥羽越列藩同盟の一員として密接な連携を保ちながら戦いを繰り広げてお

り、国元の領地が近接する両藩の、東北大名としての親密な協力関係の一端がうかがえる。
③の白河藩主阿部正外は、松前崇広・水野忠精と共に幕府主導の兵庫先期開港を骨子とする開国互市政策を先頭に立って推進した老中である。前述のように、阿部正外と水野忠精はその政策のみならず、情報収集活動においても実に密接な協力関係をもっていた。これは老中同士の情報伝達であるから公的機関に含めるという考え方もあろうが、実際に阿部正外が自藩の人材を使って探索させていること、また前述のように、彼らの記した風聞書に、江戸の水野忠精へは私的な情報伝達を行うよう命じられた旨の文面が見られることから、あえて三の大名間の連携に含めることにした。阿部は老中就任後間もなく幕命により自らが上京するとともに、山田丈右衛門・奈須信太郎、森元与大夫・神永八十八、平田治部右衛門・冨賀須庄兵衛といった家臣を二名一組で派遣して上方風聞探索を展開し、こうして作成された風聞書は江戸の水野忠精にも内覧させることになっていた。彼らは上方着後、山田・奈須両名と平田・冨賀須両名は京都市中探索を、森元・神永両名は白河藩御用達の大坂商人の助力のもとで大坂表探索を行うという役割分担ができていた。二名一組を基本とする情報収集活動は、井伊政権時代に京都・水戸・江戸三方面に派遣された徒目付・小人目付の例や、前掲の田村五百代が応援の歩横目と協力した例と同じく、二名の連携による仕事の円滑化と情報の照合によるより正確な報告内容の作成という点が重視されたものと考えられる。忠精は白河藩士を通じて、禁門の変をめぐり刻一刻と変化する上方情勢を手に取るように知ることができたのである。
④の会津藩主松平容保は、文久二年（一八六二）閏八月一日に京都守護職に就任して以来、京都における治安維持の要の役割を担い、八月一八日の政変や禁門の変などで長州尊攘激派勢力撃退の先頭に立った人物である。従って、京都における会津藩士の軍事・警察上の役割は重大であり、京都市中やその周辺で有事の際はすぐに守護職や藩庁などに通報し、必要な場合は出動して事態の解決に当たる任務があった。一方、守護職の地位にある

容保は、その立場から京都情勢について逐次江戸の幕閣に伝達する任務を帯びており、禁門の変の模様についても、会津と江戸へ早打の使者を遣わして急な事態を知らせている。水野家文書においては、禁門の変発生の翌日に、会津藩士西郷文吉・内藤之助・一瀬要人・神保内蔵助の四名が江戸の同藩士にその戦火の模様と京都市中の動静について報告した書状の内容が、前掲の写本「巻懐」に筆写されている。江戸において、水野忠精は最前線で長州勢と戦った会津藩士のこの報告内容を、極めて信憑性の高い情報として扱ったものと考えられる。

⑤の高松藩主松平頼聰は、前掲の水野家文書「巻懐」の文面の中で、禁門の変の直後紀伊藩家老衆へ、長州勢への警備について朝廷から指令された内容は書付をもって回覧し、さらに江戸の老中水野忠精へも送付して内覧させるよう伝達したことが明らかである。これは、前述した姻戚関係などを通じての紀伊藩と老中水野忠精との密接な協力関係を示すとともに、在京の高松藩主松平頼聰も江戸の忠精に配慮し、率先して京都情報を書き送っていたことをも明らかにしている。

このように、水野忠精はいつ何が起こるのか計り知れないという幕末動乱期の不安定な社会状況において、いざ有事の際にはすぐに正確な情報を通報させるべく、信頼を置く諸大名との間に協力関係を構築していたことが判明する。

さて、老中水野忠精が展開した風聞探索活動の情報ルートの主なものは、以上の通りである。要するに、老中という職掌にあるからこそ組織的に受容できる1の幕府の公的機関からの情報に加えて、これを補うために2の信頼できる自藩の人材を用いて重要なエリアと認識したところの情報収集を行わせており、さらには3にあるように、厚い信頼関係にある他の老中や他の大名からも多くの情報を供給されて、相互の協力関係をつくり出していたのである。

1については、これら幕府の公的機関は、例えば井伊政権がその風聞探索活動で駆使していた徒目付・小人目付および隠密廻が、大老井伊直弼が殺害された桜田門外の変を契機にぴたりと風聞書の提出を止めてしまい、それ以降井伊家史料に彼らによる風聞書を見出せないという事実をみても、大老・老中という幕政中枢の権力者であるからこそ使役し得た公的な人材として位置づけることができる。(7)

こうした公的機関に加えて、井伊政権をみても、老中水野忠精をみても、2の自藩の人材を駆使しての情報収集を展開している。2については、井伊直弼が藩士長野義言を京都に派遣して朝廷への周旋や京都情報収集を行わせたのは、その典型的な例である。水野忠精関連では、文久二年一〇月付で山形藩歩横目田村五百代が水野忠精に書き送った風聞書に同藩士朝生清左衛門が添書をした文面に、大津に派遣した田村五百代の探索活動について、以前の幕府の役人たちも「公辺御取調之外内分御手調も御座候様及承候間」とあるように、幕府の公的機関のほかに私の人材を投入しての情報収集を行っている事実をあげ、「公辺御調ニ洩候儀申越」すことを期待したとしている。すなわち、信頼できる自藩の人材を駆使することによって、公的機関を利用するだけでは入手できない情報を得ることができるという認識があったことがわかる。

さらに、3についてはほかに、井伊政権が水戸風聞探索において水戸四連枝のひとつである高松藩の横目・徒目付・押之者の絶大な協力を得ていたことが典型的な例としてあげられる。幕末動乱期においては、大老・老中は火急な政治的要請に応えるためにも、ふだんから協力関係にある大名からいち早く良質な情報が得られるような、しっかりとしたネットワークを形成しておくことが重要な仕事であったといえよう。

これらの諸点によって、まず老中という特権的な地位にあることにより、公的機関を使用して他の政治的勢力をはるかに凌ぐ情報量を得ることができたことが明らかであろう。しかし、それだけでは、恒常的に幕政担当者として充分な情報を供給され続け、またこれらの内容の照合により情報の信憑性を高めていくということは不可能であり、そこに、老中自身にとって、自らの人脈による情報ネットワークの形成と、これらに基づいて次々と発生する緊急事態にどのように対応するかという自己の裁量とが、いかに必要不可欠であったかということが明らかである。

前掲の個々の人物やそのもたらした情報内容は、水野忠精の政治活動を裏づけるうえで大変重要である。例えば、儒者塩谷甲蔵は忠精の様々な政策を支えたキーパーソンであることは、これまでみてきた内容で明白である。また、忠精は、老中在任期間を通じて、徳川家家門で幕政参与となった一橋慶喜や松平慶永とは情報収集活動において私的に頻繁な協力関係をもった形跡が文書上はみられず、彼らとは政治上一線を画す傾向が強かったことがここでもうかがえる。

ところで、これらの人物・機関や情報内容はあくまでも現在文書として残存するもののなかからピックアップしたものであり、どこまで詳細な全体像をつかんでいるかについては、なお検討の余地があるといわなければならない。また、老中の情報収集という点からいうと、彼らが取り組むべき重要な政治的課題は時と共に移り変わっており、前述のように、どういった機関や人材を使用してどの方面を探索するかは、基本的に個々の老中の裁量に委ねられていたといってよい。

本書で使用した水野家文書中の風聞書の類は膨大な数にのぼるが、水野忠精が老中として収集したこれらの風聞書が幕閣内や他の人々の間でどのようなルートで回覧されたのかについては、意外なほど文書にその記述がなく、不明瞭な点が多い。これに対して、第九章でとりあげた彦根・土浦両藩関係のオランダ風説書やこれに関連する史料は、その回覧経路が明確に記されているものが多く、本論である老中水野忠精の情報収集の伝達経路を解明するうえでも、大きなヒントを与えてくれている。

例えば、嘉永六年（一八五三）には長崎でオランダ人が提出した書付を通詞が日本語訳し、これらが和文・蘭文両方の別段風説書として長崎奉行を通じて老中阿部正弘に提出され、さらに阿部から三奉行（寺社・勘定・江戸町）にも回覧されていた。翌安政元年にはオランダ人が幕府に提出した書付を通詞が翻訳して別段風説書を作成し、これを老中五名が回覧した後に、大坂城代土屋寅直にも回覧している。また、翌安政二年に老中四名は同じく土屋寅直に、回覧した別段風説書については目を通した後はこれを老中に返却するよう指示している。さらに安政五年に老中三名から土屋寅直に回覧された別段風説書については、老中は土屋にこれを「其地之面〻（大坂方面の役人）にも回覧するように通達している。すなわち、幕末期におけるオランダ風説書は、「オランダ商館長→長崎奉行→老中」という公的なルートで上がってきたものを、老中がその裁量により、情報伝達が必要と思われる幕府諸有司や諸大名らに回覧させるという伝達ルートができあがっていたことがわかる。

従って、これらを参考に考えれば、水野忠精の情報収集ルートの1にあげた幕府の公的機関を使用した探索においても、提出された風聞書はまずは老中一座が目を通し、さらに老中の裁量により、必要とみなされた部署へ回覧させていたのではないかという推定ができる。すなわち、老中は、幕閣内において最も豊富な情報を収集して知ることができるとともに、これらの情報の伝達範囲を自らコントロールすることができる絶大な裁量権をもつという、優位な立場にあったという点を指摘できる。

以上のように、ここに掲げた「1　幕府の公的機関」「2　自藩の人材」「3　大名間の連携」という情報ルートの三つの系列は、少なくとも江戸時代を通じて老中の情報源の基本的な枠組となったことは間違いないと考える。例えば、水野忠精とは格好の比較材料となる大老井伊直弼を中心とした風聞探索活動においても、同様の実態を見ることができる。水野家文書・井伊家文書共に、その風聞書は近世の国政担当者（幕府政治統括者）の情報収集の基本的な在り方を知ることのできる貴重な史料であり、両者の本格的な比較検討は今後の重要な研究課題であるといえよう。

政治的な重要課題に直面したときに、即座に機動力を発揮して信頼できる人物から正確な情報をいちはやく入手できるという点、またこれらと比較対照できるような様々な情報も同時に得られるという点においては、これまでみてきたように、水野忠精は有能な人材による豊富な情報ルートを持ち合わせており、実に卓越した情報収集能力をもった老中であるということができるであろう。これらは、父忠邦の代から受け継がれた人脈と、忠精自身が培った人脈、さらには忠精を補佐する多くの人材によるものとがあり、まさに「情報は人」という在り方を体現している。

ところで、井伊政権が展開した風聞探索活動においては、当然のことながら探索者が正確な情報を得てこれを脚色なく伝達しようとする基本的な姿勢が見られるが、一方で将軍継嗣問題や通商条約締結問題などをめぐる政治的闘争が浮き彫りとなるなかで、政敵となった水戸藩方勢力を「陰謀方」、朝廷を取り巻く攘夷激派勢力を「悪謀方」と呼ぶ記述が風聞書をはじめとする文書類に頻繁に見られ、こうした勢力を特別に警戒を要する敵方として色分けする方策がとられている。これに対して、水野忠精が展開した風聞探索活動においては、風聞書にこうした恣意的な記述がなされることはほとんどなく、いわゆる浮説・流言蜚語などの不正確な情報と信憑性のある正確な情報とをはっきりと分別しようとする記載が随所に見られ、極めてニュートラルな立場から数々の事象をとらえようとする基本的姿勢が強くうかがえる。ここに、当時の幕閣においては中道に近いところに位置していた忠精が収集した情報が、極めて高い信憑性をもって扱われていたことが想定できる。

例えば、忠精が、文久二年（一八六二）の島津久光卒兵上京やこれにともない活発化する西日本の尊攘激派勢力の動静について、実に正確な情報を得てこれに冷静に対処したことも、あるいは元治元年（一八六四）の禁門の変発生をめぐる京都情勢についても、江戸に居ながらにして各方面からの詳細な情報を収集して、以後の政策決定のための重要な判断材料としたことも、その根底には幕府の公的機関を用いた探索活動というしっかりとした支えがあったとはいえ、一方で、忠精個人が自らの裁量で豊富な人脈を駆使して収集した正確な情報内容が背後にあったことが大きいと考えられる。

これらにより、老中・若年寄ら幕閣が実に短い期間で次々と入れ替わる幕末期の人事において、水野忠精が四年三か月と比較的長い期間老中を勤めることができた理由のひとつに、彼自身の優れた情報収集能力をあげることができるであろう。刻々と転変する幕末期の政治情勢においても、忠精は常にこれらの客観的状況がよく見える環境をつくり出しており、こうした情報環境づくりが幕府の政治的運営に有効に機能することが大きかった点は、これまでみてきたところで明らかである。しかしながら、前述のように忠精のこのような大規模かつ周到な情報収集活動の展開は、裏を返せば危急存亡の時節に突入し、もはやその早期の倒壊が現実の可能性を帯びてきた幕府を支えるための、背水の陣での取り組みであったことがよくうかがえる。しかも、次節で述べるような怒濤のように難題が押し寄せる幕末期の政治情勢にあって、老中ら幕閣が絶えず派閥抗争を繰り返すような事態が続いたことは、現実の政治的状況はよく見えていても、一致結束して事に当たることができないという幕府の末期的症状を暴露することにつながっている。

はたして、忠精は幕末期の幕府内の激しい派閥抗争のなかであえなく罷免されることになる。忠精に代表されるような幕府の情報収集能力は、他の政治勢力に比して各段に優れていたものと考えられるが、彼らの目前にはもはや逃れることのできない、幕府を崩壊に導く大きな歴史的潮流が起こり、ついにその政権を維持することができなかったのである。

さて、明治維新という大変革により、政治体制は徳川将軍家中心の幕藩体制から、天皇中心の中央集権政治に転換されただけではなく、維新後は日本の情報システムも急速な近代化の時代を迎える。

ヨーロッパ系の大北電信会社のアジア進出により、日本国内においても電信による情報伝達がさかんに行われ、情報伝達の格段のスピードアップがはかられる。まず、明治二年(一八六九)一二月には東京・横浜間、同四年

（一八七一）六月には長崎・上海間、同年一〇月には長崎・ウラジオストック間の電信がそれぞれ開通し、同六年（一八七三）二月には東京・長崎間に電信が開通した。明治三年（一八七〇）一二月には最初の日刊新聞としての横浜毎日新聞が創刊され、以後次々と各種の日刊新聞が刊行されて、新聞の普及が進んでいく。また、明治四年四月には前島密の建言により郵便制度が導入され、やがて全国的な通信システムとしての展開を見せるようになる。さらに、翌明治五年九月には新橋・横浜間に鉄道が開通し、以後急速な鉄道網の整備が進んでいく。明治新政府は、こうした近代的な情報システムを率先して採り入れ、これらを統括し制御しつつ情報収集を展開し、国政を操縦していく。

新政府による諜報活動は、維新当初に監察機関として設置した弾正台がこれを司り、大きな政治変革にともなう社会状況の変化についての調査をさかんに行った。弾正台が廃止される明治四年（一八七一）七月には、これと入れ替わるように官吏に対する監察機関としての正院監部が設置された。監部の活動は、やがて政府の中央集権政策に対する人々の反応や、各地で活動を展開した不平士族の動静など、全国規模の探索へと拡大していった。また、弾正台や監部に属する密偵たちは、政府が当初は幕府時代からのキリスト教禁教政策を受け継いだため、開港地のキリスト教宣教師らのもとに潜入して、その動静を探る活動も行っていた。明治八年（一八七五）四月に監部は内史分局と改称されたが、翌九年四月にこれも廃止され、政府の国内情勢の諜報機関は内務省のもとに集中していく(8)。

すでに、前年の明治七年（一八七四）一月に内務省警保寮が設置されており、さらに同一四年（一八八一）一月には内務省警保局が発足し、同年に発足した警視庁とともに、全国規模の公安情報収集の中枢機関として機能するようになった。一方、政治家個人の参謀としての幕僚がその能力や人脈を駆使して政治情報を収集するという手法は、依然として政治家が自らの政務を遂行するうえで重要な役割を果たしていた。伊藤博文の幕僚として首相時代の彼の秘書官や内閣書記官長を勤めた伊東巳代治は、その典型的な人材である。また、状況によりその必要性が生じた時は、内閣が密偵を派遣して情報収集に当たらせる場合もあった[9]。

このように、明治維新を境に情報メディアの急速な進歩・発展という現象を経たうえでも、より正確で信憑性のある情報を収集し提供し得る有能な人材を確保するという点においては、江戸幕府の老中とも共通性があり、偽情報や流言蜚語が乱れ飛ぶ混乱の時勢であればあるほどその人選は重要な課題となり、そこに普遍的な「情報は人」というコンセプトが根底にあることを物語っている。

（3）幕末政治と老中

本書は、老中水野忠精の情報収集活動を主題に実証的な考察を行ってきたが、このテーマを通じては幕末期の老中に関する実に多くの問題点が浮かび上がった。最後にこれらのまとめをしてみたい。

まず、この時代の老中のほとんどが長期間その職務を全うし得ず、短期間に次々と就任・辞任（罷免）を繰り返している事実に着目し、同じ現象が見られる若年寄も含めて、その要因について考えてみた。

最初に、表1・表2から、老中・若年寄共にこうした現象が見られるようになる画期は、通商条約締結の安政五年（一八五八）の時期であることを指摘した。さらに、幕末期の老中――具体的には日米修好通商条約が締結された安政五年から老中制度が終焉する慶応四年（一八六八）までの在任者――が江戸時代の老中全体の平均の約六倍、若年寄については約七倍のスピードで、それぞれ短期間に入れ替わっている事実について、その見通しを立てるべく第一章一節で検討した。

この問題については、何よりも幕府権力の著しい衰退という現象が前提としてあることは言うまでもないであろう。これに加えて、次の三点を指摘したい。

(1)幕末期に至っても、老中や若年寄の人材選抜範囲は、基本的に従来の譜代大名門閥層の枠を出ることがなく（若年寄については幕府終末期には旗本を登用する事例はあったが）、柔軟な人材登用の門戸は依然として開かれておらず、卓越したリーダーシップを発揮できる人材が枯渇していたこと。

(2)また、それ以上に幕末期においては政治的争点が次々と推移し、国内問題・外交問題とたえず難題が降りかかるという老中を取り巻く未曽有の厳しい政治的環境のなかで、文久の幕政改革以降は一橋慶喜・松平慶永ら徳川家一門が幕府政治に重要な地位を占めるようになって老中の専権能力が弱まり、彼らと老中との対立関係が生じ、一枚岩の結束がとれない状況が続いたこと。

(3)欧米先進国の脅威に対して、幕府がその歴史的な成り立ちの骨格部分である「征夷」の職掌について諸政治勢力からあらためて厳しく問い直され、たえず攘夷の決行を迫られ、糾弾され続けたこと。これによって、幕府の立ち位置をめぐり、老中ら幕閣内で激しい派閥抗争が繰り返されたこと。

(1)の「人材登用に関わる問題」については、そもそも老中は三代将軍家光の時代に将軍を補佐し幕府の諸職を支配する要職として確立し、側用人に絶大な権力をもたせた五代将軍綱吉・六代将軍家宣・七代将軍家継の時代や将軍自身が率先して改革政治を推進した八代将軍吉宗の時代など老中の権力が相対的に弱体化した時期はあったものの、ほとんどの時期において「将軍─老中─諸職」という命令系統を機能させ、圧倒的な情報収集能力を発揮し、事実上国政を統括してきた。隆盛時代の老中には、その在職期間は十数年から三〇年以上にわたる人物がおり、将軍を補佐しながら自らが強い指導力を発揮して、幕府政治を執り行ってきた。

しかし、通商条約締結時の安政五年（一八五八）より老中制度が終焉する明治元年（一八六八）にかけて様相は一変し、前述のように老中・若年寄が江戸時代の平均の六倍・七倍のスピードで次々と入れ替わっていく。これは井伊政権による通商条約の無勅許調印以来、外国勢力が日本における自由貿易市場の拡大をはかろうとしたことに対し、朝廷や諸大名、さらには尊攘激派勢力などからの幕府政治への非難・反発が強まるなかで、前述のように幕閣は動揺してその立ち位置をめぐって派閥抗争を繰り返したことが大きい。こうしたなかで、一連の幕府の諸外国への対応は国威を損ねる弱腰外交と非難され、国政担当者としての幕府の権力も衰退し、一方で朝廷権力の再興をはかり、幕府を実質的な最高権力とする従来の在り方を打破して天皇を政治上の頂点とし、これを公家や雄藩などの勢力が補佐するという新しい政治体制を模索する勢力が国内各地に台頭して、いよいよ将軍補佐役としての老中の立場も危ういものとなっていく。

老中の人事については、幕末期という歴史的難局に至っても幕府は依然として世襲制に基づく譜代大名門閥層からの選任という従来の殻を破ることはできず、この狭い枠の中から短期間に次々と人材を入れ替えることで対応していたことがわかる。また、逆にいえば、こうした短いスパンで老中が交替しなければならない現状では、長期的な展望に立つ幕政改革を遂行すること自体が不可能であった。これでは、周囲から幕府が到底「安心して国政を任せられる政権」という評価を得ることができないのは自明の理であろう。また、こうした幕閣人事の状況は、一方で従来の保守的な格式を破って身分に拘泥しない思い切った藩政指導者の人材登用を行い、藩内の激しい派閥抗争はあったものの、結果として強力な藩政立て直しと富国強兵を推進した薩摩・長州・土佐などの雄藩の在り方とは、大きく異なる様相であったといえよう。

次に、(2)の「幕末期の政治的環境問題」については、ペリー来航を契機に朝廷や諸大名の政治的発言権が強化され、文久の幕政改革以降は一橋慶喜・松平慶永ら家門の人材が幕府政治に一定の権限をもつようになったが、幕府はこれらの勢力が老中ら幕閣と一体になって円滑に機能するような政治体制を築くことができないまま、その終末期を迎えることになる。特に、大老井伊直弼が桜田門外の変で暗殺されて以降、剛直果断な政治を推進して強力なリーダーシップを発揮できるような政治家は影を潜め、国政の核となる人物はいったい誰なのかが見えにくい状況が続くことになる。そもそも、慶喜・慶永らの幕政登用を推進したのは島津久光であり、久光が推進した文久の幕政改革は公武一和を進め、朝・幕・大名の宥和のもとでの政治的環境を整えようとしたものであった。また、久光が画策した参予会議は、有力大名の国政参加を組織化・定着化させるためのものであったが、これは従来の幕閣主導の合議体制の維持をめざす老中らの反発をかい、また参予会議の面々が鎖港・開国の論議などをめぐって一橋慶喜とも意見が衝突して、結局参予会議は解体した。水野忠精が元治元年（一八六四）六月政変後に政事総裁職に外様大名の上杉斉憲を推挙しようとした事例があるように、彼ら老中は国政に諸大名が参画すること自体は否定していなかったが、幕閣の合議とは離れた朝議の場に有力な諸大名が参列して一定の発言権を有することになる参予会議を許容するまでには至らなかったのである。このようなリーダー不在のなかでの幕閣内の不協和音と諸大名参加による合議体制運用の失敗は、やがて幕府にもはや国政担当能力はなしとする印象を外部に強く与えたことは言うまでもないであろう。

慶喜・慶永ら徳川の家門大名（あるいは一・会・桑と呼ばれた家門大名の在京勢力）と老中ら譜代大名勢力とは、その後も折り合いが上手くいかないことが多く、幕閣内部において派閥抗争が重ねられて、老中や若年寄が短期間に次々と交替し、いつまでも一枚岩の結束がとれない状態を続けることになった。このことは、前掲の大久保利通が慶応元年（一八六五）八月四日付で同じ薩摩藩士の新納久修・町田久成両名に書き送った書状に、幕府を見限った内容の文言として「閣老辺一同一和トも難申形勢ニ候、反而内輪之動乱も難図機も有之候」と記したことに象徴される。すなわち、幕府政治立て直しのために協力を惜しまなかった薩摩藩は、内部の派閥抗争を重ねていっこうに意見一致による結束をみない幕府に、もはや国政を安定させる力はなく、かえって内乱を招く可能性もはらんでいると判断し、幕府から離れて雄藩連合による国体の強化を模索するようになり、その後一転して倒幕勢力の中心的存在となるに至ったのである。

また、政治の中心が江戸から京都へと移っていく状況のなかで、天皇を頂点とする国家体制に幕府や公家・諸大名らがどのようなかたちで組み込まれていくかが将来的な方向性として模索されるようになり、幕府の人事に朝廷が介入する事態が生じることになる。例えば、文久二年（一八六二）一〇月には、朝廷が京都所司代の下部組織である山陵奉行に宇都宮藩家老の戸田忠至を任命するという、幕府の人事権への侵害が行われており、また慶応元年（一八六五）一〇月政変においては、朝廷の意向により阿部正外・松前崇広両老中が罷免されるという、未曽有の事態が生じている。このような状況にあっては、老中の権力も安定したものとはならず、またその結束も必ずしも固いものとはならず、たびたび派閥抗争が起きて罷免や辞任が重なり、彼らの在任期間をいっそう縮める結果となり、自らの政治的立場をますます弱めていったのではないかと思う。

また、(2)については、文久三・元治元両年の二度にわたる将軍家茂上洛や慶応元年の長州征討のための家茂の上京・上坂など将軍が江戸城を離れる事態により、老中も江戸留守老中と在京・在坂老中とに分かれて政務を行わざるを得ない期間が生じ、老中一座が集合して一致団結して事に当たるという本来の実務能力・決済能力を発揮できないという状況が長く続いたことがあげられよう。例えば、第五章で紹介した元治元年の家茂第二回上洛中の江戸留守老中と在京老中との往復書翰「秘翰」では、板倉勝静ら江戸留守老中が水野忠精ら在京老中へ、両都両港開市開港問題・横浜鎖港問題や水戸天狗党の乱発生などの状況を報告する書状がほとんどであり、必要な場合は目付を上京させて事情説明に当たらせている。ここでは、事実上の政策決定権をもつ在京老中が朝廷への対応に追われ続けて京都に釘づけにされて動きがとれず、江戸留守老中は迫り来る数々の難問に手を下せないまま焦燥感を深めていくという、老中政治が二元化することの深刻な弊害が浮き彫りになっている。

次に、(3)の「征夷の職掌をめぐる問題」については、そもそもが古代より華夷秩序に基づいて夷狄を服従させる使命のもとで朝廷より任命された軍事指揮官としての職が征夷大将軍であり、源頼朝による東北地方の制圧や未曽有の国難といわれた文永・弘安の役を経た後の時代においては、幕府の「征夷」の職掌はしだいに形骸化する傾向をたどっている。しかし、欧米先進国がその軍事力・経済力を背景に日本列島に進出する幕末期の形勢においては、あらためて幕府の武家政権の棟梁としての「征夷」の職掌が、諸政治勢力からその任務として問い直される事態となる。しかし、幕末期においては、「征夷」の対象となる夷狄の主体は古代のような東北・北陸地方の勢力ではなく、砲艦外交によりアジア進出をめざす近代資本主義国家としての欧米列強諸国であった。

すでに、幕閣は次々ともたらされるオランダ風説書や唐風説書などの海外情報により、欧米列強諸国との間に戦闘が起こった場合には、こちらに全く勝算が立たないことを熟知していた。しかしながら、「征夷」の職掌を自ら返上することは、これまで二百数十年にわたり培ってきた武家政権の統率者としての地位をここで放棄するという幕府の意思表示と周囲からみなされるという危機的認識から、幕府の国政担当者としての存亡に大きく関わる問題と意識されるようになった。まして、安政五年（一八五八）の無勅許での通商条約への調印は、こうした華夷秩序を逸脱し、幕府が「征夷」の職掌を遂行せずに外国勢力に屈したとして摘発されて、朝廷・諸大名などから激しい非難を浴びることになり、こうした幕府の在り方に反発する政治的な動きが全国的な展開を見せた。

そこで、幕府は自らの政権延命をはかるべく、朝廷には将来的な攘夷の決行を約束する。文久三年（一八六三）に第一回上洛を行った将軍家茂は、孝明天皇より「これまで通り将軍職委任」と「攘夷の決行」を申し渡されて、これを受け入れることになり、さらに詰め寄られた幕府は、攘夷決行の日限を同年五月一〇日と約束する。いわゆる奉勅攘夷体制の確立である。その五月一〇日に、長州藩による下関海峡通過の外国船砲撃が開始されたが、朝廷は孝明天皇をはじめとしてこれをあまりにも無謀な軍事行動と非難し、その後八月一八日の政変や禁門の変など長州尊攘派を政治的に追い詰めることになるが、一方で朝廷は、なおも幕府には攘夷の決行を要請し続けている。当時、朝・幕・藩の間では、攘夷は外国勢力に対して国威を示す正論としての言葉と認識されており、攘夷論者が大筋で一致して唱えていた攘夷の実質的な行動内容とは、幕府が外国の圧力に屈して締結した通商条約を一度破棄し、これを朝廷・幕府・諸大名の評議で一致の決定を経たうえで、納得のいくかたちでもう一度結び直すというものであった。

こうしたなか、真木和泉・平野国臣ら尊攘激派の論客は、孝明天皇自らが攘夷の指揮統率を行うべく、天皇の攘夷親征を画策するなど、幕府は「征夷」の職掌を反対勢力に奪われかねない事態が生じた。これに対し、幕府が戦闘行為を前提としない攘夷決行の案として考え出したのが、横浜一港を封鎖するという横浜鎖港政策であった。しかし、この政策は外国勢力からことごとく拒絶される結果となる。また、この時期にはイギリス軍部が攘夷行動を挫くべく日本の海上封鎖作戦を練っており、実際に、横浜鎖港政策はもしこれを実行したとするならば、外国勢力との軍事的衝突が起こりかねない、実に危険な要素をはらんでいたのである。

また、横浜鎖港の決行を強く要求しつつ、関東各地で略奪行為を繰り返して佐原騒動のような殺傷事件をも起こした水戸天狗党勢力に対しても、幕府は長い間放任状態にして断固たる取り締まりの処置を行わず、被害を受けた多くの村々から強く抗議を受け、抜き難い不信感を買う結果となった。これは、幕府が表向きは攘夷を容認しながら、一方で自らが攘夷遂行の策として提案した横浜鎖港はその実現が到底不可能であることを自覚していたという、自己矛盾がもたらした負の現象であるといえる。

幕府は西洋諸国との軍事衝突を回避するために、親外派吏僚勢力が中心となって働きかけて、慶応元年（一八六五）一〇月一日には在京中の徳川家茂が朝廷に将軍職の辞表を提出して、東帰をはかろうとする事態が発生した。その後、朝廷や在京幕閣の一部が奔走し、七日に家茂は辞表を撤回したが、これは一時的にせよ将軍として攘夷の決行を拒否する意思表示の試みであった。このように、外国勢力と国内の攘夷激派との板挟みとなった幕府首脳部は、攘夷の在り様をめぐって大きく揺らぎ、派閥抗争を繰り返して、老中・若年寄らが短期間で次々と就任・辞任を繰り返す事態が続き、結局一枚岩の結束がとれない状況を続けることになる。

以上、(1)・(2)・(3)に提示したような幕府政治の矛盾が露呈され、老中がその職を維持できずに短期間に次々と交替していくという幕末期の象徴的な現象は、何よりも幕府権力の著しい衰退を意味している。開港にともなう幕府を取り巻く政治的環境の激変は、それまでの老中の国政担当者としての専権能力を著しく低下させ、国政を自在に主導していくことには数多の困難が立ちはだかってしばしば機能不全に陥り、数々の新しい国家構想が提案されるなかで、政治の主導権を保ち続けようと模索した幕府は存外に早い崩壊の時節を迎える。

さて、本書のここまでの経過から、幕末動乱期を通じて幕閣やこれに従う多くの面々が共有した究極の問題は、衰退の一途をたどる幕府の存続如何を越えて、欧米先進国勢力と正面から向き合わなければならない緊迫した情勢のなかで、最終的には日本という国そのものをいかに守り存続させていくかという一点にあったのではないかと考えられる。事実、幕府内部においても、特にフランスとの協調路線を進めて現状を改革し、合理的な学術や軍事・生産技術等を学んで近代化を進め、万国対峙の国際環境に適応することをめざす親外派勢力が台頭しつつあった。また、幕府は開国にともなう軍事・外交上の必要性から、外国奉行・軍艦奉行・神奈川奉行などの職制を設け、蕃書調所・海軍伝習所などの機関を設置して、新しい時代への対応をはかっていた。これらは、基本的には幕府を主体とする政治体制に変わりはないが、外国勢力に充分に対抗し得る、日本政府としての機構の充実をめざす動きであったといえる。

しかし一方で、すでに国政担当者としての幕府を見限り、新しい政治体制の確立をめざす人々のなかには、幕府主導の政治や外交にはもはや限界があるとし、国政の主権をいち早く朝廷に委譲すべきであるという主張がなされるようになる。前にもあげた薩摩藩士大久保利通は、自らの日記の慶応三年（一八六七）六月の条に「日本国内ニ於テ外夷之相謀ル事情覚書」と題する一文を記している(10)。これは、前月の中旬から下旬にかけて京都で開かれた、島津久光・松平慶永・伊達宗城・山内豊信の四名が将軍慶喜と国是について話し合った四侯会議が、慶喜の調略にいいように振り回されて、朝議の結果幕府が第一に要望した兵庫開港の勅許は下ったものの、四侯が強く望んでいた長州藩への寛大な処分という項目が曖昧にされたため、大久保が慶喜への反発を強めた時期に書き留めた記録である。

ここで、大久保は次のような現状を述べる。現下の外交は、幕府が諸外国の欲するところに従って結んだ通商条約により、諸大名は軽蔑され、押さえつけられる状況にある。逆に、外国人の方はいつでも幕府の応援を乞うことができる。一連の長州藩の諸外国との戦闘も薩英戦争も、その徴候といえる。また、例えば、外国人が私に鹿児島にあって土人に殺害される事件が起こったとしても、幕府から償を得ることはできず、薩摩藩主が相対してこれに関わることもできない。これは、日本国内の全ての外国事務が必ず幕府に関係している現状のためである。これでは、幕府が、勅意はもちろん諸大名の議論をも容れることなく、大権を振るうことになる。大久保はこうした弊害をなくすためにも、天皇が外国事務を司ることを、次のように主張する。

帝諸藩江布告シテ大君ハ外国ノ事務ニ関係スヘカラサル者ナルヲ外国諸全権ノ輩ヲシテ信用スヘキ旨　勅命ヲ下シ及其他外国事務ニ係ル告文等ハ必ス　帝王ノ宝璽ヲスヘ自ラ　帝王ノ名目居ユヘキナリ然ルトキハ外国人輩皆余儀ナク是ニ恭敬シ服スヘシ

大久保は、諸藩の人民が皇威をもって外国人を恭敬させ、天皇は将軍家の上に位置することを充分に知らしめ、朝廷が外交の主権になることこそが現状の様々な弊害をなくす唯一の道であるとし、そのためにも公法を熟知する外交的な手腕に長けた人材によって、日本を危うくしようとする外国人らを過失に陥れ、その罪を世界に布告すべきであるとする。大久保は、万国対峙の国際環境においては、幕府が主権を握る現行の外交体制では大きな障害が生じると指摘し、薩摩藩などの雄藩を中心とする諸大名勢力が真の日本国王たる天皇を外交主権者として支えていくことが、新しい時代にふさわしい外交体制であると主張している。ここでは、現行の条約体制に基づいて富国強兵をはかり、国家を守り育てていこうとする幕府の親外派吏僚と、諸大名勢力の立場から幕府主導の外交体制が国家の存続を危うくする要素を多分に含んでいると批判する大久保との、見解の大きな相違が明らかであろう。

すでに、諸大名の大半が反対する第二次長州征討を強行しようとした幕府に失望して、これを見限る姿勢を明らかにした大久保は、この覚書を記したのとほぼ時を同じくする慶応三年六月二二日に、京都で土佐・薩摩両藩の面々の会合に出席し、徳川慶喜から将軍職を奪い、王政復古を実現することを前提とし、公議体制の確立をめざす政治機構の大改革構想を皆で決議している。すなわち、外交主権を幕府から朝廷に移譲させるべきであるとするこの覚書は、大久保が倒幕と王政復古という二つの政治目標を明確に持ち始めた時期の自らの筆記であり、その後の本格的な倒幕運動への伏線となる内容をもつものとして、注目すべきである。

ところで、前述のようにこの時代の国政においては、政権担当者としての幕府もこれに対抗する諸政治的勢力も、華夷秩序に基づく攘夷論を正論として、その政治的闘争を展開させていたことは紛れもない事実である。実際に、攘夷論を強硬に主張する人々のなかでも、開国政策そのものを否定し鎖国体制に引き戻すことをめざした人々はほんのわずかであり、怒濤のような欧米先進諸国のアジア進出が現実のものとなっていた状況において、これから万国対峙の国際情勢のなかで生き抜くためにも、まずその前提となるのは、国家を守るために国威を外に向けて発信することが何よりも先決であるとの認識は、多くの人々が共有するものであったと考えられる。

ちなみに、幕末期において全国的に激しく議論が展開され数々の政治的闘争をもたらし、国政を大きく動かすことになった攘夷論の在り様について、福沢諭吉は明治三二年（一九九九年）、自らの生涯を回想して出版した『福翁自伝』において、若い時から洋書に親しみ、アメリカやヨーロッパを視察して実地に見分してきた自らの経験から、次のように述べている。[11]

この徳川政府を見ると、殆んど取所のない有様で、当時日本国中の輿論はすべて攘夷で、諸藩残らず攘夷藩で徳川幕府ばかりが開国論のように見えもすれば聞こえもするようでありますけれども、正味の精神を吟味すれば、天下随一の攘夷藩、西洋嫌いは徳川であると言って間違いはあるまい。（中略）然らば則ちこれに取って代ろうという上方の勤王家はドウだというに、彼らが代ったら却ってお釣の出るような攘夷家だ。コリャまた幕府よりか一層悪い。勤王攘夷と佐幕攘夷と名こそ変れ、その実は双方共に純粋無雑な攘夷家で、その攘夷に深浅厚薄の別はあるも、詰まるところは双方共に尊攘の仕振りが善いとか悪いとかいうのが争論の点で、その争論喧嘩が遂に上方の攘夷家と関東の攘夷家と鉄砲を打ち合うようなことになるであろう。

福沢の見解は三十数年以上の過去を振り返ったもので、やや極論に過ぎるところもあるが、幕末期の攘夷論の本質について実にわかりやすい説明をしている。幕臣として仕事をした経験をもち、維新後は西洋近代思想導入による啓蒙運動の先頭に立ち、文明開化を中心となって推進した福沢にとって、幕末期の開鎖をめぐる政治的闘争の在り様はまさに旧態依然とした攘夷の範疇で展開していたとし、幕府も朝廷も諸大名もどこまで徹底的に攘夷を決行するかの加減で争論を行っていたとみており、自分は到底賛同できない世界であるとする意見である。福沢にとっては、幕府の条約体制に基づく開国和親政策の推進も、所詮は攘夷論の枠内を出るものではなかったとする認識である。幕末期に国是の在り方をめぐって激しく展開された政治的闘争の本質を、まるで井の中の蛙を見るように表現している。

さて、王政復古のクーデターを経て成立した新政府は、鳥羽・伏見の戦いに勝利した直後の慶応四年（一八六八）一月一五日、諸外国の公使に対し、国書をもって幕府から政権が交代したことを通告し、今後政務は天皇が親裁するとともに、幕府が締結した条約を今後も継承する方針を伝えた。また、同日には国内に向けて「世態大ニ一変シ大勢誠ニ不被為得已此度　朝議之上断然和親条約被為取結候」として、開国和親の政策を推進し、これに協力するよう命じている。(12)さらに、同年二月一七日に新政府は、これまでの攘夷の政策を撤回し、「於幕府相定置候条約ヲ以、御和親御取結ニ相成候」として、幕府時代の通商条約を守って開国和親の政策を推進することを、天皇自ら外国公使を参朝させて明らかにする方針であることを布告している。(13)

この方針転換は、まずは新政府が諸外国から日本の新政権として承認されることをめざしたものであり、より短期的には交戦中の旧幕府勢力に外国側が武器を売り渡さないよう、局外中立を約束させるという目的があった。しかし、これは新政府の面々が、これまで幕府が展開した奉勅攘夷体制に基づく内政・外交が数々の政治的混乱を来し、幕閣内部における派閥抗争が続いたことにより、幕府に対する不信感を深めさせてきた現実を直視し、新しい国政担当者としての新政府が攘夷の国是という看板を降ろしたことを意味している。また、同年三月一四日に公布した五箇条の誓文の第四条にも「旧来ノ陋習ヲ破リ天地ノ公道ニ基クヘシ」として、攘夷をむしろ幕府が推進してきた悪習と位置づけることによる論理のすり替えを行い、新政府の開国和親政策を周知徹底して認知させようとする政治的ねらいがあったことがうかがえる。(14)一方で、攘夷論にねざしたナショナリズムは、維新後は衆議一致による国威発揚と征韓論に代表される膨張主義の理念へと進化していくことになる。

ところで、新政府は明治二年（一八六九）六月に版籍奉還を実施し、さらに同四年（一八七一）七月には廃藩置県を断行して、全ての藩を廃止した。すでに王政復古のクーデターにより幕府は廃止されており、これは、幕府時代に藩屏として幕府を支える役割を負っていた諸大名の領地を返上させて新たに府・県を設置するという、これまでの封建制度に基づく地方分権国家から郡県制度に基づく中央集権国家へ移行させる、歴史的な変革であった。外交問題の主軸は、幕末期の数々の政治的闘争を生んだ条約体制に関わる開・鎖の議論から、欧米先進諸国との対等の関係をめざす不平等条約改正問題、あるいは東アジアにおける中央集権国家としての日本の地位を確立すべく展開した領土画定問題などへと移行していった。

これらの政策は、実にドラスティックな展開で進められていった。その背景には、幕末期において老中ら幕府の吏僚が、悪戦苦闘を繰り返し短期間に次々と人事が入れ替わりながら国政を支え続けてきたものの、ついにその限界を露呈して持ちこたえることができずに歴史の表舞台から消えていったという、まるで踏み台のような役割を負わされる結果となった一面と、一方で幕府を倒して維新を実現した新政府の面々がこうした幕末期の幕府政治の在り方を痛烈な批判材料とし、彼らの数々の失敗や裏目に出た政策を反面教師として学び、教訓として活用していくことで自らの権力機構を確立していったという、二つの側面があったことを強く感じざるを得ない。

今日の先進資本主義・民主主義国家の日本を生み出すためには、その過程において封建制度に基づく古い政治体制である江戸幕府の滅亡は絶対に必要であったとする見方は、歴史を学ぶ多くの人々が頭に浮かべる宿命論の一つであろう。そうであるならば、本書で検討してきた幕末期の老中ら幕閣が、反対勢力との衝突を繰り返しながらも、優れた情報収集能力に基づいて現状を正確に認識し、外国勢力との軍事的衝突を避けようとする一貫した政策を推進してきたことは、激烈な政治的闘争を発生させてついに幕府自体の崩壊をもたらしたものの、結果的には独立国家としての日本を守り抜くことにつながった政治として、再評価を与えてもよいのではないかと考えている。

（1）　寺社奉行による情報収集の他の例として、時代は大きく遡るが、八代将軍吉宗時代の寛保三年（一七四三）に、将軍と老中の指示によって行われた徳川家関係者の位牌や廟所の確認調査の報告書は、寺社奉行大岡忠相により老中松平乗邑・側衆加納久通両名に提出されており、これはさらに老中を通じて将軍に報告されたという、一件があげられる。大友一雄『江戸幕府と情報管理』（臨川書店、二〇〇三年）、四〇～四五頁。

（2）『井伊家史料・幕末風聞探索書』上、四九三～四九八頁。
（3）水野家文書、A一〇―一三一（文久三年八月～元治元年七月）。
（4）同右、A一〇―一六四（元治元年八月）。
（5）第二次長州征討後の京都における朝廷・諸大名の動静や諸建白書の内容などを筆記した「方近上方形勢探索書」（水野家文書、A一〇―一八七、慶応三年三月～一〇月）、および鳥羽伏見の戦いをめぐる京坂の状況について報告した「探索書」（同上、A一〇―一八八、慶応三年一二月～同四年（明治元）一月）は、差出人名こそ記されていないものの、両方とも明らかに田村五百代の筆跡であると判明する。
（6）服藤弘司『大名留守居の研究』（創文社、一九八四年）。笠谷和比古『近世武家社会の政治構造』（吉川弘文館、一九九三年）。
（7）佐藤隆一「幕末期井伊政権による水戸風聞探索」（『茨城県史研究』第八三号、一九九九年）、二九～三一頁。
（8）大日方純夫『維新政府の密偵たち――御庭番と警察のあいだ――』（吉川弘文館、二〇一三年）。落合弘樹「密偵・荘村省三と不平士族」（佐々木克編『それぞれの明治維新』吉川弘文館、二〇〇〇年）。
（9）佐々木隆『伊藤博文の情報戦略――藩閥政治家たちの攻防――』（中公新書一四八三、一九九九年）。
（10）『大久保利通日記』一（日本史籍協会叢書、一九九七年覆刻）、三八〇～三八五頁。この覚書は、受取人名の記述はなく、大久保がこの時期における自らの政権構想の一部を、備忘録としてまとめたものであると考えられる。
（11）『新訂・福翁自伝』（岩波文庫・青一〇二―二、一九七八年）、一八三～一八七頁。
（12）『法令全書』第一巻（原書房、一九七四年覆刻）、一一～一二頁。
（13）『復古記』第二冊（東京大学出版会、一九七四年覆刻）、三九八～三九九頁。
（14）『法令全書』第一巻、六三～六四頁。

【追記】本書が刊行される直前に、大日方純夫『維新政府の密偵たち――御庭番と警察のあいだ――』（吉川弘文館）が出版された。明治政府の諜報機関である監部を中心に、彼ら密偵による多彩な情報収集活動を実証した興味深い書であるが、残念ながら本書においてはもはや時間的余裕がなく、その内容を充分に採り入れることができなかった。

また、本書の第二章にも登場する、熊本藩士で維新後は政府の密偵となった荘村助右衛門（省三）の探索活動を主にとりあげた落合弘樹「密偵・荘村省三」（佐々木克編『それぞれの明治維新』吉川弘文館）などとも併せて、今後これらの研究成果をふまえて、近世と近代の権力者による情報収集の在り方の比較研究にも、取り組んでみたいと考えている。

参考文献（五〇音順）

【単著・論集】

青木光行『贈従四位土浦藩士・大久保要』（いなもと印刷、一九七九年）

青山忠正『明治維新と国家形成』（吉川弘文館、二〇〇〇年）

――『明治維新の言語と史料』（清文堂、二〇〇六年）

荒木精之『熊本県人物誌』（日本談義社、一九五九年）

飯島千秋『江戸幕府財政の研究』（吉川弘文館、二〇〇四年）

家近良樹『幕末政治と倒幕運動』（吉川弘文館、一九九五年）

――『徳川慶喜』（幕末維新の個性1、吉川弘文館、二〇〇四年）

石井寛治『情報・通信の社会史』（有斐閣、一九九四年）

――『情報化と国家・企業』（日本史リブレット六〇、山川出版社、二〇〇二年）

板沢武雄『阿蘭陀風説書の研究』（古文化研究所、一九三七年）

――『日蘭文化交渉史の研究』（吉川弘文館、一九五九年）

岩下哲典『幕末日本の情報活動――開国の情報史――』（雄山閣、二〇〇〇年）

岩田みゆき『幕末の情報と社会変革』（吉川弘文館、二〇〇一年）

鵜飼政志『幕末維新期の外交と貿易』（校倉書房、二〇〇二年）

大久保利謙『佐幕派論議』（吉川弘文館、一九八六年）

大友一雄『江戸幕府と情報管理』（臨川書店、二〇〇三年）

大平喜間多『佐久間象山』（人物叢書、吉川弘文館、一九五九年）

尾佐竹猛『維新史叢説』（学而書院、一九三五年）

――『明治維新』上・中・下巻（白揚社、一九四二～一九四四年）

小関魯庵『幕末秘録』（金福寺、一九八三年）

落合延孝『幕末民衆の情報世界――風説留が語るもの――』（有志舎、二〇〇六年）
小野正雄『幕藩権力解体過程の研究』（校倉書房、一九九三年）
大日方純夫『維新政府の密偵たち――御庭番と警察のあいだ――』（吉川弘文館、二〇一三年）
笠谷和比古『近世武家社会の政治構造』（吉川弘文館、一九九三年）
片桐一男『阿蘭陀通詞の研究』（吉川弘文館、一九八五年）
上白石実『幕末期対外関係の研究』（吉川弘文館、二〇一一年）
川端太平『松平春嶽』（人物叢書、吉川弘文館、一九六七年）
関東取締出役研究会編『関東取締出役――シンポジウムの記録――』（岩田書院、二〇〇五年）
芳　即正『島津久光と明治維新』（新人物往来社、二〇〇二年）
北島正元『水野忠邦』（人物叢書、吉川弘文館、一九六九年）
近代日本研究会『近代日本と情報』（年報・近代日本研究一二、山川出版社、一九九〇年）
久住真也『長州戦争と徳川将軍――幕末期畿内の政治空間――』（岩田書院、二〇〇五年）
小池　進『江戸幕府直轄軍団の形成』（吉川弘文館、二〇〇一年）
後藤嘉一『やまがた明治零年・山形商業史話』（郁文堂、一九六七年）
佐々木克『戊辰戦争』（中公新書四五五、一九七七年）
――『大久保利通と明治維新』（吉川弘文館、一九九八年）
――『幕末政治と薩摩藩』（吉川弘文館、二〇〇四年）
――『幕末の天皇・明治の天皇』（講談社学術文庫、二〇〇五年）
佐々木隆『伊藤博文の情報戦略――藩閥政治家たちの攻防――』（中公新書一四八三、一九九九年）
佐藤昌介『洋学史の研究』（中央公論社、一九八〇年）
鈴木壽子『幕末譜代藩の政治行動』（同成社、二〇一〇年）
平　柳翠『水戸家騒動天狗派余聞　佐原騒擾の真相――南山高橋善左衛門伝』（佐原興業合資会社発行、一九六二年）
高木不二『横井小楠と松平春嶽』（幕末維新の個性2、吉川弘文館、二〇〇五年）。

高橋秀直『幕末維新の政治と天皇』（吉川弘文館、二〇〇七年）
高橋昌郎『中村敬宇』（人物叢書、吉川弘文館、一九六六年）
高橋　実『幕末維新期の政治社会構造』（岩田書院、一九九五年）
田辺太一『幕末外交談』（東京大学出版会、一九七六年覆刻）
谷口澄夫『岡山藩』（日本歴史叢書、吉川弘文館、一九六四年）
丹治健蔵『関東水陸交通史の研究』（法政大学出版局、二〇〇七年）
奈良勝司『明治維新と世界認識体系──幕末の徳川政権　信義と征夷のあいだ──』（有志舎、二〇一〇年）
鳴岩宗三『幕末日本とフランス外交』（創元社、一九九七年）
西川武臣『幕末・明治の国際市場と日本──生糸貿易と横浜──』（雄山閣、一九九七年）
原　剛『幕末海防史の研究』（名著出版、一九八八年）
原口　清『幕末中央政局の動向』（原口清著作集1、岩田書院、二〇〇七年）
──『王政復古への道』（同右書2、二〇〇七年）
服藤弘司『大名留守居の研究』（創文社、一九八四年）
深井雅海『徳川将軍政治権力の研究』（吉川弘文館、一九九一年）
──『江戸城御庭番──徳川将軍の耳と目──』（中公新書一〇七三、一九九二年）
藤井譲治『江戸幕府老中制形成過程の研究』（校倉書房、一九九〇年）
藤田　覚『天保の改革』（日本歴史叢書、吉川弘文館、一九八九年）
古川　薫『幕末長州藩の攘夷戦争──欧米連合艦隊の来襲──』（中公新書一二八五、一九九六年）
保谷徹編『幕末維新と情報』（幕末維新論集一〇、吉川弘文館、二〇〇一年）
眞壁　仁『徳川後期の学問と政治──昌平坂学問所儒者と幕末外交変容──』（名古屋大学出版会、二〇〇七年）
町田明広『幕末文久期の国家政略と薩摩藩──島津久光と皇政回復──』（岩田書院、二〇一〇年）
──『攘夷の幕末史』（講談社現代新書二〇六九、二〇一〇年）
松尾正人『維新政権』（日本歴史叢書、吉川弘文館、一九九五年）

松方冬子『オランダ風説書と近世日本』（東京大学出版会、二〇〇七年）
――『オランダ風説書』（中公新書二〇四七、二〇一〇年）
――『別段風説書が語る一九世紀――翻訳と研究――』（東京大学出版会、二〇一二年）
松平太郎『江戸時代制度の研究』（校訂版、柏書房、一九七一年）
三谷　博『明治維新とナショナリズム――幕末の外交と政治変動――』（山川出版社、一九九七年）
美和信夫『江戸幕府職制の基礎的研究』（広池学園出版部、一九九一年）
宮地正人『幕末維新期の文化と情報』（名著刊行会、一九九四年）
明治維新史学会編『明治維新史研究の今を問う――新たな歴史像を求めて――』（有志舎、二〇一一年）
母利美和『井伊直弼』（幕末維新の個性6、吉川弘文館、二〇〇六年）
森　鷗外『鷗外全集』翻訳篇第一七巻（岩波書店、一九五五年）
由井正臣編『幕末維新期の情報活動と政治構想――宮島誠一郎研究――』（梓出版社、二〇〇四年）
吉田常吉『井伊直弼』（人物叢書、吉川弘文館、一九六三年）

【論文】

阿部征寛「堀口貞明の思想と行動」（『横浜開港資料館紀要』八号、一九九〇年）
荒田邦子「『南部弥八郎報告書』における二、三の問題点」（『黎明館調査研究報告』第一四集、二〇〇一年）
伊藤昭弘「文久三年の佐賀藩」（『佐賀大学地域学歴史文化研究センター研究紀要』第二号、二〇〇八年）
石井　孝「幕末における英国海軍の日本沿岸封鎖計画」（『歴史地理』七六巻一号・二号、一九四〇年）
井上英紀「江戸幕府老中格（老中並）就任者に関する一考察」（『駒沢大学大学院史学論集』第三六号、二〇〇六年）
岩生成一「和蘭風説書の研究と現存状態について」（『日本歴史』一八一号、一九六三年）
岩田みゆき「幕末の対外情報と在地社会――『風説留』から見る――」（明治維新史学会編『講座明治維新Ⅰ・世界史のなかの明治維新』有志舎、二〇一〇年）
――「江戸時代における文書行政の実態と特質――幕末期の在地社会を中心に――」（小名康之編『近世・近代にお

ける文書行政――その比較史的研究――』有志舎、二〇一二年）
大口勇次郎「文久期の幕府財政」（『年報・近代日本研究三――幕末維新の日本』山川出版社、一九八一年）
落合弘樹「密偵・荘村省三と不平士族」（佐々木克編『それぞれの明治維新』吉川弘文館、二〇〇〇年）
小野厚夫「明治期における『情報』と『状報』」（『神戸大学教養学部紀要・論集』四七号、一九九一年）
――「情報という言葉を尋ねて」(1)・(2)・(3)（『情報処理』通巻四八二号・四八三号・四八四号、情報処理学会、二〇〇五年）
片桐一男「阿蘭陀風説書についての一考察」上・下（『日本歴史』二二六号・二二七号、一九六七年）
――「鎖国時代にもたらされた海外情報」（『日本歴史』二四九号、一九六九年）
金井　圓「嘉永五年の和蘭別段風説書について」（『日蘭学会会誌』二六号、一九八九年）
芳　即正「文久三年八月十八日の政変と島津久光」（『明治維新史学会会報』第三九号、二〇〇一年）
熊澤　徹「幕末の鎖港問題と英国の軍事戦略」（『歴史学研究』七〇〇号、一九九七年）
佐々木克「明治天皇の巡幸と『臣民』の形成」（『思想』八四五号、一九九四年）
櫻井芳朗「御史制度の形成（上）」「同（下）」（『東洋学報』第二三巻第二号・第三号、一九三六年）
笹部昌利「京よりの政治情報と藩是決定――幕末期鳥取藩池田家の情報収集システム――」（家近良樹編『もうひとつの明治維新』有志社、二〇〇六年）
嶋村元宏「阿部家旧蔵『別段風説書』について――ペリー来航前夜の世界情勢――」（『神奈川県立博物館研究報告――人文科学――』二一号、一九九五年）
白峰　旬「江戸時代中後期における老中就任者とその在任期間について」（『別府大学紀要』第四七号、二〇〇六年）
――「老中就任者についての基礎的考察」（『別府大学紀要』第四八号、二〇〇七年）
――「『水野忠精幕末老中日記』における月番老中の記載について――老中月番表の新たな作成に向けて――」（別府大学『史学論叢』三九号、二〇〇九年）
末松　修「風聞書解説」（『井伊家史料・幕末風聞探索書』上・中・下、雄山閣、一九六七・一九六八年）
高部淑子「『人のうわさ』考――情報空間の展開――」（『論集中近世の史料と方法』東京堂出版、一九九一年）

――――「日本近世史研究における情報」（『歴史評論』六三〇号、二〇〇二年）
近松鴻二「目付の基礎的研究」（『幕府制度史の研究』吉川弘文館、一九八三年）
近松真知子「開国以後における幕府職制の研究」（『幕府制度史の研究』吉川弘文館、一九八三年）
友田昌宏「文久三年京都政局と米沢藩の動向」（家近良樹編『もうひとつの明治維新』有志舎、二〇〇六年）
永積洋子「十七世紀後半の情報と通詞」（『史学』第六〇巻第四号、一九九一年）
中村　質「近世の日本華僑」（箭内健次監修『外来文化と九州』九州文化論集二、平凡社、一九七三年）
奈良勝司「幕末政局と桑名藩――松平定敬の京都所司代就任の政治背景――」（『京都所司代　松平定敬　～幕末の桑名藩』桑名市博物館編・発行、二〇〇八年）
西尾陽太郎「黒田長溥と筑前勤王派」（藤野保編『九州と明治維新（Ｉ）』国書刊行会、一九八五年）
沼倉延幸「関白鷹司政通とペリー来航予告情報」（『青山史学』一三号、一九九二年）
――――「開国前後、長崎における海外情報の収集伝達活動について」（『書陵部紀要』四七号、一九九五年）
ねずまさし「一八六四年のパリ協約をめぐるフランス第二帝制と徳川幕府との交渉」（『歴史学研究』二一〇号、一九五七年）
箱石　大「公武合体による朝幕関係の再編――解体期江戸幕府の対朝廷政策――」（家近良樹編・幕末維新論集三『幕政改革』吉川弘文館、二〇〇一年）
長谷川伸三「文久元・三年の佐原騒動と水戸藩尊攘派」（田中彰編『幕末維新の社会と思想』吉川弘文館、一九九九年）
針谷武志「安政～文久期の京都・大坂湾警衛問題について」（明治維新史学会編『明治維新と西洋国際社会』吉川弘文館、一九九九年）
――――「水野忠精　幕末老中日記　解説」（ゆまに書房、一九九九年）
藤田彰一「阿蘭陀別段風説書の漏洩」（『洋学史研究』四号、一九八七年）
松尾美恵子「大名の殿席と家格」（『金鯱叢書』第八輯、史学美術史文集、一九八一年）
松平秀治「江戸幕府老中の勤務実態について――真田幸貫の史料を中心に――」（『幕府制度史の研究』吉川弘文館、一九八三年）

松本英治「レザノフ来航予告情報と長崎」（片桐一男編『日蘭交流史　その人・物・情報』思文閣出版、二〇〇二年）
宮地正人「黎明館特別講演会演題『幕末の鹿児島藩と情報収集』」（『黎明館調査研究報告』第一一集、一九九八年）
村井益男「老中月番の起原」（新訂増補『国史体系　月報　付異本公卿補任』吉川弘文館、二〇〇一年）
森　克己「国姓爺の台湾攻略とオランダ風説書」（『日本歴史』四八号、一九五二年）
安岡明男「和蘭別段風説書とその内容」（『法政大学文学部紀要』一六号、一九七一年）
吉田常吉「長野義言とその庇護者堀内広城・千稲父子」（『日本歴史』三〇〇号、一九七三年）

あとがき

本書は、筆者のこれまでの研究成果をまとめたもので、序章を含めて全一〇章のうち四つの章はこれまで論文として発表したものを改稿したものであり、二つの章は口頭による研究報告を経たもの、あとの四つの章は本書執筆のために新たに書き下ろしたものである。これらを列挙すると次の通りである。

序　章　言葉としての「情報」と「風聞」「風説」…口頭による研究報告「言葉としての『情報』と『風聞』『風説』」（洋学史学会、二〇一一年一月三〇日）
第一章　老中と情報に関わる諸問題…書き下ろし
第二章　島津久光卒兵上京・江戸出府に関わる情報収集…「幕末期関東取締出役による情報収集活動」（『三浦古文化』第五四号、一九九四年）
第三章　将軍家茂上洛をめぐる情報収集…「将軍家茂上洛をめぐる老中水野忠精の情報収集」（横浜開港資料館・横浜近世史研究会編『幕末維新期の治安と情報』大河書房、二〇〇三年）
第四章　攘夷・鎖港問題をめぐる情報収集…「攘夷・鎖港問題をめぐる老中水野忠精の情報収集」（佐々木克編『明治維新期の政治文化』思文閣出版、二〇〇五年）
第五章　元治の庶政委任と老中の往復書翰…書き下ろし
第六章　禁門の変に関わる情報収集…口頭による研究報告「老中水野忠精と禁門の変情報」（横浜近世史研究会、

二〇〇七年二月二四日）
第七章　長州藩・天狗党・外交問題に直面する幕閣と情報…書き下ろし
第八章　水野忠精老中罷免をめぐる諸問題…書き下ろし
第九章　彦根・土浦両藩とオランダ風説書…「彦根・土浦両藩と阿蘭陀風説書」（片桐一男編『日蘭交流史　その人・物・情報』思文閣出版、二〇〇二年）

そもそも、この研究テーマを志した動機は、筆者が横浜開港資料館における横浜近世史研究会に参加したことがきっかけになり、同資料館がマイクロ撮影した東京都立大学図書館（現首都大学東京図書館）所蔵の水野家文書を閲覧し、同文書のなかに水野忠精の老中時代の風聞書が多数存在しており、これらの内容から幕末維新期の情報問題に大変興味を深めたことが発端であった。幕府は実際にどのようなときに、どのような人材を使って、どのような範囲で情報収集を行っていたのか、さらにはこうして収集した情報をいかにして管理し政策決定に生かしていたのか、という大きな興味関心が湧き上がってきたのである。

しかし、当時風聞書に関する本格的な研究はほとんどなく、また水野家文書の忠精の風聞探索に関わる史料は幕末政治史研究のなかで部分的にはたびたび使用されていたようであるが、その全体像を網羅した研究は皆無であった。そこで、まずは水野忠精に関わる風聞書をひとつひとつ解読して行く仕事からスタートした。

一方、水野家文書のマイクロフィルムを所蔵する横浜開港資料館では、その近世史研究会において水野家文書を基本史料とする幕末政治史問題を研究テーマのひとつとして設定していたので、筆者も近世史研究会においてたびたび口頭による研究発表の機会を得た。こうした経過のなかで、しだいに大きな研究テーマとして鮮明に浮かび上がってきたのは、老中という当時の国政担当者がどのような人材を用いて、どういう地域でどういった内容の情報収集を行っていたかという情報網の実態究明の問題、さらにはこうして得られた情報をどのように実際の政治において活用したのかという、大きな問題であった。幸い、この問題については少し前の時期の大老井伊直弼を中心に展開した情報収集活動の記録が、『井伊家史料　幕末風聞探索書』として一九六〇年代に刊行されており、格好の比較材料として活用することができた。

しかし、当初から予想してはいたものの、実際に取り組んでいくなかで、筆者のような浅学で能力のともなわない人間にとって、この研究課題はあまりにも大きくまた重すぎるものであることを実感するようになっていった。しかも、筆者の本業である高等学校教諭という仕事は、体力面でも気力の面でも常に全力投球を要する責任の重い仕事であり、また昨今の教育現場をめぐる様々な困難な問題が山積するなかで、職場は実に多忙を極め、自らの研究時間をつくり出すことに四苦八苦する毎日であり、途中で体調を崩したり、緊急入院するという事態も生じ、実質的に研究が中断することもしばしばであった。しかしながら、そもそも好きで始めたことであり、生涯を通じてのライフワークと決めた歴史研究を中途で挫折させることは自らの本心が許さず、とにかく何年何十年かけても、ひとつの成果をまとめてみたいと思い続ける毎日であった。

こうした折、筆者の青山学院大学大学院の学生時代に非常勤講師としてお見えになってお世話になり、その後も種々ご教示を仰いだ、丹治健蔵先生より、何年かかってもよいからこれまでの研究成果を一冊の本にまとめてみませんかとの有り難いお言葉を頂戴したことがきっかけとなり、本書の執筆となったしだいである。丹治先生には日頃から学問的なご指導をいただく一方、精神的にも大いに励ましていただき、根気よく執筆を続けるうえで大きな支えとなったことは言うまでもない。

青山学院大学文学部史学科、同大学院文学研究科史学専攻修士課程・博士課程と進み日本史を専攻した私は、大学院時代には千葉県史編纂室の仕事を出発点として高等学校や中学校の非常勤講師を勤め、さらにその後は高等学校の専任教諭として長い間仕事に打ち込んできた。

卒業論文・修士論文とご指導をいただいた青山学院大学名誉教授片桐一男先生には、近世文書解読の初歩からのご教示をいただき、研究を開始した学生時代から今日までの長い間、洋学史研究会等を通じて手厚いご指導を賜っている。

この洋学史研究会では、本書に関わる内容の研究報告をしたこともたびたびあった。また、この研究会のメンバーである岩下哲典・石井孝・石田千尋・長田和之・松本英治・濱口裕介・小田倉仁志・高杉世界・冨川武史・長沼秀明・佐藤賢一・植松三十里・長谷川一夫・永田正和・首藤郁夫・野村亨・今村英明・高橋勇市・河元由美子・荒尾美代・春名徹・小川亜弥子・伊藤根光・上田はる・小滝晴子・若松正志・塚越俊志・矢口照雄・中西淳朗（故人）ら会員の各氏には、日頃からいろいろと示唆に富むご教示をいただいている。

さらには、大学・大学院時代を通じて青山学院大学教授沼田哲先生（故人）には、学問上のみならず教員生活を送るうえでも並々ならぬご指導やご助言をいただいた。

また、お茶の水女子大学名誉教授大口勇次郎先生には長い間手厚いご指導をいただいており、先生からは幕末維新史の研究プロジェクトである横浜近世史研究会をご紹介いただく幸運に恵まれた。同研究会においては、飯島千秋・西川武臣・鶴田啓・岩田みゆき・清水智子・宇田川悦子・李雲・森田朋子・針谷武志・嶋村元宏・内田四方蔵（故人）・中村文（故人）らメンバー各氏から、日頃種々ご教示をいただいている。

さて、ふだん高校教師としての激務の日々を送り、アカデミックな研究の世界からは遠ざかりがちであった筆者が、幸運にも、もう一度大学・大学院時代の学問研究の初心を見つめ直し、自らを研鑽する機会に恵まれた。すなわち、一九九七年度に職場より内地留学を認められ、京都大学教授佐々木克先生（現在は名誉教授）のご高配により、先生のご指導のもと当時先生が勤務されていた同大学人文科学研究所で一年間研修をすることができた。当時、佐々木先生を中心に関西地域の幕末維新期を専門とする精鋭の研究者が定期的に集う、佐々木班と呼ばれるプロジェクトチームが活発な研究活動をしており、私自身もたびたび研究報告をさせていただいて、多くの方々から教えを仰いだ。また、佐々木先生は彦根城博物館所蔵の井伊家文書の調査も手掛けておられ、史料の輪読会や調査にも同行して多くの史料に接することができた。佐々木班の多くの方々とは現在も交流を続けている。本書の執筆にあたっても、佐々木先生からたびたび内容面でのご教示を仰ぐ機会に恵まれた。

さらにもう一方で、佐々木先生からは明治維新史学会をご紹介していただき、内地留学後は同研究会の大会に頻繁に参加している。また、大きな研究会としては地方史研究協議会・日本史研究会等の大会や報告会にも参加して多くの研究者と交流をもち、学会情報からは遠ざかりがちな日常生活のなかで、できるだけ情報交換の機会をつくり出そうと努力した。

このように、筆者が高校の教育現場の絶えず仕事が押し寄せる激務の環境のなかで、何とか細々ではあるが研究を維持することができたのは、前述のように多くの方々からの温かいご指導・ご教示と叱咤激励をいただいたからであると切に感謝するしだいである。

本書の基本史料となる水野家文書を所蔵している首都大学東京図書館の方々には、日頃から史料の閲覧等で大変お世話になっている。同史料のマイクロフィルムを所蔵する横浜開港資料館調査研究員の西川武臣氏には、長期間にわたり史料の閲覧や研究会での報告等で並々ならぬご助力をいただいた。また、彦根城博物館学芸員の渡辺恒一氏には、井伊家文書の閲覧や文書写真の借用など、度々お手数をおかけした。

洋学史研究会々員の濱口裕介氏（足立高等学校常勤講師）には、草稿時の本書を通読して点検し、内容的な問題点や字句の誤り等を指摘していただいた。コンピュータによるいくつかの表の作成については、青山学院高等部卒業生高橋冴香さん（青山学院大学国際政治経済学部卒業）の、またこれらの内容の点検や本書の校正段階の仕事においては同校卒業生宇野晃世さん（青山学院大学大学院理工学研究科理工学専攻生命科学コース在学）のそれぞれご助力をいただいた。ともに、厚く感謝するしだいである。

また、本書の刊行にあたっては、思文閣出版新刊事業部々長の原宏一氏に、その草稿時より並々ならぬご助力をいただいた。心から御礼を申し上げたい。

さて、ご覧の通り、本書は多くの未解決の課題を残し、完成品とはまるで程遠い粗悪な内容であり、これからの筆者の研鑽のためにあえて恥をさらすかたちで出版を試みたものである。どうか、読者の方々の厳しきご批判と懇切なご教示をいただきたいと切に願っている。

人名索引

あ

い

う

え

お

か

な

に

ぬ

ね

ゆ

よ

ら

り

れ

ろ

わ

事項索引

か

き

◎著者略歴◎

佐藤隆一（さとう・りゅういち）

1956年東京都生。

1980年青山学院大学文学部史学科卒業。

1987年青山学院大学大学院文学研究科史学専攻博士課程単位取得済退学。

現在、青山学院高等部教諭。

洋学史研究会・明治維新史学会・日本歴史学会・地方史研究協議会・日本史研究会各会員。

専攻は日本近世史。

〔主要論文〕

「幕末期井伊政権による水戸風聞探索」（『茨城県史研究』83号、1999年）、「長野義言が伊勢国堀内家にもたらした情報」（佐々木克編・彦根城博物館叢書『幕末維新の彦根藩』、サンライズ出版、2001年）、「将軍家茂上洛をめぐる老中水野忠精の情報収集」（横浜開港資料館・横浜近世史研究会編『幕末維新期の治安と情報』、大河書房、2003年）など。

幕末期《ばくまつき》の老中《ろうじゅう》と情報《じょうほう》
――水野忠精《みずのただきよ》による風聞探索活動《ふうぶんたんさくかつどう》を中心《ちゅうしん》に――

2014（平成26）年6月30日発行

定価：本体9,500円（税別）

著　者　佐藤隆一
発行者　田中　大
発行所　株式会社　思文閣出版
〒605-0089　京都市東山区元町355
電話　075−751−1781（代表）

印刷
製本　シナノ書籍印刷株式会社

ISBN978-4-7842-1702-1　C3021